Sigrid Ebert

Erzieherin – ein Beruf im Spannungsfeld von Gesellschaft und Politik

Die Autorin

Sigrid Ebert, Dipl. Psych., geboren 1941, ist verheiratet, hat eine Tochter und lebt in Berlin.

Sie wurde als Kindergärtnerin und Hortnerin ausgebildet, studierte Psychologie und Soziologie und absolvierte ein weiterbildendes Studium zur Organisations- und Personalentwicklerin.

Während ihres Berufslebens arbeitete sie als Erzieherin in einem Kinderkrankenhaus und als Psychologin in der Psychologischen Beratungsstelle der Universität Münster/Westfalen. Ab 1968 war sie zunächst als Dozentin für Psychologie und Praxisberatung an der Fachschule für Sozialpädagogik des Pestalozzi-Fröbel-Hauses in Berlin tätig, wo sie von 1971 bis 2004 zusätzlich Leitungsverantwortung für die Abteilung Aus- und Weiterbildung übernahm.

Nebenberuflich übte sie einen Lehrauftrag im Fach Psychologie an einer Fachhochschule für Sozialarbeit und Sozialpädagogik in Berlin aus und engagierte sich in der Fort- und Weiterbildung von Erzieherinnen – nach der Wende auch von ostdeutschen Erzieherinnen.

Von 1980 bis 1998 war Sigrid Ebert Vorstandsmitglied des Pestalozzi-Fröbel-Verbandes und von 1989 bis 1998 hatte sie den Vorsitz des PFV inne. Darüber hinaus war sie von 1982 bis 1992 Mitglied des Fachausschusses Aus-, Fort- und Weiterbildung der Arbeitsgemeinschaft für Jugendhilfe, AGJ, und von 1994 bis 1998 gehörte sie dem Bundesjugendkuratorium an.

Nach ihrer Pensionierung war sie von 2004 bis 2005 im Rahmen der Initiative der Robert Bosch Stiftung zur Professionalisierung der Fachkräfte für Kindertageseinrichtungen als Gutachterin tätig. Sigrid Ebert hat verschiedene Beiträge zu berufspolitischen und berufspädagogischen Themen, insbesondere zur Konzeptualisierung des Lernortes Praxis, veröffentlicht.

Sigrid Ebert

Erzieherin – ein Beruf im Spannungsfeld von Gesellschaft und Politik

FREIBURG · BASEL · WIEN

Anmerkung des Verlags:
Wir danken den Verlagen und Rechteinhabern für die Erteilung der Abdruckgenehmigungen. Bei einigen Texten und Bildern war es trotz gründlicher Recherchen nicht möglich, die Inhaber der Rechte ausfindig zu machen. Honoraransprüche bleiben bestehen.

Gedruckt auf umweltfreundlichem, chlorfrei gebleichtem Papier

Umschlaggestaltung: R·M·E Roland Eschelbeck / Rosemarie Kreuzer
Umschlagfoto: Hartmut W. Schmidt, Freiburg

Alle Rechte vorbehalten – Printed in Germany
© Verlag Herder Freiburg im Breisgau 2006
www.herder.de
Satz: Barbara Herrmann, Freiburg
Druck und Bindung: fgb · freiburger grafische betriebe 2006
www.fgb.de
ISBN-13: 978-3-451-29196-8
ISBN-10: 3-451-29196-7

Inhalt

Vorwort 9

Einleitung: „Der deutsche Sonderweg" 11

Teil I
**„Verberuflichung" weiblicher Erziehungsarbeit –
von Pestalozzi bis Schrader-Breymann**

1 Der „Beruf des Weibes" 16
Erziehung in Theorie *und* Praxis ist (noch) Sache des Mannes 18
Pestalozzi entdeckt das pädagogische Talent der Mutter 19
Die Berufung der Frau 21
Frauenrechte sind Menschenrechte 25
Familienbild und Rolle der Frau im Bürgertum 26
Die soziale Not der Industriearbeiterfamilien und
die Kleinkindbewahranstalten 28

2 Politik und Pädagogik um 1848 33
An die „deutschen Frauen und Jungfrauen" 38
Die Ausbildung der Kindergärtnerin – Fröbels Rahmenkonzept 40
Das Kindergartenverbot 42
Vereinsgründungen 46
Berufliche Ausbildung für Frauen 49
Im Meinungsstreit: Bürgerliche Frauen und Erwerbstätigkeit 50

3 Kindergärtnerin – ein Berufsbild nimmt Gestalt an 53
Der Deutsche Fröbel-Verband und die Frauenbewegung 55
Unter dem Protektorat der Kaiserin Friedrich 57
Henriette Schrader-Breymann 61
„Geistige Mütterlichkeit" als Berufsprofil für den
Erzieherinnenberuf 63
Das Pestalozzi-Fröbel-Haus (PFH) 68
Der Kindergärtnerinnenberuf am Ende des 19. Jahrhunderts 74

Teil II
Sozialpädagogik als Frauenberuf – vom Kaiserreich zum Nationalsozialismus

4 Aufbruch in die Moderne	80
Frauenrolle im Wandel	84
Die Bedeutung der Jüdinnen und die „Neue Frau"	85
Sozialpädagogische Arbeit	89
Das Jugendheim Charlottenburg e. V.	91
Erste fach- und berufspolitische Ansätze	96
Die Montessori-Fröbel-Kontroverse	98
5 „Mütterlichkeit" als Profession	101
Die Berufspolitik des Deutschen Fröbel-Verbandes (DFV) um 1910	103
Berufsausbildung als Mädchenbildung	107
Das Berufsbild „Kindergärtnerin" um 1911	115
Das Berufsbild „Hortnerin" um 1915	117
Entwicklungen der Berufsausbildung in der Weimarer Republik	118
Das Berufsbild „Jugendleiterin"	120
6 Kindergartenauftrag und politische Rahmenbedingungen	123
Trägerstruktur und Berufsrolle	125
Das Reichsjugendwohlfahrtsgesetz (RJWG) von 1924	127
Berufsbild ohne Profil	133
Zur Situation der Arbeitermutter	137
Erste fachliche Kontroversen unter den Berufsfrauen	140
7 Einbruch in die Moderne	146
Entwicklungspsychologie und Reformpädagogik	146
Nationalsozialismus	150
Die Rolle der Frau und die Erziehung der Mädchen	154
Der Kindergarten im „Dritten Reich"	156
Berufsbild und Ausbildung zur Kindergärtnerin im Nationalsozialismus	162
Berufsausbildung bleibt Vorbereitung auf den Beruf der Frau	165

Inhalt

Teil III
Berufskultur im Wandel – von 1945 bis heute

8 Der vergessene Beruf 170
Aufbau eines Kindergartenwesens nach 1945 174
Berufsbild und Frauenbild in den 1950er Jahren 181
Der Bildungsauftrag des Kindergartens wird neu entdeckt 191
Sozialer Wandel und Krise des Sozialstaats 196

9 Wie lernen Erzieherinnen ihren Beruf? 201
Neuordnung der sozialpädagogischen Berufe 201
Die Verschulung der Ausbildung 213
Der Erzieherberuf in den 1980er Jahren 221
Erzieherin – ein Frauenberuf mit Zukunft? 229
Die Wendejahre 233

10 Auf dem Weg zur Professionalität 242
Der Stand der Erzieherinnenausbildung
am Ende des 20. Jahrhundert 246
Wandel des Berufsrollenverständnisses 251
Sind Frauen besser geeignet für den Erzieherberuf? 257
Professionalisierung durch Akademisierung? 260
„Gender Mainstreaming" – ein Ausweg? 264
Es geht um pädagogische Professionalität! 265

Ausblick: Hoffnung auf eine „Kopernikanische Wende" 273

Abbildungsverzeichnis 276

Literaturverzeichnis 279

Vorwort

„Die Unmöglichen. Mütter, die Karriere machen" lautet der Titel eines Buches von Anke Dürr und Claudia Voigt, das im Frühjahr 2006 erschienen ist. Unter diesen „unmöglichen Müttern" wird man vergeblich Vertreterinnen eines typischen Frauenberufs suchen. Der erfolgreiche Emanzipationsprozess hat den Frauen – auch wenn sie Mütter sind – nicht nur die Teilhabe am Erwerbsleben, sondern auch die Möglichkeit eröffnet, im Beruf Karriere zu machen. Die Berufsgruppe der Erzieherinnen wurde davon nicht erfasst. Obwohl es auch unter den Erzieherinnen genug „Unmögliche" gibt, die aus persönlichem Ehrgeiz und fachlichem Anspruch, aber auch wegen der gestiegenen Anforderungen an diesen Beruf Karriere vor allem als Ausdruck eines lebenslangen Lernens im Beruf verstehen, bleibt ihnen diese bis heute verwehrt.

Diese Ungerechtigkeit gegenüber den Erzieherinnen wie auch gegenüber dem Kindergartenwesen und damit gegenüber dem Anspruch der in Tageseinrichtungen betreuten Kinder und ihrer Familien auf bestmögliche Erziehung, Bildung und Betreuung hat mich ein Berufsleben lang nicht losgelassen. Dieses Buch wendet sich an die Erzieherinnen und soll ihnen Mut machen, die letzten ideologischen Grenzzäune einer vormodernen Berufspolitik einzureißen. Das Buch bezieht sich überwiegend auf das Hauptarbeitsfeld der Erzieherinnen, die Tageseinrichtungen für Kinder, also Kindergärten, Kinderhorte, Kinderkrippen sowie altersübergreifende Einrichtungen – wohl wissend, dass es sich bei der Ausbildung der Erzieherinnen und Erzieher um eine so genannte Breitbandausbildung handelt. Die Aussagen zu den Qualifikationszielen lassen sich auch sinngemäß auf die anderen Tätigkeitsbereiche von Erzieherinnen und Erziehern wie die Einrichtungen und Dienste der Hilfen zur Erziehung und der Jugendarbeit übertragen.

Rund 80 Prozent aller ausgebildeten Erzieherinnen und Erzieher und über 90 Prozent der in Kindergärten beschäftigten Fachkräfte sind Frauen, und weil es sich um ein nahezu männerfreies Arbeitsfeld handelt, wird im Text überwiegend die weibliche Form gewählt. Selbstverständlich sind die Erzieher in gleicher Weise gemeint, vor allem wenn es um Fragen der beruflichen Handlungskompetenz und um ein innovatives Berufsprofil geht.

Dieses Buch gründet sich ganz wesentlich auf meine jahrzehntelangen Erfahrungen in der Aus- und Fortbildung von Erzieherinnen und Sozialpädagoginnen und auf meine persönliche Berufsbiografie.

Ich danke meinen Kolleginnen und Kollegen sowie meiner Tochter Anne für anregende Hinweise und ermutigende Gespräche. Zu danken habe ich auch Sabine Sander vom Archiv des Pestalozzi-Fröbel-Hauses, Berlin, sowie Sonja Böhm, Rosemarie Burgert, Christina Kotte und Roland Stieglecker seitens des Verlags Herder für ihre freundliche Beratung und Unterstützung.

Nicht zuletzt danke ich Ulrich Ebert, der mit mir zusammen die Vereinbarkeit von Erwerbstätigkeit und Familienaufgaben schon zu einer Zeit praktiziert hat, wo dies noch unmöglich schien.

Berlin, im Mai 2006   Sigrid Ebert

Einleitung: „Der deutsche Sonderweg"

In der Fröbelbewegung des 19. Jahrhunderts treffen zwei Bildungsbereiche aufeinander und bilden eine Zeit lang eine produktive Lerngemeinschaft. Einerseits ist es die Pädagogik der frühen Kindheit und ihre Institutionalisierung, ausgehend von Fröbels Leitideen einer öffentlichen Kleinkinderziehung im Kindergarten. Andererseits sind es die Bestrebungen der Frauenbewegung, mehr Autonomie und Demokratie für Frauen durchzusetzen, indem sie für eine höhere Bildung und eine Erwerbstätigkeit für Frauen streitet. Fröbelbewegung und Frauenberufsbewegung sind deshalb ideengeschichtlich wie auch personell aufs Engste miteinander verknüpft. Die konzeptionelle Wechselwirkung zwischen diesen beiden Bildungsbereichen war konstituierend für das Berufsbild der Erzieherin.

In den erziehungswissenschaftlichen Arbeiten zur historischen Bildungsforschung, aber auch in den sozialgeschichtlichen Studien der Frauenforschung wurde der Bedeutung dieser Schnittstelle für die Ausformung des Erzieherinnenberufs bisher wenig Beachtung geschenkt.

In den vielfältigen Publikationen, die zur Geschichte des Kindergartens in Deutschland vorliegen, werden Überschneidungen zur Berufsgeschichte zwar nicht völlig ignoriert, aber fast ausschließlich auf Fragen der Ausbildungsbedingungen reduziert. In aktuellen Beiträgen zur Lage des Erzieherinnenberufs, der Ausbildung und der Berufspraxis wird zwar angesichts wachsender gesellschaftlicher Ansprüche an den Erziehungs- und Bildungsauftrag der Kindertageseinrichtungen – kulturvergleichend – der Modernisierungsrückstand des Erzieherinnenberufs und das unzureichende Betreuungsangebot für Kinder in Deutschland kritisiert. Den sozialen und kulturellen Ursachen dieses „deutschen Sonderwegs" wurde bislang aber in keiner sozialgeschichtlichen Studie nachgegangen. Dieses Buch kann eine solche Untersuchung, die für die Entwicklung einer nachhaltigen Professionalisierungsstrategie hilfreich wäre, nicht ersetzen, zielt aber dennoch darauf, die sozialgeschichtlich relevanten Entwicklungen, bezogen auf die Ausformung des Erzieherinnenberufs, zu skizzieren und so eine geeignete Diskussionsgrundlage zu schaffen.

Haben wir möglicherweise deshalb so wenig gesicherte wissenschaftliche Erkenntnisse über diesen pädagogischen Beruf, weil es sich bei der Erziehung, Bildung und Betreuung kleiner Kinder um Frauenarbeit handelt? Sich mit dieser „Frauenarbeit" weder praktisch noch theoretisch eingehender zu befassen, scheint zumindest eine spezifisch deutsche Tradition zu sein. Geht man dieser Vernachlässigung auf den Grund, so stellt man fest, dass das Geschlecht als normative Kategorie in der wechselvollen Geschichte dieses Frauenberufs eine gewichtige Rolle spielt.

Sozialpolitische Entscheidungen, ja selbst unsere Rechtsprechung – insbesondere wenn es sich um familienrechtliche Angelegenheiten handelt – werden nicht unabhängig vom Geschlecht getroffen. Auch wenn wir in einem Rechtsstaat leben und vor dem Gesetz Mann und Frau gleichberechtigt sind, spielen bei den Entscheidungen der Richter und Politiker, aber auch der Wissenschaftler in mentaler Hinsicht geschlechtsspezifische Unterscheidungen eine Rolle. Der Modernisierungsrückstand, der den Erzieherinnenberuf in Deutschland kennzeichnet, ist meines Erachtens unter anderem auch auf das besonders in Deutschland ausgeprägte traditionelle Frauen- und Familienleitbild zurückzuführen.

Wenn man von Beruf spricht, so meint man zum einen eine – äußerlich sichtbare – objektive Organisationsform von Erwerbsarbeit (Berufsbild), ein Muster spezialisierter Tätigkeiten und Anforderungen (Berufsprofil), das sich auf ein Berufsfeld bezieht, welches den Handlungsrahmen der Berufsarbeit absteckt. Zum anderen versteht man unter Beruf die auf Ausbildung, das heißt auf spezielle Kenntnisse, Fertigkeiten und Erfahrungen (Aus- und Weiterbildung) gegründete und auf Dauer angelegte, sinnerfüllte innere Bindung eines Menschen an eine Aufgabe (Berufsethos), die er in einer arbeitsteilig strukturierten Gesellschaft erfüllt. Dieser subjektive Aspekt der Berufsrolle wird auch als berufliches Selbstverständnis beziehungsweise berufliche Identität bezeichnet. Objektive und subjektive Aspekte zusammen stellen das Gefüge des Berufs dar, das mehr oder weniger stabil ist. Meine These ist, dass das Gefüge des Erzieherinnenberufs nicht zuletzt deshalb so instabil ist, weil bisher noch kein modernes, bildungs- und professionstheoretisch tragfähiges Konzept für diesen Beruf entwickelt wurde, das das ursprünglich von Henriette Schrader-Breymann im letzten Drittel des 19. Jahrhunderts formulierte Konstrukt der „geistigen Mütterlichkeit" ersetzen würde.

Zu den vielen Ungereimtheiten und Widersprüchen, die die Lage des Berufs aktuell kennzeichnen und letztlich auch das diffuse Berufsbild begründen, gehört unter anderem auch die Schere zwischen dem Berufsbild und dem beruflichen Selbstverständnis der Erzieherinnen. Bilder, auch Berufsbilder, haben immer einen eindeutigen „point of view". Sie sagen etwas aus über die Einstellung desjenigen, der das Bild entworfen hat. Sie transportieren eine Sichtweise, mitunter auch eine Erwartung. Gegenwärtig haben wir es im Falle des Erzieherinnenberufs mit einem breiten Spektrum an Sichtweisen, Erwartungen, aber auch Projektionen und Vorurteilen zu tun, die nicht immer die Berufswirklichkeit angemessen widerspiegeln.

Bis Ende der 1980er Jahre befand sich der Erzieherinnenberuf in den alten Bundesländern im toten Winkel gesellschaftlicher Wahrnehmung und Wertschätzung. Das lag auch an den patriarchalischen Strukturen unserer westdeutschen Gesellschaft. Das Berufsbild und die Berufskultur des Erzieherinnenberufs in Deutschland sind jahrzehntelang im Spannungsfeld von Politik, vor allem von familien- und bildungspolitischen Entscheidungen, Kindergartenauftrag und Geschlechtsrollenzuweisung geprägt worden. Der soziale Wandel, der sich mittlerweile vollzogen hat, hat die verkrusteten Strukturen aufgebrochen und lässt den Frauenberuf „Erzieherin" in seiner bestehenden Struktur für niemanden mehr, auch für die Erzieherinnen selbst nicht, zeitgemäß erscheinen. „Ein Beruf im Aufbruch" – so lautete das Motto einer Umfrage der Fachzeitschrift „kindergarten heute" aus dem Jahr 2005, und die Antworten der Erzieherinnen bestätigen den Aufbruch. Das bis in die 1990er Jahre auf politischer Ebene in die Gesellschaft hineinwirkende Denksystem bezüglich der Rollenaufteilung von Mann und Frau ist auseinander gebrochen. Die Widersprüche zwischen familienpolitischen Entscheidungen und der Lebensrealität von Familien sind zu offensichtlich, so dass sich allmählich der Prozess umkehrt und die Lebenswirklichkeit der Familien in das politische Entscheidungssystem hineinwirkt. So ist die Vereinbarkeit von Beruf und Familie nicht nur ein Thema der berufstätigen Frauen mit Kindern, sondern auch ein Thema der berufstätigen Erzieherinnen mit Kindern. Der berechtigte Wunsch der Frauen im Beruf, sich weiterzuentwickeln und auch als Berufsfrauen und nicht nur als Ehefrauen, Hausfrauen und Mütter ein sinnerfülltes Leben zu führen, trifft in gleicher Weise auf die Erzieherinnen zu.

Das Neue an der Debatte um den Erzieherberuf in Deutschland ist nicht die Forderung nach einer Ausbildungsreform, sondern dass sich die Erzieherinnen selbstbewusst in die Debatte einmischen und sich zum Subjekt ihrer Professionalisierungswünsche erklären, so ein Ergebnis der erwähnten Umfrage. Sie wehren sich gegen das Image der „Basteltante", sind weiterbildungswillig und wollen gute Arbeit leisten. Erzieherinnen wollen sich nicht mehr durch ein Berufsbild bestimmen lassen, das weder ihren Ansprüchen genügt noch den objektiv gewachsenen Anforderungen an den Beruf – und wer sollte das besser einschätzen können als die Erzieherinnen selbst.

In diesem Buch soll der Frage nachgegangen werden, warum es gerade in Deutschland – wo quasi die Wiege dieses Berufs steht – so lange Zeit brauchte, bis etwas in Bewegung geriet. Deshalb will ich nicht nur die Geschichte des Erzieherinnenberufs nachzeichnen, sondern diese in größere gesellschaftliche und politische Zusammenhänge stellen. Um zu verstehen, warum dieser pädagogische Frauenberuf im europäischen Vergleich trotz seiner 150-jährigen Geschichte in Deutschland immer noch einen so geringen sozialen Status hat und seine Professionalisierung so schwer in Gang kommt, halte ich es für erforderlich, nicht nur auf Fragen der Ausbildung und auf veränderte berufliche Anforderungen einzugehen. Es geht mir um eine Erweiterung der Sichtweisen. So soll danach gefragt werden, wie zum Beispiel zeitgeschichtliche Strömungen, soziale Notlagen der Familien mit Kindern und gesellschaftspolitische Strukturen den Beruf geformt, aber auch deformiert haben. Solche ergänzenden Sichtweisen auf die Berufswirklichkeit und die Berufsentwicklung sind notwendig, um eine Strategie entwickeln zu können, die eine nachhaltige Anhebung des Berufsstandes sichert.

Darüber hinaus geht es mir auch darum, die Geschichte und die Kultur des Berufs für die Erzieherinnen selbst transparent und lebendig werden zu lassen.

Teil I
„Verberuflichung" weiblicher Erziehungsarbeit – von Pestalozzi bis Schrader-Breymann

1 Der „Beruf des Weibes"

Die kulturgeschichtlichen Wurzeln einer Pädagogik der frühen Kindheit gehen zurück bis in das Zeitalter der Aufklärung, jene geistesgeschichtliche Epoche, die im 18. und 19. Jahrhundert das geistige Leben in ganz Europa und Nordamerika bestimmte. Getragen wurde sie vom Bürgertum. Zentrales Anliegen war es, dem Menschen mit Hilfe der Vernunft zum „Ausgang aus seiner selbst verschuldeten Unmündigkeit" (Immanuel Kant) zu verhelfen; Mündigkeit wurde verstanden als die Fähigkeit des Menschen, sich wirtschaftlich selbst zu versorgen, den eigenen Schutz zu bewerkstelligen, und zwar in sozialer, ökonomischer und in intellektueller Weise. Mündigkeit des Menschen als Erziehungsziel ist nur unter entsprechenden gesellschaftspolitischen Rahmenbedingungen umsetzbar. Schon Kant (1724–1804) beschreibt in seinem Werk unterschiedliche Interessenlagen und hierarchische Machtverhältnisse, die der Verwirklichung eines solchen Erziehungsanspruchs entgegenstehen. In seiner Schrift „Über die Erziehung" heißt es: „Die Erziehung schließt Versorgung und Bildung in sich", und weiter vermerkt er: „[Ö]ffentliche Erziehung", deren Zweck es sei, die häusliche, also die private Erziehung zu vervollkommnen, beschränke sich nicht nur auf die Unterweisung, sondern habe auch die „Moralisierung" des Menschen zum Ziel. Kant fordert Erzieher, die nicht nur belehren, sondern „führen für das Leben". Er unterscheidet in seiner Anthropologie zwischen dem, „was die Natur aus den Menschen macht", und dem, „was er als frei handelndes Wesen" aus sich selber macht oder machen kann und soll (Kant, I. 1997). Kant war im strengen lutherischen Glauben erzogen worden, hatte sich dann aber zunehmend von der Religion zurückgezogen und sehr deutlich von einer religiösen Bevormundung des Menschen distanziert, wie er sie in der christlichen Lehre seiner Zeit und ihrer Auffassung des von Gottes Gnaden abhängigen Menschen gegeben sah. Er prangert nicht nur die „selbst verschuldete Unmündigkeit" der Menschen an, die sich aus Bequemlichkeit nicht des eigenen Verstandes bedienen wollen, sondern auch die so genannten „Vormünder", womit er die Zensur der „Obrigkeiten", also Staat und Kirche, meint.

Über Kants Schreibtisch hing ein einziges Bild, das Porträt von Jean-Jacques Rousseau (1712–1778). Was den Königsberger Gelehrten an diesem französischen Freigeist so angezogen hat, waren nicht unbedingt dessen pädagogische Ideen von einer „natürlichen Erziehung", sondern es war die Einsicht in das Prinzip von der Gleichberechtigung der Bürger, die er Rousseau verdankte und für die sich auch Kant einsetzen wollte. Hinzu kamen in diesem Zeitalter neue Erkenntnisse der Naturwissenschaften, die bewirkten, dass sich das Welt- und Menschenbild zunehmend an einem Humanismus orientierte, der die Rechte des Einzelnen, die Menschenrechte in den Mittelpunkt einer neuen Gesellschaftsordnung stellte. Das Erziehungswesen war für die Aufklärung von besonderem Interesse, weil durch Erziehung der heranwachsende Mensch zu einem freiheitlichen und autonomen Gebrauch seiner Vernunft befähigt werden sollte. Diese Erziehungsbestrebungen galten allen Volksschichten und – was ebenfalls neu war – nicht nur den Jungen, sondern auch den Mädchen.

Dieses veränderte Menschenbild, das die bisherige Ordnung – den absoluten Wahrheitsanspruch der christlichen Offenbarung ebenso wie den Herrschaftsanspruch einer absoluten Monarchie – in Frage stellte und in der Parole der Französischen Revolution (1789) von der Freiheit, Gleichheit und Brüderlichkeit der Menschen zum Ausdruck kam, führte zu einer neuen Gesellschaftsordnung, die im Kern auf einem Gesellschaftsvertrag beruhte, der zum Nutzen des Einzelnen und der Allgemeinheit geschlossen wurde und den Staat verpflichtete, die Rechte des Menschen zu respektieren. Damit wurde der Herrschaftsanspruch des Adels zurückgedrängt. Im gesellschaftlichen Leben trat neben die höfische Kultur eine zunehmend selbstbewusst agierende Kultur des Bürgertums. Für die Humanisierung des sozialen und kulturellen Lebens, für die Achtung der Menschenwürde und die Anerkennung der Gleichheit aller Menschen hat die Aufklärung ebenso Entscheidendes geleistet wie für die Entwicklung der Wissenschaften und der pädagogischen Praxis. Führende Pädagogen der Aufklärung wie Jean-Jacques Rousseau, Johann Bernhard Basedow (1724–1790), Johann Heinrich Campe (1746–1818) und Johann Heinrich Pestalozzi (1746–1827) haben in ihren Schriften nicht nur ihre Ideen zu einem Erziehungswesen für alle Volksschichten entwickelt, sondern diese zugleich auch im Kontext einer neuen, freiheitlichen Gesellschaftsordnung gesehen. Diesen Zusammenhang – dies sei hier im Vorgriff erwähnt – finden wir bei Friedrich Wilhelm Fröbel und seiner Kindergartenkonzeption wieder.

Erziehung in Theorie *und* Praxis ist (noch) Sache des Mannes

Obgleich schon Ende des 18. Jahrhunderts über den Zusammenhang von Mutterschaft und frühkindlicher Erziehung, über Familienleben und Gesellschaft beziehungsweise Gemeinwohl nachgedacht wurde, schrieben die Pädagogen den Vätern oder anderen männlichen Autoritätspersonen die Führungsrolle in der Erziehung zu. Zwar wird im Allgemeinen Landrecht von Preußen ein öffentliches Interesse an einer mutterzentrierten Häuslichkeit in der Familie bekundet, jedoch geht es dabei ausschließlich um eine Gesundheitsfürsorge von Mutter und Kind, um so das Überleben des Kindes zu sichern und die Geburtenrate anzuheben. So heißt es in den familienrechtlichen Bestimmungen: „Hauptzweck der Ehe ist die Erzeugung und Erziehung der Kinder." Der Mann war „Haupt der ehelichen Gemeinschaft" (zitiert nach Allen, A. T. 2000). Die väterliche Autorität ging so weit, dass der Mann nicht nur über den Bildungsgang der Kinder entscheiden konnte, sondern auch Kinder aus der Obhut der Mutter ohne deren Einwilligung entfernen konnte. Selbst als Witwe durfte die preußische Mutter nicht über ihre Kinder bestimmen. Darüber hinaus schrieb das Gesetz vor, dass alle gesunden Frauen ihre Kinder selbst zu stillen hatten, und den Vätern oblag es zu entscheiden, wann die Kinder abgestillt werden sollten. Diese Vermischung von Öffentlichem und Privatem, von Staatsautorität und väterlicher Autorität („Vater Staat") ist typisch für die Pädagogik des deutschsprachigen Raumes. Erst mit Pestalozzi findet in der Pädagogik eine Verschiebung hin zu einem mutterzentrierten Ansatz der Kindererziehung statt. Bezogen auf die Öffentlichkeit, auf die Gesellschaft, blieben die patriarchalischen Strukturen jedoch erhalten.

Doch zunächst war die Popularität, die Rousseaus Entwicklungsroman „Emile oder Über die Erziehung" in Deutschland genoss, vor allem unter den gebildeten Protestanten und Juden des Bürgertums, groß. Eine Gruppe von Gelehrten, die sich Philantropisten nannten, bildete den Kern einer sich in Deutschland etablierenden männerzentrierten Erziehungswissenschaft. Herausragende Vertreter dieser ersten pädagogischen Reformbewegung sind Christian Gotthilf Salzmann (1744–1811), Isaak Iselin (1728–1782), Joachim Heinrich Campe und Johann Bernhard Basedow. Basedow, der in seinen schulreformerischen Ideen unterstützt wurde von Moses Mendelssohn und Immanuel Kant, gründete

1774 in Dessau die „Schule der Menschenfreundschaft", die offen war für Kinder aller Konfessionen und damit auch für jüdische Kinder. Im Mittelpunkt der schulischen Erziehung stand ein lebensnaher Unterricht, der sinnlich und anschaulich aus dem Spiel der Kinder entwickelt wurde. Ohne den üblichen Gedächtnisdrill, ohne Strafrituale, sondern mit liebevoller Behandlung sollte der Verstand der Kinder trainiert und die Kinder zur Selbständigkeit angeregt werden.

In seiner Abhandlung „Konrad Kiefer oder Anweisung zu einer vernünftigen Erziehung der Kinder – Ein Buch fürs Volk" wendet sich Salzmann direkt an die Väter und ermutigt diese, neue Erziehungsmethoden anzuwenden. Der Spieltätigkeit des Kindes jedoch standen die meisten Philantropisten eher skeptisch gegenüber. Würde man den Kindern gestatten, diesen natürlichen Tätigkeitstrieb frei zu entfalten, so befürchteten sie, könne das zu einer gefährlichen Zügellosigkeit und Sinnlichkeit führen. Dies wiederum könne eine Bedrohung für das Gemeinwohl darstellen. Deshalb – damit das Spiel nicht in Wildheit ausartete – bestanden sie darauf, dass das Spiel des Kindes überwacht werden müsse, und zwar vom Vater. Und so heißt es bei Salzmann: „Anstatt dass man sonst, wenigstens in manchen übel unterrichteten Familien, die Spiele als sündlich und zeitverderblich verschrie, so setzen sich itzo ... die Väter und Lehrer selbst in den Kreis der Spielenden, schlagen Spiele vor, sind dazu behilflich" (zitiert nach Allen, A. T. 2000). In diesem Familienleben der Philantropisten hatte die Mutter für die Kindererziehung noch keine Bedeutung. Mutterschaft spielte wegen der „natürlichen", das heißt der biologisch bedingten Eigenschaften der Frau, zwar eine wichtige Rolle, aber eine kulturtragende Funktion in der Familie hatte kraft seiner moralischen Autorität der Vater – ihm oblag die Erziehungsaufgabe.

Pestalozzi entdeckt das pädagogische Talent der Mutter

Auch Pestalozzi war ein glühender Verehrer Rousseaus. Dessen pädagogischer Ansatz, dem Lernen aus unmittelbaren Sinnesanregungen und Erfahrungen gegenüber dem Lernen aus Büchern den Vorzug zu geben, griff Pestalozzi auf. Er grenzt sich zugleich aber auch von Rousseau ab, indem er einen Großteil der moralischen und kulturellen Verantwortung für die Kindererziehung der Mutter übertrug, weil er – anders als Rousseau und die Philantropisten – den Fähigkeiten und der Tatkraft von Frauen großes Vertrauen und Wertschätzung entgegenbrachte. In seinem Buch „Wie Gertrud ihre Kinder lehrt" (1802) beschreibt er die Bedeutung der Mutter-Kind-Beziehung für die Entwicklung des Kindes. Zuvor hatte er – erstmalig in der Geschichte der Pädagogik – diese systematisch bei den Müttern des bäuerlichen Milieus beobachtet und dokumentiert. Für Pestalozzi hat Mutterschaft von Geburt an vor allem eine soziale und moralische Funktion in der Erziehung des Kindes. In ihrem gesamten Umgang und Tun mit dem Kind wirkt die Mutter pädagogisch: „Von dem Augenblick an, da die Mutter das Kind auf den Schoos nimmt, unterrichtet sie es, indem sie das, was die Natur ihm zerstreut, in großer Entfernung und verwirrt darlegt, seinen Sinnen nahe bringt, und ihm die Handlung des Anschauens und folglich die von ihr abhängende Erkenntnis selber leicht angenehm und reitzend macht" (zitiert nach Allen, A. T. 2000). 150 Jahre, bevor die psychologische Bindungsforschung dies bestätigte, hat Pestalozzi erkannt, dass die emotionale Bindung des Kindes an die Mutter Grundlage dafür ist, dass Menschen als erwachsene Individuen in einer Gemeinschaft soziale Verantwortung übernehmen.

Die Erfahrungen aus den Wirrnissen der Französischen Revolution und der napoleonischen Besetzung hatten Pestalozzi misstrauisch werden lassen gegen jegliche Form traditioneller Autorität. Sein Verständnis von Mutterschaft stand in einem engen Zusammenhang mit seiner Suche nach einer gesellschaftlichen Ordnung, die den Wert der individuellen Freiheit mit dem der Einbindung in eine Gemeinschaft verknüpft. Hatte Rousseau Gesellschaft noch als eine Ansammlung voneinander unabhängiger „freier" Individuen beschrieben, die sich per Gesellschaftsvertrag zusammenschließen, so stellt sich Pestalozzi eine gesellschaftliche Ordnung vor, die aus einer Gemeinschaft von Individuen besteht, die einander vertrauen und füreinander da sind. Das Zusammengehörigkeitsgefühl der Menschen – nicht die individuelle Autonomie wie bei Rousseau – so wie sie sich in der Mutter-Kind-Beziehung ausdrückt – ist für ihn ein Prinzip, das nicht nur im privaten, sondern auch im öffentlichen Leben als Handlungsmaßstab gelten soll. Seine Vision von einer neuen, organischen – humanen – Gesellschaftsordnung, die auch eine Neuordnung des Verhältnisses von Mann und Frau einschließt, hat Pestalozzi in seinem Roman „Lienhard und Gertrud" beschrieben. Es war vor allem die Figur der Gertrud, deren pädagogisches Talent als Mutter, Lehrerin und Brotherrin für ihre leiblichen Kinder wie auch für die Lehrlinge Pestalozzi als eine genuin weibliche Fähigkeit betrachtete und die sein Werk für die Frauenbewegung im 19. Jahrhundert zum wichtigsten Bezugspunkt ihrer geistigen Selbstbestimmung werden ließ.

Das pädagogische Talent der Frau begründet Pestalozzi damit, dass die Frau im Gegensatz zum Mann weniger abstrakt und „mönchisch", sondern praktisch, umsichtig und empfänglich für das, was die Situation erfordert, handele. Bei Pestalozzi bahnt sich die Geschlechterdifferenz an, die noch heute als Differenzhypothese im Theorie-Praxis-Verhältnis der Kleinkindpädagogik anzutreffen ist: Der Mann denkt, die Frau handelt. Während Gesetzgeber und Pädagogen des ausgehenden 18. Jahrhunderts dem Wert der mütterlichen Erziehung als Instinkthandlung keine Bedeutung beimaßen, hatte diese mütterliche Erziehungsarbeit bei Pestalozzi eine zentrale kulturstiftende Bedeutung bekommen. Diese speziell von Frauen zu erbringende Leistung spiegelt auch das von Johann Heinrich Campe (1746–1818) – ebenfalls ein Pädagoge der Aufklärung – entwickelte Konzept des „natürlichen" Berufs der Frau als „Hausfrau, Gattin und Mutter" wider.

Die Berufung der Frau

Seit Martin Luther (1483–1546) verstand man im Protestantismus unter Beruf eine aus dem „Stand" oder dem „Amt" des Einzelnen sich ergebende Pflicht, Leistungen zu erbringen. Unter dem Einfluss der Aufklärung war dieses berufliche Tun nicht mehr nur ein Dienst an Gott und am Nächsten, sondern ein Dienst an der Gesellschaft. Es ging nicht mehr darum, dem „Ruf" (lat. *vocatio*) Gottes zu folgen, sondern mit seiner Arbeit sollte sich der Mensch nützlich machen, einen Beitrag für das Gemeinwohl erbringen. Mit diesem säkularisierten Verständnis von Berufsarbeit einher ging auch die Individualisierung der Berufswahl. Nicht mehr Tradition oder gar Zeichen göttlicher Weisung sollten darüber entscheiden, welche Leistungen der einzelne Mensch zu erbringen hat, sondern seine individuellen Anlagen und Fähigkeiten. Die ursprünglich theologische Gebundenheit des Berufskonzepts verlagerte sich von „vocation" hin zu „profession". In der deutschen Aufklärungspädagogik war die Bestimmung des Menschen, das heißt seine gesellschaftliche Nützlichkeit, das entscheidende Kriterium für seine Erziehung und Bildung. Johann Heinrich Campe, der den Berufsgedanken für das weibliche Geschlecht als erster ausformte, begründete sein Bildungskonzept für Frauen mit ihrer Bestimmung als „beglückende Gattinnen, bildende Mütter und weise Vorsteherinnen des inneren Hauswesens" (zitiert nach Mayer, Ch. 1996). Diese Konstruktion des „weiblichen Berufs" – auf der Ungleichheit der Geschlechter basierend und als von Gott gewollt und naturgegeben begründet – sollte zum Leitbild der bürgerlichen Mädchenerziehung des 19. Jahrhunderts werden.

Der Berufsbegriff der bürgerlichen Gesellschaft, wie er für die Bestimmung der Frau von Campe definiert worden war, beschränkte sich ausschließlich auf die Lebenswelt der bürgerlichen Frau. Bezogen auf die Frauen der unteren sozialen Schichten sprach man von Erwerbsarbeit, und die Erziehung dieser Schicht hatte sich an den Lebensverhältnissen dieser Mädchen zu orientieren.

Campe stellt sein Berufskonzept für die bürgerliche Frau – auch wenn sich ihr berufliches Wirken auf den häuslich-familiären Kreis beschränkt – dem des Mannes als funktional gleichwertig gegenüber. Dieses bürgerliche Bildungskonzept für Mädchen war – im Unterschied zu dem der Jungen – nicht an der individuellen Persönlichkeit beziehungsweise Begabung ausgerichtet. Vielmehr wurde das bürgerliche Bildungskonzept für die Frau zur Bildungsnorm für alle Mädchen erhoben und sollte bis in die zweite Hälfte des 20. Jahrhunderts das Schulsystem in Deutschland prägen. In den Leitsätzen der allgemeinen deutschen Lehrer, die auf einer Versammlung von 1857 in Frankfurt am Main formuliert wurden, heißt es: „Der Lebensberuf, für den das Mädchen gebildet werden soll, ist für alle Lebensverhältnisse derselbe: Gattin, Mutter und Hausfrau zu seyn." Mädchen zur wahren Weiblichkeit zu erziehen, war als allgemeines Bildungsziel Konsens – zumindest in der von Männern beherrschten Schulpädagogik. Denn der „Beruf des Weibes" für alle Stände sei kein anderer, „als eben Weib zu seyn, nicht sich, sondern Andern leben, Andern dienen, und darin vorzugsweise das Glück ihres Lebens suchen und finden" (zitiert nach Mayer, Ch. 1996).

Von der Königin Luise von Preußen (1776–1810) ist bekannt, dass sie sich mit dem Plan einer Erziehungsanstalt für Mädchen getragen hat, den sie wegen ihres frühen Todes jedoch nicht umsetzen konnte.

Sie verehrte Pestalozzi, besonders hatte es ihr der Roman „Lienhard und Gertrud" angetan. So ist zu vermuten, dass sie eine Bildungsanstalt für Mädchen im Sinn hatte, die vor allem das Bildungsziel verfolgen sollte, die mütterlichen Kräfte bei den Mädchen zu entwickeln und zu fördern. Im Andenken an die preußische Königin, die für die besonders in Deutschland ausgeprägte Mutterideologie zur Leitfigur avancierte, wurde 1811 in Berlin die „Luisenstiftung" gegründet, ein familienähnlich organisiertes Erziehungsinstitut für Mädchen „aller Stände", das auf deren zukünftige Aufgaben als Erzieherinnen vorbereitete. Das mütterliche Wirken in der Familie als *die* Berufsform für Frauen sollte in diesem Institut „geschult" werden. Insofern handelt es sich bei der Luisenstiftung um eine frühe Form der Berufsschule für Mädchen. Zugelassen wurden Mädchen im Alter von 18 bis 25 Jahren aus allen sozialen Schichten, wenn sie über die „nötigen Vorkenntnisse" verfügten und einen „unbescholtenen Ruf" hatten. Allerdings wurden zwei schichtenspezifisch unterschiedliche Ausbildungsgänge angeboten. Die Mädchen des Bürgertums wurden als Erzieherinnen unterwiesen, die Mädchen unterer sozialer Schichten als Wärterinnen. Die Berufsbezeichnung „Wärterin" verweist auf den Erwerbszweck des Ausbildungsganges. In den ersten öffentlichen Betreuungseinrichtungen für Kinder taucht der Begriff der Warteschule beziehungsweise der der Wärterin/Kinderwärterin wieder auf. Im Lehrplan der ersten „Berufsschule für Frauen" wird zwischen praktischen Unterrichtsinhalten, also solchen, die sich auf die „Betriebsamkeit und Gewandtheit in dem äußeren Verkehr des häuslichen Lebens" beziehen, und Inhalten, die dem „Fache des Wissenswürdigen" zugerechnet werden, unterschieden. Dabei handelte es sich offenbar um theoretische Fächer, die ausschließlich von Männern unterrichtet wurden, „welche beim Geschäfte des Unterrichts die Eigentümlichkeit des Geschlechtes zu berücksichtigen verstehen" (zitiert nach Allen, A. T. 2000).

In der strukturellen Verknüpfung von Lehre und Praxis, die sich in dieser Organisationsform an Pestalozzis Arbeitsschule anlehnt, kann man die Luisenstiftung als einen Vorläufer der Fröbelschen Kindergärtnerinnenseminare betrachten, die im letzten Drittel des 19. Jahrhunderts gegründet wurden. Allerdings lag die Lehre hier – ebenfalls die der theoretischen Fächer – in den Händen von Frauen, die eine allseitige und gründliche berufliche Bildung auch für Mädchen forderten.

Schon früh hatten sich Frauen zu Wort gemeldet und sich gegen das auf Ehe und Mutterschaft beschränkte Berufskonzept ausgesprochen. Betty Gleims Buch „Erziehung und Unterricht des weiblichen Geschlechts" (1810) ist eines der frühesten und wichtigsten feministischen Zeugnisse des deutschsprachigen Raumes. Betty Gleim, Leiterin der in jener Zeit bedeutendsten Mädchenschule in Bremen und mit Pestalozzi persönlich bekannt, nahm dessen Behauptung von der kulturbildenden Funktion der Mutterrolle ernst. Weil eine solche Wertschätzung der Mutterrolle nicht mit geistiger Unterlegenheit, mit Unterordnung und Abhängigkeit der Frau vom Mann zu vereinbaren sei, forderte sie eine gründliche und allseitige Bildung auch für die Frauen.

Betty Gleim gehörte zu den ersten Frauen, die auf den Zusammenhang von Mutterschaft, Stellung der Frau und Theorieorientierung in der Pädagogik hingewiesen hat, wenn sie schreibt:

wahrlich, wahrlich, das ausgesprochene Wort: „was Du bist, wird einst Dein Kind!" ist von einer solchen unermesslichen Wichtigkeit, dass, wenn es recht lebendig gefühlt und begriffen würde, jede Mutter zittern und zagen müsste vor der Verantwortung, die sie hat, Menschenbildnerin, Erzieherin eines vernünftigen Geschöpfes zu sein. (Zitiert nach Blochmann, E. 1966)

Wegen der Bedeutung dieser Aufgabe und der damit verbundenen Verantwortung für die Gesellschaft fordert Gleim eine entsprechend umfassende Bildung für Mädchen. Sie macht gleiches Recht auf intellektuelle Förderung für Jungen und Mädchen geltend, wobei sie jedoch von geschlechtsspezifischen Unterschieden ausgeht. Den Frauen schrieb sie vor allem „warme Theilnahme an Anderer Noth, an Anderer Freude, die Kraft der Geduld und der Liebe" (zitiert nach Blochmann, E. 1966) zu. Bedenken, die manche ihrer Zeitgenossen erhoben, Frauenbildung könne den Familienzusammenhalt zerrütten, begegnete sie mit dem Argument, dass eine Selbstentfaltung der weiblichen Persönlichkeit vielmehr die innere Balance der Frau und damit ihre Integrationsfähigkeit stärken würde.

Schon Gleim ging davon aus, dass nicht alle Frauen heiraten würden und forderte deshalb Erwerbsmöglichkeiten für die unverheirateten Frauen. Neben einer gründlichen höheren Bildung setzte sie sich ein für eine berufliche Bildung von Frauen nach dem Modell des von Pestalozzi gegründeten Lehrerinnenseminars, dem „Töchterinstitut" in Iferten (Yverdon), das weltbekannt wurde und auch Fröbel – als er Pestalozzi in Iferten besuchte – tief beeindruckte. Ein solches Erziehungsinstitut war für Betty

Gleim nicht nur geeignet für die Ausbildung von Lehrerinnen für den Elementarunterricht, sondern auch, um die Mädchen für die private wie auch institutionalisierte Kinderpflege auszubilden.

In einer Studie über die Anfänge des Mädchenschulwesens in Deutschland mit dem Titel „Das ‚Frauenzimmer' und die ‚Gelehrsamkeit'" (1966) stellt Elisabeth Blochmann (1892–1972), die 1930 als erste Frau auf einen Lehrstuhl für Pädagogik an einer deutschen Universität berufen wurde und 1934 nach England emigrieren musste, Betty Gleim und deren Mädchenschule der „gründlichen und allseitigen Bildung" vor. Sie charakterisiert Betty Gleim mit einem Zitat von ihr, das durchaus auch heute noch Aktualität besitzt:

Was macht viele Weiber so unmuthig in ihrem eigenen Hause? Was treibt sie aus demselben hinaus und lässt sie nur außer demselben ihr Vergnügen suchen? Nichts als die innere Leerheit und Langeweile, nichts als die Unfähigkeit, sich selbst zu beschäftigen, oder die Begierde, sich zu zeigen, die Eitelkeit, die Putzsucht, die Gefallsucht. Eine Frau von wahrer und allseitiger Bildung fühlt diese Leere und Langeweile nicht.

Frauenrechte sind Menschenrechte

Die Anfänge der Frauenbewegung in Deutschland regten sich zwar erst Mitte des 19. Jahrhunderts – die Idee des Feminismus wurzelt jedoch in der Aufklärung und im Gedankengut der Französischen Revolution von 1789. Eine neue Gesellschaftsordnung auf der Grundlage der Ideale von Freiheit, Humanität und Menschenrechten stellte die bisherigen Wertvorstellungen, wie die der angeborenen Privilegien des Adels, in Frage. Eine auf Arbeit und Leistung, Pflicht und Fleiß beruhende Lebensführung, die Wertschätzung von Bildung, Kultur und Wissenschaft, eine liberale Grundeinstellung und das eigenverantwortliche Engagement für die Gemeinschaft gehörten zum Selbstverständnis der in ganz Europa neu entstandenen bürgerlichen Gesellschaft.

Waren die Menschenrechte zunächst als bloße Männerrechte formuliert worden, so führte die durch die Französische Revolution ausgelöste Demokratiebewegung zu der konsequenten Einsicht, dass Freiheit und Gleichheit aller Menschen bedeutet, die Frauen als die eine „Hälfte der Menschheit" einzubeziehen. Mit der Verkündung des „Code civil" von

1804 wurde das modernste Zivilrecht Europas erlassen. Diese von Napoleon I. veranlasste Gesetzessammlung, die getragen wird von den noch heute gültigen Grundgedanken der Französischen Revolution, Frauen und Männern, Armen und Reichen, Juden und anderen Minderheiten die Gleichheit vor dem Gesetz zu garantieren, breitete sich als Idee auch über die von Napoleon westlich des Rheins eroberten Gebiete aus. Zugleich entstand bei den gebildeten Schichten des deutschen Bürgertums im Zusammenhang mit dem Freiheitskampf gegen Napoleon (1813) der Wunsch nach einer einheitlichen deutschen Nation und formierte sich eine liberal-nationale Opposition. Die Französische Revolution schien auch für die Juden eine neue Welt heraufzuführen. Die religiöse Lebensform des christlichen Europas hatte an Boden verloren und damit auch das jahrhundertealte Gefühl der Juden, im Exil zu leben. Im Jahre 1812 – noch unter dem Einfluss Napoleons – hatte man in Preußen den Juden Zugang zu Ämtern und einer Universitätskarriere eröffnet. Elf Jahre später wurde dieses Edikt jedoch schon wieder eingeschränkt. Im Kampf gegen Napoleon und die französische Besatzung definierten sich die Deutschen erstmalig als Nation. Die deutschen Juden standen auf der Seite der deutschen Nationalisten. Viele Juden ließen sich aus dem Wunsch heraus, dazuzugehören, taufen.

Familienbild und Rolle der Frau im Bürgertum

Schon in der vorindustriellen Zeit, als die Familie noch eine Produktionsgemeinschaft war, gab es aus Effizienzgründen eine geschlechtsspezifische Arbeitsteilung zwischen Mann und Frau. Und schon immer waren die Frauen für die Aufsicht der kleinen Kinder zuständig gewesen. Sei es, dass die Dorfkinder während der Erntezeit beaufsichtigt werden mussten oder dass in wohlhabenden Familien dem Kindermädchen die Fürsorge für die Kinder übertragen wurde. Üblicherweise wurden also die hausfernen Arbeiten von Männern ausgeführt und die hauszentrierten Arbeiten von Frauen. Dennoch hatten beide Geschlechter gleichermaßen Anteil an den Produktions- und Reproduktionsleistungen, die der Lebenssicherung dienten.

Die mit der Industrialisierung einhergehende räumliche Trennung von Erwerbs- beziehungsweise Lohnarbeit und Familie führte zu einer Trennung der Lebenswelten in eine des öffentlichen Raumes, die der Produktion diente, und in eine des privaten Raumes: die der Reproduktion.

Mit dieser neuen Ordnung von Lohnarbeit außerhalb der Familie und der nicht bezahlten Hausarbeit in der Familie einher ging ein allmählicher Wandel des Frauenbildes in der bürgerlichen Gesellschaft. Der emotionalen und regenerativen Funktion, der „Nestwärme", die das Private der Familie ausmacht und wofür die Frau zuständig ist, wird eine feindliche, kalte Arbeitswelt gegenübergestellt, in der der Mann sich nur dann erfolgreich behaupten kann, wenn er sich in der Familie von ihr erholen kann. Die in der vorindustriellen Zeit noch funktional definierte geschlechtsspezifische Arbeitsteilung zwischen Mann und Frau wird nunmehr mit dem unterschiedlichen Wesen beziehungsweise Charakter der beiden Geschlechter begründet. Familienarbeit ist fortan eine dem „Wesen" der Frau gemäße Arbeit.

Interessant und Auslöser für die Frauenbewegung im 19. und 20. Jahrhundert ist es, dass trotz der negativen Bewertung der männlichen Außenwelt („der Mann muss hinaus ins feindliche Leben ...", Friedrich Schiller) diese gesellschaftlich höher bewertet wird, weil hier der Ort ist, wo wirklich gearbeitet wird. „Arbeit" – verstanden als ernsthafte Auseinandersetzung des Menschen mit dem Leben und als ethischer Anspruch des Menschen an sich selbst.

Das Bewusstsein für den Wert der Haushaltsführung, der Familienarbeit einschließlich der Erziehung der Kinder – durch die Frau im Haus ausgeführt – schwindet zunehmend, erscheint an der nach Arbeitszeit und Arbeitsentgelt gemessenen Lohnarbeit des Mannes als unökonomisch und daher lediglich als Beschäftigung und nichts Ernsthaftes. Als Maß aller Dinge gelten von nun an der Einzelne und sein Einkommen. In den modernen Gesellschaften, die sich als Leistungsgesellschaften definieren, sind die bürgerliche Existenz, die soziale Anerkennung und die gesellschaftliche Reputation des Einzelnen vorrangig an seine Stellung innerhalb der Arbeitswelt gebunden. Hinzu kommt, dass die soziale Absicherung der Familie an das Arbeitsverhältnis des Mannes – des Ernährers der Familie – geknüpft war.

Mit diesem sozialen Wandel ist auch eine Hierarchisierung der Verhältnisse verbunden, und zwar die zwischen dem produktiven und dem reproduktiven Arbeitsbereich wie auch die zwischen Mann und Frau. Für die Frauen ist dieses neue Geschlechtsrollenverständnis mit einem

Identitätsverlust verbunden. Sozialen Status erlangt die Frau nur dadurch, dass sie heiratet und die Rolle der Ehefrau, Hausfrau und Mutter übernimmt. Sie genügt ihrer Bestimmung, wenn sie im Binnenraum der Familie – selbstlos handelnd – nur für ihren Mann und die Kinder da ist. Diese neue Ordnung setzt sich im Bürgertum schnell durch. Nicht so im Proletariat. Die soziale und finanzielle Not der Arbeiterfamilien ließ eine solch klare Trennung nicht zu.

Die soziale Not der Industriearbeiterfamilien und die Kleinkindbewahranstalten

Da die Industrien sich zunächst auf wenige Gebiete konzentrierten, wurden auch nur dort die verheerenden Folgen der Industrialisierung für die Arbeiterfamilien sichtbar. Frauen- und Kinderarbeit, eine Verschlechterung der Lebensbedingungen verbunden mit einer hohen Kindersterblichkeit, ein Absinken des Bildungsniveaus und eine allgemeine Gefährdung der psychischen und physischen Entwicklung der Kinder nahmen dramatische Züge an. Erst 1839 wurde in Preußen die Kindernachtarbeit und die Beschäftigung von Kindern unter neun Jahren in Fabriken und Bergwerken untersagt.

Louise Otto (1819–1895), die Wortführerin der sich formierenden bürgerlichen Frauenbewegung, engagierte sich – im Unterschied zu anderen Mitstreiterinnen – schon früh für die in Not geratenen Industriearbeiterfamilien. Mit karitativen Leistungen, zu denen auch die Schaffung von Betreuungsangeboten für kleine Kinder gehörte, suchte das Bürgertum die Not der Industriearbeiterfamilien zu lindern. Ab 1834 entstehen in Deutschland erste Institutionen zur familienergänzenden Erziehung und Betreuung von Kindern im vorschulischen Alter. Diese Kleinkindbewahranstalten breiten sich rasch aus. Um 1840 gab es bereits in fast allen größeren Städten Deutschlands Bewahranstalten. In Berlin waren es 1845 allein 29 Anstalten mit 3635 Kindern im Alter von zwei bis sechs Jahren. Finanziert wurden diese Einrichtungen teils aus Spenden, teils aus öffentlichen Mitteln der Armenfürsorge. Dies erlaubte es auch dem Staat, Einfluss auf die Erziehungsziele der von ihm geförderten Einrichtungen zu nehmen. Auch wenn es sich bei den Kleinkinderbewahranstalten vorrangig um Betreuungsleistungen handelte, ging es bei diesen frühen Formen institutioneller Kleinkindererziehung auch um ein öffentliches Angebot, das in seiner pädagogischen Programmatik schichtenspezifische Erziehungsziele verfolgte. Der Staat achtete darauf, dass Standesinteressen gewahrt wurden und Kinder nicht „über ihren Stand erzogen" wurden, sondern auf eine Beschränkung ihrer Lebensbedürfnisse und Lebensansprüche vorbereitet wurden. In der Satzung des „Zentralvereins für das Wohl der arbeitenden Klassen", der von der preußischen Regierung darin unterstützt wurde, „Bewahranstalten für die Kinder der Fabrikarbeiter" einzurichten, ist unter anderem davon die Rede, dass die Kinder der besitzlosen Klasse zur Achtung vor dem Privateigentum, zur Bescheidenheit, Genügsamkeit und Dankbarkeit zu erziehen seien, damit sie sich niemals gegen den Stand der Besitzenden erhöben. In den Kleinkinderbewahranstalten sei alles zu vermeiden, was bei den „Pfleglingen" den „Hang zum Wohlleben hervorruft und Bedürfnisse erzeugt, die in späteren Lebensjahren nicht mehr befriedigt werden können und im Entbehrungsfalle leicht eine Quelle der Unzufriedenheit und des Unfriedens eröffnen dürften." Es soll verhindert werden, „in den Kinderherzen Wünsche zu wecken, die das Leben nicht gewähren kann." Deshalb wird auch geraten, dass die Märchenwelt den Kindern verschlossen bleiben solle, „sie dürfen sich nicht nach wohltätigen Feen sehnen", die Erziehung solle vielmehr auf „die späteren Verhältnisse wirken und das ganze Lebensschicksal der Kinder vor Augen haben" (zitiert nach Heinsohn, G. 1974).

Der Tagesablauf war stundenplanmäßig gegliedert. Schulische Übungen und intensive religiöse Unterweisungen dienten vor allem der Disziplinierung.

Die Aufsicht über die Kinder in einer Bewahranstalt, in der die älteren schon zu kleinen Arbeiten angeleitet wurden, die dann verschenkt oder auch verkauft wurden, lag in den Händen einer angelernten Wärterin, die in der Regel aus der unteren sozialen Schicht kam, oder einer Frau des Bürgertums, die sich ehrenamtlich für solche Aufgaben zur Verfügung stellte. Denn auch wenn die bürgerliche Frau nicht den Mühen und Kämpfen des Erwerbslebens ausgesetzt war, in dem sich der bürgerliche Mann bewähren musste, sollte sie sich doch auch nicht der Muße hingeben. Das sozialkaritative Engagement vieler bürgerlicher Frauen war einerseits Ausdruck der Unzufriedenheit, die sie in Bezug auf ihre Rolle und die auferlegte Stigmatisierung, ein – im Unterschied zum Mann – unproduktives Mitglied der Gesellschaft sein zu müssen, empfanden. Zum anderen entsprach das soziale Engagement der bürgerlichen Frauen auch dem Gebot der christlichen Nächstenliebe.

Die ersten Einrichtungen der öffentlichen Kleinkinderziehung, die in der ersten Hälfte des 19. Jahrhunderts in Deutschland entstanden, waren – auch wenn sie wie die von Fliedner gegründeten christlichen Kleinkinderschulen schon eine pädagogische Absicht verfolgten – nicht Teil des Schulsystems, sondern der Armenfürsorge. Darin unterschieden sie sich von ähnlichen Einrichtungen in Großbritannien und Frankreich. Jenseits erwerbsberuflicher Intentionen und eng mit kirchlichem Amt und christlich motiviertem Dienst am Nächsten verbunden, hatte der evangelische Pfarrer Theodor Fliedner (1800–1864) in Kaiserswerth 1836 eine christliche Kleinkinderschule und eine Diakonissenausbildungsstätte für Kleinkinderschullehrerinnen geschaffen. Die von ihm ausgebildeten Diakonissen übernahmen vor allem im Rheinland und in Westfalen die Erziehung der Kinder in den Kleinkinderschulen. Anders als beim englischen Vorbild wurde in diesen Kleinkinderschulen kein schulischer Lernstoff wie Lesen und Schreiben vermittelt, auch wenn schulische Zeitstrukturen und disziplinierte Lernformen den Tagesablauf in der Kleinkinderschule prägten. Fliedner ging es vor allem um eine religiöse Erziehung und – indirekt – um eine Erneuerung des Glaubens, weil er mit Sorge die Abkehr der unteren Schichten von den Lehren der Kirche beobachtete.

Kleinkinderschulen waren ein Angebot der Kirche, um die Not der Arbeiterfamilien zu lindern, doch das hatte seinen Preis:

Diese religiöse Erneuerungsbewegung trug staatsloyale Züge, indem sie unter unbedingter Anerkennung der gegebenen gesellschaftlichen Ordnung die Unter- und Einordnung des Menschen in diese von Gott gefügten Verhältnisse empfahl und damit systemstabilisierend wirkte. (Erning, G. 1987)

Fliedner wie auch andere Personen, die der von Johann Hinrich Wichern (1808–1881) 1848 gegründeten Inneren Mission nahe standen, waren deshalb entschiedene Gegner der als atheistisch betrachteten Fröbelschen Pädagogik, so dass zwischen beiden Ansätzen kaum Berührungspunkte bestanden. Dennoch setzte sich Fröbels Kindergartenpädagogik nicht nur in Deutschland durch. Fröbel gehört vielmehr zu den wenigen deutschen Pädagogen, die weltweit Geltung gefunden haben,

Der „Beruf des Weibes" 31

Abb. 1 Warteschule, 1840

weil er mit seinem ganzheitlichen Ansatz, mit seinem Hinweis auf die Bedeutung des Kinderspiels für die Selbst-Bildung des Kindes und mit dem von ihm entwickelten didaktischen Material ein eigenständiges elementarpädagogisches Bildungsprogramm für die Kinder im vorschulischen Alter entwickelt hat, das nicht schulische Lerninhalte und Lernformen vorwegnahm. Deshalb stellte seine Pädagogik die Weichen für die Weiterentwicklung der öffentlichen Kleinkinderziehung und die Entwicklung eines pädagogischen Expertenberufs für die elementare Bildung des Kindes.

2 Politik und Pädagogik um 1848

Revolutionär war Fröbels Pädagogik vor allem deshalb, weil sie eine Demokratisierung des Bildungswesens in Deutschland zum Ziel hatte. Seit Pestalozzi gab es in Deutschland – parallel zu den aufgrund sozialer Notlagen eingerichteten Betreuungseinrichtungen – eine pädagogische Tradition, die sich eine verbesserte Volkserziehung zum Ziel gesetzt hatte. So entstanden neben den Bewahranstalten und christlichen Kleinkinderschulen für arme Kinder auch Einrichtungen mit gehobenen pädagogischen Ansprüchen für Kinder des Bürgertums, wie die von Julius Fölsing (1818–1882) gegründeten Kleinkinderschulen. Fölsings Konzeption stellt eine im Kern nach sozialen Klassen getrennte Erziehung von Kindern im vorschulischen Alter dar. Die Kinderbewahranstalt sollte vor allem die Funktion haben, unbeaufsichtigte Kinder aus dem Proletariat vor der Verwahrlosung zu bewahren. Die Kleinkinderschule, die Kinder des verarmten Bürgertums stundenweise besuchen sollten, verfolgte eine pädagogische Zielsetzung, wollte die Kinder in ihrer Entwicklung fördern. Obwohl Fölsing wie Fröbel auch eine Ausbildungsstätte gründete, unterschied er sich in dieser ständischen Konzeption der vorschulischen Bildungseinrichtung erheblich von Letzterem.

Fröbel war also nicht der einzige seiner Zeit, der die Bedeutung der frühkindlichen Bildung erkannt hatte. Im Unterschied zu Fliedner und Fölsing hat er jedoch nicht nur mit der Bezeichnung „Kindergarten" für eine begriffliche Klarheit gesorgt, die deutlich macht, dass er „Bildung" nicht als „Schulung" versteht. In seinen Erziehungszielen ist er den humanistischen Grundprinzipien der Aufklärung verpflichtet. In der Methodik orientiert er sich an Pestalozzi, wonach das Leben selbst, die unmittelbare, ganzheitliche Erfahrung mit Kopf, Herz und Hand bildet.

Wie Pestalozzi versteht auch Fröbel die „Elementarbildung" als unterste Stufe der „Menschenerziehung" – so der Titel des Hauptwerks von Fröbel, das 1826 erschien. Schulbildung sei nur dann erfolgreich, wenn diese elementare Bildung, die Fröbel als Selbst-Bildung des Kindes versteht, der Schulbildung vorausgehe. Spricht Pestalozzi von der „Tat-Handlung" des Kindes, der er eine schöpferisch-bildende Funktion zuweist, so tritt bei Fröbel an diese Stelle das Spiel des Kindes als ein dem

Alter des Kindes entsprechender Modus, sich die Welt anzueignen, zu bewältigen, kurz zu lernen. Zunächst war es Fröbel darum gegangen, Mütter auf ihre Erziehungsaufgaben besser vorzubereiten. Spielmaterialien, die er entwickelt hatte, sollten die Förderung des frühkindlichen Bildungs- und Entwicklungsprozesses unterstützen. Er unterwies die Mütter in dieser Methode, damit sie diese zu Hause anwenden konnten. Der erste institutionalisierte Kindergarten scheint sich dann aus diesen Spielkreisen entwickelt zu haben. 1839 richtet er in Bad Blankenburg eine „Spiel- und Beschäftigungsanstalt zur Erziehung und Bildung von Kinderpflegerinnen, Kindermädchen, Kinderwärterinnen" ein. Noch geht es ihm um eine Unterweisung beziehungsweise um eine Fortbildung des in den Bewahranstalten tätigen Personals zu „Spielführern" und um eine Einführung der Mütter in seine Methode; 1840 bezeichnete er diese Anstalt dann zum ersten Mal als „Kindergarten" (Friedrich-Fröbel-Museum [Hrsg.] 1999).

Friedrich Fröbel (1782–1852), der als Freiwilliger am Napoleonischen Befreiungskrieg teilgenommen hatte und Befürworter der nationalen Einheit war, sympathisierte mit den Ideen der Revolution von 1848/49. Ziel aller Erziehung war für ihn, die Menschen auf die Herstellung einer neuen Ordnung vorzubereiten, die sich nicht auf Zwang und Autorität gründete, sondern auf freiwillige Bindung des Individuums an die Gemeinschaft. Schon 1820 hatte sich Fröbel mit einer Schrift, in der er für das von ihm gegründete Landerziehungsheim Keilhau (Thüringen) warb, direkt „An das deutsche Volk" gewandt, was angesichts der obrigkeitsstaatlichen Verhältnisse außerordentlich mutig war. Aber für Fröbel war Demokratie nicht nur eine Staatsform, sondern auch und vor allem eine Lebensform. Das vermittelt seine Pädagogik in Theorie und Praxis. So wissen wir unter anderem aus den Erinnerungen seines Neffen Julius Fröbel, der in Keilhau sein Schüler war und im so genannten Vormärz maßgeblich an der Verbreitung von revolutionären Flugschriften – darunter die Flugschriften des radikalen jüdischen Demokraten Johann Jacoby (1805–1877) – beteiligt war, dass zwischen den Lehrern und Schülern in diesem Landerziehungsheim nicht nur das partnerschaftliche „du" verwendet wurde, sondern Lehrer wie Schüler einfache Kleider trugen und lange Haare hatten, viel Sport trieben und zusammen größere Wanderungen unternahmen, auf denen durchaus auch Freiheitslieder sowie „Spottlieder auf gekrönte Häupter Deutschlands" gesungen wurden. Fröbel schreckte nicht davor zurück, den politisch verfolgten Burschenschaftler Johannes Arnold Barop in seine Erziehungsanstalt zu holen und sich öffentlich kritisch über die Zustände der Erziehung und Bildung in Deutschland zu äußern.

Seine Idee des Kindergartens steht im Kontext einer sich als Zivilgesellschaft verstehenden Gemeinschaft, in der sich selbständige, politisch und sozial engagierte Bürger und Bürgerinnen zusammenschließen, um gegen bestehende Verhältnisse und politische Strukturen zu protestieren. Das Fürstentum Schwarzburg-Rudolstadt (Thüringen), in dem Fröbel zur Zeit der revolutionären Ereignisse von 1848 lebte und wirkte, war ein fortschrittliches Gemeinwesen. Der amtierende Fürst hatte die Zeichen der Zeit erkannt, dass nämlich ein ökonomisch erstarktes und politisch denkendes Bürgertum nicht mehr absolutistisch zu regieren war. So ließ er es am 7. März 1848 geschehen, dass sich ein Konzert des örtlichen Männergesangvereins zu einer antifeudalen Kundgebung entwickelte. Während die Rudolstädter Bürger ein freies und einiges Deutschland forderten, bereitete Fröbel ein Rundschreiben für eine im Sommer geplante Lehrerversammlung vor, die sich der Sache des Kindergartens, den er 1840 in Bad Blankenburg (Thüringen) gegründet hatte, annehmen sollte. Wegen seines Alters – er war 66 Jahre alt – beteiligte er sich nicht mehr aktiv an den Geschehnissen, fühlte sich aber den demokratischen Ideen zutiefst verpflichtet, wie in seinen Tagebuchaufzeichnungen nachzulesen ist. Er wandte sich mit seiner Einladung an „Volkslehrer und Freunde deutscher Volkserziehung, besonders von Kindergärten", von denen es inzwischen mehrere gab. In einer weiteren Einladung an Väter und Mütter beziehungsweise an Männer und Frauen warb er auch um deren Teilnahme. In dieser Einladung stellte Fröbel programmatisch seine Ideen zu einer Reform der Volkserziehung dar:

In ganz Deutschland denkt man an eine Reform der Volkserziehung ... Vor allem richtet sich der Blick ... nicht bloß auf die Volksschule, nicht bloß auf die Fortbildung der aus ihr Entlassenen, sondern ganz besonders auch auf die fast ganz fehlende Vorbildung der noch nicht schulpflichtigen Jugend. Es gilt, vor allem den so oft übersehenen, unscheinbaren Grund zu legen, wenn der Bau der Volksbildung gelingen soll; es gilt, die bei Reich und Arm so ganz unvollkommene häusliche Erziehung der kleinen Kinder durch öffentliche Anstalten hier zu unterstützen, dort zu ergänzen. Es fehlten anerkanntermaßen in unsern Verhältnissen der großen Mehrzahl der Eltern Zeit, Mittel, Geschick und Einsicht, ja selbst die sitt-

liche Grundlage, um eine naturgemäße menschliche Entwicklung durch frühe Weckung des geistigen Lebens und Übung der körperlichen Kräfte ihrer Kinder organisch anzubahnen und dadurch allen anderen Bildungsanstalten vorzuarbeiten, deshalb muss der Staat durch Errichtung von Kleinkindererziehungsanstalten vermittelnd eingreifen, nicht bloß um allen Eltern Anleitung zu geben, wie man kleine Kinder erziehen und beschäftigen müsse, sondern auch, um in den also erzogenen Kindern sich einst bessere Eltern heranbilden. Bereits hat man solche Erziehungsanstalten als Kindergärten, Kinderschulen, Mutterschulen, Spielschulen, Kleinkinderbewahranstalten, namentlich in größeren Städten Deutschlands eingerichtet, während ähnliche Anstalten in Italien und Frankreich etc. bestehen, und die allgemeine Einrichtung von Mutterschulen (écoles maternelles) eine der ersten Verordnungen der neuen französischen Regierung war. Auch die Lehrer, die ihre Zeit verstehen, verlangen überall allgemeine Einrichtung von Kindergärten in jedem Gemeinde-Schulbezirke, und das so eben ausgegebene Programm für die zweite sächsische Lehrerversammlung, welche Anfang August d. J. wahrscheinlich in Dresden abgehalten werden soll, nennt unter den allgemeinen Volkserziehungsanstalten, welche in jeder Gemeinde bestehen müssen, zunächst: ‚die Kindergärten, welche die physische Pflege und geistige Entwicklung der Kinder vom zartesten Alter bis zum sechsten Jahre übernehmen und zugleich für Mädchen und Frauen als Übungsschulen in der Kinderpflege dienen sollen'. Wenn ... unter unserm Volke, ja selbst unter den Lehrern, hier und da die hohe Bedeutung, die Zweckmäßigkeit und Ausführbarkeit einer solchen öffentlichen Kleinkinderziehung in Kindergärten in vollem Maße noch nicht erkannt worden sein sollte, so trugen gewiss nur Unkenntnis und Mangel aller Anschauung die Schuld. Diese Vorurteile zu beseitigen und alles zu tun, um die Unentbehrlichkeit und Ausführbarkeit einer öffentlichen Kleinkindererziehung allen so klar zu machen, dass die Macht der öffentlichen Meinung, dass die Stimme des Volkes überall die so segensreichen Kindergärten ins Leben rufe, ist eine heilige Aufgabe aller Freunde des Volks und der Volkserziehung. (Zitiert nach Friedrich-Fröbel-Museum [Hrsg.] 1999)

Bemerkenswert an diesem Rundschreiben sind nicht nur die immer noch aktuellen Bezüge der Aussagen, sondern vor allem auch die Allianz der Schulpädagogen und der Kleinkindpädagogen. Fröbels Aufruf ist der Aufruf eines Bürgers, eines Intellektuellen, der sich einmischt. Einer, der die Gestaltung der gesellschaftlichen Verhältnisse nicht den Verwaltern der Macht, nicht dem Staat überlassen will. Intellektuelle sind – so der französische Soziologe Pierre Bourdieu – Menschen, die „ihre Kompetenz im autonomen Feld der Kultur" dazu nutzen, um „kritisch zugunsten universeller Werte zu intervenieren" (Bourdieu, P. 1987). Fröbel intervenierte, machte sich zum Anwalt von Kindern und deren Familien.

Er argumentierte als Bürger und als Pädagoge, weil es für ihn nicht nur um Fachfragen, sondern auch um politische Entscheidungen ging. Fröbel hatte in den 1840er Jahren sein pädagogisches Konzept für den Kindergarten entwickelt. Sein Ziel war es, in einem neu und demokratisch organisierten Schulwesen die Volksbildung aller Kinder zu sichern und den Kindergarten, die Elementarerziehung, die für Fröbel immer zugleich auch Elementarbildung war, als unterste Bildungsstufe zu verankern. Hier sollte den Kindern – unabhängig von ihrer sozialen Herkunft und ihrer Religionszugehörigkeit – Raum zur freien Entfaltung gegeben werden und – unter systematischem Einbezug des Spiels als eines dem Alter der Kinder angemessenen pädagogischen Mittels – die Kinder zur Selbständigkeit, Selbsttätigkeit und zur Gemeinschaftlichkeit erzogen werden. Indem Fröbel die Mütter in die Arbeit des Kindergartens einbezog, wollte er sie nicht nur in ihrem Erziehungshandeln fördern, sondern auch eine Verbindung zwischen öffentlicher und familiärer Erziehung herstellen.

Der Kindergarten soll Kindern des vorschulischen Alters eine ihrem ganzen Wesen entsprechende Bethätigung geben; ihren Körper kräftigen, ihre Sinne üben und den erwachenden Geist beschäftigen – und sie sinnig mit der Natur und der Menschenwelt bekannt machen, besonders auch Herz und Gemüth richtig leiten und zum Urgrunde alles Lebens, zur Einigkeit mit sich, hinführen. (zitiert nach Heiland, H. 1982)

Am 19. August 1848 beschloss die von Fröbel einberufene Versammlung von etwa 300 Volksschullehrern, Erziehern und interessierten Männern und Frauen in Rudolstadt, das Kindergartenkonzept Fröbels den deutschen Regierungen anzuempfehlen. Noch im gleichen Jahr richtet Wilhelm Middendorf, engster Mitarbeiter Fröbels, eine Denkschrift mit dem Titel „Die Kindergärten. Bedürfnis der Zeit. Grundlagen einigender Volkserziehung" an die Nationalversammlung mit Sitz in der Frankfurter Paulskirche. Fröbel und seine Freunde wussten, dass es darauf ankam, für seine Ideen politische Unterstützung zu finden, Überzeugungsarbeit vor Ort zu leisten und Bündnispartner zu suchen, die er in den freireligiösen Gemeinden Norddeutschlands fand, die sich als Gegenbewegung zu der eher orthodoxen, preußisch-protestantischen Landeskirche formiert hatten und bei den Frauenvereinen, die sich zunächst zum Zwecke der Wohltätigkeit zusammengeschlossen hatten.

An die „deutschen Frauen und Jungfrauen"

Während der Märzrevolution hatte das Fröbelsche Konzept zahlreiche Anhänger und Anhängerinnen gewonnen. Louise Otto hatte in der von ihr herausgegebenen Frauenzeitung wiederholt zur Unterstützung des Kindergartens aufgerufen. Viele Frauen interessierten sich für eine Tätigkeit im Kindergarten und eine Ausbildung als Kindergärtnerin. Fröbel selbst hatte um sie geworben. Doch obgleich Fröbel – wie Pestalozzi – die Leistung der Frau als Erzieherin im frühen Kindesalter hoch bewertete und der Plan einer Mutterbildung in seinem Bildungs- und Erziehungskonzept einbezogen war, fasste er den Begriff „Mutter" sehr viel weiter als Pestalozzi: „Mutter heißt bei ihm jeder", schreibt 1850 Wichard Lange, ein enger Vertrauter Fröbels, „der das Wesen des Kindes in seiner Erscheinung in den verschiedenen Lebensperioden mit Gemüth erfasst und pflegt" (zitiert nach Allen, A. T. 2000). Fröbel wünschte sich auch in der Erziehung des kleinen Kindes die Beteiligung des Mannes. „Erziehung zur Bildung des Menschen soll nicht nur dem weiblichen Geschlecht übertragen werden, sondern das mehr von außen lehrende männliche Geschlecht gehört nach dem Gesetz des Gegensatzes nicht minder dazu, und seine Mitwirkung zur Bildung muss nicht nur in den Knaben-, sondern schon in den Kinderjahren beginnen", kommentierte Wichard Lange (1863, zitiert nach Allen, A. T. 2000) die Haltung Fröbels. Die Beteiligung von Männern an der Kleinkinderziehung im Kindergarten resultierte bei Fröbel einerseits aus einer dem Zeitgeist entsprechenden Sichtweise von der Polarität der Geschlechter und der notwendigen Ergänzung zu einem harmonischen Ganzen. Andererseits – davon wird noch die Rede sein – standen in den frühen 1840er Jahren einer außerhäuslichen Ausbildung bürgerlicher Frauen noch vielfältige Hindernisse entgegen. Unter dem Druck des bestehenden Geschlechterverhältnisses und der in der Regel engen Anbindung der bürgerlichen – noch nicht verheirateten – Tochter an das Haus wollte Fröbel die „Ausführbarkeit" seiner Kindergartenkonzeption nicht noch erschweren. Fröbels erste Ausbildungspläne bestanden deshalb darin, die Ausbildung der Kleinkindpädagogen in die bestehende Form der Volksschullehrerausbildung zu integrieren beziehungsweise „die gebildeten jungen Männer, deren späterer Beruf Volksbildung sein wird" (zitiert nach Mayer, Ch. 1996), durch spezielle Kurse im Anschluss an die Lehrerausbildung auch für den frühkindlichen Erziehungsbereich zu qualifizieren. Diese „Kinderführer" beziehungsweise „Erzieher" sollten bei Kindern des „etwas vorgerückten Alters" und als Leiter beziehungsweise Vorsteher von Kindergärten tätig werden. Als „Kindheitspflegerinnen" beziehungsweise „Kinderpflegerinnen" für die unterste Stufe seiner Volkserziehung – quasi als Bindeglied zwischen leiblicher Mutter und Kind – sollten Frauen fortgebildet werden, die in diesem Bereich ohne pädagogische Vorbildung als Wärterinnen oder Kindermädchen bereits tätig waren. Allerdings musste er die Erfahrung machen, dass sich nur wenige Volksschullehrer für diese Ausbildung interessierten. Das mag unter anderem auch daran gelegen haben, dass die Fortschrittlichen unter ihnen im Zusammenhang mit den liberal-demokratischen Bestrebungen der „1848er" eingebunden waren in Aktivitäten, die darauf zielten, die Lehrerausbildung zu akademisieren. Daraus wurde jedoch nichts (vgl. Horn, K-P. 2006).

Aufgrund der engen – auch semantischen – Verknüpfung der Berufsbezeichnung „Kinderpflegerin" mit der der „Kinderwärterin", die in der Regel eine Erwerbstätigkeit für Mädchen unterer sozialer Schicht meinte, gestaltete sich auch der Zugang für Mädchen und Frauen des Bürgertums nur zögerlich. Erst 1840 – anlässlich des vierhundertsten Geburtstags der Erfindung des Buchdrucks, beim Gutenbergfest – richtete sich Fröbel mit dem „Entwurf eines Planes zur Begründung und Ausführung eines Kinder-Gartens" gezielt an die „deutschen Frauen und Jungfrauen". Das Datum war strategisch klug gewählt von Fröbel, denn zahlreiche junge Frauen aus dem gebildeten Bürgertum nahmen an den Festlichkeiten des Gutenberg-Jubiläums teil und fühlten sich durch den Appell Fröbels „zum Heile zunächst ihres deutschen, in Wahrheit aber zu dem ihres ganzen Geschlechts; zum Wohle ihrer Kinder, aller deutschen Kinder, ja über diese hinaus zum Wohle der Kindheit überhaupt ... dadurch zum Segen ihres Volkes, aller Völker, ja der Menschheit" persönlich in ihrem wachsenden staatsbürgerlichen Bewusstsein angesprochen (zitiert nach Friedrich-Fröbel-Museum [Hrsg.] 1999).

Angetrieben durch die Revolutionsereignisse um 1848 wuchs das Bestreben junger Frauen, die nicht selten aus Familien kamen, in denen die Väter mit der liberal-demokratischen Bewegung sympathisierten, nach geistiger und beruflicher Selbständigkeit und damit auch das Interesse an einer Ausbildung zur Kindergärtnerin.

Die Ausbildung der Kindergärtnerin – Fröbels Rahmenkonzept

In seinem Aufruf von 1840 hatte Fröbel ausgeführt, dass die Erziehung von Kindern einer besonderen Ausbildung bedürfe, die zugleich die praktischen und geistigen Fähigkeiten von Frauen weiter entwickeln werde. Er fand, dass es an der Zeit sei, „das weibliche Geschlecht seiner instinktiven und passiven Tätigkeit – als Glied der Menschheit – zu entheben und es von seinem Wesen aus und um seiner menschheitspflegenden Bestimmung willen ganz zu derselben Höhe wie das männliche Geschlecht zu erheben" (zitiert nach Allen, A. T. 2000). Sein Plan, den er 1847 zur Gründung einer Bildungsanstalt für Kinderpflegerinnen und Erzieherinnen entwickelt hatte, war mehrstufig angelegt und nach unterschiedlichen Arbeitsfeldern gegliedert:

I. Die Bildung von Erziehungsgehülfinnen blos für das Haus und die Familie, und hier wieder, entweder:
Zunächst blos für die erste Stufe der Kindheitspflege, die Bildung von Kindermädchen und Kinderwärterinnen, oder
bis zur Schulfähigkeit, ja bis zur Begründung des eigentlichen Schulunterrichts: die Bildung eigentlicher Kinderführerinnen und Kindererzieherinnen für die Familien, oder endlich:
II. Die Bildung von Führerinnen und Erzieherinnen ganzer Kinderkreise und Kindervereine, gleichsam wahrer Kindergärten, also zu Kindergärtnerinnen. (zitiert nach Mayer, Ch. 1996)

In diesem Rahmenkonzept taucht erstmalig in Verbindung mit dem Tätigkeitsfeld Kindergarten die Berufsbezeichnung „Kindergärtnerin" auf.

Im Mai 1849 siedelte Fröbel nach Liebenstein (Thüringen) über, um hier seine „Anstalt für allseitige Lebenseinigung durch entwickelnd-erziehende Menschenbildung" zu gründen, die erste Ausbildungsstätte für Erzieherinnen. Er selbst stellt in einem „Prospectus" dieses Institut mit seinen Abteilungen vor, das in seiner Grundform dem Volksschullehrerseminar entsprach:

1. eine Anstalt zur Ausbildung von Kinderführerinnen und Erzieherinnen als Mittelpunkt des Ganzen
2. der Kindergarten in der oben angegebenen Weise. Daneben aber würde noch
3. eine eigentliche Kinderpflegeanstalt ihren Platz finden, deren Bestimmung es sein würde, vater- oder mutterlose Kinder bemittelter Vermögensverhältnisse von frühestem Alter an aufzunehmen, um ihnen in dem bezeich-

> neten, das Ganze durchwehenden Geiste die entsprechende Pflege und
> überhaupt die vollen Segnungen des Familienlebens zu gewähren.
> Diese Kinderpflegeanstalt als erste Stufe und der Kindergarten als zweite bieten
> zugleich den sich heranbildenden Kindergärtnerinnen Gelegenheit zur Beachtung des kindheitlichen Lebens und zur Übung in der ersten Leitung
> und weiteren Entwicklung des Kindes.
> Die aus dem Kindergarten mit dem sechsten Jahre entlassenen Zöglinge
> würden eintreten in
> 4. die Vorbildungsanstalt für die Schule, welche bestimmt ist, den Übergang
> zu vermitteln aus dem Kindergarten in
> 5. die eigentliche Schule, eine allumfassende vollständige Erziehungs- und
> Bildungsanstalt, welche die Kinder etwa vom siebten Jahre an in angemessener, natur- und sachgemäßer Stufenfolge bis zur Reife für die Berufswahl
> emporführt und welche sich aufeinanderfolgend als Volksschule, Bürgerschule, Realschule und höhere Wissensschule gliedern würde.
> Dresden, im Frühling 1840, Friedrich Fröbel
> (zitiert nach Friedrich-Fröbel-Museum [Hrsg.] 1999)

Schon im Frühjahr 1849 war die demokratische Bewegung in Deutschland in die Defensive geraten, so dass diese Bildungsanstalt in der geplanten Komplexität nicht mehr realisiert werden konnte. Ideengeschichtlich gesehen, sollte aber Fröbels Berufskonzept der Kindergärtnerin für die bürgerliche Frauenbewegung in Deutschland in hohem Maße bedeutsam werden. Im Rahmenkonzept für die Ausbildung, das Fröbel entworfen hatte, war auch schon der Prototyp einer Ausbildungsstätte für Kindergärtnerinnen angelegt: Neben der „Berufsschule" als Lernort gab es einen zweiten, den der Praxis, den Kindergarten. Das berufliche Bildungskonzept für die Kindergärtnerin hatte ein auf bürgerliche Frauen zugeschnittenes Ausbildungsprofil. Zu den Zugangsvoraussetzungen zählten neben „pädagogischer Begabung", „Jugendlichkeit und natürlicher Heiterkeit", „Gemüts- und Verstandesbildung, überhaupt Bildung, welche man nicht erst in der Bildungsanstalt erwerben will, sondern die man mitbringen muss" (zitiert nach Pestalozzi-Fröbel-Verband [Hrsg.] 1998). Die fachlich-pädagogische Ausbildung zur Kindergärtnerin dauerte ein halbes Jahr. In die Ausbildung waren fachpraktische Übungen integriert. Im Anschluss daran war eine vier- bis sechswöchige Praxisphase unter Anleitung einer erfahrenen Kindergärtnerin vorgesehen, ehe die Kindergärtnerin selbständig einen Kindergarten leiten konnte, der in der Regel nur aus einer Kindergruppe bestand. Für die Ausbildung wurden Kursgebühren von 120 Talern pro Halbjahr erhoben. Wenn man berücksichtigt, dass in jener Zeit das Existenzminimum einer fünfköpfigen Familie bei etwa 200 Talern im Jahr lag, wird deutlich, dass der Beruf der Kindergärtnerin, der sich nun konstituiert hatte, nur ein Beruf für Frauen des Bürgertums sein konnte. 1851 existierten in Dresden etwa drei Kindergärten, davon waren zwei Ausbildungskindergärten. In Hamburg gab es acht, von denen man drei als „Bürgerkindergärten für Kinder aller Stände" bezeichnete. Darüber hinaus existierten weitere einzelne Kindergärten in mindestens 20 Städten. In Hamburg hatten sich engagierte Frauen wie Johanna Goldschmidt und Doris Lütken – Letztere hatte bereits an der von Fröbel 1848 einberufenen Lehrer- und Erzieherversammlung in Rudolstadt teilgenommen – zu einem „Allgemeinen Bildungsverein deutscher Frauen" zusammengetan und Fröbel im Winter 1849/50 zu Vorträgen und Ausbildungskursen für Kindergärtnerinnen nach Hamburg eingeladen. Am 6. März 1850 konnte er in Hamburg den „Ersten deutschen Bürgerkindergarten" mit einer Rede eröffnen. Eines der Ziele dieses von Fröbel so bezeichneten „Bürgerkindergartens" war es, bei der Aufnahme der Kinder keine Standesunterschiede zu machen.

Das Kindergartenverbot

Trotz staatlicher Überwachung und eingeschränkter Meinungsfreiheit entstanden zur Zeit der Märzrevolution von 1848 auf Volksversammlungen und Festen schon erste Formen einer politischen Öffentlichkeit. Die von den Oppositionellen zur Verbreitung ihrer liberal-demokratischen Ideen genutzten Flugschriften und Aufrufe mussten teilweise im Ausland gedruckt werden. In der Regel gehörten die Verfasser von Flugschriften und Flugblättern der bürgerlichen Mittelschicht an. Sie waren Ärzte, Beamte, Lehrer, Fabrikanten, Pastoren, Studenten, manchmal auch Handwerker oder Arbeiter. Einige wenige Frauen waren unter den Autoren. Zu ihnen gehörte die Ehefrau von Karl Fröbel, die zusammen mit ihrem Mann auf dem Titelblatt als Verfasserin der Flugschrift „Hochschule für Mädchen und Kindergarten" genannt wurde.

Am 1. Januar 1850 war in Hamburg die erste Frauenhochschule Deutschlands gegründet worden, für die Karl Fröbel, Neffe von Friedrich Fröbel, und seine Frau Johanna, eine Schülerin von Friedrich Fröbel, das

Politik und Pädagogik um 1848 | 43

Abb. 2 Im Kindergarten, um 1865

Konzept entwickelt hatten und an deren Gründung der von Johanna Goldschmidt geleitete Hamburger Bildungsverein für Frauen maßgeblich beteiligt war. Dieses Konzept basierte auf den Grundprinzipien der Pädagogik Fröbels. Die Hochschule sollte dem Anspruch der Frauen auf Ausbildung und Erwerbstätigkeit Rechnung tragen und diesen Ausbildungsauftrag mit der Vorbereitung der Frauen auf deren Erziehungsaufgaben in der Familie verbinden. Die Hochschule umfasste einen Ausbildungsgang für Kindergärtnerinnen, eine Seminargruppe, die auf den Lehrerinnenberuf vorbereitete und – für die praktische Ausbildung in beiden Lehrgängen – einen Kindergarten. Ganz im Geiste der demokratischen Ideale von 1848 verfolgte diese Bildungsanstalt für Frauen das Ziel, „die ökonomische Unabhängigkeit der Frau möglich zu machen durch ihre Entwicklung zu einem Wesen, welches zunächst sich selbst Zweck ist und sich frei nach den Bedürfnissen und Fähigkeiten seiner Natur entwickeln kann" (zitiert nach Weiland, D. 1983). So formulierte Malvida von Meysenburg, Teilnehmerin eines von Fröbel in Hamburg geleiteten Ausbildungslehrgangs und Dozentin dieser Hochschule, die Ziele. Die Hochschule für Frauen verfolgte mit diesem Bildungsanspruch nichts anderes als die Gleichheit der bürgerlichen Rechte von Mann und Frau und damit die Gleichstellung der Geschlechter vor dem Gesetz. Der Frau sollte ebenso wie dem Mann das uneingeschränkte Recht auf die Entfaltung ihrer Persönlichkeit zugestanden werden, ohne zu fragen, ob dies mit ihren Mutter- und Hausfrauenpflichten zu vereinbaren sei.

Diese Bildungsanstalt stieß weit über die Grenzen Hamburgs hinaus auf großes Interesse bürgerlich-liberaler Bevölkerungsgruppen und wurde von diesen finanziell unterstützt. Eine Schrift über die Ziele und Aufgaben dieser Frauenbildungsanstalt – herausgegeben von Karl und Johanna Fröbel – nahm das preußische Kultusministerium jedoch zum Anlass, die Fröbelschen Kindergärten zu verbieten. Auch die Hochschule musste ihre Arbeit einstellen, Karl und Johanna Fröbel gingen nach England und gründeten dort – orientiert an der Pädagogik Fröbels – eine Mädchenschule.

Die Initiative zum Verbot der Kindergärten, das bis 1860 galt, ging vom preußischen König Friedrich Wilhelm IV. (1840–1861) persönlich aus, der sein Amt in protestantisch-ständischer Tradition ausübte und eine Demokratisierung und Säkularisierung der Volksbildung ablehnte. Vergessen war, dass der Nichtpreuße Fröbel am Freiheitskrieg von

1813/15 teilgenommen hatte. Misstrauisch erinnerte man sich wohl eher an den Sympathisanten der revolutionären Bewegung, an die große Lehrer- und Erzieherversammlung in Rudolstadt 1848, die Fröbel einberufen hatte, um eine Verbreitung und Einführung der Kindergärten zu erreichen. Offiziell wurde das Verbot mit dem Vorwurf begründet, in Kindergärten würde die Jugend zum Atheismus erzogen, und es deutet vieles darauf hin, dass das preußische Kindergartenverbot von 1851 auch von den religiösen Gegnern Fröbels mitbetrieben wurde. In einem Brief des Freundes Adolf Diesterweg an Fröbel von 1851 ist davon die Rede, dass in einem Bericht der Berliner Nationalzeitung das Verbot vor allem damit begründet wird, „den freien Gemeinden (deshalb) an das Leben zu wollen, um den Diakonissen freie Bahn machen" zu können (zitiert nach Allen, A. T. 2000). Soll heißen, dass die protestantische Landeskirche mit Argwohn die häufig von den freireligiösen Gemeinden unterstützten Fröbel-Kindergärten beobachtete und durch die christlichen Kleinkinderschulen mit den Diakonissinnen zu ersetzen trachtete. Wahrscheinlicher ist jedoch – weshalb man auch bewusst oder unbewusst Friedrich Fröbel mit seinem radikalen Neffen Karl verwechselt hat –, dass mit dem Verbot die konfessionell nicht eingebundenen, demokratischen Erziehungsmethoden der Fröbelpädagogik unterbunden werden sollten.

Die weltweite Geltung der Fröbelschen Kleinkindpädagogik und die Verbreitung seiner Kindergartenkonzeption ist vor allem den Fröbelianerinnen zu verdanken, die als Ehefrauen der Achtundvierziger – unter diesen gab es bereits eine Vielzahl gleichberechtigter „Gefährtenehen" – oder als deren Töchter aktiv die parlamentarische Tätigkeit der Männer unterstützt hatten und nach dem Scheitern der Revolution zusammen mit ihren Männern oder allein ins Exil gingen, um dort – wie zum Beispiel Emma Marwedel aus Hamburg in Washington (USA) – einen Kindergarten und ein Kindergärtnerinnenseminar gründeten.

Der liberal-nationale Geist der Nationalversammlung von 1848 hatte sich nicht durchgesetzt. Fröbel erlebte die Aufhebung des Verbots nicht mehr, er starb 1852 im Alter von 70 Jahren. Doch eine engagierte Schar von Fröbelanhängerinnen nahm sich auch in Deutschland seiner pädagogischen Ideen an. Zu ihnen gehörte auch die Baronin Bertha von Mahrenholz-Bülow, die ihre gesellschaftlichen Beziehungen nutzte, so dass Fröbel im In- und Ausland zu einem bekannten und anerkannten deutschen Pädagogen wurde. Ihrem Einfluss ist es auch zu verdanken, dass das Kindergartenverbot durch den Nachfolger Friedrich Wilhelms IV., Wilhelm I., der in Preußen eine neue Ära der Politik einleitete, 1861 aufgehoben wurde und dass der von der preußischen Regierung finanziell unterstützte „Zentralverein für das Wohl der arbeitenden Klasse" sich für die Konzeption des „Fröbel-Kindergarten" als einer weiteren Alternative neben den Kleinkindbewahranstalten öffnete. In Berlin wurde zu diesem Zwecke ein „Frauenverein zur Beförderung der Kindergärten" gegründet.

Vereinsgründungen

Ungeachtet des Kindergartenverbots und der Unterdrückung „demokratischer Umtriebe" regte sich schon Mitte der 1850er Jahre in den deutschen Staaten wieder ein kräftiger Oppositionsgeist nicht nur bei den Männern, sondern auch bei den Frauen des Bürgertums. 1843 hatte die Frauenrechtlerin Louise Otto die Teilnahme der Frauen am gesellschaftlichen Leben gefordert und zum ersten Mal die These aufgestellt, dass die Stellung der Frauen in einer Gesellschaft der Gradmesser für den sozialen und politischen Fortschritt der Gesellschaft sei. Sie hatte die „jämmerliche Teilnahmslosigkeit der Frauen für die öffentlichen Zustände unseres Volkes" (zitiert nach Brehmer, I. 1990) kritisiert und nicht nur die mangelhafte Erziehung der Mädchen und die fehlenden Bildungseinrichtungen für sie angeprangert, sondern auch die Festlegung der Frauen auf ihre Rolle als Ehefrau, Hausfrau und Mutter als dem Geist der Humanität und der Menschenrechte widersprechend angeklagt. Auf eine Initiative des Leipziger Frauenbildungsvereins, dem Louise Otto vorstand, ist die Gründung des „Allgemeinen Deutschen Frauenvereins" (ADF) im Jahre 1865 zurückzuführen. Dies war der Start für eine organisierte Frauenbewegung in Deutschland. Das Recht der Frauen auf Bildung und standesgemäße Berufstätigkeit waren die Ziele des ADF, der innerhalb des Bundes Deutscher Frauenvereine (BDF), der ab 1894 als Dachverband fungierte, dem gemäßigten Flügel der Frauenbewegung angehörte und maßgeblich zur Entwicklung sozialer Frauenberufe beitragen sollte. Gemäßigt insofern, als Kritikerinnen meinten, dass der ADF Frauenfragen nicht als soziale Fragen politisch diskutiere, sondern im Verlauf seiner Vereinsaktivitäten soziale Frauenfragen auf die „Brotfrage" (die Frage der materiellen Absicherung) der unverheirateten und unversorgten Frauen des Bürgertums reduziere. Zentrales Anliegen des ADF war es, eine den bürgerlichen Frauen angemessene Bildung zu erstreiten und standesgemäße Erwerbsmöglichkeiten für jene Frauen zu erschließen, die darauf angewiesen waren, wirtschaftlich auf eigenen Füßen zu stehen. Ein „Frauenüberschuss" im letzten Drittel des 19. Jahrhunderts, der zum Teil mit den Kriegen in den 1860er Jahren zusammenhing, bewirkte, dass nicht jede Frau mehr darauf bauen konnte, durch eine Heirat versorgt zu werden. 1866 hatte Wilhelm Adolf Lette in Berlin einen „Verein zur Förderung der Erwerbsfähigkeit des weiblichen Geschlechts" gegründet, der die Interessen der unverheirateten Frauen des Bürgertums wahrnahm und sich für die Schaffung standesgemäßer Berufsmöglichkeiten einsetzte. Auch hierbei ging es um ein Berufsspektrum, das die „naturgemäße Verschiedenheit und Befähigung des männlichen und weiblichen Geschlechts" berücksichtigte. Die Regie dieses seit 1869 nach seinem Gründer genannten „Lette-Vereins" lag in den Händen von Männern.

Das entsprach nicht dem Willen vieler Töchter und allein stehender Frauen des Bürgertums. Sie drängten in den öffentlichen Bereich vor, verlangten ein Mitspracherecht in schulischen und kommunalen Angelegenheiten und beteiligten sich an Wohlfahrtsprojekten. Um ihre Interessen durchsetzen zu können, bezogen sich die Frauen in der Argumentation und Legitimation ihrer Anliegen auf Pestalozzi und Fröbel. Die Pädagogik Pestalozzis und Fröbels lieferte ihnen Stoff für eine inhaltliche Neubestimmung ihrer Frauenrolle und einen sachbezogenen Hebel, Kritik an der geschlechtsspezifischen Spaltung der Lebenswelten in eine private und eine öffentliche zu üben. Das geistige Klima und die Kultur der 1840er Jahre hatte den Frauen, die sich in ihrer traditionellen Rolle nicht ausgelastet fühlten, geistig wach waren und die bürgerliche wie auch christliche Normierung der Frauenrolle als einengend empfanden, Freiräume eröffnet, für sich etwas mehr Autonomie und Selbstbestimmung zu gewinnen. Interessant ist, dass diese „Frauen der ersten Generation" häufig aus liberal-nationalen Familien – auch solchen des deutsch-jüdischen Bürgertums – kamen, in denen die Väter die Emanzipationsbestrebungen ihrer Töchter tolerierten. Zu ihnen gehörte zum Beispiel Jenny Hirsch (1829–1902), Mitbegründerin des ADF. Ihr gelang es, in die männliche Leitungsebene des Lette-Vereins vorzudringen und erstes weibliches Mitglied des Vorstands zu werden.

Ungeachtet der wachsenden Notwendigkeit, dass Frauen sich Berufe für Erwerbsarbeit suchen mussten, stießen sie auf Feindseligkeit und Ablehnung bei Regierungen, Bildungsinstitutionen und potentiellen männlichen Kollegen. Eine Massenbewegung war erforderlich, um in Deutschland Berufe für Frauen zu erschließen. Frauenrechtlerinnen, unter ihnen – wie Jenny Hirsch – eine nicht unerhebliche Anzahl von Frauen des deutsch-jüdischen Bürgertums, haben zur Verbreitung und Weiterentwicklung der Fröbelschen Kindergärten und des Berufs der Kindergärtnerin im In- und Ausland beigetragen. Das Emanzipationsedikt von 1812 gewährte den Juden in Preußen eine – wenn auch begrenzte – juristische Gleichstellung mit anderen Bürgern und ermöglichte ihnen den Besuch höherer Schulen und politisches Engagement. Nicht wenige Juden gehörten der 1848 gewählten Nationalversammlung an, die den Auftrag hatte, eine demokratische Verfassung zu erarbeiten, und Juden wie Johann Jacoby waren Mitglied der linksliberalen, demokratischen Fortschrittspartei, die 1861 in den preußischen Landtag einzog. Nicht zuletzt ist es auf die Assimilationsbestrebungen der Juden zurückzuführen, dass „Bildung" auch von der deutsch-jüdischen Bevölkerung zur bürgerlichen Tugend erhoben wurde. Bildung war ein wichtiges Mittel zur Integration und zum sozialen Aufstieg. Während in Preußen nur acht Prozent aller nichtjüdischen Kinder eine über die Volksschule hinausführende Schulbildung erhielten, besuchten 60 Prozent aller jüdischen Kinder eine höhere Schule. Auch den jüdischen Mädchen wurde im Durchschnitt eine bessere Schulbildung mitgegeben als den Töchtern des christlichen Bürgertums. Da Fröbels Pädagogik grundsätzlich säkular war und das in einer Zeit, in der Staat und Kirche noch untrennbar miteinander verbunden waren, konnte sie zum Anziehungspunkt auch der bildungshungrigen und ehrgeizigen jüdischen Frauen des Bürgertums werden. Deshalb spielten jüdische Frauen in der Fröbelbewegung wie auch in der sozialen Frauenberufsbewegung von Anfang an eine bedeutende Rolle. Zu ihnen gehörten u. a. – um nur einige weitere der ersten Generationen zu nennen – Johanna Goldschmidt, Henriette Goldschmidt, Lina Morgenstern, Alice Salomon, Anna von Gierke, Nelly Wolffheim sowie die Schwestern Anna und Gertrud Pappenheim.

Berufliche Ausbildung für Frauen

Henriette Goldschmidt (1825-1920), verheiratet mit dem Rabbiner Abraham Goldschmidt, war in ihrem idealistischen Menschenbild und in ihrer demokratischen Gesinnung geprägt durch die politischen Ereignisse von 1848. Sie war Mitbegründerin des ADF und im Rahmen ihrer Vereinstätigkeit auf Fröbels Kindergartenkonzeption und seine Vorstellungen vom Beruf der Kindergärtnerin aufmerksam geworden. Als eine der engagiertesten „Fröbelianerinnen" der ersten Stunde war sie zugleich auch eine der ersten Wortführerinnen der bürgerlichen Frauenbewegung, die die Pädagogik Fröbels auch für die Ziele der Frauenberufsbewegung einzusetzen verstand. In Leipzig hatte sie 1872 einen Volkskindergarten eingerichtet. Im Verbund mit einem „Lyzeum für Damen", das 1878 folgte, sollte diese Berufsbildungsanstalt auf folgende Frauenberufe vorbereiten:
- Erzieherin in der Familie
- Leiterin von Kindergärten und
- Lehrerin an Seminaren für Kindergärtnerinnen.

Ihre Konzeption stellte insofern eine Erweiterung gegenüber Fröbel dar, als sie in konsequenter Fortführung ihres politischen Engagements, den Frauen eine ihrem Wesen gemäße Berufsausbildung zu erschließen, zum ersten Mal auch die „Ausbildung der Ausbilder" in den Blick nahm. Henriette Goldschmidt war diejenige, die erste berufspädagogische Ideen für die Ausbildung der Kindergärtnerinnen entwickelte. In einem sehr umfassenden Sinn ging es ihr in der Berufsausbildung zur Kindergärtnerin um die Persönlichkeitsbildung der jungen Frauen. Die Ausbildung sollte ein Berufsverständnis bei den angehenden Erzieherinnen entwickeln, das diese befähigen sollte, einer spezifisch weiblichen Kulturaufgabe in diesem Beruf gewachsen zu sein.

Henriette Goldschmidt war – obwohl sie dem gemäßigten Flügel der Frauenbewegung angehörte – eine sehr kämpferische Persönlichkeit, wenn es um die Weiterentwicklung der Fröbelschen Erziehungs- und Bildungsanstalten ging. Auf Betreiben der von ihr geleiteten „Erziehungskommission" des ADF wurde eine Petition erarbeitet und an die deutsche Regierung 1898 weitergeleitet. Darin wurde unter anderem die Forderung erhoben, die Fröbelschen Kindergärten nicht nur der staatlichen Schulaufsicht zu unterstellen und den Besuch für alle Kinder verpflichtend zu machen, sondern die bislang unter privater – in der Regel konfessioneller – Trägerschaft stehenden Ausbildungsstätten in staatliche Anstalten umzuwandeln, die Inhalte der Ausbildung an der Pädagogik Fröbels auszurichten und den Kindergärtnerinnenberuf dem des Lehrerinnenberufs gleichzustellen. Diese Petition wurde so vehement abgelehnt, dass sich Goldschmidt veranlasst sah – immerhin schon 86-jährig –, eine polemisierende Streitschrift mit dem Titel „Ist der Kindergarten eine Erziehungsanstalt oder eine Zwangsanstalt?" abzufassen.

Bemerkenswert ist in diesem Zusammenhang, dass sie für diesen Vorstoß kaum Unterstützung aus den Reihen der Fröbel-Vereine bekam, die sich inzwischen zahlreich an verschiedenen Orten Deutschlands gegründet hatten. Es ist zu vermuten, dass diesen Vereinen Goldschmidts Forderungen zu weit gingen, zumal die von Fröbel angedachte bildungspolitische Funktion des Kindergartens als eine für alle Kinder elementare Bildungseinrichtung schon zu dieser Zeit nicht mehr von allen Fröbelanhängern geteilt wurde.

Mit ihrer Leipziger Bildungsanstalt, die 1911 zur Hochschule für Frauen ausgebaut wurde, knüpfte Goldschmidt an das 1851 gescheiterte Projekt der Hamburger Frauenhochschule von Karl und Johanna Fröbel an, und – vergleichbar mit der Gründungsidee der von Alice Salomon geleiteten sozialen Frauenschule in Berlin – realisierte sie mit dieser Einrichtung ihre Vorstellung, dass nur eine von Frauen getragene Ausbildungsstätte Frauen auch befähige, Trägerinnen einer neuen, menschlicheren Berufskultur zu werden, die über die Erziehung der Kinder in die Gesellschaft hineinwirken sollte.

Im Meinungsstreit: Bürgerliche Frauen und Erwerbstätigkeit

Für Henriette Goldschmidt war „die Frauenfrage eine Kulturfrage" und nicht eine Frage der sozialen Gerechtigkeit. Die Frau als Erzieherin der „Menschheit in der Kindheit" bedürfe ebenso wie der Mann einer entsprechenden Berufsausbildung. Frauen sollten den Kindergärtnerinnenberuf wählen, um „Trägerinnen einer neuen Frauenkultur" zu werden. In einen Meinungsstreit geriet Henriette Goldschmidt – und mit ihr auch ihre Verbündeten aus dem gemäßigten Flügel der Frauenbewegung – mit Frauenrechtlerinnen, denen es bei ihren Forderungen um eine Berufsausbildung für Frauen auch um eine finanzielle Absicherung und ökonomische Unabhängigkeit vom Mann ging, also um einen Abbau von Abhängigkeit und sozialer Ungleichheit zwischen Mann und Frau. Entschieden wandten sich auch die Vertreterinnen des Deutschen Fröbel-Verbandes (DFV), der sich als Dachverband der regionalen Fröbelvereine 1873 gegründet hatte, gegen eine solche emanzipatorische Einstellung innerhalb der Frauenberufsbewegung.

Diese gegenüber der materiellen Seite eines Berufs zurückhaltende bis ablehnende Haltung bürgerlicher Frauen, die in der Regel auch an prominenter Stelle im Deutschen Fröbel-Verband für Fachfragen des Kindergartenwesens und der Berufsausbildung Verantwortung trugen, hat maßgeblich zu einer Vernachlässigung der berufspolitischen Fragen auch innerhalb der Fachöffentlichkeit beigetragen. Diese Frauen waren mit ihrer idealistischen Einstellung auf einer Linie mit den gut situierten Familien des Bürgertums. Auch die Familien des deutsch-jüdischen Bürgertums betrachteten eine erwerbsmäßige Anstellung für ihre Töchter als unschicklich und nicht standesgemäß. Weibliche Erwerbstätigkeit galt als Zeichen der Bedürftigkeit. Nicht die Tätigkeit an sich, sondern die bezahlte Tätigkeit war für bürgerliche Frauen tabu – wohingegen ein Engagement in der freiwilligen sozialen Arbeit den Töchtern erlaubt wurde. Frauen sollten in dieser patriarchalischen Gesellschaft von Geld nichts wissen, nicht darüber sprechen und schon gar keines verdienen, das gehörte zur Lebenswelt des Mannes. Sein Ansehen als Versorger der Familie, als derjenige, der das Geld verdiente, durfte nicht in Frage gestellt werden. Für Juden war diese „weibliche Ahnungslosigkeit in Geldangelegenheiten" noch bedeutsamer, da sie bemüht waren, das antisemitische Vorurteil, „der Jude sei der Kapitalist schlechthin", zu widerlegen (Kaplan, M. 1997).

Im Gegensatz zu einer zeitlich begrenzten Beschäftigung oder freiwilligen Tätigkeit erforderte ein Beruf, der auf Dauer ausgeübt werden sollte, Ernsthaftigkeit und Hingabe. Der Wunsch vieler Frauen, wie die Männer auf Dauer einer Berufsarbeit nachzugehen, bedrohte deshalb die bürgerlichen Normen, das traditionelle, auf geschlechtsspezifischer Arbeitsteilung beruhende Familienbild und die im Ehegesetz festgelegte Geschlechterordnung. Indem die Frauen des ADF die „Brotfrage", also die materielle Seite eines Berufs für versorgte Frauen als nachrangig ansahen und sich in ihren Vorstellungen von diesem Beruf nicht nur von geschlechtsspezifischen, sondern auch von standespolitischen Haltungen leiten ließen, leisteten sie der temporären Struktur des Kindergärtnerinnenberufs, die bis in die 1960er Jahre hinein wirksam war, Vorschub. Es sollte ein Beruf auf Zeit sein, der nur bis zur Heirat der Kindergärtnerin von dieser ausgeübt werden sollte. Und es sollte eine Berufsausbildung sein, die der vorrangigen Pflicht der Frau, eine gute Ehefrau, Hausfrau und Mutter zu sein, nicht nur nicht im Wege stand, sondern dieser sogar zugute kam. Denn nur diesen Beruf sollte die Frau mit Ernsthaftigkeit und Hingabe ausüben. Ein solches Berufsbild der Kindergärtnerin, das Ende des 19. Jahrhunderts entstand, ließ sich nahtlos in die patriarchalische Gesellschaftsstruktur einfügen.

3 Kindergärtnerin – ein Berufsbild nimmt Gestalt an

Eine weitere Protagonistin der Fröbelbewegung war Lina Morgenstern (1830–1909). Auf Veranlassung von Bertha von Mahrenholz-Bülow, mit der sie befreundet war, hatte Lina Morgenstern 1859 – also noch zur Zeit des Kindergartenverbots – den Vorsitz des Berliner „Vereins zur Förderung des Fröbelschen Kindergartens" übernommen. Mit der Gründung eines Kindergartens 1860 und der Einrichtung eines ersten Kindergartenseminars in Preußen 1862 sorgte sie dafür, dass sich Berlin neben Thüringen und Hamburg zu einem weiteren Zentrum der Fröbelbewegung entwickeln sollte. Die Leitung des Kindergartens wurde Ida Seele übertragen, die noch von Fröbel ausgebildet und mit der Leitung des von ihm gegründeten ersten Kindergartens in Blankenburg (Thüringen) beauftragt worden war. Parallel zu diesen praktischen Aufgaben unterrichtete Ida Seele im Kindergärtnerinnenseminar das Fach „Theoretisch-praktische Vorführungen der Fröbelschen Spiel- und Beschäftigungsmittel". Die Organisation der Ausbildung bestand in einer engen Verzahnung der beiden Lernorte Schule und Praxis, bedingt zum einen durch die räumliche Nähe und zum anderen durch die Personalunion von Erzieherin und Lehrerin beziehungsweise Anleiterin. Dieses Modell eines Kindergärtnerinnenseminars, das sich an Fröbel orientierte, unterschied sich erheblich von den Ausbildungsstätten in kirchlicher Trägerschaft und war eher vergleichbar mit den Seminaren für Volksschullehrer.

Lina Morgensterns Verdienst war es, dass sie zu einer Verfachlichung der Berufsausbildung beitrug. 1861 veröffentlichte sie das erste deutsche Handbuch für Kindergärtnerinnen mit dem Titel „Das Paradies der Kindheit". In diesem Fachbuch der Kindergartenpädagogik äußerte sich Lina Morgenstern auch zu der Frage „Was ist der Kindergarten für die Familie?" und führt aus:

> *diese Anstalten sind nichts weiter als Familienvereinigungen, um ihre drei- bis sechsjährigen Kinder für einige Stunden in Aufsicht einer hierzu ausgebildeten Kindergärtnerin zu geben, welche sie in gesunden Räumen ihrem Alter und ihren Fähigkeiten nach angemessen beschäftigt, ihren Körper durch Bewe-*

gungsspiele kräftigt, ihre Sinne richtig leitet, ihrem erwachenden Geist die nothwendige Nahrung reicht und ihr Gemüth bildet, indem sie dieselben denkend und schaffend in die Natur- und Menschenwelt einführt und sie zur Selbstbefriedigung und Selbstthätigkeit anregt. Der Kindergarten ergänzt das Familienleben durch seine gemeinsamen Spiele und Beschäftigungen und bereitet die Kinder durch harmonische Entwicklung all dieser Anlagen auf die spätere Schule und das Leben vor. Er muss jedoch in seinem Streben von der elterlichen Erziehung unterstützt und gefördert werden und macht dieselbe in keiner Weise überflüssig. (Zitiert nach Berger, M. 1995)

Mit dieser programmatischen Aussage über die Aufgaben des Kindergartens umschreibt Lina Morgenstern die spezifische Bildungskultur des Kindergartens, die – heute noch gültig – als ganzheitlicher Ansatz der Kindergartenpädagogik verstanden und in der Trias „Erziehung, Bildung und Betreuung" sprachlich zum Ausdruck gebracht wird.

Auch wenn Lina Morgenstern sich in Berlin zunehmend anderen sozialen Aufgaben widmete, die von großer sozialpolitischer Bedeutung waren, spielte sie innerhalb der Frauenbewegung weiterhin eine wichtige Rolle. Wegen ihrer Nähe zum linken, „radikalen" Flügel der Frauenbewegung geriet sie mit den Fröbelanhängerinnen des Deutschen Fröbel-Verbandes, die überwiegend zu den „Gemäßigten" zählten, auch in Meinungsstreitereien. Den Beinamen „die Radikalen" erhielten diese Frauen vor allem wegen ihres öffentlichen Engagements. Es ging ihnen – im Unterschied zu den „Gemäßigten" – um eine klassenübergreifende Politisierung der Frauenbewegung. Oberstes Ziel war für sie, das Wahlrecht für Frauen zu erkämpfen. Mit der Beschränkung auf Bildungsarbeit und Sozialfürsorge – wie sie die „Gemäßigten" als wesensgemäße Aufgaben der Frau und damit als Grenze aller Emanzipationsbestrebungen akzeptierten, wollte sich diese Gruppierung der Frauenbewegung nicht zufrieden geben.

Politisch standen sie der Sozialdemokratie nahe. In August Bebel, dem Führer der Sozialdemokratischen Partei, der 1879 sein Buch „Die Frau und der Sozialismus" veröffentlicht hatte, glaubten sie einen politischen Mitstreiter für ihre Forderungen nach Gleichberechtigung gefunden zu haben. Zugleich befürwortete diese „radikale" Frauengruppierung eine Öffnung gegenüber den Interessen der Arbeiterbewegung und eine Kontaktaufnahme zu anderen europäischen Frauenverbänden, was die „gemäßigten" Vertreterinnen wiederum ablehnten. Es schien, als hätten die

Frauen des wirtschaftlich gut situierten Bürgertums am Ende des 19. Jahrhunderts ihren Frieden mit dem Obrigkeitsstaat geschlossen und als wollten sie sich gegenüber der Arbeiterschicht, dem Proletariat, deutlich abgrenzen. Auch in der Fröbelbewegung ist diese Tendenz zu finden.

Der Deutsche Fröbel-Verband und die Frauenbewegung

Unter dem Dach des Deutschen Fröbel-Verbandes (DFV) – ab 1948 Pestalozzi-Fröbel-Verband (PFV) – hatten sich 1873 regionale Fröbel-Vereine zusammengeschlossen. Entscheidenden Anteil an dieser Gründung hatten die Fröbel-Vereine in Thüringen und Berlin. Bei diesen Fröbel-Vereinen handelte es sich mehrheitlich um Trägervereine von Ausbildungsstätten für Kindergärtnerinnen, die gleichzeitig auch einen Kindergarten betrieben. Zwischen 1850 und 1875 kam es in verschiedenen Städten wie Gotha (1857), Hamburg (1860), Berlin (1862) und Leipzig (1871) zu Vereins- und Schulgründungen, die unter dem Dach des DFV der Verbreitung des Kindergartens und der Ausbildung der Kindergärtnerin mehr Nachdruck verleihen wollten. Mitglieder konnten nur Vereine oder Bildungseinrichtungen (Fröbelkindergarten und/oder Ausbildungsstätte) werden. Zentrales Thema des Verbandes war es – neben der Verbreitung von Kindergärten und der Vermittlung von Kenntnissen der Spielpädagogik Friedrich Fröbels –, Regelungen für die Ausbildung der Kindergärtnerin festzulegen. Auf Vorschlag Eugen Pappenheims, eines bekannten Fröbel-Pädagogen der damaligen Zeit und Vorsitzender eines Berliner Fröbel-Vereins, sollten die Ausbildungsschulen „Kindergärtnerinnen-Seminar" heißen, in Analogie zu den bislang nur wenigen Seminaren, die Volksschullehrerinnen ausbildeten. In der Fachzeitschrift „Kindergarten", die es seit 1860 gab und die ab 1873 das offizielle Verbandsorgan des DFV war, erschien 1885 erstmalig ein Beitrag über die Mindestanforderungen an die Ausbildung der Kindergärtnerinnen. Ziel der Ausbildung sollte es sein, „die Schülerinnen mit denjenigen Kenntnissen und Fähigkeiten zu entlassen, die zur Leitung eines Fröbelschen Kindergartens nötig sind." Ohne eine Ausbildung sollte keine Kindergärtnerin tätig sein. Abgesehen von einem Mindestalter von 16 Jahren bei Aufnahme der Ausbildung werden „körperliche Gesundheit, Unbescholtenheit, weiblicher Sinn und weibliches Benehmen" gefordert und eine schulische Vorbildung, wie sie die höhere Töchterschule – eine private Bildungsanstalt, die nur Töchter des Bürgertums besuchen konnten – vermittelt (zitiert nach Pestalozzi-Fröbel-Verband [Hrsg.] 1998). Die Ausbildung sollte mindestens ein Jahr dauern. Zu den Lehrinhalten sollten gehören Fröbels Pädagogik in Theorie und Praxis, allgemeine Menschenkunde, Naturkunde, deutsche Literatur, Singen, Klavierspielen, Zeichnen. Darüber hinaus wurden auch schon Hinweise zur Unterrichtsmethodik gegeben. Keinesfalls sollte sie nur aus Vorträgen, sondern auch aus Übungen, Hospitationen und Unterrichtsgesprächen bestehen. Vorgesehen war außerdem, dass sich die berufstätige Kindergärtnerin regelmäßig fortbilden sollte. In den Veröffentlichungen des DFV zeichnete sich ab, dass es auch dem DFV um eine standesgemäße und dem Wesen der Frau entsprechende höhere Bildung ging und weniger um eine Berufsausbildung für Frauen zum Zwecke des „Broterwerbs".

Bezüglich der Konzeption des Fröbelschen Kindergartens gingen die Auffassungen innerhalb des DFV auseinander. Eine nicht zu kleine Anhängerschaft Fröbels im DFV wollte den Kindergarten als Bildungseinrichtung abgrenzen von den Bewahranstalten und Kleinkinderschulen, die im Rahmen der Armenfürsorge für die Kinder der unteren Schichten existierten. In Verbindung mit Ausbildungsschulen für Kindergärtnerinnen richteten die Fröbel-Vereine, die Träger dieser Bildungsanstalten waren, so genannte Bürgerkindergärten ein, die stundenweise am Tag von Kindern des begüterten Bildungsbürgertums besucht wurden und zugleich der praktischen Ausbildung der Schülerinnen dienten. Dies widersprach jedoch den Intentionen Fröbels, der im Sinne der Volkserziehung wollte, dass der Kindergarten von allen Kindern besucht werden sollte. Die liberal-demokratisch eingestellten Fröbelanhängerinnen im DFV hielten an dieser Forderung Fröbels fest und sprachen sich für so genannte Volkskindergärten aus. Diese widersprüchlichen Auffassungen bezüglich der Bildungsfunktion des Kindergartens wurden innerhalb des DFV nie offen ausgetragen, nicht zuletzt auch deshalb, weil die privaten Fröbel-Vereine auf ideelle und materielle Unterstützung durch das Bildungsbürgertum angewiesen waren. Schon am Ende des 19. Jahrhunderts zeichnete sich eine Entwicklung zum „Zweiklassensystem" im Kindergartenwesen ab, das vom DFV toleriert wurde.

In seiner Verbandspolitik hält sich der DFV nach außen wie nach innen mit einer Positionierung zu sozialpolitischen Fragen zurück. Das führte dazu, dass die Kindergärtnerin Eleonore Heerwart (1835–1911) – Mitbegründerin der Zeitschrift „Kindergarten" und des ersten Thüringer Fröbel-Vereins, deren Name außerdem eng verbunden mit der Ausbreitung der Kindergartenbewegung in England ist –, unterstützt von bedeutenden Fröbelianerinnen, 1892 einen Verein für unverheiratete Kindergärtnerinnen gründet, weil sie und ihre Kolleginnen sich in ihren berufspolitischen Forderungen nicht genug durch den DFV unterstützt fühlten. Erst Ende des 19. Jahrhunderts wird der DFV Mitglied im Dachverband der deutschen Frauenvereine, im BDF. Dieser vergleichsweise späte Beitritt mag zum einen daran gelegen haben, dass im Vorstand und in der Schriftleitung vorerst ausschließlich Männer das „Sagen" hatten, aber auch daran, dass fachliche Fragen der Kindergartenpädagogik wie auch der Berufsentwicklung nicht im Kontext gesellschaftspolitischer Rahmenbedingungen diskutiert wurden.

Das traditionelle bürgerliche Frauen- und Familienbild, wonach die Frau – wenn sie Mutter ist – für die Erziehung der Kinder zuständig ist und ins Haus gehört, bestimmte mehr oder weniger ausgeprägt auch die Verbandspolitik des Deutschen Fröbel-Verbandes, auch wenn dies nach außen nicht so sichtbar wurde. Die internen Konflikte über die Frage, wem der Fröbelsche Kindergarten nun gehören sollte, allen Kindern oder nur denen des Bildungsbürgertums, wurden letztlich nie ganz ausgetragen. Die Verbandsaktivitäten konzentrierten sich mehr und mehr auf Fragen der Ausbildung, weil diese innerhalb des DFV eher konsensfähig waren. Diese Strategie des DFV, Aspekte einer noch zu regelnden Berufsausbildung für Kindergärtnerinnen von der zunehmenden sozialpolitischen Bedeutung, die das Berufsfeld der Kindergärtnerin im ersten Drittel des 20. Jahrhunderts erlangte, abzukoppeln, prägte die weitere Berufsentwicklung und die Berufskultur maßgeblich.

Unter dem Protektorat der Kaiserin Friedrich

Zu den Protagonistinnen der Fröbelbewegung und der Frauenbildung gehörten auch Frauen des Adels. Neben Bertha von Mahrenholz-Bülow war es an herausragender Stelle Viktoria, Kaiserin und Königin von Preußen, verheiratet mit Friedrich III., der – wie seine Frau – der freireligiösen Bewegung angehörte. Als Witwe – Friedrich III. starb nach nur

99 Tagen Regentschaft 1888 – nannte sich Viktoria „Kaiserin Friedrich". Es ist davon auszugehen, dass die „Engländerin", Tochter von Königin Victoria und zunächst Kronprinzessin Viktoria von Preußen, das in England viel diskutierte Buch von John Stuart Mill, „On the Subjection of Women" (1869), gelesen hat. Ins Deutsche hatte es Jenny Hirsch 1872 übersetzt („Die Hörigkeit der Frau"). Aber auch ohne die Lektüre dieses Buches, allein aufgrund ihrer Erziehung und ihrer Erfahrungen in England war es der Kronprinzessin ein Anliegen, die rechtliche Stellung der Frau im privaten und im öffentlichen Bereich in Deutschland zu verbessern. In England hatte bereits in den fünfziger Jahren des 19. Jahrhunderts eine aktive Frauenbewegung nicht nur die Förderung der Frauenerwerbsarbeit vorangetrieben, sondern den Frauen auch den Zugang zu den Universitäten ermöglicht und ihnen zu einer einflussreichen Rolle in der Öffentlichkeit, insbesondere in der Sozialpolitik, verholfen.

Um eine solche Veränderung in Deutschland zu bewirken, bedurfte es erheblicher Überzeugungskraft. Selbst liberale Politiker der Fortschrittspartei waren noch nicht bereit, die Frau als gleichberechtigte politische Mitstreiterin anzuerkennen. Deshalb bezog sich die Politik der kleinen Schritte, die Viktoria verfolgte, in erster Linie darauf, den Frauen zu ihrem Recht auf Arbeit und Bildung zu verhelfen und den Zeitgenossen Wilhelm Adolf Lette – politisch unverdächtig – für diese Idee zu gewinnen. Als Lette 1869 den „Verein zur Förderung der Erwerbstätigkeit des weiblichen Geschlechts" gründete, ging es diesem nicht darum, die Emanzipationsbestrebungen der Frauen zu unterstützen und schon gar nicht um die Anerkennung ihrer Forderung nach Gleichberechtigung, sondern allein darum, „Töchtern der mittleren und gebildeten Stände", die sich in Notlage befanden, durch Erwerbsmöglichkeiten zu helfen, dass sie auf eigenen Beinen stehen konnten (zitiert nach Weiland, D. 1983). Das war dringend geboten, denn eine Volkszählung in Berlin hatte ergeben, dass lediglich 45 Prozent der Frauen verheiratet waren, und in den bürgerlichen Wohngebieten machte ihr Anteil gar nur ein Drittel aus. Die Ergreifung eines standesgemäßen Berufs aber setzte eine höhere Schulbildung voraus, die den Frauen bisher verwehrt war. Zwar hatte der Lette-Verein schon 1869 die „höhere Frauenbildung" in seine Ziele aufgenommen, jedoch bestanden in Preußen sowohl vor als auch nach der Reichsgründung 1871, die die Kulturhoheit der zum Deutschen Reich gehörenden Bundesstaaten festschrieb, praktisch keine

Möglichkeiten einer wissenschaftlichen beziehungsweise akademischen Bildung für Frauen. Die Benachteiligung von Frauen im Bildungssystem zu beseitigen und eine dem Wesen der Frau entsprechende Berufsausbildung zu erschließen, das waren die Ziele, die die bürgerliche Frauenbewegung mit der Fröbelbewegung verband. Die Vorkämpferinnen kamen entweder aus privaten Mädchenbildungsanstalten und Lehrerinnenseminaren oder eben aus der Kindergartenpädagogik Fröbels. Zwei von ihnen, Helene Lange und Henriette Schrader-Breymann, gehörten zum engeren Freundeskreis der Kaiserin Friedrich, die sie motivierte, nach England zu fahren und sich vor Ort ein Bild von dem dort Erreichten zu machen. Viktorias Plan sah vor, den Frauen in Preußen durch eine umfassende Allgemeinbildung und eine spezielle Schulung auf dem Gebiet der Erziehung mehr Einfluss auf die Gestaltung des kulturellen und sozialen Lebens zu verschaffen.

Das Interesse und die Aktivitäten Viktorias beschränkten sich jedoch nicht nur auf die Förderung der Bildungs- und Erwerbsmöglichkeiten für die „Töchter gebildeter Stände", sondern ihr und ihrem Mann, dem Kronprinzen und späteren Kaiser Friedrich, lag angesichts des Elends und der Not des Industrieproletariats vor allem die Lösung sozialer Aufgaben am Herzen. Beide unterstützen die damals entstandenen „Suppenküchen" – eine der vielen Initiativen von Lina Morgenstern – und andere Wohltätigkeitsprojekte, wie zum Beispiel die von Friedrich Bodelschwingh gegründeten Anstalten in Bethel. Beiden war aber auch klar, dass die sozialen Probleme mit Wohltätigkeit allein nicht zu lösen waren. Es entsprach ihrem liberalen Selbstverständnis, dass sie die Überzeugung vertraten, dass nur in der Hilfe zur Selbsthilfe und in der Erziehung und Fortbildung der niederen Bevölkerungsschichten eine dauerhafte Änderung und Verbesserung der wirtschaftlichen und sozialen Verhältnisse herbeizuführen seien. An eine „von oben" aufoktroyierte soziale Neuordnung beziehungsweise staatliche Regelung der Alters-, Kranken- und Unfallversorgung, wie sie dann später in der Sozialgesetzgebung durch Bismarck vollzogen wurde, war beiden nicht gelegen. Viktorias Engagement galt eher solchen Maßnahmen, die eine Stärkung der Eigenverantwortlichkeit der Betroffenen zum Ziel hatten. In diesem Sinne unterstützte sie Vereinsgründungen zum Zwecke der Förderung von Volkserziehung und Volksgesundheit. Da es Frauen zu dieser Zeit noch nicht gestattet war, Vereine zu gründen, die als private Träger Bildungsanstalten mit dieser

Zielsetzung unterhalten konnten, war es der liberale Reichstagsabgeordnete Karl Schrader, Ehemann von Henriette Schrader-Breymann, der mit finanzieller Unterstützung Viktorias 1874 den Berliner Verein für Volkserziehung gründete, den Träger des Pestalozzi-Fröbel-Hauses.

Viktorias Idee, ein „Institut für die Erziehung der Frau" zu gründen, das aus einem räumlichen Nebeneinander von Haushaltsschule, Kindergärtnerinnenseminar und gymnasialer Bildungsanstalt für Mädchen bestehen und von Hedwig Heyl, Henriette Schrader-Breymann und Helene Lange umgesetzt und geleitet werden sollte, konnte nur eingeschränkt – die gymnasiale Mädchenschule kam nicht zustande – verwirklicht werden. Den Kampf der bürgerlichen Frauenbewegung um eine gymnasiale Schulbildung und den Zugang zur Universität am Ende des 19. Jahrhunderts vermochte die Kaiserin nicht mehr so nachdrücklich zu unterstützen, da wegen des frühen Todes ihres Mannes die notwendigen Einflussmöglichkeiten nicht mehr gegeben waren.

Im Pestalozzi-Fröbel-Haus, das schon in den 1880er Jahren unter seinem Dach einen Volkskindergarten, ein Kindergärtnerinnenseminar und eine Koch- und Haushaltungsschule, die von Hedwig Heyl geleitet wurde, vereinigte, sah Kaiserin Friedrich, unter deren Protektorat diese Institution stand, wenigstens teilweise ihre Vorstellungen verwirklicht. Viktoria besuchte das Pestalozzi-Fröbel-Haus immer wieder und nahm Anteil an der dort von Henriette Schrader-Breymann entwickelten Kindergartenpraxis und der Ausbildung der Kindergärtnerinnen. An der Weltausstellung 1893 in Chicago beteiligte sich das Pestalozzi-Fröbel-Haus, indem es sich in einer Bildmappe mit Erläuterungen zu dem von Henriette Schrader-Breymann entwickelten pädagogischen Konzept eines „Volkskindergartens" vorstellte. Der „Hofmaler" Fritz Grotemeyer hatte Bilder mit Szenen aus dem Kindergartenalltag gefertigt, und Viktoria schrieb das Vorwort zu diesem Präsentationsalbum. In diesem führte sie aus, dass der Kindergarten der Familie ergänzend zur Seite trete, jedoch den größten Segen dort spende, wo die Familie ihre erzieherischen Pflichten nicht erfüllen könne, „also vorzugsweise in den ärmeren Klassen des Volkes". Den Fröbelschen Kindergarten nicht als „Bürgergarten" für eine privilegierte Bevölkerungsgruppe zu verstehen, sondern ihn für Kinder aller Schichten als Bildungseinrichtung geöffnet und konzeptuell zu einem Lebensraum für Kinder umgestaltet zu haben, ist das Verdienst Henriette Schrader-Breymanns.

Henriette Schrader-Breymann

Henriette Breymann (1827–1899), älteste Tochter einer Pastorenfamilie, gehörte zu jener Frauengeneration, die sich mit dem Lebensentwurf einer Tochter aus gutbürgerlichem, protestantischem Haus nicht begnügen wollte. Ein langer Aufenthalt bei ihrem Großonkel Friedrich Fröbel prägte ihren weiteren Lebensweg. Bemerkenswert und die Persönlichkeit Henriette Breymanns schon in jungen Jahren kennzeichnend ist, mit welchem skeptischen Respekt sie sich mit der Lehre Fröbels auseinandersetzt. Wie selbstbewusst sie für sich in Anspruch nimmt, sich nicht kritiklos an der Ausformulierung seiner Ideen zu beteiligen. Zu dieser Eigenständigkeit wurde sie aber auch von Fröbel und seinen Mitarbeitern ermutig:

> *Es hat meinem Herzen Frieden gegeben, dass Fröbel und Middendorf so ganz anders von uns Frauen denken wie viele, wohl die meisten Männer, dass sie uns würdig erachten, auch außer der Ehe eine ehrenvolle Stellung als Pflegerinnen der Kindheit einzunehmen, dass wir auch als Unverheiratete mit Verständnis und Bewusstsein mitarbeiten dürfen an der Veredelung der menschlichen Gesellschaft, dass wir uns selbst etwas sind und werden können.* (Alle folgenden Zitate nach Lyschinska, M. 1927)

Ihr Wort von der „geistigen Mütterlichkeit", das schon 1848 in einem ihrer Briefe vorkommt, hatte wohl auch in dieser Erfahrung des respektvollen Umgangs der „gestandenen Männer" mit einer jungen und unverheirateten Frau seine Wurzeln. Schon als junge Frau hatte sie als Teilnehmerin der von Fröbel 1848 einberufenen Pädagogenversammlung in Rudolstadt das Wort ergriffen, und in einem Brief an die Familie schrieb sie:

> *Tiefe Stille herrschte, als ich mit kurzen klaren Worten verlangte, dass auch wir Frauen als ganze Menschen behandelt werden müssen und dass wir eine ganz andere Bildung als bisher beanspruchen können, dass wir befähigt seien, wissenschaftliche, philosophische Studien zu treiben.*

Gleichzeitig fühlt sie mit Fröbel mit, als er in dieser Veranstaltung für seine Kindergartenidee wirbt, und sie schreibt weiter: „Hättet Ihr gehört, gesehen, wie der Oheim rang und kämpfte, als man ihm seine Ideen entreißen, den Kindergarten zu einer Art Bewahranstalt machen wollte! Ich konnte das kaum aushalten." Sie war besorgt, ob er sich durchsetzen würde, auch wenn sie zugleich bekannte: „Ich habe ja selbst oft ein Widerstreben gegen manche Seiten von Fröbels Praxis, aber ist darum die Entwicklung derselben abgeschlossen?"

Die nicht kritiklose Haltung gegenüber Fröbel bringt die 21-Jährige in den Briefen, die sie aus Keilhau (Thüringen) an ihre Eltern und Geschwister schreibt, wiederholt zum Ausdruck: „Der Oheim kann meine ganze Seele ergreifen mit seinen Gedanken, könnte ich sie nur ganz zusammenbringen mit seinen Spielen, die mir auch etwas sonderbar vorkommen." Es waren nicht Fröbels Gedanken über die Bedeutung des Kinderspiels, seine Theorie, die ihr Probleme machten, sondern die Spiele selbst, die Methode.

Sie identifizierte sich mit Fröbels Ideen, gleichwohl sah sie, dass diese der Weiterentwicklung bedurften. Es war ihr auch ein theoretisches Anliegen, Klärungen herbeizuführen, damit Unverständnis oder Missverständnis seine Pädagogik nicht verfälschen konnten.

Nicht mehr als Schülerin, sondern als Mitarbeiterin Fröbels unterstützte sie in Liebenstein seinen Plan, eine Erziehungs- und Bildungsanstalt ins Leben zu rufen. Als Mitarbeiterin lernte sie es, sich gegenüber Fröbel zu behaupten, wenn er allzu sehr über sie verfügen wollte, und sie schrieb: „Fröbel zu dienen liegt mir freilich fern", aber „der Idee zu dienen, zu opfern, wenn es Not tut, ist mein fester Wille." Willensstärke und Autonomie zeigte sie auch darin, dass sie eine Verlobung mit einem jungen Mitarbeiter Fröbels gegen den Willen Fröbels einging und dieses Verlöbnis wieder löste und ihren Zukunftstraum, als verheiratete Frau neben einem Mann Seite an Seite gleichberechtigt als Erzieherin wirken zu können, vorläufig aufgab und 1851 in ihr Elternhaus zurückkehrte.

In Neu-Watzum gründete sie zusammen mit ihren Eltern und Geschwistern eine für die damalige Zeit modellhafte Mädchenbildungsanstalt. Inhaltlicher Schwerpunkt dieser Schule war eine spezifisch auf Mädchen ausgerichtete Schulbildung auf der Grundlage der schulpädagogischen Grundprinzipien, die Fröbel vertrat. Diese schulische Allgemeinbildung der Mädchen war Voraussetzung für eine darauf aufbauende Berufsausbildung zur Kindergärtnerin. Diese Bildungsanstalt für Mädchen gehörte zu jenen „Höheren Töchterschulen", die von Mädchen des gehobenen Bürgertums besucht wurden. Die Bildungsziele entsprachen der polaren Geschlechterordnung des Bürgertums, wonach eine über die Elementarbildung hinausgehende Allgemeinbildung von Jungen und Mädchen geschlechtsspezifisch differenziert zu sein hatte.

Töchter aus dem Bildungsbürgertum, für die diese private höhere Schulbildung ausschließlich gedacht war, wurden auf die späteren Aufgaben der Frau als Ehefrau, Hausfrau und Mutter vorbereitet. Zum Ausbau einer Ausbildungsstätte für Kindergärtnerinnen kam es zwar nicht, jedoch konnte Henriette Breymann erste Unterrichtserfahrungen in Kursen sammeln, die sie „zur Ausbildung von berufsmäßigen Erzieherinnen und Kindergärtnerinnen" in Neu-Watzum abhielt. Eine ihrer Schülerinnen war Hedwig Heyl (1850–1934), mit der sie zusammen in Berlin das Pestalozzi-Fröbel-Hauses als Bildungsanstalt für Frauen konzeptionell ausgestalten sollte.

Mit Bertha von Mahrenholz-Bülow (1810–1893), die Henriette Breymann bei Fröbel kennen gelernt hatte, verband sie eine in fachlicher Hinsicht durchaus kontrovers geführte Freundschaft. Bertha von Mahrenholz-Bülow vermittelte ihr Kontakte zu namhaften Fröbelanhängern im In- und Ausland. Fachlich kompetentes Eintreten für eine Volkserziehung aller Kinder, zupackendes Engagement für das Recht der Frauen auf Bildung und Berufsarbeit war für Henriette Breymann in erster Linie eine Frage der sozialen Gerechtigkeit. Auch wenn sie, wie es der damaligen Zeit entsprach, von der Verschiedenheit beziehungsweise Polarität der Geschlechter ausging, war sie emanzipierter als manche ihrer bürgerlichen Zeitgenossinnen. Jenseits aller Festlegungen auf eine familienorientierte, abhängige, „dienende" Rolle der Frau plädierte Henriette Breymann für „verschiedene Weiblichkeiten", und sie konnte ihren persönlichen Anspruch auf Selbstbestimmung auch im privaten Bereich einlösen: Mit 44 Jahren heiratete sie 1871 den Juristen Karl Schrader und zog mit ihm – als dieser Direktor der Berliner Anhalter Eisenbahngesellschaft wurde – nach Berlin.

„Geistige Mütterlichkeit" als Berufsprofil für den Erzieherinnenberuf

Für Henriette Schrader-Breymann gab es unterschiedliche Lebensformen von „Männlichkeiten" und „Weiblichkeiten", die gleichberechtigt nebeneinander standen. Eine mögliche Lebensform von Weiblichkeit war für sie die „geistige Mütterlichkeit". „Mütterlichkeit" impliziert als Begriff biologische und soziale Potenzen von Frauen zur Erziehung von Kindern.

Durch den Zusatz „geistig" formuliert Schrader-Breymann einen Qualifikationsanspruch an das pädagogische Handeln von Frauen, wenn sie im Kindergarten als Erzieherin tätig werden. Ausgehend von den grundlegenden familialen Beziehungen und den elementaren Entwicklungs- und Bildungsbedürfnissen des Kindes, prägt Schrader-Breymann mit dem Begriff „geistige Mütterlichkeit" ein Berufskonzept, das sich auf das Wissen und Können bezieht, was in der Ausbildung von Erzieherinnen zu vermitteln ist. „Geistige Mütterlichkeit" in der Erziehung von Kindern zu üben, ist gleichzusetzen mit beruflicher Handlungskompetenz und setzt keineswegs die biologische Mutterschaft voraus, sondern ist Qualitätsmerkmal einer berufsmäßig ausgeübten pädagogischen Arbeit.

Die spezifische berufsstrukturelle Ausformung frühkindlicher Erziehungsarbeit von Frauen, die Henriette Schrader-Breymann mit der Formulierung „geistige Mütterlichkeit" umschreibt, erschließt sich nicht allein aus der Wesensbestimmung der Frau, sondern ebenso aus dem beruflichen Handlungsfeld, dem Kindergarten. Der Kindergarten wird von Henriette Schrader-Breymann konzeptionell und strukturell umgestaltet und in dieser Form institutionalisiert. Zugleich hat sie mit diesem berufstheoretischen Konstrukt auch Ziele, Inhalte und Methoden der Ausbildung vorgegeben. Das Berufsbild, das sie entwickelt hat – auch wenn es begrifflich noch nicht so gefasst wurde –, bezieht sich auf ein spezifisches Aufgabenprofil in einem bestimmten Tätigkeitsfeld und auf ein Berufsrollenverhalten, das in der Ausbildung gelernt werden soll.

In einem Aufsatz von 1872 mit dem Titel „Die Grundzüge der Ideen Friedrich Fröbels, angewendet auf Kinderstube und Kindergarten" hatte sie Pestalozzis Idee der erzieherischen Kraft der Wohnstube mit Fröbels Ideen einer Kindergartenpädagogik in Zusammenhang gebracht. Hatte Fröbel auf die Bedeutung des Kinderspiels hingewiesen und deutlich gemacht, dass es sich beim Spiel des Kindes um einen speziell kindlichen Modus handelt, die Welt zu erfahren, sich anzueignen und zu begreifen und dass diese Selbstbildungsprozesse der Unterstützung und Förderung durch die Mutter beziehungsweise die Erzieherin bedürfen, so war von Pestalozzi mit dem Wort „Wohnstube" die Bedeutung der familiären Strukturen des Lernumfeldes hinzugekommen sowie die Einsicht, dass die Lernkultur des kleinen Kindes sich an seiner Lebenswelt, den „Gelegenheitsstrukturen" seines Umfeldes, zu orientieren hat. Indem Schrader-Breymann diesen „Wohnstubencharakter" organisatorisch und konzeptu-

Kindergärtnerin – ein Berufsbild nimmt Gestalt an 65

Abb. 3 Bauen der Kinder (Bilder aus dem Kinderleben des
Pestalozzi-Fröbel-Hauses 1882/83)

Abb. 4 Gartenarbeit (Bilder aus dem Kinderleben des Pestalozzi-Fröbel-Hauses 1882/83)

ell in den Kindergarten hineinverlegt, schafft sie die Voraussetzung für einen „Volkskindergarten", der sich an den Entwicklungsbedürfnissen des kleinen Kindes ausrichtet. Kinder in ihrer Entwicklung zu unterstützen und durch eine entsprechende Gestaltung der Angebote anzuregen, darin besteht die Berufsarbeit der „Erzieherin", wie die von Schrader-Breymann bevorzugte Berufsbezeichnung lautete. „Geistige Mütterlichkeit" steht für ein Berufsbildungskonzept für Frauen, das – und hier steht Schrader-Breymann ganz in der Tradition der bürgerlichen Frauenbewegung des 19. Jahrhunderts – von den je besonderen Fähigkeiten von Mann und Frau ausgeht. In ihren Tagebuchaufzeichnungen sind dazu folgende Notizen zu finden:

Ich bin überhaupt nicht der Meinung, dass Frauen der Form nach genauso wirken sollen wie Männer, sondern dass den Geschlechtern jede eine besondere Mission gegeben ist; dass aber allerdings die Kluft überbrückt werden muss, die die Geschlechter noch geistig scheidet, und dass die Frau in jeder Beziehung frei von der Bevormundung des Mannes sein muss. (Lyschinska, M. 1927)

Für sie ist die Frau die „geborene Erzieherin", weil sie den Frauen in der pädagogischen Praxis mehr Handlungskompetenzen zutraut als den Männern.

Im Unterschied zu ihren Mitstreiterinnen in der bürgerlichen Frauenbewegung ging es ihr vorrangig um eine qualifizierte, weniger um eine standesgemäße Ausbildung. Auch ging es ihr nicht darum, die Frau in Abgrenzung oder sogar in Konkurrenz zum männlichen Geschlecht in Fragen der Kleinkindpädagogik zur Expertin zu stilisieren, genauso wenig redet sie der Idealisierung der Mutterrolle das Wort. Vielmehr ging es ihr um Gleichberechtigung und um Kooperation der Geschlechter auch in diesem Bereich, denn sie führt aus:

Aber nicht nur die Frauen allein können Fröbels Ideen realisieren, sondern es müssen auch die Männer daran Hülfe leisten, auch sie dürfen es nicht länger unter ihrer Würde halten, das kleine Kind zum Gegenstand ihres Interesses, ihres Forschens zu machen und den Frauen das wissenschaftliche Material zu reichen, was zu ihrer tüchtigen Ausbildung zur Erzieherin notwendig ist und sie mit ihrer Anerkennung unterstützen, wenn sie ein neues Leben der Arbeit beginnen wollen. (Lyschinska, M. 1927)

Eine bemerkenswerte Überlegung, wenn man bedenkt, dass noch jahrzehntelang für die wissenschaftliche Pädagogik das (männliche) Schulkind im Mittelpunkt des Forschungsinteresses stehen sollte und wesentliche Impulse zur Kleinkindpädagogik und nicht zuletzt auch eine wissenschaftliche Bestätigung der Fröbelschen Erziehungs- und Bildungsprinzipien erst durch die Entwicklungspsychologie in den 1920er Jahren kommen sollten.

Auch wenn das von Henriette Schrader-Breymann entwickelte Berufskonzept eingebunden ist in den Zeitgeist, so liegt Lina Meyer-Kuhlenkampff, die Gesamtleiterin des Pestalozzi-Fröbel-Hauses, sicherlich nicht falsch mit folgender Einschätzung, die sie anlässlich des 75-jährigen Jubiläums des Pestalozzi-Fröbel-Hauses 1949 äußerte:

Henriette Schrader-Breymann würde es lebhaft begrüßen, dass unsere Schülerinnen und Schüler keine bestimmte Schicht mehr besonders vertreten, sondern sich in unseren Häusern die Kinder aller Kreise und Berufe begegnen. Und noch eines würde sie als beglückende Frucht ihres Strebens empfunden haben: dass heute zusammen mit jungen Mädchen und Frauen Jünglinge und Männer zu sozialpädagogischen und volkspflegerischen Berufen drängen. Wir sind überzeugt, dass Henriette Schrader-Breymann heute dieses Wort erweitern würde: übt geistige Mütterlichkeit, übt geistige Väterlichkeit! Wie ein beschwörendes Wort soll es uns begleiten: übt Menschlichkeit! (Pestalozzi-Fröbel-Haus [Hrsg.] 2000)

In der Rezeptionsgeschichte des Berufskonzepts „Geistige Mütterlichkeit" wurde jedoch von den führenden Vertreterinnen der bürgerlichen Frauenbewegung immer weniger auf den beruflichen Qualifikationsaspekt abgehoben, der für Henriette Schrader-Breymann zentral war, sondern auf eine auf das Wesen der Frau und ihre zukünftigen Familienaufgaben zugeschnittene Mädchenbildung.

Das Pestalozzi-Fröbel-Haus (PFH)

In Berlin hatten Henriette Schrader-Breymann und ihr Mann, den sie für die Ideen einer Volkserziehung im Sinne Fröbels gewinnen konnte und der als freisinnig-liberaler Reichstagsabgeordneter auch politisch wirksam wurde, ein neues Betätigungsfeld gefunden. Innerhalb weniger Jahre – unterstützt durch den Berliner Verein für Volkserziehung und gefördert von Kaiserin Friedrich – entsteht das Pestalozzi-Fröbel-Haus (PFH), ein Zentrum für sozial-pädagogische Arbeit und Berufe in Berlin-Schöneberg, das weit über die Grenzen Deutschlands hinaus bekannt werden sollte. Gegründet wurde das PFH mit dem Ziel, „Frauen und Mädchen der gebildeten Stände zu befähigen, in liebevollen und natürlichen Verkehr mit den ärmeren Volksklassen zu treten" (Pestalozzi-Fröbel-Haus [Hrsg.] 2000). Der sozialpolitische Impetus, der zur Gründung des PFH geführt hatte, stand in engem Zusammenhang mit den sozialphilosophischen Ideen, wie sie Ende des 19. Jahrhunderts von Paul Natorp (1854–1924) vertreten wurden. Das Ehepaar Schrader, das mit dem Philosophen und Pädagogen befreundet war, teilte seine Auffassungen, wonach der Mensch ein gesellschaftlich bestimmtes Wesen und die Gesellschaft wiederum nicht nur Bedingung, sondern auch Ziel des sozialen Handelns von Menschen sei. Für Natorp ist deshalb alle Pädagogik Sozialpädagogik, und pädagogisches Handeln ist soziales Handeln. Erst nach dem Zweiten Weltkrieg sollten an diese Geistestradition des PFH die Gesamtleiterinnen Lina Mayer-Kuhlenkampff, Ellen Simon, die noch bei Paul Natorp studierte, und Anneliese Buß, die zum Freundeskreis von Anna von Gierke und Herman Nohl gehörte, anknüpfen.

Als Henriette Schrader-Breymann das Pestalozzi-Fröbel-Haus zunächst als Verbund von Kindergarten und Kindergärtnerinnenseminar zusammen mit ihren Freunden 1874 gründete, wuchs Berlin gerade explosionsartig. Zwischen 1870 und 1900 erhöhte sich die Einwohnerzahl von 800 000 auf ca. 3 000 000. Dieser enorme Bevölkerungszuwachs führte zu einer Verschärfung der sozialen Probleme. Die Industriearbeiterfamilien wohnten auf viel zu engem Raum zusammengedrängt in schnell gebauten, feuchten Wohnungen, meist mit Blick auf dunkle Hinterhöfe, ohne Licht und teilweise ohne eigenen Wasseranschluss, von Bad und Toilette ganz zu schweigen. Die Arbeiterwohnungen waren nicht nur in höchstem Maße gesundheitsschädigend, sie boten zudem weder den Erwachsenen noch den Kindern Raum für geistige und körperliche Entfaltung. Die Kinder spielten entweder auf der Straße oder halfen der heimarbeitenden Mutter. Viele Schulkinder arbeiteten vor und/oder nach der Schule. Eine „Kindheit" und ein „Familienleben" im heutigen Sinn und auch nach dem Verständnis des damaligen Bürgertums hatten sie nicht.

Inspiriert von der praktischen Arbeit vor Ort im „Volkskindergarten der südwestlichen Friedrichstadt," den Bertha von Mahrenholz-Bülow speziell für die Kinder der Arbeiterschicht 1866 eingerichtet hatte, entwickelt Henriette Schrader-Breymann für den Volkskindergarten des

PFH ein eigenes pädagogisches Konzept, das in seiner strukturellen, inhaltlichen und didaktischen Ausformung für die damalige Zeit in jeder Hinsicht innovativ war – und von den Volkskindergärten der Fröbel-Vereine wie auch von den in konfessioneller Trägerschaft befindlichen Kinderbewahranstalten strukturell und inhaltlich gesehen erheblich abwich. Sie führte das Kleingruppensystem ein: 12 bis 15 Kinder im Alter von drei bis sechs Jahren bilden eine Gruppe mit einer festen Bezugsperson. Mit der Schaffung familienähnlicher Strukturen orientiert sie sich an Pestalozzi, den Wohnstubencharakter als erzieherische Kraft nutzend. Seine Idee einer Elementarbildung, verstanden als eine Art häusliche Volksbildung, will sie für Kinder aller Schichten realisieren. Ihren „Volkskindergarten" versteht sie nur im formalen Sinn als unterste Stufe des Bildungssystems, inhaltlich und didaktisch soll der Kindergarten das „ABC der Anschauung" vermitteln: „Nicht Kunst, nicht Buch, das Leben selbst ist das Fundament der Erziehung und des Unterrichts", schreibt Pestalozzi in „Lienhard und Gertrud". Es ist die feste Überzeugung von Henriette Schrader-Breymann, dass alle Belehrung demgegenüber sekundär ist, dass sie überhaupt nur Sinn macht, wenn sie als Besinnung an das wirklich Erlebte, Erfahrene anknüpft. Heute würde man den ganzheitlichen Ansatz, zu dem Henriette Schrader-Breymann Fröbels Prinzipen der Kindergartenpädagogik weiterentwickelt hat, mit dem Begriff „Lebensweltorientierung" charakterisieren. Die selbstbildende Kraft des Kindes durch Selbsttätigkeit – eines der zentralen Prinzipien der Kindergartenpädagogik Fröbels – war für Schrader-Breymann Ausgangspunkt des von ihr entwickelten methodisch-didaktischen Programms, das als „Monatsgegenstand" bekannt wurde.

Auch Fröbels Idee der Mütterbildung war seit 1879 integraler Bestandteil des „Volkskindergartens". Die von Schrader-Breymann eingeführten Mütterabende waren keine Belehrungsveranstaltungen, sondern hatten zum Ziel, die Mütter am Erziehungsalltag im Kindergarten teilhaben zu lassen.

Rasch entwickelten sich Praxisangebote, die auf spezielle Bedarfslagen eine Antwort gaben. Schon 1878 gab es eine Vermittlungsklasse (Vorschulgruppe beziehungsweise Eingangsstufe) und einen Hort; 1879 wurden eine Elementarklasse (1. Klasse) und 1910 ein Schulkindergarten für schulpflichtige, aber noch nicht schulreife Kinder eingerichtet; 1912 folgte eine Lesestube, ein offenes Angebot für Schulkinder. Ein Montessori-Kindergarten, der 1914 eröffnet wurde, bezeugt, dass das PFH als Träger mehrerer Volkskindergärten Fröbelscher Ausrichtung auch für neue pädagogische Ansätze offen war. In der Regel waren die Kindergärten des PFH ganztägige Einrichtungen mit einem Mittagessen für Kinder, die nicht nach Hause gingen. Zum „Service"-Angebot gehörte auch, dass die Kinder wöchentlich einmal gebadet wurden.

Es war nicht nur das vielfältige Praxisangebot, dass das PFH über Berlin hinaus als Ausbildungsstätte so attraktiv machte, sondern auch die Ausbildung selbst, so wie sie im Verbund mit den Praxiseinrichtungen von Schrader-Breymann konzipiert worden war. Staatlich anerkannte Ausbildungsrichtlinien gab es noch nicht, und auch die im Deutschen Fröbel-Verband (DFV) organisierten Ausbildungsstätten einigten sich erst 1895 verbandsintern auf einheitliche Regelungen hinsichtlich der Dauer und des Lehrplans der Kindergärtnerinnenausbildung, deren Träger Fröbel-Vereine waren. Dem Vereinsbericht des Berliner Vereins für Volkserziehung für das Jahr 1883 ist zu entnehmen, dass das PFH eine zweijährige Ausbildung durchführte und der Lehrplan nach unserem heutigen Sprachgebrauch sowohl allgemeinbildende Unterrichtsinhalte als auch fachtheoretische wie fachpraktische Inhalte vorschrieb.

In diesem Bericht wird ausdrücklich darauf hingewiesen, dass mehrere Herren und Damen des Lehrpersonals den Unterricht unentgeltlich erteilten. Zu ihnen gehörten – so ist anzunehmen – auch „Herr und Frau Schrader". Karl Schrader erteilte Unterricht in einem Fach, dessen Name in seinem ersten Teil außerordentlich modern klingt: „Grundzüge der Volkswirtschaft und Besuch von Wohltätigkeits-Anstalten". Henriette Schrader-Breymann lehrte unter anderem in den Fächern „Erziehungslehre, einschließlich Elemente der Gesundheitspflege", „Geschichte der Pädagogik und Religion", „Kindergartenlehre" und „Unterrichtslehre". Sie muss – so äußerte sich unter anderem ihre Schülerin Lili Droescher, die Ende der 1880er Jahre am PFH ausgebildet worden war und nach dem Tode Henriette Schrader-Breymanns 1899 die Leitung des Hauses übernahm – in ihrer Unterrichtsweise sehr lebendig und anregend gewesen sein. So bewunderte Lili Droescher an ihr „dieses innerliche Ergriffensein bei höchster eigener Aktivität" und beschreibt in ihren persönlichen Erinnerungen an Henriette, wie die „Frische und Unmittelbarkeit des eigenen Erlebnisses auf die Lernenden überspringt, dass diese wieder durch ihre Fragen, die Art ihrer Mitarbeit Anstoß zu neuem Forschen geben und dadurch die besondere Art der Wechselwirkung entsteht, wie sie jetzt in der modernen ‚Arbeitsschule' erstrebt wird" (Pestalozzi-Fröbel-Haus [Hrsg.] 1932).

Dieses didaktische Konzept in der Ausbildung – orientiert an Pestalozzis „Arbeitsschule", eingeführt und umgesetzt von Henriette Schrader-Breymann – sollte dem PFH sein unverwechselbares Ausbildungsprofil geben. Handlungsleitend ist Pestalozzis Bildungsverständnis. Praxis im Sinne von Arbeit ist ein Lerntypus, der gleichberechtigt neben der Theorie, dem Lernen in der Fachschule, steht. Praxis und Theorie im Sinne von Lernen und Sich-Bilden gehören zusammen, sind aufeinander bezogen. Das Lernen im Vollzug der Arbeit ist neben der Aneignung von theoretischen Kenntnissen und methodischen Fertigkeiten integraler Bestandteil des beruflichen Ausbildungsprozesses. In der „Arbeitsschule" wird die Arbeit im Kindergarten als eine den beruflichen Bildungsprozess der Schülerin organisierende selbstbildende Kraft verstanden.

Noch gibt es für die Lehre keine Fachdidaktiken, sondern – wenn man so will – lediglich „Bildungsstandards" auf der Grundlage der Kindergartenpädagogik Fröbels, die in der Ausbildung gelehrt wird. Darüber hinaus soll der Zuwachs an Wissen möglichst unmittelbar geschehen, indem die praktische Erfahrung zu Erkenntnis führt. Deshalb gehörte es zur praktischen Ausbildung der Schülerinnen, dass diese nicht nur alle Abteilungen kennen lernten, sondern, wie es im Vereinsbericht von 1883 heißt: „schon ihrer Ausbildung wegen als Gehülfinnen fungiren, damit sie sich an eine selbständige Thätigkeit gewöhnen" (PFH-Archiv). In der Praxis sah dies so aus, dass die Schülerinnen für einen gewissen Zeitraum einer Kindergruppe fest zugeordnet wurden und ihnen – am Ende der Ausbildung – die Verantwortung für die Kindergruppe übertragen wurde. Sie hatten sich nicht nur um die Betreuungsaufgaben zu kümmern und die Spiel- und Beschäftigungsangebote zu planen und durchzuführen, sondern sich auch über die „Lebenshintergründe" der Kinder, also über die Familienverhältnisse, Wohnbedingungen und anderes zu informieren. Bezeichnenderweise wurde am Pestalozzi-Fröbel-Haus in der Ausbildung zur Kindergärtnerin beziehungsweise zur Erzieherin nie das schlechthin als „berufsbezogen" apostrophierte Fach „Praxis- und Methodenlehre" unterrichtet, sondern – orientiert an der selbstbildenden Kraft des Kindes, wie sie Fröbel beschreibt – unter dem Thema „Kinderspiel und Arbeit" Fach- und Methodenwissen modular vermittelt.

Auch der relativ hohe Stellenwert, den die „politische Bildung" angehender Erzieherinnen in der Ausbildung am Pestalozzi-Fröbel-Haus einnimmt, geht auf einen Anspruch von Henriette Schrader-Breymann zurück; auch in dieser Hinsicht war sie ihrer Zeit weit voraus. Selbstkritisch schreibt Lili Droescher:

Frau Schrader sorgte dafür, dass uns nicht gleichgültig blieb, was uns umgab. Nie werde ich ihre missbilligende Verwunderung darüber vergessen, dass wir vom Reichstag und Landtag keine Ahnung hatten, was sie zu einem Stoßseufzer veranlasste: wir wüssten gewiss im römischen Senat besser Bescheid! Für mich traf das bestimmt zu, war doch darauf in meiner Schule sehr viel Wert gelegt worden. Ich weiß es noch gut, wie beschämt wir waren: aber wenn ich es heute bedenke, lagen diese Mängel doch in der ganzen Richtung der damaligen Töchterschule. In einer Hinsicht aber wirkte Henriette Schrader noch ganz besonders und bewusst darauf hin, dass wir unsere Augen offen hielten, das war in Hinsicht auf die Stellung und Bildung der Frau. Sie lehrte uns geschichtlich denken und verfolgte mit uns den Wechsel der Anschauungen über die Frau. (Pestalozzi-Fröbel-Haus [Hrsg.] 2000)

Abb. 5 Theoretischer Unterricht am Pestalozzi-Fröbel-Haus, um 1895

Zum Selbstverständnis des PFHs gehörte es auch – zumindest in den ersten Jahrzehnten seines Bestehens – eine selbstbewusste, konfessionell und politisch unabhängige Öffentlichkeitsarbeit und ein Engagement in der Frauenrechtsbewegung.

1878 legten die ersten von Henriette Schrader-Breymann ausgebildeten Kindergärtnerinnen ihre Prüfung ab, und schon 1894 wurde die Idee von Schrader-Breymann im PFH realisiert, die Erstausbildung zur Kindergärtnerin durch eine so genannte „Fortbildungsklasse" zu ergänzen. Aus dieser sollte dann später die Jugendleiterinnen-Ausbildung erwachsen.

Der Kindergärtnerinnenberuf am Ende des 19. Jahrhunderts

Hauptanliegen Fröbels war es, in einem neu organisierten, allgemeinen Schulwesen den Kindergarten als unterste Bildungsstufe für alle Kinder zu verankern. Dazu – auch das hatte er erkannt – bedurfte es qualifizierter Fachkräfte, wobei Fröbel sowohl an Männer als auch an Frauen dachte, die er zu Kleinkindpädagogen ausbilden wollte. Das mangelnde Interesse beziehungsweise offene Desinteresse von Männern an dieser Arbeit, der Drang bürgerlicher Frauen nach Bildung und Engagement im öffentlichen Raum und nicht zuletzt der gesellschaftliche Konsens, dass es sich bei dem Beruf der Kindergärtnerin um einen dem Wesen der Frau gemäßen Beruf handele, waren entscheidend dafür, dass sich der Kindergarten zu einem Berufsfeld für Frauen ausgestaltete.

Fröbel hatte – im Unterschied zu Fliedner und Fölsing – als erster einen sachbezogenen Zusammenhang hergestellt zwischen Beruf und Berufsfeld, also zwischen der pädagogischen Arbeit der Kindergärtnerin und den Aufgaben eines bestimmten Arbeitsgebietes. Deshalb liegen meines Erachtens die Wurzeln des Erzieherinnenberufs nicht – wie häufig geäußert wird – in den von Fliedner eingerichteten Ausbildungsstätten für Kleinkinderschullehrerinnen. Ganz davon abgesehen, dass das pädagogische Handeln der Kleinkinderschullehrerinnen eingebunden war in das Diakonissinnenamt, das diese ausübten, sind auch die Intentionen, die Fliedner mit dieser Einrichtung verfolgte, nicht mit denen Fröbels vergleichbar, der den Kindergarten als eine öffentliche Erziehungseinrichtung und als unterste Stufe eines allgemeinen Bildungssystems konzipiert hatte. Aus der Institution Kindergarten und den pädagogischen Aufgaben, die dieser neben der Familie zu erfüllen hat, leitete Fröbel nicht nur die Notwendigkeit einer Berufsausbildung für das Betreuungspersonal ab, sondern beschrieb auch in Grundzügen die Berufsrolle der Kindergärtnerin. Nicht die „katechetische Verkündigung", nicht die christliche Nächstenliebe sollten handlungsleitend für die Kindergärtnerin sein, sondern die Eigenwelt und die Bedürfnisse des Kindes. Um diese aber wahrzunehmen und daran eine der Entwicklung des Kindes förderliche pädagogische Handlungsweise auszurichten, bedarf es einer speziellen Ausbildung. Selbstverständlich ging es auch Fröbel um die Bewältigung sozialer Notstände. Aber Fröbel verfolgte mit seinem sozialreformerischen Ansatz vor allem ein demokratisches Ziel, nämlich dem Recht auf freie Entfaltung und Bildung für alle Kinder zum Durchbruch zu verhelfen.

Gegen diese Bestrebungen bezogen die Träger konfessioneller beziehungsweise kirchennaher Betreuungseinrichtungen, die am Ende des 19. Jahrhunderts ca. 75 Prozent aller Einrichtungen unterhielten, Front. Sie hielten an der Auffassung fest, dass allein die fehlende mütterliche Betreuung in der Familie eine öffentliche Kleinkinderziehung rechtfertige und dass es sich grundsätzlich um einen Notbehelf handeln müsse, wenn Kinder im vorschulischen Alter außerhalb der Familie betreut werden sollten. Dieser Konflikt zwischen den Fröbelschen Kindergärten und den christlichen Kleinkinderschulen wurde durch so genannte „Volkskindergärten", die von den Fröbelanhängerinnen vor allem in den großen Städten eingerichtet wurden, zwar nicht beigelegt, aber überdeckt und nicht mehr offensiv ausgetragen. Denn diese Volkskindergärten waren, wie die Kleinkinderschulen, ganztägig geöffnet und insofern auf die Arbeitsbedingungen der berufstätigen Mütter, die überwiegend der Arbeiterschicht angehörten, ausgerichtet. Das pädagogische Profil dieser Volkskindergärten hatte mit dem Fröbelschen Bildungsanspruch nicht mehr viel zu tun. Diesem entsprachen Fröbel-Kindergärten, die von Kindern nicht berufstätiger Mütter, also solchen des Bürgertums, in der Regel nur stundenweise besucht wurden. Das Pestalozzi-Fröbel-Haus bildete hier eine Ausnahme: Das pädagogische Konzept war an den Bildungs- und Entwicklungsbedürfnissen des kleinen Kindes orientiert, und der PFH-Volkskindergarten verstand sich als ein Ort der elementaren Bildung für alle Kinder, unabhängig davon, ob die Mütter erwerbstätig sein mussten oder nicht.

Die klassenspezifische Zweiteilung des Kindergartenwesens, die der Deutsche Fröbel-Verband letztlich mittrug, ist tief verwurzelt in dem traditionellen Familien- und Frauenbild des deutschen Bürgertums und blieb nicht ohne Folgen für die weitere Berufsentwicklung der Kindergärtnerin. Sowohl der Fröbelbewegung als auch der bürgerlichen Frauenbewegung ging es primär um eine auf den Geschlechtscharakter der Frau zugeschnittene und standesgemäße, gleichwohl anspruchsvolle Berufstätigkeit der bürgerlichen, (noch) unverheirateten Frau. Das im Lebensentwurf der bürgerlichen Frau des 19. Jahrhunderts angelegte Spannungsverhältnis zwischen „weiblicher Berufung zur Mutterschaft" – als „natürlichem Beruf" der Frau – und dem immer stärker geäußerten Wunsch nach Bildung und nach sinnvoller, für die Gesellschaft nützlicher Erwerbstätigkeit konnte durch die pädagogische Arbeit von Frauen im Kindergarten quasi aufgelöst werden. Diese „doppelte Berufskonstruktion" (Mayer, Ch. 1996) war geeignet, auch den Widerstand der Männer gegen eine Berufstätigkeit der Frau zu brechen. Und auch die von Männern dominierte pädagogische Zunft unterstützte diesen Emanzipationsansatz der bürgerlichen Frauenbewegung. So spricht Diesterweg davon, dass Fröbel den Frauen gezeigt habe, „welches ihr eigentlicher tieferer Beruf sei", er habe ihnen als Mann den Mutterberuf aufgeschlossen. Diesterweg geht sogar noch weiter. Es genügte ihm nicht, dass „besonders befähigte Mädchen von 16 bis 20 Jahren theoretisch und praktisch die Erziehung kleiner Kinder erlernten", vielmehr müsse jedes Mädchen nach der Schule im Kindergarten arbeiten, „um sich daselbst für die Bestimmung als Mutter und diesen Zweig des weiblichen Berufes überhaupt vorzubereiten" (zitiert nach Mayer, Ch. 1996). Schon am Ende des 19. Jahrhunderts zeichnete sich in der Kindergartenbewegung ein Widerspruch ab, der sich in den nächsten beiden Jahrzehnten noch verstärken sollte. Einerseits existierte eine große Bereitschaft innerhalb der Fröbelbewegung zur fachlichen Weiterentwicklung und zur Umsetzung sozialreformerischer und pädagogischer Ideen, was die außerfamiliäre Erziehung der Kinder anbelangt; andererseits hielten die überwiegend gemäßigt und traditionell eingestellten bürgerlichen Frauen an den patriarchalischen Strukturen, die auch das Familien- und Frauenbild bestimmen, fest. Nicht zuletzt auch deshalb, weil das traditionelle Familien- und Frauenbild der Geschlechterordnung der katholischen wie auch der protestantischen Kirche entsprach. Die untergeordnete Rolle der Frau und ihre alleinige Zuständigkeit für die Erziehung der Kinder in der Familie, verbunden mit dem Faktum, dass die öffentliche Kleinkinderziehung überwiegend in konfessioneller Trägerschaft lag, sollte eine Professionalisierung des Erzieherinnenberufs in hohem Maße erschweren.

Teil II
Sozialpädagogik als Frauenberuf – vom Kaiserreich zum Nationalsozialismus

4 Aufbruch in die Moderne

Kulturell und ökonomisch stand Deutschland – seit 1871 ein Nationalstaat – im Zenit seiner Macht. Einer Macht, die wie ein Januskopf zwei Gesichter hatte, ein sehr modernes, fortschrittsgläubiges und eines mit konservativ-traditionellen Zügen. Das deutsche Kaiserreich Bismarckscher Prägung war weit entfernt, sich auf eine parlamentarische Demokratie einzulassen. Obwohl sich Deutschland schon längst zu einem Industriestaat entwickelt hatte und die Arbeiterbewegung trotz massiver politischer Verfolgung immer stärker wurde, war die Partei des Besitzbürgertums, waren die „Nationalliberalen" die wichtigste Stütze des autoritär verfassten Staates im Kampf gegen Liberale, Sozialdemokraten und Juden. Diese Partei mit ihren deutschtümelnden und antimodernen Ansichten sprach auch die große Mehrheit der mittleren Beamten und die Angestellten der aufblühenden Großunternehmen an, das so genannte Kleinbürgertum, das 1907 immerhin knapp 20 Prozent der arbeitenden Bevölkerung ausmachte. Ständig in Sorge, aus dem Mittelstand in das Proletariat abzurutschen, unterstützte auch diese Bevölkerungsgruppe – wie das wirtschaftlich und gesellschaftlich abgesicherte, gebildete Besitzbürgertum – die Politik Wilhelms II. (Kaiser seit 1888).

Um 1900 zerfiel die deutsche Gesellschaft in eine ausgeprägte Klassenstruktur: Adel, Bürgertum und Proletariat, wobei – wegen der zweiten Industrialisierungswelle Ende des 19. Jahrhunderts – das Proletariat quantitativ stark zugelegt hatte. Ein weiteres gravierendes Merkmal war, dass die Gesellschaft von Männern dominiert wurde. Trotz der autoritären und patriarchalischen Strukturen des Kaiserreichs war man bei der Reichsverfassung aber der liberalen Forderung nach Presse- und Informationsfreiheit nachgekommen, so dass eine öffentliche Politisierung der Menschen möglich wurde, die vor allem von Vereinen unterschiedlichster Art getragen wurde. Nur so lässt sich verstehen, dass es trotz der autoritären Strukturen eine wirksame Arbeiterbewegung und eine wirksame Frauenrechtsbewegung gab.

1890 – die Aufhebung des so genannten Sozialistengesetzes, das immerhin zwölf Jahre lang „die gemeingefährlichen Bestrebungen der Sozialdemokratie" untersagt hatte, stand bevor – wurden den Forderungen der Arbeiterbewegung nach sozialem Ausgleich zwischen Armen und Reichen nachgegeben. Um die außen- und wirtschaftspolitischen Ziele nicht zu gefährden, musste der Staat auf die Forderungen der Sozialdemokratischen Partei Deutschlands (SPD) und der Gewerkschaften eingehen. Die von Bismarck erlassenen Gesetze zur sozialen Absicherung der Arbeitnehmer können als ein Zugeständnis verstanden werden. Kennzeichnend für dieses Sozialversicherungsgesetz, das auf dem heute noch gültigen Prinzip von Arbeit und Arbeitseinkommen basierte und eng verknüpft war mit dem Familienrecht von 1896, sind – trotz zunehmender Frauenerwerbsarbeit, insbesondere in der Arbeiterschicht – seine zutiefst patriarchalischen Strukturen: Mit seiner Verheiratung übernahm der Mann die Verantwortung für den Lebensunterhalt seiner Frau und dafür, für seine Kinder zu sorgen. Er war das Haupt der Familie und entschied in allen, das gemeinschaftliche Leben betreffenden Angelegenheiten. Erst mit dem Grundgesetz der Bundesrepublik Deutschland von 1949 sollte die Gleichberechtigung der Geschlechter vor dem Gesetz vollzogen werden; trotzdem wurde auch dann noch – steuerrechtlich gesehen – an der so genannten Hausfrauen-Ehe festgehalten (Kaufmann, F.-X. 2003). Kindererziehung war und blieb Frauenarbeit. Aber eigene Rentenansprüche, über die sie verfügen konnten, erwuchsen den Hausfrauen aus diesen, für den Staat produktiven Leistungen nicht, ihre finanzielle Absicherung im Krankheits- oder Todesfall des Mannes war nur über die Rentenansprüche, die der Mann durch seine Arbeit bzw. Beiträge, die er geleistet hatte, geregelt.

Um 1900 gab es nur vereinzelte Feministinnen, die dies kritisierten. Sie gehörten dem radikalen Flügel der Frauenbewegung an. Die gemäßigten Vertreterinnen der Frauenbewegung und die konfessionellen Frauenorganisationen, die sich inzwischen gegründet hatten, teilten das im Kaiserreich vorherrschende traditionelle Familienbild. Eine Idealisierung der Mutterrolle tat das ihrige, um den vorhandenen Antifeminismus in der wilhelminischen Männergesellschaft zu überdecken.

Als prägendes nationalpolitisches Frauen- und Familienleitbild des Kaiserreichs diente Königin Luise von Preußen (1776–1810). Ihre Ehe, ihr Familienleben, ihre Mutterrolle waren – wie bei Pestalozzi – privates Modell für den Staat. Luise und Friedrich Wilhelm verkörperten mit ihren Kindern alle bildungsbürgerlich-protestantischen Familienwertvorstellungen, wonach nicht der formal abgesicherte Herrschaftsanspruch des Mannes über die Frau – wenigstens wurde um die Jahrhundertwende das Züchtigungsrecht des Mannes gegenüber seiner Frau abgeschafft – für das Familienglück ausschlaggebend zu sein hatte, sondern eheliche Liebe. Luise verkörperte den Typus von Weiblichkeit, der sie zum Vorbild machte. Sie war – weit entfernt von Lasterhaftigkeit oder erotischem Ideal – nur für ihre Kinder und ihren Mann da und hielt sich aus allem Politischen heraus: „Eine Frau sollte sich um alles kümmern, außer um Politik" (zitiert nach Vinken, B. 2001). Auf Gemälden sieht man Luise mit ihrem Mann oder auch allein, aber im Kreise ihrer Kinder. Tugendhafte und sittsame Häuslichkeit werden in den Gemälden demonstriert: Luise mit dem Kind auf dem Arm, bei der Hausmusik, die Kinder spielend an ihr Knie gelehnt, kurz: Sie ist eine Mutter wie jede andere – sein soll! In Gestalt der Luise und darin, wie sie von vielen bedeutenden Dichtern des 19. Jahrhunderts rezipiert wurde, kündigt sich die in Deutschland besonders ausgeprägte Mutterideologie an. Damit einher geht, dass der Vater in dieser „heiligen" Familie immer mehr zur Randfigur wird. Sichtbaren Ausdruck findet diese Entwicklung in der Darstellung der Luise als „Preußenmadonna".

Die Stellung der Frau war im Deutschen Reich weiterhin daran gebunden, dass die Frau sich dem Mann und den herrschenden patriarchalischen Strukturen unterordnete. In einer solchen Rolle lebte Luise als Frauenleitbild fort, bediente die Mutterideologie des Nationalsozialismus und war auch noch im Frauenideal der 1950er Jahre in der Bundesrepublik Deutschland wirksam.

Den wohl stärksten normativen Einfluss auf die Rolle der Frau um 1900 hatte jedoch das von dem konservativen Kulturhistoriker Heinrich Riehl 1855 herausgegebene Standardwerk „Die Familie", das in keinem Bücherschrank des Bildungsbürgertums fehlen durfte, bis 1935 immerhin 17 Auflagen erlebte und auch von den Nationalsozialisten hoch geschätzt wurde. In diesem Buch setzt sich Riehl unter anderem mit den Bildungsansprüchen der Frauen auseinander und unterstellt den Frauen, die solche Rechte für sich einklagen, dass sie ihr Geschlecht verleugneten: „Eine Frau, die an die Gleichstellung mit den Männern denkt, muss bereits sehr viel confuse Bücher gelesen haben. Von selber verfällt eine deutsche Frau noch nicht auf den Gedanken der ‚Emanzipation der Frauen' (zitiert nach Weiland, D. 1983).

Dennoch gab es am Ende des 19. Jahrhunderts viele gebildete Frauen, die sich dieser Doktrin nicht unterwerfen wollten, die bildungshungrig

Aufbruch in die Moderne | 83

Abb. 6 Königin Luise mit dem Prinzen Wilhelm: „Preußenmadonna"
Skulptur von Fritz Schaper im Auftrag des Pestalozzi-Fröbel-Hauses, 1897

waren und „confuse" Bücher lasen. Ein solches Buch war das der Schwedin Ellen Key, „Das Jahrhundert des Kindes", dessen deutsche Übersetzung 1902 erschienen war. Dieses war jahrzehntelang in Vergessenheit geraten. Erst als sich das von Key so apostrophierte „Jahrhundert des Kindes" – das 20. Jahrhundert – seinem Ende näherte, war in der Pädagogik wieder etwas über diesen Bestseller von 1900 zu hören.

Frauenrolle im Wandel

Hier soll weniger von dem reformpädagogischen Kindheitskonzept der Ellen Key (1848–1926) die Rede sein als von der Vorbildwirkung, die diese Frau auf die bürgerliche Frauenbewegung in Deutschland hatte. Von den Universitätsprofessoren – akademisch ausgebildete Pädagoginnen gab es in Deutschland noch nicht – wurden die autodidaktischen Arbeiten von Ellen Key als nicht seriös abgetan. Friedrich Paulsen, Pädagogikprofessor und ausgewiesener Gegner „gelehrter Frauen", diskreditierte das „Jahrhundert des Kindes" als ein Buch für „Berliner Backfische" und qualifizierte damit auch all jene Frauen ab, die in Berlin zwischen 1905 und 1908 in die Vorträge von Ellen Key gingen, um ihre Visionen von Kindheit und Gesellschaft, von einer veränderten Lebensgestaltung und einem partnerschaftlichen Geschlechterverhältnis kennen zu lernen. Im Kern ging es Ellen Key um eine „neue Gesellschaft", um eine Ablösung des herrschenden patriarchalischen Familienmodells, um ein Aufbrechen verkrusteter Lebensformen, vor allem auch um eine Selbstbestimmung der Frau. Ein wesentliches Thema in ihren Schriften ist die untergeordnete Stellung der Frau, wie sie der christlichen Auffassung der damaligen Zeit vielfach entsprach. Diese gilt es nach den Vorstellungen Keys zu Gunsten eines neuen Frauenleitbildes – sie selbst spricht von einer neuen „Form des Matriarchats" – zu überwinden. Um dies zu erreichen, stellt Key Forderungen auf, die für die traditionelle wilhelminische Kaiserzeit revolutionär waren. Sie forderte für die Frau den freien Zugang zu außerhäuslichen Berufen. Für die Frau, die Mutter ist, forderte sie, dass diese Erziehungsarbeit der Frau als Erwerbsarbeit anzuerkennen und zu entlohnen sei. Nur wenn die Frau ökonomisch unabhängig vom Mann sei, könne sie auch eine freie Entscheidung über ihre Lebensplanung treffen. Wenn die Frau sich aber entschlossen habe, Mutter zu sein, dann sei es ihre Arbeit, die Kinder bis zu einem Alter von zehn bis zwölf Jahren zu erziehen. Die Befreiung der Frau aus patriarchalischer Abhängigkeit, die Ellen Key betonte, schloss auch das Recht der Frau ein, selbstbestimmt über ihren Körper und ihre Sexualität verfügen zu können. Auch damit erregte Ellen Key Ärgernis.

Aber der Aufbruch in die Moderne, das Aufbrechen in eine neue Zeit, die Suche nach neuen Lebensformen, nach Freiheit, Unmittelbarkeit und Wahrhaftigkeit und der Kampf der Frauen gegen erstarrte Regeln und Konventionen war längst nicht mehr aufzuhalten und wurde seit der Jahrhundertwende in den Bühnenstücken und Romanen von Henrik Ibsen, Arnold Zweig, Eduard von Keyserling und anderen Schriftstellern und Dramatikern thematisiert.

Vor dem Ersten Weltkrieg zählte Ellen Key zu einer bekannten und verehrten Persönlichkeit in den Kreisen bürgerlicher Frauen. In einzelnen Städten bildeten sich „Ellen-Key-Kreise", Zusammenschlüsse junger Frauen, so genannte – wie man damals sagte – „Damenkränzchen", die aus heutiger Sicht durchaus den Charakter einer Art von Fan-Kultur hatten, allerdings beschränkt auf die Schicht des Bürgertums. Gutbürgerliche Mädchen und Frauen lasen Ellen Keys Schriften und identifizierten sich mit den Aussagen, die sie zum Frau-Sein machte. Sie sahen in Ellen Key eine Vordenkerin, ein Vorbild in ihrer Suche nach einem neuen, modernen Frauenleben. Und sie waren gierig danach, sich Wissen anzueignen, das man ihren Müttern noch vorenthalten hatte, und ernsthafte Aufgaben zu übernehmen, die die Gesellschaft verändern halfen.

Die Bedeutung der Jüdinnen und die „Neue Frau"

Enthusiastisch aufgenommen wurde Ellen Key auch von der bürgerlichen deutsch-jüdischen Frauenbewegung, deren Anhängerinnen angetreten waren, sich durch wohltätiges Tun als nützliche Mitglieder der Gesellschaft zu erweisen. Lange bevor in den 1920er Jahren die „Neue Frau" kreiert wurde, war 1913 ein Buch von Else Croner mit dem Titel „Die moderne Jüdin" erschienen, in dem sie einen Frauentypus beschrieb, der aufgrund einer „liberalen Lebensanschauung" zur Wegbereiterin einer neuen Zeit werden würde. Es war kein Zufall, dass sowohl in der Fröbelbewegung wie auch in der Frauenbewegung Frauen jüdischer Herkunft eine führende Rolle spielten. Das Gebot zur Wohltätigkeit und zum sozialen Engagement gegenüber der Gemeinschaft (hebr. Zedeka) sind im Judentum Pflicht für alle. „Zedeka" – übersetzt mit „Wohltätigkeit" – leitet sich vom hebräischen Begriff für Gerechtigkeit ab und bezieht sich auf alle Handlungen, die darauf abzielen, soziale Gerechtigkeit unter den Menschen herzustellen beziehungsweise zu sichern. Die im ethischen Sinn höchste Stufe der Wohltätigkeit besteht im Judentum darin, dass der bedürftigen Person so geholfen wird, dass sie auf eigenen Beinen stehen kann, also in Hilfe zur Selbsthilfe. Mit diesem Gebot unmittelbar verknüpft ist das Gebot der „Gemient Chessed", übersetzt mit „Liebestätigkeit". Die Hilfe zur Selbsthilfe, diese „Dienstleistung" am anderen, soll mit persönlicher Anteilnahme, mit emotionalem Engagement am Schicksal des Betroffenen verbunden sein.

Während in der jüdischen Religion das „tätige Leben" eine zentrale Rolle spielt, ist es im christlichen Welt- und Menschenbild das Angewiesensein des Menschen auf Gottes Geduld und Gnade. Für die Bindung des gläubigen Christen an die kirchlichen Gebote und Werte hat die Vorstellung vom Weiterleben nach dem Tod und die daran gebundene sanktionierende Instanz Gottes eine gewichtige Bedeutung. Nach der Christenlehre, insbesondere im Katholizismus, ist die weltliche Ordnung einschließlich ihrer Herrschaftsstruktur, der sich die Gläubigen unterordnen, von Gott geschaffen worden. In der christlichen Ethik werden diejenigen Handlungen des Menschen als gut bewertet, die er in Demut vor Gott ausführt.

Die Liebe zum Nächsten ist sowohl im Judentum als auch im Christentum nicht nur ein religiöses Gebot, sondern handlungsleitendes Motiv der Menschen, die sich in der sozialen Arbeit engagieren. Während in der von Christen ausgeübten sozialen Arbeit Anfang des 20. Jahrhunderts die Haltung überwog, menschliche Lebensverhältnisse als göttliche Bestimmung zu akzeptieren, war bei den jüdischen Menschen, die sich in der sozialen Arbeit engagierten, der Wille, auf die Lebensverhältnisse der hilfsbedürftigen Menschen verändernd einzuwirken, stärker ausgeprägt. Im Judentum ist das Welt- und Menschenbild stärker auf das Diesseits ausgerichtet. Diese dem Leben zugewandte Einstellung – man könnte auch von einer „lebensbegabten" Einstellung sprechen – ist nicht zuletzt auch auf die Diaspora-Situation der Juden zurückzuführen.

Das Sich-in-das-Gegebene-Schicken ist dem Judentum fremd. Auch ohne religiöse Bindung bedeutet jüdisch sein, diese jüdischen Werte zu leben. Micha Brumlik bezeichnet in seiner Biografie Sigmund Freuds das

Judentum als eine hoch normative Religion, weil sie im Sinne von gemeinnütziger Arbeit, in der Übernahme von Verantwortung, in dem Drang, Problemlagen intellektuell zu durchdringen, hohe moralische Ansprüche an die Lebensführung der Menschen stelle. Tätig sein, sich aus Situationen befreien, sich nicht mit dem Erreichten zufrieden zu geben – Sigmund Freud hat diesen Drang zu forschen und zu verändern „Fortschritt in der Geistigkeit" genannt – ist seinem Wesen nach aufklärerisch, emanzipatorisch und innovativ. Dieser Drang, nach der Wahrheit zu suchen und etwas zu bewirken, der dem Judentum eigentümlich ist, hat als kulturkritische Kraft nicht nur der Wissenschaft, der Kunst, der Musik, sondern auch der Sozialpädagogik in Theorie und Praxis entscheidende Impulse gegeben.

Offenbar ging es im jüdischen Bürgertum auch weltoffener und liberaler zu als im wilhelminischen Milieu Preußens, denn August Bebel schrieb schon 1891 an Friedrich Engels: „Will man in anständiger Gesellschaft hier sein, kann man nur unter die Juden gehen" (zitiert nach Brandt, W. [Hrsg.] 1978). Folgerichtig stellte die SPD als einzige Partei auch jüdische Kandidaten für die Reichstagswahl auf. Der Jude galt als Prototyp des Nonkonformisten, des Grenzüberschreiters, aber auch als einer, der die „heile Welt" gefährdete.

Der Emanzipationskampf der Frauenbewegung um mehr Autonomie, um Bildung und Erwerb, um eine moderne, bürgerlich-liberale Gesellschaftsordnung, die auch den Juden die volle Teilhabe am gesellschaftlichen Leben zu eröffnen versprach, machte die soziale Frauenberufsbewegung so anziehend für die Jüdinnen, weil er ihnen den Weg eröffnete, ihre doppelte soziale Randständigkeit als Frau und als Jüdin zu überwinden. Wohltätigkeit bot der jüdischen Frau um die Jahrhundertwende die Möglichkeit, politisch aktiv zu werden. Bertha Pappenheim (1859–1936) war innerhalb der jüdischen Frauenbewegung die wohl bedeutendste Vertreterin. Der 1904 von ihr gegründete jüdische Frauenbund war Teil der bürgerlichen Frauenbewegung, deren gemäßigten, aber auch radikalen Feminismus viele deutsch-jüdische Frauen teilten. Sie gaben der sozialpädagogischen Arbeit entscheidende Anstöße zur Professionalisierung.

Minna Cauer, die dem radikalen Flügel der bürgerlichen Frauenbewegung angehörte und Vorsitzende des von ihr 1899 gegründeten Verbandes fortschrittlicher Frauenvereine „Frauenwohl" war, stellte fest:

„Es scheint so, dass es eine Aufgabe der Jüdinnen ist, für die Befreiung der Frau zu kämpfen: unter diesen finden wir nicht allein die rührigsten, sondern auch die begabtesten und mutigsten Frauen. Die Frauen der arbeitenden Klasse und die Juden: Es sind die Unterdrückten dieses Jahrhunderts." Im Gegensatz zu den jüdischen Frauen, die kämpferisch für die Frauenrechte eintraten, standen – so urteilt Minna Cauer weiter – die christlichen Frauen offenbar noch „unter dem Gebot des heiligen Paulus", wonach die Frau in der Gemeinde zu schweigen habe. „Zähigkeit in der Erlangung des Zieles, rastlose Arbeitskraft, starker Verstand und starke Beobachtungsgabe" bescheinigte Minna Cauer den Frauen, die sich diesem Gebot nicht beugten, und fand, dass solche Frauen besonders stark unter den deutschen Jüdinnen vertreten seien, auch unter jenen, die zum Protestantismus übergetreten waren (zitiert nach Gerhard, U. 1990).

Minna Cauer, befreundet mit Ellen Key, war die exponierteste Persönlichkeit des radikalen Flügels der Frauenbewegung. Zusammen mit ihrer Freundin, der Jüdin Margarete Susman, setzte sie sich kritisch mit der unpolitischen Haltung der traditionell eingestellten Frauen des gemäßigten Flügels auseinander. Sie beklagen deren „deutsche Innerlichkeit", die sie als Zuflucht verstanden und als unpolitisch kritisierten. „Politik bedeutet nichts anderes als die Ordnung der menschlichen Beziehungen in großen Gemeinschaftsgebilden, für die alle Verantwortung tragen", schreibt Margarete Susman in einem Aufsatz von 1918 „Die Revolution und die Frau" (zitiert nach Hahn, B. 2002). Die „Neue Frau" will sich aus der sozialen Kontrolle, der die Frau unterliegt, befreien. Dies bedeutete für Minna Cauer und ihre Freundinnen, dass mit sozialer Arbeit – und diese schließt die pädagogische Arbeit mit ein – nicht die Not der proletarischen Frauen und Mütter mit bürgerlicher Wohltätigkeit abgespeist werden sollte. Vielmehr sollten sich die Frauen in sozialer Arbeit zum Kampf vereinen, um sozialpolitische Interessen durchzusetzen. Zusammen mit Jeanette Schwerin regte Minna Cauer die Gründung der „Mädchen- und Frauengruppen für soziale Hilfsarbeit" (1893) an, deren Vorsitz 1899 Alice Salomon übernahm, Wegbereiterin der sozialen und sozialpädagogischen Frauenberufe.

Sozialpädagogische Arbeit

In ihren persönlichen Erinnerungen an Henriette Schrader-Breymann führt Lili Droescher aus, welche Anregungen sie durch ihre Lehrerin bekommen hat, weil diese ihre Schülerinnen an den Büchern teilnehmen ließ, „die sie gerade beschäftigten und von denen sie sich eine Vertiefung unserer Auffassung" versprach. Welcher Auffassung? Mit dem Hinweis von Lili Droescher auf die Schriften des Philosophen und Pädagogen Johann Friedrich Herbart und die sozialphilosophischen Schriften Paul Natorps, deren Bekanntschaft sie Henriette Schrader-Breymann verdankte, kann vermutet werden, dass es Schrader-Breymann daran gelegen war, in der Ausbildung der Erzieherinnen auch ein handlungsleitendes Welt- und Menschenbild zu vermitteln.

Paul Natorp bezieht sich in seiner – wie er es nennt – „konkreten Philosophie" auf Pestalozzi. Er veröffentlichte 1899 sein Werk „Sozialpädagogik" und begründete einen sozialwissenschaftlichen Ansatz in der Pädagogik, der zu einer grundlegenden Reform der pädagogischen Praxis führte. Als Vertreter eines sozialen beziehungsweise sozialistischen Idealismus betont er die Bedeutung der sozialen Einbindung des Menschen für die Entwicklung von Individualität und sozialer Verantwortung. Natorp geht es aber auch darum, „exaktes Wissen" über das Verhältnis von Mensch und Gesellschaft zu gewinnen und zur Grundlage der Pädagogik in Theorie und Praxis zu machen und verweist auf die Bedeutung der Psychologie als Basiswissenschaft für pädagogische Theorienbildung. Diese kultur- und gesellschaftskritischen Impulse der Sozialphilosophie führen Ende des 19. Jahrhunderts nicht nur zu einer tief greifenden Revision der traditionellen Pädagogik und begründen eine „Pädagogik vom Kinde aus", sondern sie überführen die Pädagogik, die bislang Teil der Philosophie war, in eine eigenständige wissenschaftliche Forschungsdisziplin. Neue Teilgebiete der Pädagogik entstehen, zu ihnen gehört die Sozialpädagogik. Sie befasst sich theoretisch und praktisch mit Erziehung und Bildung außerhalb der Familie und der Schule und ist – historisch gesehen – ein pädagogischer Beitrag zur Lösung sozialer Probleme in der industriellen Gesellschaft. Nach Herman Nohl, einem führenden Vertreter der pädagogischen Reformbewegung, sind neue pädagogische Handlungsfelder beziehungsweise Praxisformen immer zunächst Antworten, die aus einer gesellschaftlichen Notsituation heraus entwickelt werden, ehe sie dann als allgemein notwendig von der Gesellschaft anerkannt und akzeptiert werden. Es kann davon ausgegangen werden, dass sich die führenden Frauen der Fröbelbewegung mit diesen neuen philosophischen und wissenschaftlichen Strömungen befasst haben, auch wenn ihnen in Deutschland das Studium an der Universität noch verwehrt war. Das Zusammenwirken von Frauen, die sowohl den Zielen der Frauenbewegung nahe standen als auch im Sinne Pestalozzis und Fröbels in der Volkserziehung und Volksbildung praktisch wirksam werden wollten, führte im ersten Drittel des 20. Jahrhunderts zu einem produktiven Netzwerk, das neben dem traditionellen Fröbelschen Kindergarten neue Angebotsformen der öffentlichen Erziehung konzeptionell entwickelte, umsetzte und auch zur Theoriebildung in der Sozialpädagogik beitrug. Darüber hinaus verstanden sich diese Frauen auch auf eine wirksame Öffentlichkeitsarbeit, die den Staat zwang, sein Engagement im Bereich der Wohlfahrt auch in finanzieller Hinsicht zu intensivieren. Dem Pestalozzi-Fröbel-Haus, das sich regelmäßig mit seinen Einrichtungen auf Weltausstellungen präsentierte, war 1900 auf der Weltausstellung in Paris für seine hervorragende und beispielhafte Arbeit im Bereich der Wohlfahrt die Goldmedaille verliehen worden, was ein Ansporn für alle mit dem PFH kooperierenden Institutionen war, aber auch dem politischen Ehrgeiz des Wilhelminischen Kaiserreichs schmeichelte.

Das 1900 in Kraft getretene Bürgerliche Gesetzbuch sowie die unter Bismarck eingeführte Sozialgesetzgebung und der Druck, den die in der privaten Wohlfahrt engagierten Frauen auf den Staat ausübten, taten ein Übriges, dass auch der Staat in zunehmendem Maße eine allgemeine, am Kindeswohl orientierte und präventive Fürsorgepflicht für alle Minderjährigen wahrnahm. Schon vor dem Ersten Weltkrieg zeichneten sich in Umrissen gesetzliche Regelungen ab, die auf die Erfordernisse eines gesunden Aufwachsens von Kindern und Jugendlichen zugeschnitten waren. Maßgeblich beteiligt an diesem Prozess war der Verein Jugendheim Charlottenburg.

Das Jugendheim Charlottenburg e.V.

Eine zweite Industrialisierungswelle Ende des 19. Jahrhunderts war besonders in den Großstädten mit einer zunehmenden Erwerbstätigkeit von Müttern einhergegangen. Die vorhandenen Betreuungsangebote reichten keineswegs aus. Der Bedarf an ganztägigen Volkskindergärten war groß. Nur etwa jedem zehnten Kind der erwerbstätigen Mütter stand ein Platz zur Verfügung. Das Aufwachsen auf der Straße wie auch die Beaufsichtigung der noch nicht schulpflichtigen Kinder durch ältere Geschwister waren für die meisten Kinder der Arbeiterschicht selbstverständlich.

Der größte Teil der sozialen Arbeit wurde in Berlin – wie überall im Kaiserreich – traditionell als Wohltätigkeit von Frauen-Vereinen und kirchennahen Vereinen geleistet.

Frauen des gut situierten Bürgertums der Stadt Charlottenburg – erst 1920 wurde Charlottenburg in Groß-Berlin eingemeindet –, darunter Minna Cauer, Jeanette Schwerin, Alice Salomon, Hedwig Heyl, Anna von Gierke und andere, bildeten ein Netzwerk der sozialen Arbeit. Sie vermittelten einander das für die soziale Arbeit notwendige Wissen, und sie nutzten ihre gesellschaftlichen Verbindungen innerhalb ihrer Schicht, aber auch zur Stadtverwaltung, um die notwendigen Mittel für die von ihnen geplanten Projekte einzutreiben. Besonders Hedwig Heyl, die schon zusammen mit Henriette Schrader-Breymann erfolgreich an der Weiterentwicklung des Pestalozzi-Fröbel-Hauses in Berlin-Schöneberg beteiligt war, gelang es – dank der Protektion von Kaiserin Friedrich – immer wieder, Ministerien für ihre sozialen und sozialpädagogischen Ideen, die sie in Charlottenburg zusammen mit Anna von Gierke entwickelte, zu gewinnen.

Wesentliche Impulse für die Weiterentwicklung der öffentlichen Erziehung, auch im Sinne einer „Volkserziehung", gingen vom Verein „Jugendheim Charlottenburg" aus – einer Institution, vergleichbar mit dem Pestalozzi-Fröbel-Haus, die von 1898 bis 1933 von Anna von Gierke geleitet wurde. Ausgebildet am Pestalozzi-Fröbel-Haus, verfolgte Anna von Gierke – sie war Klassenkameradin von Nelly Wolffheim, von deren psychoanalytischem Ansatz in der Kindergartenpädagogik an anderer Stelle noch zu berichten sein wird – mit ihren sozialpädagogischen Projekten die Realisierung ihrer sozialreformerischen Visionen, die zu einer Differenzierung und Ausformung weiterer Berufsbilder neben dem der Kindergärtnerin führten.

Abb. 7 Käthe Kollwitz: Kinder auf dem Hof
Plakatentwurf für „Groß-Berlin", 1912

Gegründet worden war das Jugendheim Charlottenburg, dessen Träger ein privater, nicht konfessionell gebundener Verein war, von Hedwig Heyl 1894 als ein Betreuungsangebot für die bedürftigen Schulkinder der Arbeiterinnen der Heylschen Farbenfabrik in Charlottenburg. Als Anna von Gierke dieses pädagogische Projekt – die Bezeichnung „Hort" stammt von ihr – in Angriff nahm, stand die gewerbliche Kinderarbeit, auch die von Kindern unter 14 Jahren, noch hoch im Kurs. Der Hort war zunächst noch in dem Klassenraum einer Schule untergebracht. Für Anna von Gierke war klar, dass sich beides ändern musste. Es ist kennzeichnend für ihr Vorgehen, dass sie zunächst praktische Abhilfe schuf, indem sie für Rahmenbedingungen sorgte, die für ein sinnvolles pädagogisches Arbeiten mit Schulkindern erforderlich sind. Es wurde für die Kinder eine „Hortwohnung" geschaffen, in der sich Jungen und Mädchen in altersgemischten Gruppen zu Hause fühlen sollten. Nach Anna von Gierkes Verständnis sollte der Hort weder zum Nachhilfeunterrichtet verpflichtet noch verantwortlich für fehlerhafte Hausaufgaben gemacht werden. Vielmehr ging es ihr darum, dass neben der Erledigung der Hausaufgaben genügend Zeit bleiben sollte für eine Ruhepause, aber auch für Spiel und Bewegung im Freien. Jegliche Art von körperlicher Bestrafung als Erziehungsmittel – in jener Zeit selbstverständlich – hatte zu unterbleiben.

Parallel zu dieser praktischen Arbeit vor Ort war Anna von Gierke politisch aktiv. Sie mischte sich ein, um die Not der Kinder beheben zu helfen. Immerhin war es zu dieser Zeit keine Seltenheit, dass Schulkinder schon um fünf Uhr morgens, vor der Schule, zu Erwerbszwecken auf der Straße waren. Ihrem Engagement war es zu verdanken, dass ein „Gesetz zum Schutz der Kinderarbeit in gewerblichen Betrieben" verabschiedet wurde (zitiert nach Buß, A. 1974).

Zug um Zug wurde das Betreuungsangebot ausgeweitet. Die Horte des Jugendheims mussten ihre Platzzahl vergrößern, um vor allem auch jene Schulkinder aufnehmen zu können, die ihre jüngeren Geschwister zu versorgen hatten. Hauptsächlich handelte es sich dabei um Mädchen. Zeitgleich musste ein Kindergarten eingerichtet werden, um die kleineren Geschwister aufnehmen zu können. Auch eine Krippe für Kinder unter drei Jahren wurde eingerichtet und die Öffnungszeiten von 7 Uhr bis 21 Uhr erweitert.

Diese Kindertagesstätte (KiTa) – bestehend aus Krippe, Kindergarten und Hort –, die Anna von Gierke Anfang des 20. Jahrhunderts geschaffen hat, war ein sozialpädagogisches Betreuungsangebot, das aus der krisenhaften Entwicklung des modernen Industriezeitalters hervorgegangen war. Denn schon in den – wirtschaftlich gesehen – noch relativ guten Jahren vor dem Ersten Weltkrieg hatte ein Arbeiterhaushalt in der Regel nur dann ein Auskommen, wenn auch die Frau und die älteren Kinder mitarbeiteten.

An diesen Lebensverhältnissen beziehungsweise an dieser Erziehungswirklichkeit der bürgerlich-kapitalistischen Gesellschaft setzt Anna von Gierke mit ihrer sozialpädagogischen Projektarbeit an. Orientiert am Kindheitskonzept von Ellen Key entwickelt sie pädagogische Praxisformen, die den Kindern Lebensraum für eine ihre Bedürfnisse und ihre Individualität achtende und fördernde Erziehung und Bildung boten. Aus heutiger Sicht sind die sozialpädagogischen Projekte, die im Jugendheim Charlottenburg unter Anna von Gierke konzeptionell entwickelt wurden – ähnlich wie der ganzheitliche Ansatz, zu dem Henriette Schrader-Breymann Fröbels Prinzipen der Kindergartenpädagogik entwickelt hatte –, vergleichbar mit dem, was in der Kinder- und Jugendhilfe als Lebenswelt- und Sozialraumorientierung verstanden wird. Die Hilfen und Angebote waren auf spezifische Bedarfe abgestimmt, und es handelte sich um präventive Maßnahmen. Diese sozialpädagogische Arbeit, die häufig – auch heute noch – als Arbeit mit „Schmuddelkindern" diskreditiert wird, war im Kern eine sozialistische Pädagogik, deren geistige Wurzeln im sozialen Idealismus des 18. und 19. Jahrhunderts liegen. Für Anna von Gierke gab es keine Trennung zwischen Pädagogik und Politik. Es ging ihr nicht nur um wirksame, fallbezogene praktische Pädagogik, sondern auch um die öffentliche Wahrnehmung der kindlichen Lebenswelt und um die politische Durchsetzung von gesellschaftlichen und juristischen Normen, die den Fokus auf das Kindeswohl legen. Es ging ihr um eine „Kultur des Aufwachens" von Kindern in der Gesellschaft.

Ein so verstandener Fachlichkeitsanspruch an die sozialpädagogische Arbeit konnte nur umgesetzt werden mit Erzieherinnen, die eine entsprechend qualifizierte Berufsausbildung durchlaufen hatten. Ab 1911 verfügte das „Sozialpädagogische Seminar" – auch eine Wortschöpfung Anna von Gierkes – des Jugendheims Charlottenburg e.V. über Ausbildungsgänge für Kindergärtnerinnen, Hortnerinnen und Jugendleiterinnen.

Abb. 8 Anna von Gierke (1874–1943), Sozialpädagogin, Berlin 1927
Fotografie von Willy Römer

Die Ausbildung in allen Bildungsgängen sollte auf wissenschaftlichen Erkenntnissen basieren und zugleich den angehenden Erzieherinnen eine Handlungsanleitung vermitteln. Zu jener Zeit wurden die Lehrpläne von den Sozialpädagogischen Seminaren eigenständig entwickelt und erprobt, wobei das Pestalozzi-Fröbel-Haus und das Jugendheim Charlottenburg jene Institutionen waren, die maßgeblich an der organisatorischen und inhaltlichen Ausgestaltung der Ausbildungsgänge mitwirkten. Dabei war – und dies sollte die Entwicklung der Ausbildungsqualität in den späteren Jahren entscheidend prägen – die Kindergärtnerinnenausbildung am PFH in der ersten Hälfte des 20. Jahrhunderts hauptsächlich auf die pädagogische Kompetenz der Kindergärtnerin im Umgang mit den Kindern ausgerichtet, während sozialpolitische Kontextbedingungen der Berufsarbeit ausgeklammert wurden.

Die Vielzahl unterschiedlicher Varianten von Betreuungseinrichtungen, die es zu dieser Zeit schon gab, wie ganztägige Volkskindergärten, Kinderbewahranstalten, von Fröbel-Vereinen getragene Einrichtungen, Fabrikkindergärten und anderes mehr, hätte einen differenzierten und flexiblen Umgang mit pädagogischen Konzepten in der Arbeit erforderlich gemacht. Das PFH sah zwar die Notwendigkeit, dass soziale Notstände zu bekämpfen seien, lehnte es aber – im Unterschied zum Jugendheim Charlottenburg – ab, sich solchen sozialpolitischen Fragen zu stellen, geschweige denn in der Ausbildung von Erzieherinnen zu thematisieren. Diese unpolitische Haltung, die bei den Protagonistinnen anzutreffen war, die gleichzeitig für die Berufsausbildung eine staatliche Regelung und Anerkennung anstrebten, sollte nicht folgenlos für die zukünftige Professionalisierung des Erzieherinnenberufs bleiben.

Erste fach- und berufspolitische Ansätze

Anna von Gierke war – im Unterschied zu Lili Droescher, die das PFH leitete – auch politisch für die sozialpädagogische Arbeit aktiv. Allerdings gehörte sie nur von 1919 bis 1920 der Weimarer Nationalversammlung an. Ihre erneute Aufstellung zur Reichstagswahl 1920 wurde vom antisemitischen Flügel ihrer Partei verhindert. Gleichwohl engagierte sich Anna von Gierke weiterhin fachpolitisch, bis sie wegen ihrer jüdischen Herkunft von den Nationalsozialisten all ihrer Ämter enthoben und das Jugendheim Charlottenburg aufgelöst wurde. Initiiert von ihr und noch unter ihrer Leitung kam es 1924 zum Zusammenschluss der freien, noch nicht unter einem Dachverband organisierten Einrichtungen der Wohlfahrtspflege, der sich seit 1930 „Deutscher Paritätischer Wohlfahrtsverband" nennt.

„Das Jugendheim", schreibt Manfred Berger (1992), „ist ein anschauliches Beispiel für die Säuberung einer sozialpädagogischen Profession durch die nationalsozialistische Willkürherrschaft und so auch eine Warnung". Es steht aber auch als Beispiel dafür, wie gedankenlos die Geschichtsschreibung der sozialpädagogischen Profession über die Pionierarbeit, die Frauen auf dem Gebiet der öffentlichen Erziehung und der Entwicklung von pädagogischen Berufsbildern im Bereich der vor- und außerschulischen Erziehung und Bildung geleistet haben, hinweggegangen ist. Viele Absolventinnen der Ausbildungsgänge des Jugendheim Charlottenburg waren während des Nationalsozialismus gezwungen zu emigrieren oder wurden in den Konzentrationslagern ermordet. Andere führten ein Nischendasein und konnten erst nach 1945 erneut ihre Kompetenzen in Wort und Tat in die sozialpädagogische Arbeit einbringen.

Zwischen dem Charlottenburger Jugendheim unter Anna von Gierke und dem Schöneberger Pestalozzi-Fröbel-Haus unter Lili Droescher wie auch mit anderen im Deutschen Fröbel-Verband (DFV) organisierten Kindergärtnerinnenseminaren und deren Leiterinnen gab es eine enge Zusammenarbeit. Die Leiterinnen kannten sich teilweise aus gemeinsamer Ausbildungszeit, hatten ähnliche Berufskarrieren gemacht – in der Regel als unverheiratete Frauen – und waren meist auch in der Frauenbewegung engagiert.

Waren Ende des 19. Jahrhunderts in den leitenden Ausschüssen und im Vorstand des DFV noch ausschließlich Männer tätig, so wurde der Verband zu Beginn des 20. Jahrhunderts allmählich – nicht zuletzt auch wegen der nunmehr ausgebildeten Fachfrauen, die zur Verfügung standen – zu einem Verband der Frauen. Martha Back wurde 1907 zur ersten Vorsitzenden des DFV gewählt, kurz darauf trat der DFV auch dem Dachverband der deutschen Frauenvereine, dem BDF, bei. Neben fachlichen Themen der Kindergartenpraxis und der Ausbildung der Kindergärtnerin nahm sich der DFV nun auch gezielter der im BDF als „Frauenfrage" diskutierten sozialen Fragen an, zu denen auch solche der sozialen Absicherung der berufstätigen Kindergärtnerin zählten.

Auf Betreiben der im DFV organisierten „Berufsfrauen" wurde 1913 die „Berufsorganisation der Kindergärtnerinnen und Hortnerinnen" gegründet, die von Anna Wiener-Pappenheim, einer Tochter von Eugen Pappenheim, der bis 1901 Vorsitzender des DFV war, geleitet. Es handelte sich hierbei um eine tariffähige Berufsorganisation, die sich sämtlicher Fragen annahm, die mit dem Arbeitsverhältnis zu tun haben, etwa der tarifvertraglich geregelten Bezahlung und Arbeitszeit sowie Angelegenheiten der Krankenversicherung und der Altersversorgung. Selbstverständlich verfügte Anna Wiener-Pappenheim über eine Ausbildung als Kindergärtnerin und war als Lehrerin in einem Berliner Fröbel-Seminar tätig, bis sie wegen ihrer jüdischen Herkunft gezwungen wurde, diese Tätigkeit aufzugeben.

Zwischen dieser Berufsorganisation und dem DFV bestand eine enge Verbindung. Es war in der Satzung geregelt, dass die Berufsorganisation im Vorstand des DFV vertreten war und berufspolitische Aspekte zur Ausbildung einbringen konnte wie auch am pädagogischen Diskurs um eine Weiterentwicklung des fachlichen Ansatzes im Kindergarten teilnehmen sollte. Die Verbandszeitschrift des DFV, „Kindergarten", die monatlich erschien und 1914 immerhin 4000 Abonnentinnen und Abonnenten hatte, diente der Berufsorganisation zugleich auch als Mitteilungsorgan für berufspolitische Informationen.

Die Montessori-Fröbel-Kontroverse

Auf Tagungen und in der Zeitschrift „Kindergarten" wurde der fachliche Diskurs der Kindergartenpädagogik geführt. Die Schriftleitung der Zeitschrift lag in den Händen von Gertrud Pappenheim (1871–1964), ebenfalls eine Tochter des Fröbel-Pädagogen Eugen Pappenheim. Gertrud Pappenheim – wie ihre Schwester ausgebildete Kindergärtnerin – leitete das erste staatliche Kindergärtnerinnenseminar Preußens, das 1910 in Berlin eröffnet worden war. Die königliche Elisabethschule wurde unter ihrer Leitung weit über die Grenzen Berlins hinaus bekannt. Gertrud Pappenheim, Ellen Key freundschaftlich verbunden, stand den neuen Entwicklungen in der Kindergartenpädagogik, insbesondere auch einer wissenschaftlich begründeten pädagogischen Praxis, aufgeschlossen gegenüber. In ihrer Funktion als Schriftleiterin nutzte sie die Möglichkeiten, auch durch eigene Beiträge die fachliche Diskussion in der Verbandszeitschrift anzuregen und zu begleiten. Schon 1914 nahm sie Stellung zur Fröbel-Montessori-Kontroverse, die im Verband geführt wurde, und plädierte für eine Annäherung der Standpunkte. In einem sechs Punkte umfassenden Kommentar erörtert sie die Gemeinsamkeiten und Unterschiede von Fröbel und Maria Montessori (1870–1952) und erschließt den Leserinnen die fruchtbare Ergänzung beider Ansätze.

Im Vergleich zu Fröbel, dessen Sprache nicht leicht zu verstehen ist und dessen romantische Ausdrucksweise mitunter den Blick verstellt auf das, was er über kindliche Eigenart und in Form von pädagogischer Reflexion aussagen will, ist Maria Montessori weitaus stärker an der Erziehungswirklichkeit orientiert. Sie spricht auch weniger von Spiel als von Arbeit und Beschäftigung. Aber so groß sind die Unterschiede nicht, „beide gehen von der durch Materialien angeregten kindlichen Selbstkraft, der Eigenaktivität aus. Beide sind im Grunde von Pestalozzis neuem Verständnis von Erziehung, das mit der bisherigen Tradition bricht und Erziehung als Hilfe bei der Selbstkonstituierung der geistigen Kräfte begreift, beeinflusst", bemerkt Helmut Heiland (1995) zu diesem Streit unter den Mitgliedern des DFV. Diese Position vertrat auch Gertrud Pappenheim und stellte sich damit gegen die Fröbelianerinnen, die die Montessori-Pädagogik scharf angegriffen hatten. Es ist davon auszugehen, dass sie sich aus erster Hand sachkundig gemacht hatte, denn schon 1912 hatte Clara Grunwald, die 1925 in Berlin die „Deutsche Montessori-Gesellschaft" gegründet hatte und dieser bis 1933 vorstand, die Kollegin auf die Erziehungsgrundsätze und die Methode Maria Montessoris aufmerksam gemacht.

Durch ihre Vorstandstätigkeit im DFV, die Gertrud Pappenheim von 1902 bis 1934 ausübte – bis sie wegen ihrer jüdischen Herkunft 1934 gezwungen wurde, alle Ämter niederzulegen – trug sie maßgeblich dazu bei, dass sich der DFV den vielfältigen pädagogischen Strömungen der 1920er Jahre gegenüber öffnete und der reformpädagogische Ansatz von Maria Montessori 1920 aufgrund eines Ministererlasses verbindlich in den Lehrplan der Ausbildung von Kindergärtnerinnen aufgenommen wurde. So lautete ein Schreiben an das Provinzialschulkollegium (Heinemann, M., und Günther, W. 1925):

> *Lehrpläne für Kindergärtnerinnen-, Hortnerinnen- und Jugendleiterinnenseminare, die in letzter Zeit hier zur Genehmigung vorgelegt wurden, haben erkennen lassen, dass der Methode Montessori keine Beachtung geschenkt war. Ich ersuche das Provinzialschulkollegium, dahin zu wirken, dass in den oben bezeichneten staatlich anerkannten Anstalten (dazu gehörten in aller Regel nicht die Ausbildungsstätten unter konfessioneller Trägerschaft, Anm. d. Autorin) sowohl in der Kindergartenlehre beziehungsweise Berufskunde als auch im Beschäftigungsunterricht die Methode Montessori eingehend behandelt wird unter Hervorhebung dessen, was an der Methode für unsere Kindergärten und Horte als zweckmäßig und gut erscheint.*

Die Zeit war jedoch zu kurz, um der Pädagogik Maria Montessoris in den Kindergärten nachhaltig einen Platz einzuräumen, denn während der Naziherrschaft durfte die Montessoripädagogik nicht mehr gelehrt werden, und nach dem Zweiten Weltkrieg erlangte sie in den Ausbildungsstätten nicht mehr den Stellenwert, der ihr gebührt.

Gertrud Pappenheim vertrat, wie Anna von Gierke und eben auch Maria Montessori, eine Pädagogik der frühen Kindheit, die sich auf gesicherte wissenschaftliche Erkenntnisse der Psychologie, aber auch der Medizin stützen sollte. In ihrer Stellungnahme von 1914 führt sie aus: „Die gebildete Kindergärtnerin steht in ihrer Erziehungsweise den psychologischen Forderungen der Dottoressa Montessori nahe", und sie verweist darauf, wie verwandt doch die Ansätze von Fröbel und Montessori seien, um dann hinzuzufügen: „Fröbel, der feine Beobachter, der Seher, der seiner Zeit ahnungsvoll Vorauseilende, hätte die pädagogischen Ergebnisse der wissenschaftlich gebildeten Ärztin und exakten Forscherin des 20. Jahrhunderts freudig anerkannt! Denn Fröbel war der Mann der Erfahrung und des Fortschritts"(„Kindergarten", 1914, PFV-Archiv). Für Gertrud Pappenheim war entscheidend, dass die Kindergärtnerin das Kind als eine eigenständige Persönlichkeit mit schöpferischem Willen, der es selbständig zu seiner Entwicklung antreibt, wahrnimmt. Die Erzieherin steht ihm als Wegbegleiter zur Seite und schafft eine Umgebung für das Kind, die eine freie Entfaltung der kindlichen Eigenaktivität ermöglicht. Dazu ist es erforderlich, dass sie über ein entsprechendes „exaktes Wissen" verfügt, dass ihr in einer auf die Berufsarbeit zugeschnittenen Ausbildung zu vermitteln ist.

5 „Mütterlichkeit" als Profession

Die begeisterte Aufnahme, die Ellen Key gerade bei der bürgerlichen Frauenbewegung in Deutschland gefunden hatte, lag nicht zuletzt daran, dass sie an der Notwendigkeit der häuslichen Erziehung durch die Mutter konsequent festhielt. Selbst wenn „die meisten Mütter heute als Erzieherinnen untauglich" seien – damit bezog sie sich auf die bürgerlichen Mütter –, sei fast jedes Kind „in einem gewöhnlichen Durchschnittsheim glücklicher als in einer ausgezeichneten Anstalt." Ein Argument, das in bürgerlichen Kreisen der westdeutschen Gesellschaft auch heute noch anzutreffen ist.

Ellen Key schwebte jedoch vor, dass die „Mutterpflege ein gut entlohnter Staatsdienst sein" sollte (zitiert nach Baader, M. S. [Hrsg.] 2000). Eine solche Entlohnung mütterlicher Leistungen durch den Staat, wie sie Ellen Key forderte, wurde aber von fast allen Vereinen der deutschen Frauenbewegung strikt abgelehnt, denn in der Kindererziehung sahen sie eine notwendige „Reproduktionsarbeit" der Frau im Dienste der Gesellschaft. Damit war aber der Rückübertragung des von Henriette Schrader-Breymann konstruierten Berufskonzepts der „geistigen Mütterlichkeit", das sie nicht an die biologische Mutterschaft gebunden hatte, sondern an Wissen und Können, das erforderlich sei, um eine erziehende und bildende Tätigkeit im Kindergarten ausüben zu können, auf die tatsächlichen Mütter Tür und Tor geöffnet und der Weg geebnet für eine Überhöhung der Mutterrolle.

Der Allgemeine Deutsche Frauenverein (ADF) hatte seine Forderung nach dem Recht der Frauen auf Erwerbsarbeit vor allem damit begründet, dass die unverheiratete beziehungsweise verwitwete Frau die Möglichkeit haben sollte, den mit diesem Stand verbundenen materiellen Notstand durch eigene Erwerbsarbeit beheben zu können. Unter Betonung des Vorrangs von Ehe und Mutterschaft als der natürlichen Bestimmung der Frau engagierte sich der ADF für eine Frauenbildung sowie für Frauenberufe, die der Frau wesensgemäß seien. Dem gemäßigten Flügel der bürgerlichen Frauenbewegung – zu dem der ADF zählte – ging es also weniger um die Rechte der Frauen, wie zum Beispiel das Recht auf Arbeit, sondern um die Ausprägung eines bürgerlichen Frauenideals. Der Dienst am Nächsten war eine Arbeit, die auch eine Frau des gehobenen Standes zum Zwecke des Erwerbs ausüben durfte. War diese jedoch verheiratet und hatte Kinder, dann hatte sie ausschließlich ihren Familienaufgaben und Mutterpflichten nachzukommen.

Schon am Ende des 19. Jahrhunderts wurde in der bürgerlichen Frauenberufsbewegung – die auch die Politik des Deutschen Fröbel-Verbandes (DFV) bestimmte – die Forderung der Frauen nach Teilnahme am Erwerbsleben nicht mehr primär mit dem Gleichberechtigungsargument begründet, sondern im Gegenteil so: Gerade weil Frauen im Unterschied zu Männern über die spezifischen weiblichen Fähigkeiten der Mütterlichkeit verfügten, sollten diese – wenn die Frauen erwerbstätig sein mussten – nicht nur in der Familie, im Privaten, zum Tragen kommen, sondern auch im öffentlichen Raum, in der Gesellschaft. Das mütterliche Prinzip sollte in die Welt der Männer gebracht werden, denn – so Helene Lange, Vorsitzende des Allgemeinen Deutschen Lehrerinnenvereins (ADLV) – die Welt des Mannes müsse menschlicher werden (Gerhard, U. 1990).

Vor allem der gemäßigt bis konservativ argumentierende Flügel der Frauenbewegung im Bund Deutscher Frauenvereine (BDF) verstand die Ziele der Frauenbewegung vorrangig als einen Anspruch der Frauen auf Mitgestaltung der Gesellschaft im „mütterlichen Sinn". Selbstlosigkeit, Fürsorge und Wärme im Umgang mit Menschen, die Hilfe oder Unterstützung brauchen, wurden als das „weibliche Prinzip" dem „männlich-kapitalistischen Prinzip" von Eigennutz, Konkurrenz, Spezialisierung und Bürokratisierung kritisch entgegengestellt. Erst die Ergänzung des männlichen Prinzips durch das weibliche – so das Argument der bürgerlichen Frauenrechtlerinnen – könne eine „wahrhaft sittliche humane Welt" entstehen lassen.

Das Verhältnis der „geistigen Mütter" zu den tatsächlichen Kindesmüttern war eher distanziert. Handelte es sich um Mütter ihrer eigenen gesellschaftlichen Schicht, die einem Haushalt vorstanden, in dem von der Köchin bis zum Kindermädchen „Personal" zur Unterstützung zur Verfügung stand, so kritisierten die Protagonistinnen des BDF deren „Familienegoismus" oder deren Oberflächlichkeit. Ging es um die Probleme von Müttern und Kindern der Proletarierfamilien, so schwankte ihre Haltung zwischen Hochmut und „liebevoller" Herablassung.

Die Berufspolitik des Deutschen Fröbel-Verbandes (DFV) um 1910

Mit „geistiger Mütterlichkeit" hatte Schrader-Breymann Qualitäten des beruflichen Handelns von Erzieherinnen im Kindergarten gemeint und damit zugleich das Handlungsfeld bzw. das Berufsfeld abgesteckt, für das spezifisches Wissen und Können im Sinne der Fröbelschen Kindergartenpädagogik in der Berufsausbildung erworben werden sollte. Dieser Bezug zum Berufsfeld, konkret zur Institution, die einen Erziehungs-, Bildungs- und Betreuungsauftrag gegenüber den Kindern und ihren Familien wahrzunehmen hatte, spielte in den frauenpolitischen Diskussionen des BDF überhaupt keine Rolle mehr. Selbstbezüglich erörtern die Funktionärinnen auf hohem Niveau, wie Frauen ihres Standes die Welt menschlicher gestalten können. Auch der DFV entfernte sich zunehmend von den Berufsrealitäten der Erzieherinnen in Einrichtungen der öffentlichen Erziehung und den Lebensrealitäten erwerbstätiger Mütter mit Kindern. In seinen Bestrebungen, Anforderungen für die Berufsausbildung zu standardisieren, war er in seinem berufspolitischen Agieren ständisch ausgerichtet. Führende Vertreterinnen des DFV sahen in der Berufsausbildung primär eine Vorbereitung der Mädchen auf ihre zukünftigen Familienaufgaben, die deshalb je nach Stand auf unterschiedlichem formalem Ausbildungsniveau stattfinden sollte.

Zwischen dem DFV und dem „Allgemeinen Kindergärtnerinnen-Verein", der Interessenvertretung der Kindergärtnerinnen, bestand Einigkeit darüber, durch eine staatliche Ausbildungsregelung für die Kindergärtnerinnenausbildung zu erreichen, dass der Berufsstand der Kindergärtnerin dem der Volksschullehrerin gleichzustellen sei. Eine solche Anhebung machte eine Abgrenzung „nach unten" erforderlich, und zwar gegenüber jenen jungen Frauen, die aufgrund ihres Standes nur über eine Volksschulbildung verfügten. Eine Berufsausbildung an einer höheren Schule, die zudem kostenpflichtig war, kam für ein Arbeitermädchen nicht in Frage und wurde von den Berufsfrauen der bürgerlichen Frauenbewegung, die im Deutschen Fröbel-Verband die Verbandspolitik bestimmten, auch nicht gewollt. Schon in den 1890er Jahren waren deshalb Kinderpflegerinnenschulen eingerichtet worden, um diesen Mädchen „aus dem Volke" eine ihren „häuslichen Verhältnissen angemessene" und „wesensgemäße" Ausbildung zu geben, die „nach ein- bis zweijährigem Kursus –

je nach Alter und Vorbildung der Schülerinnen – in Stellung gehen wollen" (PFH-Archiv). Diese Strategie der Abgrenzung nach unten verfolgte der DFV auch in den folgenden Jahren, indem er immer wieder darauf drang und sich letztlich auch gegen die Einwände der kirchlichen Träger durchsetzen konnte, dass der Volksschulabschluss lediglich dazu berechtigte, eine Kinderpflegerinnenausbildung zu absolvieren. Andererseits bemühte er sich, die Ausbildungsrichtlinien nicht nur für die Kindergärtnerinnenausbildung, sondern auch für die der Kinderpflegerinnenausbildung zu regeln und deren Einhaltung zu kontrollieren, indem er sich für die Mitgliedschaft von Kinderpflegerinnenschulen im DFV öffnete. Schon 1919 gehörten 18 Kinderpflegerinnenschulen dem DFV an. Das Berufsbild der Kinderpflegerin war darauf ausgerichtet, ein „häuslicher Erziehungsberuf" zu sein. Ziel der Ausbildung war es, die Kinderpflegerin als Gehilfin der Hausfrau und Mutter zu befähigen, diese in ihren Familienaufgaben zu unterstützen. Mit zunehmendem Ausbau von Einrichtungen öffentlicher Kleinkinderziehung wurden nicht nur immer mehr Kinderpflegerinnen auch im Kindergarten eingestellt, sondern auch die Kinderpflegerinnenausbildung erweitert. Einheitliche Ausbildungsrichtlinien wurden auf Reichsebene 1930 erlassen.

Als Berufsbezeichnung legte man sich auf den Namen „Kinderpflegerin" fest, da auch die konfessionellen Träger die Berufsausbildung der Kindergärtnerin auf höherem Niveau und damit die Berufsbezeichnung „Kindergärtnerin" für diese Ausbildung mittrugen. Zu dieser Zeit hatte sich aufgrund der Bestimmungen des Reichsjugendwohlfahrtsgesetzes, die die Mehrheit der kirchlichen Träger erwirkt hatten, der fürsorgerische Auftrag für den Kindergarten durchgesetzt. Die unterschiedlichen Konturen der beiden Berufsbilder Kindergärtnerin und Kinderpflegerin waren in der Praxis kaum noch wahrnehmbar, obwohl sie auf verschiedenen Ausbildungsgängen von unterschiedlichem formalem Niveau beruhten. Denn gemeinsam war den Ausbildungen zur Kindergärtnerin beziehungsweise zur Kinderpflegerin, dass der Akzent weniger auf der Berufsbefähigung im Sinne von Berufstüchtigkeit lag als auf einer dem Wesen der Frau entsprechenden Beschulung, die geeignet war, die Mädchen auf ihre Rolle als Hausfrau und Mutter vorzubereiten.

Dieses Anliegen war gesellschaftlicher Konsens und wurde in den ersten Erziehungsratgebern, die sich mit Fragen der frühkindlichen Erzie-

Abb. 9 Kinderpflege- und Haushaltsgehilfinnen, um 1920

hung beschäftigten, zum Ausdruck gebracht. In einem solchen Album von 1907 von N. Israel wird nachdrücklich auf die klassenübergreifende Bedeutung der Mutterrolle hingewiesen:

> Man fordert jetzt eine bessere Bildung der heranwachsenden Mädchen als Vorbereitung für den Beruf, den sie sich später etwa wählen, aber man vergisst nur zu oft, dass der erste und wichtigste Beruf der Frau der als Mutter ist und dass die jungen Mädchen gerade für diesen Beruf in erster Linie vorgebildet werden sollten. Hierin liegt für die Gegenwart und Zukunft das eigentliche Problem der Bildung des weiblichen Geschlechtes, nicht im Frauenstudium oder in der Erkämpfung von Frauenrechten und Berechtigungen!

Der Ratgeber wendet sich an Frauen des „gehobenen wie des niederen Standes" und kritisiert, dass „unsere heutige Mädchenerziehung in allen Ständen noch sehr viel zu wünschen übrig" lasse.

Die Betonung der Wesensunterschiede der Geschlechter und die Herausbildung einer auf „Mütterlichkeit" basierenden Ideologie auch in der bürgerlichen Frauenbewegung haben nicht nur dazu beigetragen, dass sich das Ideal der bürgerlichen Familie auch in den breiteren Volksschichten etablieren konnte. Das Leitbild einer helfenden, fürsorglichen Frau, die weder emanzipatorische noch intellektuelle An-

Abb. 10 „Musik im Pestalozzi-Fröbel-Haus", 1907
Im Hintergrund die „Preußenmadonna" (vgl. Abb. 6, S. 83)

sprüche stellt, bestimmte auch die Bilder von Frauenberufen, die im Erziehungs- und Gesundheitswesen entstanden sind, wie die Berufe der Kindergärtnerin, der Jugendleiterin, der Wohlfahrtspflegerin und der Krankenschwester. Denn in diesen Berufen sollte direkt oder indirekt die Stelle der Mutter eingenommen oder Menschen in besonderen Notlagen geholfen werden, die nicht von einer intakten familiären Sozialstruktur aufgefangen wurden.

„Mütterlichkeit" als Profession eröffnete, wie gesagt, vor allem den bürgerlichen Frauen die Möglichkeit, das in ihrem Lebensplan angelegte Spannungsverhältnis zwischen dem „Beruf des Weibes" und dem Wunsch nach Bildung und Erwerbstätigkeit aufzulösen. An dem patriarchalischen Geschlechterverhältnis und dem Rollenverständnis der Frau wie auch der Zuordnung der Erziehung von Kindern zum privaten Raum der Familie änderte sich trotz der Fröbelbewegung nichts. Im Gegenteil, der Beruf der Kindergärtnerin diente – wie auch andere Frauenberufe – dazu, die patriarchalischen Gesellschaftsstrukturen noch zu stützen, weil die alleinige Zuständigkeit der Frau für die Erziehung der Kinder in und außerhalb der Familie festgeschrieben wurde.

Aufgrund dieser Verallgemeinerung war der im Berufskonzept „geistige Mütterlichkeit" enthaltene berufstheoretische Anspruch an die Ausbildung der Kindergärtnerin allmählich verloren gegangen. Es ging nun nicht mehr um die Passung von Anforderungen des Berufsfeldes Kindergarten und einer entsprechenden Berufsausbildung, die dazu befähigt, den Anforderungen gerecht zu werden. Primär ging es den Vertreterinnen der Frauenberufsbewegung auch innerhalb des Deutschen Fröbel-Verbandes – vertreten durch die großen selbständigen Fröbel-Kindergärtnerinnenseminare – um die Entwicklung eines auf die kulturelle Bestimmung der Frau zugeschnittenen, „wesensgemäßen" Bildungskanons. Schon zu Beginn des 20. Jahrhunderts wurde zwischen einer „Erstausbildung" zur Kindergärtnerin auf „standesgemäßem Niveau" und einem Fortbildungskurs, der auf dem Kindergärtnerinnenberuf aufbaute, unterschieden. An dieser Weiterbildung zur „Jugendleiterin" nahmen ausschließlich Frauen teil, die unverheiratet oder verwitwet waren.

Berufsausbildung als Mädchenbildung

In Helene Lange (1848–1930), einer der bedeutendsten Repräsentantinnen des gemäßigten Flügels der bürgerlichen Frauenbewegung, fand der DFV eine Mitstreiterin in seinen Bemühungen, für die bürgerliche Frau eine ihrem Wesen und Stand gemäße höhere (Aus-) Bildung zu sichern. Bekannt geworden war die Lehrerin Helene Lange durch ihre Schrift „Die höhere Mädchenschule und ihre Bestimmung", die sie 1888 verfasst und in der sie eine grundlegende Reform des Mädchenschulwesens eingeklagt hatte. Dabei forderte sie auch eine Beteiligung von weiblichen Lehrkräften an der Mittel- und Oberstufe des Schulwesens, die bis 1910 ausschließlich eine Domäne männlicher Oberlehrer war.

Für Mädchen, denen in intellektueller Hinsicht auch von der Wissenschaft die Fähigkeit zu einer höheren Bildung abgesprochen wurde, gab es von staatlicher Seite aus verpflichtend nur eine elementare Volksschulbildung. Das war ein Grund, weshalb sich im 19. Jahrhundert die „höheren Töchterschulen" beziehungsweise „höheren Mädchenschulen" entwickelt hatten, die privat betrieben wurden und mit dem humanistischen Bildungskanon der höheren Schulen für Jungen, die zum Abitur führten und die Zulassung zum Studium an der Universität ermöglichten, nicht vergleichbar waren.

Die Verbesserung der Mädchenbildung war für Helene Lange das wichtigste Ziel ihres Engagements in der Frauenbewegung. Wobei es ihr weniger um Bildungsrechte für Frauen ging, wie zum Beispiel die Zulassung zum Hochschulstudium, sondern vielmehr darum, dass „das Weibliche erzogen werden soll". Das Frauenstudium stellte für sie nur eine individuelle Ausnahme dar und sollte nicht zum Regelfall werden, denn für sie war – wie sie 1897 in einem Vortrag über „Intellektuelle Grenzlinien zwischen Mann und Frau" ausführte – die „soziale Hilfsarbeit die königliche Domäne der Frau der Zukunft." Mädchenbildung sollte deshalb in den Händen von weiblichen Lehrkräften liegen, weil nur diese fähig seien, für eine „Entfaltung der weiblichen Persönlichkeit" (zitiert nach Weiland, D. 1983) zu sorgen.

Das preußische Kultusministerium setzte 1906 eine Kommission zur Reform des höheren Mädchenschulwesens ein. Ihr gehörten unter anderem Helene Lange und Lili Droescher an. Lili Droescher (1871–1944), ausgebildet als Kindergärtnerin am Pestalozzi-Fröbel-Haus und Leiterin des PFH von 1899 bis 1934, war zugleich im Vorstand des Deutschen Fröbel-Verbandes (DFV) aktiv und hatte von 1923 bis 1933 auch den Vorsitz des DFV inne. Aufgrund dieser Personalunion konnte der DFV im Rahmen der Neuordnung des höheren Mädchenschulwesens in Preußen seine Vorstellungen über eine staatlich zu regelnde Ausbildung der Kindergärtnerin einbringen und weitestgehend durchsetzen.

Noch in den 1880er Jahren – als im Vorstand noch die Männer das Sagen hatten – hatte der DFV eine Regelung und Anerkennung der Kindergärtnerinnenausbildung durch den Staat abgelehnt, obwohl viele Kindergärtnerinnen sich dafür ausgesprochen hatten und analog zur Schulpflicht auch den Besuch des Kindergartens verpflichtend für alle Kinder forderten. Der DFV fürchtete jedoch, dass eine staatliche Regelung nicht nur die Individualität der einzelnen Kindergärten einschränken würde, sondern generell den Fröbelschen ganzheitlichen Ansatz aus der Kindergartenpädagogik verdrängen könnte. Zudem fürchteten die Frauen im DFV – nicht ohne Grund, da die Schule zudem eine Domäne der Männer war – um ihre Einflussmöglichkeiten auf die Ausbildung in den Kindergärtnerinnen-Seminaren. Noch 1885 hatte das preußische Kultusministerium die Durchführung von staatlichen Abschlussprüfungen mit dem Argument abgelehnt, dass „die Eigenschaften, welche bei einer guten Erzieherin und Lehrerin noch nicht schulpflichtiger Kinder gesucht werden sollen, mehr in ihrem Gemüte, ihrem Takte, in ihrer ganzen Persönlichkeit als in ihrem Wissen und Können liegen, sich also die eigentliche Befähigung einer gewöhnlichen Prüfung entzieht" (Pestalozzi-Fröbel-Verband [Hrsg.] 1998). Dennoch wurden verbandsintern Ausbildungsregelungen erarbeitet, und 1895 war der DFV mit einem so genannten „Normallehrplan" an die Öffentlichkeit getreten und hatte von den im DFV organisierten Trägervereinen von Kindergärten gefordert, dass nur solche Kindergärtnerinnen zu beschäftigen seien, die ein Zeugnis eines Kindergärtnerinnenseminars vorweisen konnten, das sich an diese vom DFV entwickelten Standards hielt.

Eine überarbeitete Fassung dieser ersten Ausbildungsordnung für Kindergärtnerinnen, verbunden mit der Regelung, durch eine Abschlussprüfung die staatliche Anerkennung der Ausbildung zu erreichen, sollte allerdings erst 1911 im Zuge der Neuordnung des höheren Mädchenschulwesens erlassen werden. Ein ministerieller Erlass von 1908 sah vor, die bisherige allgemeinbildende Schule für Mädchen („elementare Volksschulbildung") um eine darauf aufbauende vierjährige Oberstufe zu erweitern. Der Besuch eines solchen Lyzeums eröffnete den Mädchen in Preußen erstmalig die Möglichkeit, an einer öffentlichen Schule das Abitur zu machen und damit die Zugangsberechtigung für ein Studium an der Universität zu erwerben.

Im Rahmen dieser Oberstufe des Mädchenschulwesens bestand die Möglichkeit, dass sich Mädchen, die eine Berufsausbildung anstrebten, in einem vierjährigen Seminar auf den Beruf der Volksschullehrerin vorbereiteten oder – alternativ – eine Ausbildung zur Kindergärtnerin absolvierten, die allerdings nur 18 Monate dauern sollte. Auch der Weiterbildungslehrgang zur Jugendleiterin, der auf der Ausbildung der Kindergärtnerin aufbaute, wurde diesem berufsbildenden Bereich der Oberstufe angegliedert. Im Unterschied zum Lyzeum, das zum Abitur führte, wurde dieser Zweig der Oberstufe wegen des berufsbildenden Abschlusses als „Frauenschule" bezeichnet.

1911 erließ das preußische Kultusministerium die „Prüfungsordnungen für die Abschlussprüfungen in den an die Frauenschulen angegliederten Kursen zur Ausbildung von Kindergärtnerinnen und Jugendleite-

**Deutscher Fröbel-Verband.
Über die Einrichtung der
Bildungsanstalten für Kindergärtnerinnen.**
(Als Normallehrplan aufgestellt im November 1895.)

Die zweckmäßige und in den Grundzügen übereinstimmende Einrichtung der deutschen Bildungsanstalten für Kindergärtnerinnen (Kindergärtnerinnenseminare) ist seit dem vorigen Jahre im Kreise sachkundiger Männer und Frauen Gegenstand eingehender Erwägung gewesen. Nachdem schon der Vorstand des Allgemeinen Kindergärtnerinnenvereins umfassende statistische Erhebungen über die zahlreichen bestehenden Bildungsanstalten gemacht hatte, übernahm im August v. J. eine vom Deutschen Fröbel-Verband eingesetzte Kommission die weitere Behandlung der Angelegenheit. Die Mitglieder tauschten ihre Ansichten in schriftlichen Gutachten aus und veranlassten andere Fachgenossen zur Äußerung. Gestützt auf dies aus verschiedenen Gegenden Deutschlands vorliegende Material, sowie auf die obengedachten statistischen Erhebungen, fand dann am 4. und 5. Juni d. J. eine Besprechung in Eisenach statt, in welcher auch einige andere mit dem Gegenstande zusammenhängende Punkte zur Erörterung kamen. Die Kommission beschloss, das Ergebnis in eine Anzahl Sätze zusammenzufassen und beehrt sich, diese zugleich mit den Namen anderer auf dem Gebiete Sachkundigen und Mitwirkenden, deren Zustimmung sie gefunden haben, zur öffentlichen Kenntnis zu bringen und der Berücksichtigung zu empfehlen:

1. Für die Aufnahme der Schülerinnen empfiehlt sich das Alter von mindestens 16 Jahren.
2. Als Vorbild empfiehlt sich derjenige Bildungsgrad, welcher durch den erfolgreichen Besuch einer höheren Mädchenschule erreicht wird.
3. Ein Seminarkursus unter einem Jahre ist als unzureichend anzusehen. Eine Kursusdauer von zwei Jahren ist anzustreben.
4. Die notwendigen Unterrichtsfächer der Seminare sind:
    Fröbels Erziehungslehre, dargestellt in seinen pädagogischen Grundgedanken; die Pädagogik des Kindergartens (Theorie und Praxis der Fröbelschen Beschäftigungs- und Bildungsmittel, Organisation des Kindergartens); praktische Übung im Kindergarten; allgemeine Erziehungslehre und deren Geschichte in den Grundzügen; Gesundheitslehre; Naturkunde mit Anleitung zur Tier- und Pflanzenpflege;

Abb. 11 Normallehrplan für die Ausbildung der Kindergärtnerinnen, 1895

mathematische Formenlehre in ihrer Beziehung auf die Fröbelschen Beschäftigungen; Singen; Turnen; Zeichnen; Aufsatz- und Vortragsübungen.

5. Die Hinzufügung von Fächern der allgemeinen Bildung bleibt dem Ermessen der Seminarvorstände je nach den lokalen Verhältnissen überlassen.

6. Von den Seminaren ist die Einrichtung zu treffen, dass sie ausser dem Kindergärtnerinzeugnis auch ein Zeugnis erteilen, welches die Befähigung zur Leitung eines Kindergartens ausspricht. Dies Zeugnis kann nur von denen erworben werden, welche nach Erwerbung ihres Kindergärtnerinzeugnisses mindestens ein halbes Jahr in einem Kindergarten tätig gewesen sind und den anderen hierfür von den Seminaren zu stellenden Prüfungsanforderungen genügen.

7. Als Kindergärtnerinnen (Fröbelsche Erzieherinnen) sind nur diejenigen anzuerkennen, welche von einem nach den Sätzen 1–4 geleiteten Seminar ein Kindergärtnerinzeugnis erworben haben.

8. Es ist dahin zu wirken, dass die Bezeichnungen „Kindergärtnerinnen I., II., III. Klasse" in Fortfall kommen.

9. Endlich wird den Kindergärtnerinnen in ihrem persönlichen Interesse und zur Förderung der Kindergartensache empfohlen, die von ihnen geleiteten Kindergärten oder Seminare unter die Oberleitung der Stadtgemeinde, eines Vereins oder eines Kuratoriums zu stellen.

Die Mitglieder der Kommission (von 1895).
Eleonore Heerwart, Eisenach. Frau Dr. Jenny Asch, Breslau.
Frau Dr. Henriette Goldschmidt, Leipzig. Lorenz Illing †, München.
Johanna Mecke. Prof. Dr. Pappenheim †, Berlin.
Frau Henriette Schrader †, Berlin. Landgerichtsrat Dr. Weil †, Breslau.
—
Prof. Dr. Angerstein †, Berlin. B. Bähring †, Minfeld.
Thekla Friedrich, Kiel. Elfriede Jany, Königsberg i. Pr.
Gertrud Koch, Königsberg i. Pr. Margarete Kröger, Hamburg.
Frau Anna Michel, Posen. Helene Müller, Gotha. Marie Peters, Erfurt.
Frau Klara Richter, Berlin. Johanna Schilke, Königsberg i. Pr.
Agnes Schmidt, Karlsruhe. Frau Marie Strauch. Klara Strich †, Weimar.
Käthe Winkler, Königsberg i. Pr. Prof. Dr. Zimmer.

Abgedruckt: Berlin, im Juni 1905.   Die Schriftführerin.
S. 14, Berlin

rinnen". In dem Ministererlass vom 6. Februar 1911 heißt es unter anderem:

> zur Vorbereitung auf diese Prüfung ist erforderlich, dass die Bewerberinnen vor dem Eintritt in den einjährigen Fachkursus (was die Ausbildungsdauer anbelangt, war man der Empfehlung des DFV nicht gefolgt, Anm. d. Autorin) die Frauenschule mindestens ein Jahr besuchen und an dem Unterricht in der Kindergartenunterweisung sowie in den Fächern Pädagogik, Religion, Deutsch, Gesundheitslehre, Kinderpflege und Bürgerkunde teilnehmen ... Die Dauer des Fachkursus muss ein Jahr zu 40 Unterrichtswochen betragen.
> (Zitiert nach Pestalozzi-Fröbel-Verband [Hrsg.] 1998)

Der Umfang der so genannten „Technischen Fächer", wozu unter anderem Gesang und Musik, Modellieren, Ausschneiden und Zeichnen sowie der „Beschäftigungsunterricht" gehörten, und die so genannte „Praktische Arbeit", die nochmals untergliedert war in „Tätigkeit im Kindergarten" und „Haus- und Gartenarbeit", war zusammengenommen ungleich größer als der Ausbildungsanteil der theoretischen Fächer.

Aufschlussreich ist, was als Lehrplaninhalt zum „Beschäftigungsunterricht" genannt wird: „Eingehendes und verständnisvolles Durcharbeiten geordneter und zusammenhängender Reihen von bildenden Beschäftigungen, die sich für das Kindesalter eignen. Anfertigung von Spielzeug aus unscheinbarem Material" (dieses und das nachfolgende Zitat nach Heinemann, M., und Günther, W. 1925).

Bei diesem Fach handelte es sich offenbar um einen Vorläufer des bis um 2002 in der Erzieherinnenausbildung unterrichteten Faches „Praxis- und Methodenlehre". Dazu gehörte auch „das Anfertigen von Spielzeug aus unscheinbarem Material", was im Volksmund mit „Basteln" umschrieben und belächelt wird. Ursprünglich verbargen sich hinter dieser „Methode" zwei für den Erzieherinnenberuf zentrale Handlungskompetenzen: Die Erzieherin sollte kreativ und zugleich – wie eine Hausfrau – sparsam sein. Aus wertlosem Material Spielzeug herzustellen, war eine ebenso lobenswerte Tätigkeit wie das Zubereiten einer schmackhaften Mahlzeit aus einfachen Zutaten.

Hinsichtlich der „Tätigkeit im Kindergarten", also der Praktika, wird ausgeführt: „Zuerst als Gehilfin bei Spiel und Beschäftigung der Kinder unter einer geübten Leiterin, dann in zunehmender Selbständigkeit. Übung in mütterlicher Pflege, Leitung und Beschäftigung anfangs kleinerer, dann größerer Gruppen von Kindern verschiedenen Alters. Hospitieren auf der Unterstufe einer Schule." Und bezogen auf „Haus- und Gartenarbeit" sowie „Kochen von Kinderspeisen" sollen „die täglich, wöchentlich oder in längeren Abschnitten wiederkehrenden Verrichtungen in einem bürgerlichen Haustand in den Kindergartenbetrieb hineingezogen und von den Schülerinnen mit Zuhilfenahme der Kinder ausgeführt werden". In der Abschlussprüfung „soll sich die Bewerberin befähigt erweisen, als Kindergärtnerin in Familie oder in kleineren Kindergärten selbständig tätig zu sein". Die erfolgreiche Abschlussprüfung als Kindergärtnerin wurde zertifiziert mit dem Titel „Kindergärtnerin in Familien und kleinen Kindergärten". Der ministerielle Erlass ging auch auf die Weiterbildung zur Jugendleiterin ein: „Bewerberinnen, die an einer Frauenschule über dieses Ziel hinaus die Befähigung zur Leitung von mehrgliedrigen Kindergärten, von Kinderhorten, Kinderheimen und ähnlichen Anstalten erreichen wollen, bedürfen einer umfassenderen und tiefer gehenden Ausbildung, als sie in dem einjährigen Lehrgang gegeben werden kann". Auch die Struktur dieses weiterführenden Lehrgangs wird in den Bestimmungen umrissen. Nach einer einjährigen praktischen Bewährung als Kindergärtnerin war die Möglichkeit gegeben, an einem einjährigen Weiterbildungslehrgang an der Frauenschule teilzunehmen.

Der Deutsche Fröbel-Verband betrachtete diese staatlichen Regelungen von 1911 als eine einheitliche und für alle Seminare verbindliche Ausbildungsordnung und empfahl den Kindergärtnerinnen-Seminaren, die Mitglied im Verband waren, die Ausbildungs- und Prüfungsregelungen zu übernehmen und – sofern noch nicht vorhanden – auch den Weiterbildungskurs zur Jugendleiterin anzubieten. Auf diese Weise sollte die formale Gleichstellung der Fröbelseminare mit den Frauenschulen des öffentlichen höheren Mädchenschulwesens erreicht werden. 1912 erhielten alle Fröbel-Seminare in Preußen die staatliche Anerkennung, andere deutsche Staaten folgten Preußen; 1915 gab es insgesamt 35 „Fröbel-Seminare", die den Anforderungen der Frauenschulen entsprachen. Dagegen ließen sich die konfessionellen Ausbildungsstätten 1913 bestätigen, dass sie sich den staatlichen Regelungen nicht unterwerfen mussten: Eine ministerielle Verfügung von 1913 bestimmte, dass die Kindergärtnerin nicht generell staatlich geprüft sein müsse, sondern nur die an einer Frauenschule ausgebildete. Voraussetzung für die Berufsausübung sei die Volksschulbildung und eine einjährige Ausbildung.

Damit war einer Entwicklung Tür und Tor geöffnet, die es letztlich dem Anstellungsträger überließ, welche Qualifikationsanforderungen er an das Personal stellte. Dennoch konnte sich die besser qualifizierte Kindergärtnerin mit einem staatlich anerkannten Abschluss auf dem Arbeitsmarkt durchsetzen, besonders in den größeren Einrichtungen, die von einer Jugendleiterin geführt wurden. Auch war die Weiterqualifizierung zur Jugendleiterin nur möglich, wenn die Kindergärtnerin eine staatliche Anerkennung besaß.

Zwischen 1910 und 1920 kam es vermehrt zu Gründungen von staatlichen und kommunalen Kindergärtnerinnenseminaren, in denen die Fröbel-Pädagogik fester Bestandteil des Lehrplans war. Der Besuch der privaten wie auch der staatlichen Kindergärtnerinnenseminare beziehungsweise Frauenschulen war nicht kostenfrei, so dass die Ausbildung als Kindergärtnerin nicht nur wegen der längeren „Schulzeit" – im Vergleich zur Kinderpflegerinnenausbildung –, sondern auch aus Kostengründen eine Ausbildung für „höhere Töchter" war.

Beiden Berufen – dem der Kinderpflegerin wie auch dem der Kindergärtnerin – war gemeinsam, dass sie nur zeitlich begrenzt ausgeübt wurden. Denn selbstverständlich schied die Kindergärtnerin, die sich verheiratete, aus dem Beruf aus. Das war nicht nur von Staat und Kirche so gewollt, sondern auch vom Deutschen Fröbel-Verband. Dessen Professionalisierungsbestrebungen galten daher in verstärktem Maße dem Aufstiegsberuf „Jugendleiterin", der nicht nur bezüglich des formalen Niveaus und der Dauer der Ausbildung, sondern auch hinsichtlich des von den Seminaren definierten Fachlichkeitsanspruchs an die Ausbildung dem der Volksschullehrerin gleichgestellt war.

An einer Professionalisierung des Jugendleiterinnenberufs war auch das Bildungsministerium interessiert. Denn im Rahmen der Neuordnung des höheren Mädchenschulwesens ging es auch darum, den Kindergarten, der in der Regel einem Kindergärtnerinnen-Seminar angeschlossen war, hauptsächlich als „Übungs- und Bildungsstätte für die heranwachsenden zukünftigen Mütter des Volkes" wahrzunehmen und zu nutzen. An Frauenschulen sollte der Kindergarten die notwendige Grundlage für „die pädagogische Ausbildung eines großen Teils der weiblichen Jugend geben", so eine ministerielle Verfügung des preußischen Staates von 1908 (zitiert nach Heinemann, M., und Walther, G. [Hrsg.] 1995). Den „Unterricht in der Kindergartenunterweisung" sollte die Leiterin des Kindergartens erteilen. Das bedeutete, dass überall dort, wo Kindergärten mit Frauenschulen verbunden waren, die Leiterinnen dieser Kindergärten zugleich auch in der Ausbildung Unterricht zu erteilen hatten, weswegen bestimmte – verbindlich geregelte – Anforderungen auch an die Zusatzqualifikationen dieser Kindergartenleiterin, deren Berufsbezeichnung „Jugendleiterin" lauten sollte, zu stellen waren.

Das Berufsbild „Kindergärtnerin" um 1911

Maßgeblich beteiligt an dieser ersten systematischen Gliederung und Regelung der Ausbildungsgänge pädagogischer Frauenberufe auf der Grundlage des vom DFV vorgelegten „Normallehrplans" war Lili Droescher. Als Leiterin des Pestalozzi-Fröbel-Hauses, einer der einflussreichsten Ausbildungsstätten der damaligen Zeit, hatte sie zusammen mit Helene Lange Anteil daran, dass sich die Berufe der Kindergärtnerin und der Jugendleiterin als standesgemäße Berufe der „höheren Töchter" des Bildungsbürgertums durchsetzten. Von Anfang an legte man Wert darauf, dass es sich bei der Ausbildung der Kindergärtnerin um eine auf das Wesen der Frau zugeschnittene höhere Bildung und Formung ihrer Persönlichkeit handeln sollte. Zum Leitbild der bürgerlichen Frauenbewegung gehörte die geistig selbständige, vor der Ehe (aus)gebildete Frau, damit sie eine dem bürgerlichen Ehemann ebenbürtige Ehefrau, Hausfrau und Mutter sein konnte. Diese Vorstellungen brachte auch Lili Droescher 1908 hinsichtlich des Berufsbilds der Kindergärtnerin zum Ausdruck:

Für Mädchen, deren Verhältnisse ihnen keine großen Aufgaben gestatten (eine Umschreibung dafür, dass sich nicht alle bürgerlichen Familien große Geldausgaben für die Ausbildung ihrer Töchter leisten konnten und die der Söhne Vorrang hatte, Anm. d. Autorin) und die ein liebevolles Herz für Kinder haben, scheint uns der Beruf der Kindergärtnerin ein überaus schöner zu sein. In 1½-jähriger Lehrzeit in Theorie und Praxis bereitet sich die Seminaristin auf die Prüfung zur Kindergärtnerin vor und erhält daraufhin die Befähigung zur erziehlichen Arbeit in der Familie oder als Gehilfin in einem Kindergarten.
(PFH-Archiv, Vereinsblätter des PFH)

Das Berufsfeld, auf das die Ausbildung zur Kindergärtnerin vorbereitet, ist die Familie oder der Kindergarten. In beiden Handlungsfeldern arbeitet auch die Kindergärtnerin nur als „Gehilfin". Sie entlastet die Mutter bei der Erziehung der Kinder, oder sie arbeitet unter Anleitung der Kindergartenleiterin im Kindergarten und entlastet diese. Die beruflichen Anforderungen sind in beiden Handlungsfeldern die gleichen. Was die Kindergärtnerin von der Kinderpflegerin unterscheidet, ist der „höhere Helferstatus", den sie aufgrund ihrer Klassenzugehörigkeit und des höheren Niveaus ihrer Schulbildung hat. Entscheidend ist, dass Droescher, bezogen auf die beruflichen Aufgaben, zwischen dem privaten „Handlungsfeld Familie" und dem öffentlichen „Handlungsfeld Kindergarten" keinen Unterschied macht. Darin drückt sich die zunehmende Entfremdung zwischen Ausbildung und Praxis aus. Das Praxisbild, an dem die Schulleiterin Lili Droescher die Ausbildung der Kindergärtnerin orientiert, hat mit der Berufswirklichkeit, mit den Rahmenbedingungen der Arbeit wie auch mit dem Bildungsauftrag des Kindergartens nicht mehr sehr viel zu tun. Vielmehr wird der Kindergarten, wie es die oben zitierte ministerielle Verfügung formuliert, als „Übungs- und Bildungsstätte für die heranwachsenden zukünftigen Mütter des Volkes" gesehen.

Im DFV hatte man sich ebenfalls von den von Fröbel intendierten bildungspolitischen Zielen des Kindergartens als eines Ortes der elementaren Erziehung und Bildung für alle Kinder immer stärker entfernt. Nicht zuletzt auch deshalb, weil eine Eigendynamik in der Entwicklung des Kindergartenwesens inzwischen – je nach regionaler und wirtschaftlicher Lage – zu einer Vielzahl unterschiedlicher Einrichtungsformen geführt hatte: Ganztägige Volkskindergärten in privater und kommunaler Trägerschaft existierten neben Privat-Kindergärten der Fröbel-Vereine und Kinderbewahranstalten sowie Kleinkinderschulen in konfessioneller Trägerschaft. Auch Lili Droeschers Bild vom Kindergarten stimmte nicht mehr mit dem überein, das noch unter ihrer Lehrerin Henriette Schrader-Breymann zur Gründung des Pestalozzi-Fröbel-Hauses geführt hatte und das das Berufskonzept und die Ausbildung der Kindergärtnerin am PFH geprägt hatte. Für Lili Droescher war der Kindergarten ein Notbehelf:

> *Wie uns die Erfahrung lehrt, sind Kindergärten und ähnliche Einrichtungen eine Notwendigkeit in unseren heutigen gesellschaftlichen Verhältnissen; sie sind ein Notbehelf, und wenn die Zustände sich mit einem Schlage ändern könnten, so dass jedes Kind sein Anrecht auf die Mutter und ein wärmendes, schützendes Heim erhielte, so würde bei vorurteilsloser Betrachtung von Menschen und Leben wohl niemand für eine öffentliche Erziehungsstätte kleiner*

Kinder eintreten. Fröbel hat einmal von seiner Erziehungsanstalt gesagt: "Wir arbeiten dahin, uns unnötig zu machen." Jeder versteht diesen Ausspruch.
Dies schrieb Lili Droescher 1907, also schon vor dem Ersten Weltkrieg (PFH-Archiv, Vereinsblätter des PFH).

Das Berufsbild „Hortnerin" um 1915

Die Einrichtung von Kinderhorten zur Betreuung und Beaufsichtigung von Schulkindern war – wie wir es beim Verein „Jugendheim Charlottenburg" gesehen haben – zunächst der Not der Arbeiterfamilien geschuldet. Der Erste Weltkrieg und das Elend der Nachkriegszeit führten dazu, dass immer mehr Kinder erwerbstätiger Mütter vor und nach der Schule eine Betreuung benötigten. Als neuer Ausbildungszweig mit einem eigenen Berufsbild war neben den der Kindergärtnerin der der Hortnerin getreten. Preußen regelte 1915 – mehr oder weniger analog zu den Richtlinien der Ausbildung von Kindergärtnerinnen – die Ausbildung zur Hortnerin, die zu der Zeit in Berlin nur am Jugendheim Charlottenburg und am Pestalozzi-Fröbel-Haus angeboten wurde. Zwei weitere Seminare, die Hortnerinnen ausbildeten, gab es in Kassel am Evangelischen Fröbelseminar und in Frankfurt am Seminar des Frauenbildungsvereins.

In Abgrenzung zu den Aufgaben des Kindergartens werden in einer Broschüre des PFH aus dem Jahre 1913 die Aufgaben des Hortes wie folgt beschrieben: „Für die schulfreie Zeit der Kinder im Alter von 6 bis 14 Jahren nimmt der Jugendhort Kinder, Knaben und Mädchen, denen elterliche Aufsicht und Erziehung mangelt, in seine Obhut. Das Wichtigste für die Schuljugend, die in Gefahr steht, zu verwahrlosen, ist, ein Zuhause zu haben mit geregelten Lebensgewohnheiten und Pflichten, mit Freuden und Bildungsmöglichkeiten." Bezogen auf die Art der Bildungsmöglichkeiten wird auf die soziale Schicht der Kinder, die den Hort besuchen, abgehoben, denn es heißt, die Kinder „helfen in der Wirtschaft des Hortes, wo sie Fertigkeiten in praktischen Dingen erwerben, die für ihre häuslichen Verhältnisse nötig sind und ihrer Erziehung dienen; z. B. werden die älteren Mädchen wie Knaben im Kochen unterwiesen. Besonderer Wert wird auf die Übung der Handgeschicklichkeit gelegt". Dazu standen Werkstätten für Holz- und Korbflechtarbeiten sowie für Bürstenbinden zur Verfügung. Eltern, besonders die Mütter, wurden beraten, wenn es galt, „den Beruf, die Lehrstelle oder passende Arbeit zu suchen". Die Beratungstätigkeit wurde jedoch von der Leiterin des Hortes und nicht der Hortnerin ausgeübt. Auch ihr Status war der einer „Gehilfin". Die Leitung eines Hortes konnte nur eine ausgebildete Jugendleiterin übernehmen.

Entwicklungen der Berufsausbildung in der Weimarer Republik

Erst 1929 kam es in Preußen – andere Länder folgten – zu einer Zusammenlegung des Ausbildungsganges der Kindergärtnerin mit dem der Hortnerin. Die Ausbildung zur Kindergärtnerin und Hortnerin dauerte dann zwei Jahre. In den meisten Ländern wurde als Zugangsvoraussetzung der mittlere Schulabschluss gefordert. Nur begabten Volksschulabsolventinnen stand der Zugang zur Ausbildung offen, doch hatten sie sich einer besonderen Aufnahmeprüfung zu unterziehen.

Die Chancengleichheit, die diese „Durchlässigkeit" gewähren sollte, war den neuen politischen Verhältnissen der Weimarer Republik geschuldet. Der Umbau und eine, wenngleich eingeschränkte, Demokratisierung des Schulwesens nach dem Ersten Weltkrieg war einhergegangen mit der Ausgliederung der Frauenschule aus dem höheren Mädchenschulwesen. In den 1920er Jahren kam es im Zusammenhang mit der Reform des Schulsystems zum Aufbau eines modernen Berufsschulwesens. Georg Kerschensteiner (1854–1932), einer der führenden Schulreformer, trat für ein einheitliches, sich allmählich nach Begabungen differenzierendes Schulsystem ein. Da seiner Ansicht nach – und das entsprach dem Zeitgeist – diese Begabungen auch geschlechtsspezifisch zu unterscheiden waren, hatte sich die curriculare Ausrichtung der schulischen Berufsbildung von Mädchen am „natürlichen Beruf der Frau" zu orientieren.

Kerschensteiner begründete damit nicht nur die hausfrauliche beziehungsweise hausmütterliche Ausrichtung des Berufsschulunterrichts für all diejenigen Mädchen, die als Un- oder Angelernte arbeiteten oder erwerbslos waren und bis zur Erfüllung der Schulpflicht eine Berufsschule besuchten, sondern bewirkte einen Ministererlass (1925), der „für den Eintritt in ein selbständiges Kindergärtnerinnen- oder Hortnerinnenseminar eine ausreichende hauswirtschaftliche Ausbildung von den Bewerberinnen" vorschrieb. Der Nachweis galt als erbracht durch „den Besuch einer anerkannten Hausfrauenschule". Begründet wurde diese Zulassungsvoraussetzung für die Kindergärtnerinnen- und Hortnerinnenausbildung, die bis Ende der 1960er Jahre in der Bundesrepublik Deutschland gültig war, damit, dass „die Aufgaben der Kindergärtnerinnen, Hortnerinnen und Jugendleiterinnen eine hausmütterliche Befähigung voraussetzen, die es ihnen ermöglicht, Kinderheim, Hort und Kindergarten zu einem wirklichen Heim zu gestalten. Ein Mangel an praktischem Blick, an Umsicht und an sicherer Beherrschung der alltäglichen Aufgaben des Haushaltes macht sie hilflos gegenüber den immer wiederkehrenden Schwierigkeiten der äußeren Heimgestaltung und der gesundheitlichen Fürsorge für ihre Zöglinge und gefährdet damit auch die erzieherische Wirksamkeit."

In den 1920er Jahren wurde die Grundform der Berufsausbildung, die sich an den männlichen Berufen orientierte – das duale Ausbildungssystem – geschaffen. Vollzeitschulisch geregelte Ausbildungen, die an der Berufsfachschule stattfanden, waren den überwiegend neu entstehenden Frauenberufen vorbehalten. Formal handelte es sich bei den selbständigen Kindergärtnerinnen- und Hortnerinnenseminaren um Berufsfachschulen. Fachschulen waren weiterführende Schulen – häufig von Handwerkskammern getragen –, an denen sich ein Geselle nach mehrjähriger Berufspraxis zum Meister ausbilden ließ, um nun seinerseits Lehrlinge ausbilden zu können. In Analogie dazu wurde die Jugendleiterin in den Sozialpädagogischen Seminaren auf dem formalen Niveau einer Fachschule ausgebildet. Im Rahmen der Ausbildung der Lehrerin – mit der die Ausbildung der Jugendleiterin bis in die 1920er Jahre hinsichtlich ihres Niveaus gleichgestellt war – wurden erste Schritte zu einer Akademisierung der Volkschullehrerbildung eingeleitet. Im Unterschied zur Lehrerbildung war die Eingliederung der sozialpädagogischen Ausbildungsgänge in das neu geschaffene schulische Berufsbildungssystem mit einer räumlich und curricular strikten geschlechtsspezifischen Trennung der Schul- und Berufsbildung von Jungen und Mädchen in Deutschland verbunden.

Das Berufsbild „Jugendleiterin"

Zurück in die Zeit des Ersten Weltkriegs. Bei der Ausbildung zur „Jugendleiterin" handelte es sich um Fortbildungskurse, die vereinzelt an Fröbel-Seminaren angeboten wurden. Dieser weiterführende Ausbildungsgang war von Lili Droescher konzipiert und am Pestalozzi-Fröbel-Haus (PFH) erprobt worden.

Ursprünglich sprach man im Deutschen Fröbel-Verband (DFV) von der Ausbildung zur Kindergartenleiterin. Offiziell wurde die Berufsbezeichnung „Jugendleiterin" von den staatlichen Behörden eingeführt, auch um deutlich zu machen, dass es sich um einen leitenden, aber auch anleitenden und lehrenden Aufstiegsberuf handeln sollte. In den ministeriellen Bestimmungen von 1911 wird als Ziel der Ausbildung die „Befähigung zur Leitung von mehrgliedrigen Kindergärten, Kinderhorten, Kinderheimen und ähnlichen Anstalten zur Pflege und Erziehung außerhalb der Schulzeit" formuliert. Nur die staatlich geprüfte Kindergärtnerin oder Hortnerin war berechtigt zur Teilnahme an dieser Weiterbildung, die ein Jahr dauerte.

Neben der Lehrerin und der Wohlfahrtspflegerin – später Fürsorgerin – war die Jugendleiterin derjenige Frauenberuf, den bürgerliche Frauen anstrebten, die unverheiratet blieben. Diese „Karriere" einer qualifizierten Berufsfrau entsprach nicht nur den Interessen der bildungsmotivierten und sozial engagierten Frauen. Die soziale Arbeit erlaubte ihnen auch im Beruf, eine ihrem Wesen gemäße Rollenerfüllung zu leben.

Auf Drängen des DFV kam es 1915/1916 zu einer Ausgestaltung der Ausbildungsrichtlinien für Jugendleiterinnen. In der Stundentafel, die zu etwa gleichen Teilen zum einen Unterricht in theoretischen und technischen Fächern, zum anderen unterrichtsbegleitende praktische Arbeit im Kindergarten beziehungsweise Hort und in Kochen und Hauswirtschaft vorschrieb, war als theoretisches Fach auch „Unterrichtslehre" vorgesehen. Ferner wurde auf Wunsch des DFV konzeptionell geregelt, welche Anforderungen an die Praxisphase, die der Jugendleiterinnenausbildung vorausging, zu stellen waren: „Das Verlangen nach vertiefter Ausbildung soll ... möglichst aus längerer praktischer Arbeit in verschiedenen Betrieben der Jugendfürsorge hervorgehen. Als Mindestmaß der praktischen Betätigung ist die Dauer von einem Jahr zu fordern". Damit sich die Kindergärtnerin oder Hortnerin, die die Jugendleiterinnenausbildung anstrebe, auf diese vorbereiten konnte, sollte sie nicht mehr als 24 Stunden in der Woche arbeiten, um Gelegenheit „zum Studium einschlägiger Literatur und zur gelegentlichen Besichtigung anderer Anstalten" zu haben. Es wurde gefordert, dass sie zwar selbständig arbeiten sollte, jedoch „eine sachverständige Oberleitung mit reifer pädagogischer Erfahrung" ihr zur Seite zu stehen hatte. Ein verbindlicher Ausbildungsplan sah folgende Aufgaben vor:

a) Anleitung der Kinder bei Spiel und Arbeit,
b) Aufstellung von Arbeitsplänen,
c) Führung von Listen und Abrechnungsbüchern,
d) Übernahme von besonderen Aufgaben, wie z. B. Fürsorge für den Material-, Wäsche- und Spielschrank,
e) Beteiligung an der Herstellung der Kinderspeisen, an der Kinderspeisung und an der Körperpflege der Kinder.
Wünschenswert ist: 1. Teilnahme an Eltern- und Mütterabenden und 2. mit Vorsicht anzuwendende Beteiligung an Hausbesuchen bei den Kindern.
Je nach dem Alter der Kinder, an denen die Arbeit während des Besuchs des Kindergärtnerinnen- oder Hortnerinnenkursus und während der praktischen Tätigkeit geleistet wurde, muss während des Jugendleiterinnenkursus die bis dahin nicht geübte Arbeit im Kindergarten oder im Hort ergänzend betont werden.
(Heinemann, M., und Günther, W. [Hrsg.] 1925)

Erst in der Weiterbildung zur Jugendleiterin war eine vertiefende und umfassende Qualifikation zur eigenverantwortlichen pädagogischen Arbeit vorgesehen. Die geforderte praktische Tätigkeit als Zulassungsvoraussetzung für die Ausbildung zur Jugendleiterin wurde 1929 auf zwei und 1932 auf drei Jahre verlängert.

Dieses gegliederte und aufeinander abgestimmte Berufsausbildungssystem für die sozialpädagogischen Berufe war 1928 auch von den Ausbildungsstätten mit konfessioneller Trägerschaft übernommen worden. Dies geschah insofern nicht ganz freiwillig, als die konfessionellen Träger sich mit der neuen rechtlichen Lage, die mit dem Reichsjugendwohlfahrtsgesetz 1924 eingetreten war, zu arrangieren hatten.

Am Ende der 1920er Jahre hatten sich die pädagogischen Frauenberufe Kindergärtnerin beziehungsweise Hortnerin und der Aufstiegsberuf Jugendleiterin – auch in Abgrenzung von dem sozialen Frauenberuf Wohlfahrtspflegerin beziehungsweise Sozialfürsorgerin – etabliert. Für eine weitere Professionalisierung dieser sozialpädagogischen Berufe sollte sich das Berufskonzept „geistige Mütterlichkeit" als ein problematisches

Konstrukt erweisen. Problematisch insofern, weil es im Unterschied zur Sozialarbeit/Sozialpädagogik nicht an die fachlichen Anforderungen des Berufsfeldes rückgebunden wurde, sondern auf die (göttliche) Wesensbestimmung der Frauenrolle und – damit verbunden – die besondere Eignung der Frau für diesen Beruf fixiert blieb.

6 Kindergartenauftrag und politische Rahmenbedingungen

Der Erste Weltkrieg eröffnete den sozial engagierten Frauen des Bürgertums, die im Bund Deutscher Frauen (BDF) organisiert waren, neue Betätigungsfelder. Unter dem Vorsitz Gertrud Bäumers (von 1910 bis 1919), der Lebensgefährtin von Helene Lange, die bis 1906 dem Vorstand des BDF angehörte, öffnete sich der BDF mehr und mehr nach rechts. Gertrud Bäumer rief – unterstützt von Helene Lange – den „Nationalen Frauendienst" ins Leben, dessen Aufgabe es war, an der „Heimatfront" Hilfsmaßnamen von der Kinderfürsorge bis zur Suppenküche zu organisieren. In diesem Rahmen kam es auch zu einer verstärkten Zusammenarbeit mit dem „Deutsch-Evangelischen Frauenbund" (DEFB) und dem „Jüdischen Frauenbund" (JFB). Hatte Minna Cauer noch 1899 (zitiert nach Gerhard, U. 1990) bezüglich der christlichen Frauenvereine feststellen müssen, dass „fast so schroff geschieden wie die proletarische und bürgerliche Frauenbewegung der größte Teil der kirchlich-christlichen Frauen der Frauenbewegung gegenüber steht und in derselben eine Auflehnung gegen Gottesordnung sieht", so wurde doch auch in christlichen Kreisen allmählich dieses traditionelle Bild der Frau als einer dem Mann Untergeordneten und Dienenden problematisiert. Ein Antrag des radikalen Flügels der Frauenbewegung, deren Sprecherin Minna Cauer war, an die Generalversammlung des BDF, konfessionell gebundene Organisationen von der Mitgliedschaft im BDF auszuschließen, wurde deshalb mehrheitlich abgelehnt.

Durch den Beitritt des DEFB, der 1899 von dem antisemitisch eingestellten Pastor Ludwig Weber gegründet worden war, erhielt der rechte Flügel des BDF Verstärkung. Nationalkonservative Orientierungen sollten fortan nicht nur die weitere Entwicklung und die Politik der deutschen Frauenbewegung bestimmen, sondern hatten auch, bezogen auf die deutsch-jüdischen Mitgliedsorganisationen und deren Protagonistinnen, die in der sozialen Arbeit engagiert waren, verheerende politische Folgen. Zunehmend belasteten antisemitische Tendenzen und Vorfälle die Zusammenarbeit im BDF.

Schon während des Ersten Weltkriegs, wo die Kriegsfürsorge zu einem Feld der Zusammenarbeit jüdischer und nicht-jüdischer Frauen geworden war, wurde diese Arbeit von Signalen des Militarismus und Antisemitismus begleitet. Primär ging es dem BDF um die Organisation karitativer Dienstleistungen. Im § 2 der Satzung heißt es: „durch organisiertes Zusammenwirken sollen die gemeinnützigen Frauenvereine erstarken, um ihre Arbeit erfolgreich in den Dienst des Familien- und Volkswohls zu stellen, um der Unwissenheit und Ungerechtigkeit entgegen zu wirken und eine sittliche Grundlage der Lebensführung für die Gesamtheit zu erstreben" (zitiert nach Gerhard, U. 1990). Obwohl sich der BDF in Abgrenzung von der proletarischen und der sozialdemokratischen Frauenbewegung zumindest offiziell zur politischen Neutralität verpflichtet hatte, scheuten sich die konservativen sowie die gemäßigten Führerinnen des BDF nicht – allen voran die Vorsitzende Gertrud Bäumer –, für eine nationalistische und im Zusammenhang mit dem Ersten Weltkrieg auch militaristische Politik zu werben. Sie warfen den jüdischen Frauen vor, in ihrer sozialpädagogischen Arbeit der Jugend gegenüber einem Pazifismus das Wort zu reden. Und obwohl Helene Lange einmal Mitglied der „Friedenskommission des Frauenweltbundes" war, forderte sie beim Ausbruch des Ersten Weltkrieges: „gewiss, alle Frauen leiden tiefer unter den Opfern, die gefordert werden. Aber wenn die Frage heißt: Krieg oder Stillstand deutscher Entwicklung, Tod oder Knebelung deutschen Lebens, so lautet die Antwort der deutschen Frau ohne Besinnung: Krieg und Tod" (zitiert nach Weiland, D. 1983).

Der Kriegsausbruch 1914 war der Höhepunkt und zugleich auch der Anfang vom Ende der kulturellen Assimilation der Juden in Deutschland. Daran konnte auch die oft beschriebene geistige Blüte der Weimarer Republik mitsamt ihren deutsch-jüdischen Künstlerinnen, Schriftstellerinnen, Wissenschaftlerinnen und eben auch Psychoanalytikerinnen, Ärztinnen, Psychologinnen und Pädagoginnen, die sich im Kindergartenwesen engagierten, nichts ändern. Innerhalb des BDF befürchteten die nicht-jüdischen Mitglieder, dass die Frauenbewegung von Antisemiten als „verjudet" diffamiert werden könnte. Eine Sorge, die sich später – im Nationalsozialismus – als nicht unbegründet herausstellen sollte. Gertrud Bäumer zumindest sah sich Ende des Ersten Weltkriegs zu der Bemerkung veranlasst, dass eine Frau, die auch nur einen jüdisch klingenden Namen habe – gemeint war Alice Salomon, die sich schon international einen Namen in der sozialen Arbeit gemacht hatte –, in dem herrschenden antisemitischen Klima als Vorsitzende des BDF die Frauenbewegung spalten würde. Mit dieser Bemerkung verhinderte sie die Wahl Alice Salomons zur Vorsitzenden des BDF.

Dem Bund Deutscher Frauen unter dem Vorsitz von Gertrud Bäumer ging es nicht primär um emanzipatorische Ziele in der Frauenbewegung. Wie Helene Lange vertrat auch Gertrud Bäumer die Auffassung, die Frau müsse erst geistig heranreifen, bevor sie vom Stimmrecht Gebrauch machen dürfe, und in der Sozialfürsorge böten sich gute Möglichkeiten, öffentliche Verantwortung zu lernen. Die konservativen Frauen des Bürgertums stritten vorrangig um ein Recht auf Bildung, eine Bildung, die den Frauen und ihrem Stand gemäß war. Sie stritten nicht unbedingt für eine demokratische Gesellschaft. Auch das Wahlrecht, das ihnen 1918 zufiel, änderte bei den meisten nichts an der Auffassung, dass Bildung ein Privileg sei, zu dem nicht jede – ohne Ansehen der Person – Zugang haben solle. Trotz des Modernisierungsschubs in den 1920er Jahren war die Weimarer Gesellschaft eine streng nach Klassen getrennte Gesellschaft. Trotz aller Freiheiten und Freizügigkeiten dominierten konservative Moralvorstellungen und ein traditionelles Familienleitbild. Bildung war eine Sache der Schule, und zwar der höheren Schule, und Erziehung eine Sache der Familie. Die Bestimmung der Frau war es, sich in der Familie Erziehungsaufgaben zu widmen, während der Mann der Versorger war. Gertrud Bäumer, die die Forderungen der sozialdemokratischen und proletarischen Frauenvereine nach Vereinbarkeit von Beruf und Familie als überspannt ablehnte, avancierte in der Weimarer Republik zu einer der bekanntesten Berufspolitikerinnen und war maßgeblich an der sozialpolitischen Weichenstellung für das Reichsjugendwohlfahrtsgesetz beteiligt.

Trägerstruktur und Berufsrolle

Die soziale Arbeit hatte sich durch den Krieg verändert. Schon während des Kriegs war der Staat gezwungen gewesen, stärker als je zuvor in die bislang weitgehend kommunal und privat organisierte Fürsorge einzugreifen. Die kriegsbedingten sozialen Veränderungen im Deutschen Reich, die zu einer Verarmung großer Teile der Bevölkerung – auch Teile des Bürgertums waren betroffen – geführt hatte, konnte von der karitativ organisierten Armenpflege nicht mehr aufgefangen werden. Hinzu kam, dass der Staat auch auf den kriegswirtschaftlichen Einsatz von Müttern mit Kleinkindern angewiesen war. Die Kriegsfürsorge musste deshalb neue Wege auf dem Gebiet der öffentlichen Fürsorge beschreiten. So versuchte der Staat mit einer eigens gegründeten Frauenzentrale am Kriegsamt, die Kinderfürsorge zu verbessern. Erste gesetzliche Regelungen – so genannte Jugendpflegeerlasse – und die Einrichtung öffentlicher Behörden, die die Einhaltung der jugendfürsorgerischen Bestimmungen zu kontrollieren hatten, bildeten die Grundlage eines sich langsam entwickelnden, eigenständigen, auf die Entwicklung und Erziehung von Kindern und Jugendlichen sich beziehenden Rechtsgebietes, das der „Kinder- und Jugendhilfe".

In den Kriegsjahren 1914 bis 1918 wurde das Betreuungsangebot erheblich ausgebaut. Da die weitaus überwiegende Anzahl aller privaten Kinderbewahranstalten, Kleinkinderschulen, Kindergärten und Kinderkrippen sich in konfessioneller Trägerschaft befand, zeichnete sich aufgrund der quantitativen Entwicklung in der öffentlichen Kleinkindererziehung der für die Geschichte des Erzieherinnenberufs nicht folgenlose starke Einfluss der kirchlichen Trägerverbände ab. Obwohl der „Katholische Frauenbund Deutschlands" (KFD), der 1903 entstanden war, gar nicht, der DEFB nur vorübergehend bis 1918 und nur der JFB und der Deutsche Fröbel-Verband (DFV) Mitglied im BDF waren, war man sich doch vereinsübergreifend und bezogen auf fachliche Fragen der Kindergartenpädagogik etwas näher gekommen. Die Kritik der konfessionell ausgerichteten Trägerverbände an der „freigeistigen" Fröbelbewegung war zunehmend schwächer geworden. Gleichwohl war man nach wie vor aus ideologischen Gründen nicht bereit, mit den im DFV zusammengeschlossenen Trägervereinen von Fröbel-Kindergärten fachpolitisch zusammenzuarbeiten. Elsbeth Krieg weist in ihrer Studie (1987) nach, dass dies, zumindest bezogen auf die katholische Kirche, daran lag, dass diese sich „in ihrer Existenz von den liberalen und sozialistischen Gruppierungen bedroht" fühlte. Deshalb forderte sie von ihren Ordensschwestern, die in den Kinderbewahranstalten für die Erziehung und Betreuung zuständig waren, vor allem eine an den christlichen Werten und Verhaltensregeln ausgerichtete Pädagogik, um auf diese Weise die Kinder und ihre Familien stärker an die Kirche binden zu können. Die Vorbehalte der konfessionellen Träger gegenüber der Fröbel-Pädagogik galten neben der Sorge um eine zu frühe Intellektualisierung des Kindes vor allem dem Mangel an Religiosität. Es wurde kritisiert, dass „christliche Erziehung" nicht nur nicht stattfand, sondern dass die Kinder von einer „konfessionslosen oder aufgeklärten Tante lediglich des Geldes wegen betreut werden" (Krieg, E. 1987) und nicht – wie in christlichen Kindereinrichtungen üblich – von Ordensschwestern oder Diakonissinnen. Auch wenn sich Fröbels Auffassungen von der Bedeutung des Kinderspiels für die Entwicklung und Bildung des Kindes auch in den konfessionellen Kindereinrichtungen mehr und mehr durchgesetzt hatten, sollte dies nicht darüber hinwegtäuschen, dass das pädagogische Konzept und auch die Berufsrolle der Erzieherin in den Kindereinrichtungen der Kirche weitestgehend aus religiösen beziehungsweise christlichen Grundsätzen abgeleitet wurde. Nicht zuletzt wegen dieser Barrieren hinsichtlich der eher ideologischen Bestimmung der Berufsrolle und des Berufsethos seitens der konfessionellen Trägerverbände stagnierte die Zusammenarbeit zwischen dem DFV und den Dachverbänden der evangelischen und katholischen Kirche, die sich in der sozialpädagogischen Arbeit engagierten. Da die beiden Kirchengemeinschaften jedoch innerhalb der nicht staatlichen Trägerorganisationen von Kinderbetreuungseinrichtungen die Mehrheit stellten – und damit auch gegenüber den im DFV zusammengeschlossenen Fröbel-Vereinen in einer stärkeren Position waren –, konnten sie bei dem anstehenden Gesetzesvorhaben ihre eigenen machtpolitischen Interessen im Kindergartenwesen durchsetzen und damit nicht nur die strukturellen Rahmenbedingungen für die Berufsarbeit bestimmen, sondern auch das Berufsrollenverständnis und die Anforderungen an die Qualifikation der Kindergärtnerinnen maßgeblich beeinflussen.

Das Reichsjugendwohlfahrtsgesetz (RJWG) von 1924

Die neue Reichsverfassung von 1919 brachte nun einen entscheidenden Durchbruch auf dem Gebiet der Sozialpolitik. Der neu gegründete Staat unter der Regierung der Sozialdemokraten (SPD) nahm schnell die Aufgabe in Angriff, durch ein Reichsgesetz das Schulwesen und die Jugendwohlfahrtspflege neu zu regeln. Schon 1920 wurde im Zuge der Neuordnung des Schulwesens – unter anderem ging es um die Einführung der für alle Kinder gemeinsamen vierjährigen Volksschule – auf der Reichsschulkonferenz auch über die Zukunft des Kindergartens beraten. Von entscheidendem Einfluss auf die Beratungsergebnisse war, dass trotz der gravierenden politischen Veränderungen die soziale Arbeit, insbesondere die öffentliche Kleinkinderziehung, eine Domäne nicht nur des konservativen beziehungsweise gemäßigten Flügels der Frauenbewegung, sondern vor allem auch der konfessionellen Trägerverbände blieb, die gemeinsam auf politischer Ebene Front gegen sozialdemokratisches Gedankengut und gegen ein antibürgerliches Kindheitskonzept und Familienbild machten.

Auf der Reichsschulkonferenz von 1920, auf der unter anderem Gertrud Bäumer als Ministerialrätin für das Schulreferat das Reichsinnenministerium vertrat und Lili Droescher als Vorsitzende des Deutschen Fröbel-Verbandes (DFV) teilnahm, wurden drei Positionen zur Organisation der vorschulischen Erziehung in Kindergärten erörtert:
- Die konfessionellen Trägerverbände und die konservative Zentrumspartei vertraten die Position, dass der Kindergarten als ein freiwilliges Angebot mit primär fürsorgerischem Auftrag in privater, das hieß konkret in konfessioneller Trägerschaft verbleiben sollte.
- Von den Vertretern der SPD und der Kommunistischen Partei Deutschlands (KPD) sowie vom „Bund entschiedener Schulreformer" – Vorsitzender war Paul Geheeb, Schulleiter der von ihm gegründeten Odenwaldschule – wurde angestrebt, dass es in Analogie zur Grundschule eine Kindergartenpflicht geben sollte. Was bedeutet hätte, den Kindergarten als unterste Stufe des allgemeinbildenden Schulwesens in staatliche beziehungsweise kommunale Trägerschaft zu überführen.
- Der DFV schlug zusammen mit dem Allgemeinen Deutschen Lehrerinnenverein (ADLV) vor, den Kindergarten zwar dem Bildungswesen zuzuordnen und damit unter staatliche beziehungsweise kommunale Trägerschaft zu stellen, jedoch als freiwilliges Angebot zu organisieren.

Da die Vertreter der konfessionellen Trägerverbände im Ausschuss der Reichsschulkonferenz die Mehrheit hatten, wurden folgende Leitsätze als Empfehlung für die Erarbeitung eines Jugendwohlfahrtsgesetzes weitergeleitet:

1. *Recht und Pflicht der Erziehung der Kinder im vorschulischen Alter liegen grundsätzlich bei der Familie.*
2. *Der Kindergarten hat seinem Wesen und seiner Bestimmung nach eine wertvolle Ergänzung der Familienerziehung zu leisten.*
3. *Für Eltern, die ihre Kinder in den Kindergarten schicken wollen, muss die Möglichkeit dazu geboten werden.*
4. *Soweit die freie Wohlfahrtspflege dem Bedürfnis nach Kindergärten nicht ausreichend zu entsprechen vermag, haben Staat und Gemeinde Kindergärten einzurichten.*
5. *Leiterin und Erzieherinnen müssen entsprechend ausgebildet sein.*
6. *Die Einrichtungen der freien Wohlfahrtpflege sind den öffentlichen grundsätzlich gleich zu achten.*
7. *Die Überwachung übt der Staat aus. Erfahrene Jugendleiterinnen sind hinzuzuziehen.*
8. *Wenn die sittliche, geistige und körperliche Entwicklung eines Kindes gefährdet ist, muss der Besuch eines Kindergartens verbindlich gemacht werden.*
9. *Kinder, die zwar schulpflichtig, aber nicht schulfähig sind, sollen nach Möglichkeit einer Vorklasse zugeführt werden. Die Vorklasse ist Teil der Volksschule.* (Zitiert nach Konrad, F.-M. 2004)

Die Empfehlungen der Reichsschulkonferenz, dass das unter privater Trägerschaft zu betreibende Kindergartenwesen mit eindeutig fürsorgerischer Akzentsetzung in der Zuständigkeit der Kinder- und Jugendfürsorge verbleiben sollte, wurden im Reichsjugendwohlfahrtsgesetz (RJWG) umgesetzt, das 1924 in Kraft trat. Im § 1 RJWG heißt es: „Insoweit der Anspruch des Kindes auf Erziehung von der Familie nicht erfüllt wird, tritt, unbeschadet der Mitarbeit freiwilliger Tätigkeit, öffentliche Jugendhilfe ein." Die Aufgaben des neu geschaffenen Jugendamtes wurden in § 4 geregelt. Danach waren Einrichtungen zur „Wohlfahrt der Kleinkinder" vom Staat zu fördern; und es war geregelt, dass – falls die Nachfrage nach Betreuungsplätzen das Angebot der privaten Träger überschreiten sollte – die Kommunen Kindergärten einrichten konnten.

Diese halbherzige *Kann*-Bestimmung verstärkte das Monopol der privaten, mehrheitlich konfessionellen Träger und deren Einfluss auf alle Vorschriften und Standards, die der Staat erließ. Auch wenn die Genehmigungs- und Aufsichtspflicht zur Betriebsführung eines Kindergartens grundsätzlich beim Jugendamt lag, wurde diese doch nicht selten in den Ländern des Deutschen Reichs an die Spitzenverbände der privaten Träger delegiert. Diese nahmen selbstverständlich im Rahmen ihrer Beratungsfunktion auch Einfluss darauf, wenn der Staat aufgrund seiner Richtlinienkompetenz Standards über Gruppen- und Raumgröße, Hygienevorschriften und nicht zuletzt auch Mindestanforderungen an die Qualifikation des Personals festlegte. Zwar durften offiziell keine unausgebildeten Kräfte mehr eingestellt werden, aber schon aus Kostengründen sollte das Qualifikationsniveau der Gruppenerzieherin niedrig gehalten werden.

Auf der Ebene der Ausbildung kam es nach In-Kraft-Treten des RJWG zu einer verstärkten Zusammenarbeit zwischen dem DFV und den Dachverbänden der konfessionellen Kindergärtnerinnenseminare, die an einzelnen Schulen nun auch Jugendleiterinnen ausbildeten. Formal waren diese privaten Ausbildungsstätten ebenfalls an die Ausbildungsregelungen gebunden, wenn sie die staatliche Anerkennung des Berufsabschlusses nicht gefährden wollten. Das ermutigte auch die konfessionellen Ausbildungsstätten, sich zu vernetzen und an einem Fachlichkeitsanspruch der Ausbildung zu arbeiten. Allerdings war ihr Einfluss auf die Personalpolitik der konfessionellen Träger – wenn man überhaupt von einer solchen sprechen darf – relativ gering.

Auch auf die Ausbildungsstätten in konfessioneller Trägerschaft traf das zu, was generell das berufliche Schulwesen kennzeichnete und was Alice Rühle-Gerstel, eine der bekanntesten Psychoanalytikerinnen der 1920er Jahre, in einem Aufsatz von 1932 „Das Frauenproblem der Gegenwart" so kritisierte: „Im Großen und Ganzen jedoch sind Schulen, Erziehungsstätten und Lehrer selbst eine komplette Ausdrucksform der geltenden Geschlechtsideologie" (zitiert nach Soden, K. v., und Schmidt, M. [Hrsg.] 1988). Nur dass das Berufsbild der Erzieherin in kirchlichen Kreisen noch viel stärker vom christlich motivierten „Liebesdienst am Nächsten" geprägt war als bei den kommunalen und anderen, nichtkonfessionellen Trägern. Und schon in den 1920er Jahren waren länderübergreifende Ausbildungsregelungen keine Garantie dafür, dass sie nicht aufgrund länder- beziehungsweise trägerspezifischer Interessen unterwandert wurden.

Trotz Rahmenrichtlinien, die als Zugangsvoraussetzung zur Ausbildung als Kindergärtnerin den mittleren Schulabschluss vorsahen, wichen einige Länder ab und beschränkten sich auf den Volksschulabschluss. Mit der Etablierung und dem Ausbau der anspruchsloseren Kinderpflegerinnenausbildung – eine Maßnahme, die aufgrund des Föderalismus bis heute eine bildungspolitische Entscheidung des jeweiligen Bundeslandes ist – eröffnete sich damals für die Träger relativ problemlos die Möglichkeit, diese statt Kindergärtnerinnen einzustellen. Auch als Leiterin von Kindergärten wurden in konfessionellen Kindereinrichtungen – und sie bildeten zahlenmäßig die Mehrheit – in der Regel keine Jugendleiterinnen beschäftigt, zumal die Weiterbildung ohnehin nur an wenigen, großen Ausbildungsstätten möglich war.

Der Berufsgruppe der Jugendleiterinnen eröffnete sich aber mit den im RJWG gesetzlich vorgeschriebenen Jugendämtern ein neues Arbeitsfeld, das, bezogen auf seine fachlichen Aufgaben, viele Überscheidungen mit dem Arbeitsfeld der Wohlfahrtspflegerinnen aufwies, einer Berufsgruppe, die sich ebenfalls erst im Zusammenhang mit dem RJWG in den 1920er Jahren etabliert hatte.

In der Ausbildung konnte die Jugendleiterin einen Arbeitsschwerpunkt wählen, je nachdem, ob sie eine Lehrtätigkeit am Kindergärtnerinnenseminar mit der Aussicht, in eine Schulleitungsfunktion aufzusteigen, anstrebte, sich für die Leitung einer größeren Kindertageseinrichtung entschied oder ob ihr Berufswunsch eine Tätigkeit beim Jugendamt war.

Der im RJWG verankerte sozialfürsorgerische Auftrag des Kindergartens prägte das Berufsbild der Kindergärtnerin wie auch das der Jugendleiterin und auch deren berufliches Selbstverständnis weitaus stärker als die ursprünglich von Fröbel konzipierte Bildungs- und Erziehungsfunktion. Im Unterschied zur Kindergärtnerin war das Berufsprofil der Jugendleiterin aber auch sehr viel stärker auf fachliche und persönliche Autonomie der Berufsträgerin und damit auf berufliche Mündigkeit angelegt, während der Beruf der Kindergärtnerin neben seiner fürsorgerischen Funktion weitgehend als Vorbereitung auf die Mutterrolle in der Familie gesehen und die Arbeit der Kindergärtnerin spiegelbildlich zur familiären Erziehung durch die Mutter gedacht wurde.

Noch auf einer Tagung des Deutschen Fröbel-Verbandes 1919 hatte Lili Droescher dazu aufgefordert, den pädagogischen Wert des Kindergartens anzuerkennen und ihn in seiner Bildungsfunktion mit der Volksschule gleichzustellen; und sie hatte sich aus berechtigter Sorge gegen eine Einbeziehung des Kindergartens in das gesamte Schulwesen und eine Kindergartenpflicht verwahrt, weil nämlich „die Kleinen in Institute, wie unsere heutigen Schulen, gezwängt und dort noch vor der heutigen Schulzeit mit abgezogenem Wissen vollgestopft werden".

Gleichwohl plädierte sie dafür, „entscheidende Prinzipien der öffentlichen Volksschule" sinngemäß auf den Kindergarten anzuwenden, denn „es darf keine Scheidung der Kindergärten nach sozialen Rücksichten, nach Klasseninteressen geben; der Kindergarten muss in allen seinen Teilen und Darbietungen unentgeltlich sein; und der Kindergarten muss weltlich sein, er darf nicht zum Tummelplatz irgendwelcher religiöser oder gar konfessioneller Nebenabsichten herabgewürdigt werden" (zitiert nach Pestalozzi-Fröbel-Haus [Hrsg.] 2000); Lili Droescher setzte sich dafür ein, dass der Kindergarten eine Vorbereitungsgruppe anbieten solle, deren Besuch für alle Kinder ein Jahr vor der Einschulung obligatorisch sein solle.

Jedoch war die Notlage der Kinder und ihrer Familien nach dem Ersten Weltkrieg so offensichtlich – insbesondere die Armut und der Hunger, unter denen besonders die Kinder leiden mussten: 50 Prozent der Kinder waren unterernährt, der Gesundheitszustand war aufgrund dieses Mangels katastrophal –, dass die Gesundheitsfürsorge und öffentliche Kleinkinderziehung im Sinne von Hilfe und Unterstützung von in Not geratenen Familien als staatliche Verpflichtung im Vordergrund standen, als die gesetzlichen Regelungen des RJWG erlassen wurden. Und so gesehen war es ein Fortschritt, dass § 1 des RJWG regelte: „Jedes deutsche Kind hat ein Recht auf Erziehung zur leiblichen, seelischen und gesellschaftlichen Tüchtigkeit."

Im weitesten Sinn ging es damals um Volksgesundheit, da die gesundheitlichen Beeinträchtigungen der Kinder infolge des Krieges immer noch deutlich spürbar waren.

Erste gesellschaftskritische Bücher für Kinder, wie die von Erich Kästner, beschreiben die Lebensbedingungen, unter denen Kinder aufwuchsen, und die Not, wenn eine allein erziehende Mutter wie in „Pünktchen und Anton" erkrankte. Eine erste internationale Ausstellung auf deutschem Boden, die so genannte „GeSoLei", die 1926 in Düsseldorf stattfand, befasste sich deshalb auch mit den Themen „Gesundheit, Soziales und Leibesübungen". In diesem Rahmen ging es auch um den Kindergarten, der modernen, vor allem hygienischen Standards entsprechen sollte und vorrangig den Mangel an Licht, Luft, Bewegung und Ernährung, den vor allem die Arbeiterkinder erfuhren, zu kompensieren hatte.

Berufsbild ohne Profil

In der Weimarer Republik wurde die Kluft zwischen den Mütterpolitikerinnen der Frauenbewegung, der Fröbel- und Lehrerinnenbewegung und den mit Alltagssorgen beschäftigten Müttern immer größer. Die „Mutterschaftsbestimmung der Frau" (Helene Lange) war der Maßstab für das Praxisbild „Kindergarten" wie auch für das Berufsbild „Kindergärtnerin". An diese ideologische Grenze stießen alle Innovations- und Emanzipationsbestrebungen von antibürgerlichen Kreisen in Wissenschaft und Praxis, zumindest hinsichtlich der Kleinkindpädagogik.

Vorhandene Ansätze zu einer pädagogischen Aufwertung des Kindergartens und die Ablehnung, den Kindergarten als „Bewahranstalt für er-

Abb. 12 „Junge Mutter, bürgerlich", 1926
Fotografie von August Sander

ziehungs- beziehungsweise aufsichtsbedürftige Kinder" anzusehen, für die Lili Droescher als Vertreterin des DFV noch 1920 auf der Reichsschulkonferenz eingetreten war, konnten im RJWG aufgrund der Mehrheitsverhältnisse nicht umgesetzt werden. Vielleicht waren die Vertreter des DFV, allen voran Lili Droescher, auch nicht entschieden genug für eine Pädagogisierung des Kindergartens eingetreten, weil sie aufgrund ihres konservativen, bürgerlichen Familienmodells mental zumindest daran festhielten, dass der Kindergarten eine Nothilfe darstellte, ein freiwilliges Angebot, wenn für häusliche Erziehung nicht gesorgt war.

Als konservative Frau war Lili Droescher zutiefst von der naturgegebenen Geschlechterpolarität, die Mann und Frau zur wechselseitigen Ergänzung verpflichten, überzeugt. Aber nicht nur das, sie war eine Verfechterin der geschlechtsspezifischen Arbeitsteilung, die auch die soziale Arbeit im Kindergarten trennt nach „Drinnen – Draußen". „Drinnen" arbeitete die Kindergärtnerin, und zwar so wie die Mutter, nur an einem anderen Ort. Das „Draußen", der öffentliche Raum, war der kinderlosen Jugendleiterin vorbehalten, die – weil sie allein „ihren Mann stehen" musste – „Mütterlichkeit als Profession" betrieb und gestaltend auf die gesellschaftlichen Verhältnisse einwirkte, indem sie durch Anleitung, Beratung und Schulung – auch der tatsächlichen Mütter – dazu beitrug, dass die „Erziehungsuntüchtigkeit" der Familie kompensiert wurde. In dieser Auffassung zeichnet sich schon das Dilemma der zukünftigen Berufsentwicklung ab. Lili Droescher hält an dieser frauen- und familienideologisch geprägten Sicht auf die Funktion des Kindergartens auch in den nächsten Jahren fest und nimmt für dieses Praxis- und Berufsbild eine Wächterfunktion ein. Sie gerät darüber in eine Kontroverse mit Erika Hoffmann, die – mit Unterbrechungen – von 1928 bis 1947 am Pestalozzi-Fröbel-Haus als akademisch ausgebildete Pädagogin lehrte. Erika Hoffmann führt in einer Abhandlung zur „Pädagogischen Aufgabe des Kindergartens", die in der DFV-Zeitschrift „Kindergarten" 1934 erschien, zur Berufsrolle der Kindergärtnerin aus: „Die Kindergärtnerin muss ihre eigene Aufgabe erkennen, die sie davor bewahrt, sich als Ersatz der Mutter zu fühlen oder sich sogar der Mutter überlegen zu fühlen. Was sie in der Tat besser macht als die Mutter, muss sie als Kindergärtnerin besser machen" (PFV-Archiv). Darauf entgegnete Droescher, dass der Kindergarten eine die Familie ersetzende Funktion habe und entsprechend nur dort einzusetzen sei, wo ein „Mangel" herrsche; sie stellt sogar die Behauptung auf, dass Fröbel nur deshalb für alle Kinder einen Kindergarten gefordert habe, weil er selbst mutterlos aufgewachsen sei.

Zum Leitbild der gemäßigt-konservativen Frauenbewegung, das in wesentlichen Akzenten auch von anderen, namhaften Vertreterinnen des Deutschen Fröbel-Verbandes geteilt wurde, gehört die geistig selbständige, vor der Ehe auf standesgemäßem Niveau beruflich ausgebildete, mit dem Mann gleichgestellte Hausfrau und Mutter. Dieses Frauenbild prägte das Berufsprofil der Kindergärtnerin. Die Kindergärtnerin war Gehilfin auf Zeit. Denn sie übte diese Tätigkeit nur so lange aus, bis sie selbst ihrer eigentlichen Rollenbestimmung als Frau, nämlich Ehefrau, Hausfrau und Mutter zu sein, nachkam. Bei der Selbständigkeit, die das Mädchen aufgrund der Ausbildung zur Kindergärtnerin erlangte, handelte es sich nur um eine eingeschränkte und vorübergehende. Die volle Selbständigkeit im Beruf – und damit verbunden die Unabhängigkeit vom Mann – blieb den Frauen vorbehalten, die auf Ehe und Kinder verzichten wollten oder mussten. Für diese Kindergärtnerinnen, die unverheiratet blieben, galt es, ein Berufsprofil zu entwickeln, das den Interessen der fachlich interessierten und sozialpädagogisch engagierten Berufsfrauen nach Weiterqualifizierung entsprach. Unter diesen Voraussetzungen war es nur konsequent, dass alle Professionalisierungsbemühungen des DFV bis in die 1960er Jahre hinein vorrangig dem Beruf der Jugendleiterin galten. Auch wenn sich innerhalb der bürgerlichen Frauenbewegung und des Deutschen Fröbel-Verbandes ein Generationenwechsel vollzogen hatte, so war die Umbruchzeit der Weimarer Republik zu kurz, um eine Demokratisierung des Geschlechterverhältnisses und des Bildungs- und Erziehungswesens insgesamt nachhaltig zu verankern, so dass sich auf der Grundlage des RJWG ein autonomes, vom „Wesen" beziehungsweise der Bestimmung der Frau unabhängiges, sozialpädagogisches Berufskonzept hätte entwickeln können.

In Aufzeichnungen von 1932 bekennt sich Lili Droescher dazu, „mit allem Nachdruck den Bestrebungen, die sich darauf ausrichten, die Anstaltserziehung über die Familienerziehung siegreich werden zu lassen", entgegen wirken zu wollen. Der Begriff „Anstaltserziehung", den Lili Droescher in ihren Betrachtungen als Kampfbegriff einsetzt, um jede antibürgerliche Kritik an ihrem Kindheits- und Familienmodell abzuwehren, richtet sich gegen reformpädagogische Ansätze, wie sie von bürgerkritischen Kreisen – unter anderem der Arbeiterbewegung, der Jugendbewegung, auch Teilen der Frauenbewegung und der Sozialdemokraten – in die Erörterungen der Reichsschulkonferenz eingebracht wurden. „Anstaltserziehung", so wie sie in der Reformpädagogik verstanden wird, unterstreicht die Bedeutung von Gleichheit und Kooperation für ein demokratisches Zusammenleben der Menschen und zielt auf einen liberaldemokratischen Ansatz in der Erziehung, den es in der Schule, im Kindergarten und in der Familie sowie anderen Erziehungsgemeinschaften zu realisieren galt, damit das erreicht würde, was Friedrich Ebert mit der Aufforderung „Demokratie braucht Demokraten" programmatisch umschrieben hatte.

Henny Schumacher, als Lehrerin am Pestalozzi-Fröbel-Haus von 1912 bis 1924 beschäftigt, gehörte zu jener Gruppierung, die in der Reichsschulkonferenz für eine allgemeine Kindergartenpflicht eingetreten war. In einer Publikation von 1923, „Friedrich Fröbels Ideen im Lichte der Gegenwart", hatte sie Vorschläge gemacht zu einer Neugestaltung der Kindergartenpädagogik. Es heißt da unter anderem, „die Kommunen haben die Pflicht, eine genügende Anzahl von Kindergärten für die Kinder vom 2. bis 7. Lebensjahr einzurichten. Es muss die Gewähr vorhanden sein, dass jedes Kleinkind ausreichende, sorgfältige Pflege und eine soziale, persönlichkeitsbildende Erziehung erhält." Auch in der Fröbel-Montessori-Kontroverse mischte sie sich in einer für die damalige Zeit sehr unverblümten Sprache ein: „Wir wollen nicht Fröbel durch Montessori ablösen. Fröbel hat das Wesen des Kleinkindes tiefer geschaut als Maria Montessori. Auf seinen Gedanken ist daher aufzubauen ... Also: fort mit einer Fröbel-Montessori-Synthese, sondern vertiefte, wissenschaftliche Forschungsarbeit und ein intuitives Einfühlen in das Wesen des Kindes." Da waren aber die Weichen für eine primär fürsorgerische Funktion des Kindergartens schon gestellt. Und obwohl namhafte Reformpädagogen wie Maria Montessori und Herman Nohl das PFH besuchten und Vorträge hielten und obwohl sich das PFH auch akademische Lehrkräfte wie Elisabeth Blochmann, Erika Hoffmann und Elly Heuss-Knapp „leisten" konnte, hinderte dies die Schulleiterin Lili Droescher nicht daran, Henny Schumacher, die dem „Bund entschiedener Schulreformer" angehörte, „wegen sozialistischer Umtriebe" zu entlassen, weil sie sich – so Lili Droescher – „von den geistigen Grundlagen des Pestalozzi-Fröbel-Hauses entfernt" hatte (zitiert nach Berger, M. 1995).

Zur Situation der Arbeitermutter

Henny Schumachers pädagogisches Engagement galt vor allem den Arbeiterkindern und deren Familien, und sie wollte nicht nur pädagogisch wirken, sondern auch politisch für eine Veränderung der Lebensverhältnisse streiten. Dies war ihr mit den Frauen, die der Sozialdemokratie nahe standen, gemeinsam. Auf Initiative von Marie Juchacz war im Dezember 1919 die Arbeiterwohlfahrt (AWO) gegründet worden. Die AWO, die Sozialarbeit, Sozial- und Kommunalpolitik waren die Arbeitsschwerpunkte der Sozialdemokratinnen. Von den so genannten „Bürgerlichen" unterschieden sich die sozialdemokratischen Frauen schon durch ihre Herkunft. Sozialdemokratinnen, die sich in der sozialen Arbeit engagierten, verstanden ihre Arbeit insofern politisch, als sie für einen Abbau von sozialer Ungleichheit und für eine Demokratisierung des Bildungs- und Erziehungswesens eintraten. Wohingegen die bürgerlichen Frauen in der Regel die nationale Einstellung ihrer Herkunftsfamilie, die überwiegend der gebildeten Schicht angehörten, teilten. National denken hieß aber auch, in Herrschaftsverhältnissen zu denken, und so verwundert es nicht, dass sich die bürgerlichen Frauen immer stärker auch von dem Alltagsleben der Frauen in der Weimarer Republik entfernten. Die „Mütterfrage" war eher von randständiger Bedeutung. Die bürgerliche Frauenbewegung hatte dazu beigetragen, dass die Orientierung der Frauen an einem traditionellen Familienbild quasi zu einer nationalen Verpflichtung einer jeden Frau – egal welcher Schicht sie angehörte – geworden war. Zwar eröffnete die Zunahme von Handel und Verkehr in den 1920er Jahren den Frauen neue Erwerbsmöglichkeiten, eine Berufsausbildung erhielten jedoch überwiegend die Töchter der bürgerlichen Schicht. Bis zur Ehe konnten und wollten diese Frauen erwerbstätig sein. So durchgängig der Trend zur befristeten Berufstätigkeit war, so klar war und blieb nach wie vor das „eigentliche Ziel" der Frauen: Sie wollten heiraten und ihren Dienst als Familienfrauen tun. Die Mädchen wurden in den neu gegründeten Haushaltungsschulen für die häusliche Arbeit vorbereitet, und die Rationalisierung beziehungsweise die Erfindung von Haushaltshilfen ließ ihnen als Hausfrauen mehr Zeit für die Kindererziehung.

Nur für die Arbeiterin hatte der Wunsch nach einer eigenen Familie und nach Kindern schon in den 1920er Jahren ihren Preis. So beschreibt eine noch kinderlose, verheiratete Textilarbeiterin die Gedanken, die ihr durch den Kopf gehen, wenn sie von der Arbeit nach Hause kommt:

> *Und nun meine 6 Treppen hinaufklettern – ja, jetzt wäre ich eigentlich so müde, dass ich schlafen könnte. Aber der Hunger lässt es nicht zu, und meines Mannes Magen sagt auch nicht gleich „gute Nacht", wenn er heimkommt. Also muss ich doch vor allen Dingen kochen, und während ich das Mahl bereite, denke ich, was muss doch die Frau Müller mit ihren vier Kindern für große Kochtöpfe haben und wie werden sich die Kleinsten gesehnt haben, bis Mütterchen heimkommt und sie von der Krippe abholt. Und wie wird die Mutter gebangt haben während der Arbeit in der Fabrik, ob die Kleinen wohl und munter sind und ob sie auch brav waren und nichts angestellt haben. Wohl habe ich selbst manchmal Sehnsucht nach einem Kinde, aber bei allen diesen Gedanken schreit etwas in meiner Seele – das heißt – nein, ich will kein Kind, dass ich es morgens 6 Uhr aus seinem gesunden Schlafe reiße, dass ich es tagsüber Fremden überlasse, das ich mich abends nicht um das Kind kümmern kann, dass ich es sobald wie möglich ins Bett lege, dass es mich nicht bei der so nötigen Arbeit im Hause stört und hindert. Wir Frauen sind zur Erwerbsarbeit gezwungen, wir dürfen nicht den Wunsch haben, ein Kindchen zu hegen und zu pflegen und es zu betreuen.*
> (Kuczynski, J. 1982)

Und wenn sie diesem Wunsch freiwillig oder auch unfreiwillig – die Aufklärung über Verhütung war gerade in der Arbeiterschicht noch nicht sehr groß – doch nachgaben, mussten sie mit dem Schuldgefühl leben, der Mutterpflicht nicht ausreichend nachkommen zu können. Die gesellschaftliche Stigmatisierung beschränkte sich nicht nur auf die Mutter. Die Familie als Ganzes galt als „funktionsuntüchtig", weil aufgrund der Erwerbstätigkeit der Mutter ein gesetzlicher Anspruch auf eine Betreuung des Kindes in einer Tageseinrichtung bestand, damit einer möglichen Gefährdung des Kindes entgegengewirkt wurde. Noch größer war das Elend der Arbeiterfrauen, die schon Kinder hatten und ungewollt erneut schwanger wurden. Den Fragen von unfreiwilliger Schwangerschaft, Schwangerschaftsabbruch beziehungsweise der Abschaffung des § 218, der unter Bismarck eingeführt worden war, aber auch von Beratung und Aufklärung hatte sich der „Bund für Mutterschutz und Sexualreform" (BfMS), der dem radikalen Flügel der bürgerlichen Frauenbewegung angehörte, angenommen. Der § 218 wurde deshalb als so genannter „Klassenparagraf" bezeichnet, weil der Mangel an Aufklärung und das Verbot von Verhütungsmitteln vor allem ein Problem der Arbeiterinnen war, denn „noch nie hat eine reiche Frau wegen § 218 vorm Kadi gestanden",

Abb. 13 „Proletariermutter", 1927
Fotografie von August Sander

resümierte 1921 der sozialdemokratische Justizminister Gustav Radebruch (zitiert nach Gerhard, U. 1990).
Trotz der weit verbreiteten illegalen Abtreibungen, die wegen des sozialen Elends besonders bei den Arbeiterinnen häufig waren, verhinderten die wertkonservativen Parteien die Abschaffung von § 218. Auch der konservative Flügel der Frauenbewegung um Helene Lange und Gertrud Bäumer plädierte für seine Beibehaltung, auch weil man fürchtete, der

Wegfall könne „das sittliche Verantwortungsgefühl der Frauen schwächen" (zitert nach Weiland, D. 1983). Diese Ignoranz der bürgerlichen Frauen gegenüber sozialen Notlagen und die Überheblichkeit, die zum Teil auch ihrer Distanz zu den Lebensverhältnissen der Menschen geschuldet war, stieß sogar in den eigenen Reihen, in der Frauenbewegung selbst, zunehmend auf Kritik.

Erste fachliche Kontroversen unter den Berufsfrauen

Neben den Kindergärtnerinnen- und Jugendleiterinnenseminaren entstanden schon während des Ersten Weltkriegs nach dem Modell der von Alice Salomon unter dem Dach des Pestalozzi-Fröbel-Hauses in Berlin 1908 gegründeten sozialen Frauenschule vergleichbare Ausbildungsstätten für Wohlfahrtspflegerinnen in großen Städten, unter anderem in Frankfurt und Hamburg. Sie bildeten für ein berufliches Wirkungsfeld aus, das noch in der Experimentierphase war. Erst 1920 wurden in Preußen die ersten Vorschriften über die staatliche Prüfung von Wohlfahrtspflegerinnen – später Sozialfürsorgerinnen, heute Sozialarbeiter/Sozialpädagogen – erlassen.

Das Berufs- und Qualifikationsprofil der Wohlfahrtspflegerin unterschied sich von dem der Jugendleiterin nur geringfügig. Das Curriculum setzte jedoch sehr viel mehr sozialpolitische Akzente, und die soziale Arbeit vor Ort war sehr viel stärker an Rechtsvorschriften gebunden. Beide Bildungsgänge, sowohl der der sozialen Arbeit als auch der sozialpädagogische, hatten aufgrund des Reichsjugendwohlfahrtsgesetzes einen Professionalisierungsschub erhalten. Neben Familie und Schule war nunmehr die Jugendhilfe als ein eigenständiger, gesetzlich geregelter Erziehungs- und Bildungsbereich getreten. Historisch gesehen war die Jugendhilfe zunächst eine Reaktion auf soziale Notlagen. Aber schon im RJWG wurde darauf hingewiesen, dass die Förderarbeit in der Kinder- und Jugendpflege wie auch die erzieherischen Hilfen für die von Erziehungsnotlagen betroffenen Kindern einen Beitrag zur ganzheitlichen Persönlichkeitsentwicklung der Jugend leisteten. Diese im RJWG erstmalig gesetzlich geregelte, eigenständige Funktion der Jugendhilfe im Erziehungs- und Bildungssystem Deutschlands bildete die Grundlage für die Weiterentwicklung und Professionalisierung der Sozialpädagogik als

Theorie, Praxis und als Konzept für soziale Berufe.

Die Frage ist jedoch, ob, ab wann und in welchem Maße sich schon in der ersten Generation der Berufsfrauen für soziale Arbeit ein professionelles Berufsrollenverständnis herausgebildet hat. Zumindest gab es unter ihnen keinen Konsens darüber, was die Berufsrolle definiert. Auch wenn es sich bei dem Beruf der Kindergärtnerin um einen – wie Gertrud Bäumer 1929 feststellte – „ersten Zweig einer sozialpädagogischen Fachausbildung" handelte, auch wenn der DFV nicht müde wurde, angesichts des Einflusses der übermächtigen konfessionellen Träger von Kindertageseinrichtungen für diese Erstausbildung zur Kindergärtnerin die Vermittlung von spezialisiertem Wissen und Können zu fordern, auch wenn sich der DFV – zumindest noch in der Weimarer Republik – als Diskussionsforum für wissenschaftliche Impulse aus der Entwicklungspsychologie, der Psychoanalyse und der Reformpädagogik zur Weiterentwicklung der Kindergartenpädagogik zur Verfügung stellte, darf nicht verkannt werden, dass das traditionelle Frauen- und Familienbild nach wie vor auch für die Handlungspraxis und das berufliche Selbstverständnis der Frauen leitend war. Hatten sich die Fröbelianerinnen der ersten Stunde bei der Umsetzung der Fröbelschen Kindergartenidee noch auf die demokratischen Ideale der 1848er Revolution bezogen, so war der Liberalismus in den 1920er Jahren – wie ihn zum Beispiel Gertrud Bäumer vertrat, die als Mitglied der Deutschen Demokratischen Partei (DDP) von 1919 bis 1933 dem Reichstag angehörte – eng verknüpft mit einem national-bürgerlichen, völkischen Denken und dem Festhalten an einer traditionellen Geschlechterordnung.

Die Sozialreformen, die trotzdem von Frauen wie Anna von Gierke und Alice Salomon ausgegangen waren und die zur Lösung sozialer Probleme beigetragen hatten, gingen weit über das traditionelle Engagement bürgerlicher Frauen in der Wohlfahrtspflege hinaus. Der Krieg und die November-Revolution von 1918 mit ihrem sozialistischen Gedankengut hatten nicht nur die soziale Arbeit verändert, sondern auch die nachfolgende Generation junger Frauen, die in der sozialen Arbeit tätig waren, nachhaltig beeinflusst. Sie wollten sozial und politisch aktiv sein.

Alice Salomon, die Mitinitiatorin der Berliner Mädchen- und Frauengruppen für soziale Hilfsarbeit, die einen Wendepunkt in der Geschichte der sozialen Arbeit und der Sozialpädagogik überhaupt darstellten, betonte, dass das „weitere Gemeinschaftsleben heute viel weniger Barmherzigkeit als Gerechtigkeit, weniger Caritas als soziale Arbeit" fordere. Soziale Arbeit – diese schließe sozialpädagogische Arbeit mit ein – benötige eine gründliche Berufsausbildung und dürfe nicht konfessionell oder weltanschaulich gebunden sein.

Für Alice Salomon bestand zwischen sozialer Arbeit und der traditionellen Wohltätigkeit ein fundamentaler Unterschied. Ihr Konzept von „sozialer Arbeit" sollte die Lebensbedingungen von Menschen verbessern helfen und zugleich die erzwungene Untätigkeit bürgerlicher Frauen beenden. Für Alice Salomon, die 1908 die erste soziale Frauenschule in Berlin gegründet hatte und dieser vorstand, bis sie 1933 „aus rassischen Gründen" ihre Arbeit niederlegen musste, stellte die Ausbildung für soziale Berufe nicht nur eine auch „staatsbürgerliche Erziehung" der Frauen dar, sondern war zugleich eine Einforderung von gesellschaftlichen Partizipationsrechten für Frauen. Unter ihrer Leitung entwickelte sich diese Ausbildungsstätte – die heutige Alice-Salomon-Fachhochschule (ASFH Berlin) – zu einer Modelleinrichtung für andere höhere Fachschulen im In- und Ausland.

„Höhere Fachschule" hieß die Einrichtung deshalb, weil es nach dem Willen Alice Salomons eine hochschulähnliche Ausbildungsstätte für soziale und pädagogische Frauenarbeit sein sollte, die bewusst außerhalb der zur damaligen Zeit noch von Männern dominierten, wissenschaftsorientierten und praxisfernen Universitätsstudiengänge angesiedelt sein sollte. Dies entsprach der Strategie der Frauenbewegung, die nicht nur die von Männern geprägte Gesellschaft insgesamt grundlegend kritisierte, sondern auch anstrebte, dass das „mütterliche Prinzip" zu einer „Vermenschlichung der Wissenschaft, Vermenschlichung des Verkehrs unter den Menschen" (Agnes von Zahn-Harnack, zitiert nach Gerhard, U. 1990) führen sollte. Eine Konsequenz daraus war, die Ausbildung für soziale und pädagogische Frauenarbeit nicht an den von Männern geführten und organisierten Universitäten stattfinden zu lassen, sondern die Regie über diese Frauenberufe in der Hand zu behalten.

Auch Alice Salomons Ausbildungskonzeption ging von den besonderen Fähigkeiten der Frauen für die soziale Arbeit aus. Darüber hinaus forderte sie aber eine wissenschaftliche Fundierung für die praktische soziale und pädagogische Arbeit (sie machte da keinen Unterschied zwischen sozialer und pädagogischer Arbeit). Ihre Kritik an einer Akademisierung der Ausbildung war vor allem eine Kritik an der Trennung von Theorie und

Praxis, deshalb sollte nach ihrem Verständnis wegen des Fallbezugs der Praxis die soziale Frauenschule keine streng wissenschaftliche Ausbildungsstätte sein, sondern Fach- und Methodenwissen vermitteln, das sich auf die Handlungspraxis bezog. Erstmalig in Deutschland rezipierte Alice Salomon die in den USA entwickelten Methoden der „case-work", der Einzelfallhilfe, und erarbeitete ein praxisbezogenes, gleichwohl wissenschaftsbasiertes Konzept der Berufsausbildung. Mit ihrem Ausbildungskonzept strebte sie an, die praktische Einführung in die sozial-pädagogische Arbeit mit der Vermittlung von Theorie- und Methodenwissen zu verknüpfen, weil sie davon überzeugt war, dass ein enger Theorie-Praxis-Bezug in der Ausbildung den angehenden Sozialarbeiterinnen vermittele, dass soziale Arbeit einer gesellschaftspolitischen Einbindung bedürfe und auf Veränderung und Weiterentwicklung durch die Berufsträgerinnen angelegt sei.

Mit dem klaren Eintreten für Fraueninteressen, konkret mit dem Eintreten für eine berufliche Bildung von Frauen im Sinne persönlicher und politischer Mündigkeit, kam es nicht nur zu Konflikten zwischen Männern und Frauen, sondern auch zu Kontroversen innerhalb der sozialen Frauenberufsbewegung. Nachdem diese in den ersten zwei Jahrzehnten des 20. Jahrhunderts ihre Blütezeit erlebt hatte, wurden in der Weimarer Republik die Brüche des Emanzipationsprozesses immer offensichtlicher. Viele junge Frauen, die vor allem auch im politischen Sinn verändernd wirken wollten, interessierten sich für die sozialpädagogischen Berufe. Das, was die Frauen zusammengeführt hatte, war erreicht, und nach dem Geschmack der Zwanzigjährigen vermittelten die arrivierten Frauen der bürgerlichen Frauenbewegung allzu sehr den Eindruck, als ob die Jüngeren das „eigentliche Heldenzeitalter verpasst" hätten.

Mit diesen Worten beschreibt Elisabeth Siegel, geboren 1901, in ihren Lebenserinnerungen (1981), wie sie die „Ehemaligen-Treffen" am Sozialpädagogischen Institut in Hamburg erlebte, an dem sie 1923 zur Wohlfahrtspflegerin ausgebildet worden war; an diesen Treffen nahm auch regelmäßig Gertrud Bäumer als ehemalige Dozentin der Ausbildungsstätte teil. Elisabeth Siegel schreibt:

Ich habe immer einen Vorbehalt gegenüber den meisten der in den zwanziger Jahren führenden Frauen empfunden, die in der Vorkriegszeit das oft mühsam erlangte Glück ihrer geistigen Ausbildung erfahren und in der damaligen bürgerlichen Frauenbewegung und ihren Kämpfen eine für sie lohnende Lebens-

aufgabe gefunden hatten. Sie sahen sich durch die Erschütterungen des ersten Krieges nicht zu einer Prüfung oder Umänderung ihrer Ziele genötigt. Oft im Gegenteil: Als sich ihnen nach Erlangung des allgemeinen Frauenwahlrechts die Tore zu größerer öffentlicher Wirksamkeit öffneten, enthielt das für sie zugleich die fast enthusiastische Aufforderung, jetzt ihren spezifisch weiblichen Beitrag zu leisten und mit ihren alten Idealen eine gesamtgesellschaftliche Verbesserung durch Frauenfleiß zu erreichen. Doch „Übet geistige Mütterlichkeit", wie es Helene Lange im Anschluss an Henriette Schrader-Breymann formuliert hatte, empfanden wir nicht als Berufsziel.

Und in ihrer sachlichen Analyse des Generationenwechsels verweist Elisabeth Siegel darauf, dass es auch ihrer Generation um eine „richtige Grundeinstellung" gegangen sei, sie aber in Abgrenzung zu ihren Lehrerinnen auf eine Weiterentwicklung der sozialen Arbeit gesetzt habe; die Grundeinstellung ihrer Generation habe sich gespeist „aus pädagogischen Folgerungen der Jugendbewegung, ob wir einer Gruppe selbst angehört hatten oder nicht. Wir begeisterten uns für die Versuche der entschiedenen Schulreformer, die in Hamburg neue ‚Basisarbeit' (nach heutiger Sprache) betrieben. Das Eigenrecht der jugendlichen Lebensstufe schien uns so selbstverständlich, dass dessen Lebensraum ‚überall' – von der Familie über Kindergarten, Schule, Beruf – mit Möglichkeiten der Selbstbestimmung gesichert werden müsste." Auch in der Erziehung sollte es kein „oben" und „unten" geben, kein Herrschaftsverhältnis, weshalb sie sich gegen ein von Eduard Spranger gefordertes Berufsethos in der sozialpädagogischen Arbeit wendet, den dieser mit „Bereitschaft zur Hingabe" umschreibt. Entschieden verwahrt sich Elisabeth Siegel gegen eine solche Berufsethik, weil sie wenig hilfreich sei, um den Herausforderungen des Berufsalltags gewachsen zu sein. Ihrer Generation ging es darum, ein Professionswissen zu erwerben. „Dass die Betroffenen durch unseren Einsatz schlicht zu ihrem Recht kommen sollten, schien uns für die veränderte Zeit die richtige Devise." Erziehung war für sie Lebenshilfe.

Begierig erarbeitete Elisabeth Siegel sich die neuesten Erkenntnisse der Entwicklungspsychologie. Sie besuchte Vorlesungen von William Stern und war beeindruckt von den Ergebnissen seiner Forschung. Zum Beispiel davon, welche Bedeutung der „rechte Umgang" für die Entwicklung des Säuglings beziehungsweise des Kleinkindes hat: „Es waren Bausteine zu einer Pädagogik der frühen Kindheit, die er in seiner

Psychologie vortrug." Und sie versteht, warum vierzig Jahre später der so genannten „geisteswissenschaftlichen Pädagogik", deren führender Vertreter Eduard Spranger war, der Vorwurf der mangelnden Empirie und damit der Unwissenschaftlichkeit gemacht wurde.

7 Einbruch in die Moderne

In den 1920er Jahren spaltet sich die an der Universität gelehrte Pädagogik in eine geisteswissenschaftliche, an Kulturwerten orientierte Richtung und eine an der experimentellen Entwicklungspsychologie ausgerichtete, anwendungsbezogene pädagogische Forschung, die Fragen der pädagogischen Praxis aufgreift. Die zuletzt genannte, reformpädagogische Richtung hatte mit Herman Nohl, der in den 1920er Jahren als Pädagogik-Professor an der Universität Göttingen lehrte, einen Vertreter gefunden, der im Ruf stand, sich auf die aktuellen Probleme der Jugendhilfe als einer gemeinsamen Herausforderung von Wissenschaft und Praxis einzulassen. Für Nohl war die Jugendhilfe als neues Erziehungsfeld aufgrund des gesellschaftlichen und kulturellen Wandels entstanden, und das Konzept der Sozialpädagogik war für ihn keine Teildisziplin, sondern „Pädagogik überhaupt". Erziehung – so argumentierte Nohl und begründete damit den wissenschaftlichen Anspruch der Pädagogik – kann nicht aus „Weltanschauungen" abgeleitet werden, sondern ist in der „Erziehungswirklichkeit" selbst nachzuweisen. Indem er der Pädagogik eine relativ autonome Kulturfunktion zusprach, verhalf er dem Erzieherstand zu einem neuen, professionellen Selbstverständnis in der Berufsausübung.

Bei der Reformpädagogik handelt es sich um einen pädagogischen Ansatz, der die Individualität und die Selbsttätigkeit des Kindes zum Ausgangspunkt des Erziehungshandelns macht und zugleich die Bedeutung der Gemeinschaft und die Erziehung zur Mündigkeit betont.

Entwicklungspsychologie und Reformpädagogik

Der überwiegende Teil derjenigen akademisch ausgebildeten Pädagoginnen, die nach dem Zweiten Weltkrieg aktiv und fachpolitisch wirksam für das Konzept der Sozialpädagogik stritten und die in der Zeit des Nationalsozialismus mehr oder weniger gezwungen waren, ein Nischendasein zu führen, hatte bei Herman Nohl studiert beziehungsweise promoviert. Zu ihnen gehörten neben Elisabeth Siegel unter anderem auch

Erika Hoffmann, Fröbelforscherin und Schulleiterin des Evangelischen Fröbel-Seminars in Kassel (1951–1966), sowie Anneliese Buß, Vorsitzende des Deutschen Nationalkomitees der Weltorganisation für Erziehung im frühen Kindesalter (OMEP) und Gesamt- und Schulleiterin des Pestalozzi-Fröbel-Hauses in Berlin (1963–1972). Alle drei Frauen gehörten dem Vorstand des mit Unterstützung von Herman Nohl 1948 neu als Pestalozzi-Fröbel-Verband gegründeten ehemaligen Deutschen Fröbel-Verbands an.

Mit den Parolen „Erziehung als Lebenshilfe" und „Bildung von unten" kritisierten die Reformpädagoginnen nicht nur das Imponiergehabe der „Gebildeten", sondern vor allem die Diskrepanz zwischen der lebensfremden, bloßen Gelehrsamkeit der gymnasialen Schulbildung und der Orientierungslosigkeit der Volksschulbildung, die die breite Masse der Volksschüler und Volksschülerinnen in ein „kulturarmes, mitbürgerliches Dasein" entließ.

„Pädagogik von unten" bedeutete für Nohl Demokratisierung des Bildungssystems und ein reflektiertes Verhältnis zwischen Erzieher und Kind. Die traditionelle Perspektive, aus der heraus bis dahin das pädagogische Verhältnis betrachtet wurde, kehrte er gewissermaßen um. Nicht die Ansprüche der Gesellschaft, sondern die Befindlichkeiten und die Lernbedürfnisse des Kindes selbst sollten Ausgangspunkt aller konzeptionellen Überlegungen sein. Dieses Erzieher-Kind-Verhältnis, das er unter dem Begriff „pädagogischer Bezug" fasste, verstand er auch als ein auf die Individualität der beiden Interaktionspartner bezogenes psychodynamisches Verhältnis. Nohl war gegenüber den Erkenntnissen der Psychoanalyse, vor allem der psychoanalytischen Pädagogik, die sich unter Melanie Klein und Nelly Wolffheim in den 1920er Jahren auch als Ansatz einer neuen Kindergartenpädagogik entwickelt hatte, aufgeschlossen. Er war überzeugt von der Notwendigkeit, das Erziehungsgeschehen zu reflektieren, weil ungeplante, nicht bewusst wirkende Impulse sowohl auf Seiten des Kindes als auch des Erziehers das Erziehungsgeschehen beeinflussten. Es ist zu vermuten, dass ihm der psychoanalytische Ansatz in der Kindergartenpädagogik, den Nelly Wolffheim in dem eigens von ihr gegründeten psychoanalytischen Kindergarten in Berlin erprobte, bekannt war.

Nelly Wolffheim (1879–1965), die sich am Pestalozzi-Fröbel-Haus zur Kindergärtnerin ausbilden ließ und 1939 nach England emigrieren musste, stellte rückblickend fest: „Wir Jüdinnen, die damals ins Pestalozzi-Fröbel-Haus kamen, fühlten uns als Pionierinnen, wollten soziale Arbeit leisten und folgten dabei unserer intellektuellen Orientierung" (zitiert nach Berger, M. 1995). Angeregt durch ihre Bekanntschaft mit der Kinderanalytikerin Melanie Klein hatte Nelly Wolffheim sich mit der psychoanalytischen Pädagogik theoretisch und praktisch auseinander gesetzt und – wie Maria Montessori auch – wichtige Impulse zu einem professionellen Konzept der Berufsrolle der Erzieherin gegeben. Psychoanalytisches Denken in der Erziehung fördert das Verständnis für die Beziehungsdynamik zwischen Erzieherin und Kind und für die Subjektstellung des Kindes in diesem Beziehungsverhältnis. „Eigensinn", „Eigenart", auch „Unart" sind Begriffe, die auf die Individualität des Kindes wie auch auf die Ambivalenzen und Konflikte im Erziehungsverhältnis verweisen. Ihre Erfahrungen hat Nelly Wolffheim 1930 in dem Buch „Psychoanalyse und Kindergarten" festgehalten, das erst durch die Kinderladenbewegung der 1968er Generation in Deutschland wiederentdeckt wurde.

Die psychoanalytische Pädagogik wurde – wie die Psychoanalyse überhaupt – in deutschen Universitätskreisen kaum zur Kenntnis genommen. Aber auch der reformpädagogische Ansatz Nohls stieß in der traditionellen Pädagogik, die an den meisten Universitäten gelehrt wurde, auf Ablehnung. Als Kampfbegriff erwies sich vor allem die von Nohl geforderte „pädagogische Autonomie". Nohl forderte gerade wegen des ungleichen Machtverhältnisses, das zwischen Erzieher und Kind besteht, die für das Berufsethos des Erziehers zentrale Verpflichtung, die Autonomie des Kindes zu respektieren. Indem er den Fokus auf die individuelle Befindlichkeit und das Eigeninteresse legte und das „Wohl" des Kindes zum Maßstab des erzieherischen Handelns machte, provozierte er nicht nur seine Universitätskollegen, sondern auch die Praktiker. Heute können wir die scharfe Ablehnung, auf die diese berufsethische Forderung von Nohl in der Fachöffentlichkeit und über den engeren Kreis der Pädagogen hinausgehend stieß, nicht mehr nachvollziehen (Siegel, E. 1981). Vor allem Lehrer und Theologen beider Konfessionen lehnten diese von Nohl geforderte Subjektstellung des Kindes in der Erziehung ab. Ein Erziehungsziel, das den Akzent primär auf die „Selbst-Werdung" des Kindes, auf die Förderung der Identitätsentwicklung und die Stärkung des Selbstwertes legt, wurde insbesondere aus kirchlichen Kreisen verurteilt, weil sich der Mensch nach christlichen Grundsätzen nicht selber zum Maßstab setzen dürfe (Krieg, E. 1987).

Aufgrund dieser ablehnenden Haltung ist nicht davon auszugehen, dass dieses reformpädagogische Konzept Einzug hielt in die sich überwiegend in konfessioneller Trägerschaft befindenden Kindergärten und Kindergärtnerinnenseminare und maßgeblichen Einfluss auf das berufliche Selbstverständnis der Kindergärtnerinnen wie auch auf die Formung der Berufsrolle nahm. Es waren vor allem die im DFV organisierten Fröbel-Seminare in Hamburg, Berlin, Leipzig, Frankfurt und Kassel, Letzteres war das einzige evangelische Fröbel-Seminar, die den Diskurs zur Weiterentwicklung eines Fachlichkeitsanspruchs in der Ausbildung der Kindergärtnerin beziehungsweise Hortnerin und der Jugendleiterin führten. In der Fachzeitschrift des DFV wurden die Erkenntnisse aus der Reformpädagogik, vor allem aber aus der Entwicklungspsychologie – vertreten durch die Wiener Schule um Charlotte und Karl Bühler und die Hamburger Schule um William Stern – aufgegriffen, in ihrer Bedeutung für die Kindergartenpädagogik sowie das berufliche Handeln von Kleinkindpädagoginnen diskutiert und – das gilt zumindest für die Weiterbildungslehrgänge zur Jugendleiterin – auch gelehrt. Denn im Unterschied zur Kindergärtnerin wurde in die Qualifikation der Jugendleiterin schon deshalb investiert, weil von ihr erwartet wurde, dass sie an herausragenden Schnittstellen der öffentlichen Kleinkinderziehung, nämlich in der Leitung von Kindertageseinrichtungen, in beratender und administrativer Funktion bei den Jugendämtern sowie in der Lehre und Leitung von sozialpädagogischen Ausbildungsstätten die kulturtragende Funktion der Pädagogik vertreten und in die Praxis umzusetzen verstehen sollte.

Maßgeblich beteiligt an diesem Fachlichkeitsdiskurs in der Ausbildung der Jugendleiterinnen war Martha Muchow (1892–1933), die zunächst als Lehrerin gearbeitet hatte und dann – nachdem sie ein Psychologiestudium bei William Stern absolviert hatte – als Dozentin für den Psychologieunterricht am Hamburger Fröbelseminar in der Ausbildung der Jugendleiterinnen tätig war. Martha Muchow war es, die Fröbels Ideen einer frühkindlichen, dem Wesen des Kindes gemäßen Erziehung und Förderung mit den Erkenntnissen der Entwicklungspsychologie und dem reformpädagogischen Ansatz verknüpfte. Sie engagierte sich in der Auseinandersetzung um das reformpädagogische Konzept Maria

Montessoris, in deren – auf wissenschaftlichen Erkenntnissen beruhender – methodischer Ausgestaltung des erzieherischen Handelns sie eine große Nähe zu den empirischen Forschungsergebnissen der Kinderpsychologie und „Friedrich Fröbels kinder- und bildungspsychologischen Anschauungen" sah. So kam sie zu dem Schluss, „dass wir eigentlich für alle neuen Entdeckungen kinderpsychologischer Forschung eine intuitiv geahnte Einsicht schon bei Fröbel vorgebildet finden" (zitiert nach Berger, M. 1995).

Vehement trat Martha Muchow auch für eine umfassendere pädagogische Handlungskompetenz angehender Lehrerinnen und Lehrer ein und setzte durch, dass diese – allerdings auf Hamburg beschränkt und nur vorübergehend – während ihres Studiums ein sozialpädagogisches Praktikum in Kindergärten absolvierten. Als das von William Stern gegründete Psychologische Institut der Universität Hamburg von den Nationalsozialisten als „jüdisch verseucht" geschlossen wurde, war auch die Nicht-Jüdin Martha Muchow davon betroffen, sie nahm sich 1933 das Leben.

Nationalsozialismus

Die Weimarer Verfassung hatte zwar die letzten Einschränkungen der Integration beseitigt, und die vollständige staatsbürgerliche Gleichsetzung der Juden war erreicht worden. Dieser Emanzipationserfolg musste jedoch in einem politischen Alltag durchgesetzt werden, der von einer permanenten antisemitischen Grundstimmung geprägt war. Juden wurden für nahezu alle Krisen der Weimarer Republik verantwortlich gemacht. Die Weltwirtschaftskrise, Inflation und Massenarbeitslosigkeit hatten ab 1929 der Nationalsozialistischen Deutschen Arbeiterpartei (NSDAP) unter der Führung Adolf Hitlers zunehmend auch Wählerinnen und Wähler aus den bürgerlichen Parteien zugeführt, und dieses Bündnis aus Bürgertum und Kleinbürgertum verhalf Hitler letztlich an die Macht. Als dieser im Januar 1933 zum Reichskanzler ernannt wurde, war es jedoch nicht nur der ökonomischen Krise der Weimarer Republik geschuldet, dass unter den Bürgerinnen und Bürgern kaum Widerstand gegen das Ende des Parlamentarismus zu beobachten war. Das konservative Bürgertum schien die Gefahr einer kommunistischen Herrschaft tiefer zu fürchten als eine Diktatur der Nationalisten. Es schlug sich auf die Seite der totalitären Rechten, die als das kleinere Übel betrachtet wurde. Zudem saß in den Köpfen der Menschen noch zu tief das obrigkeitsstaatliche Denken der Kaiserzeit, und die Mehrheit der Deutschen hatte sich mit der verordneten Demokratie der Weimarer Republik schwer getan.

Die Situation der jüdischen Bevölkerung in Deutschland verschlechterte sich augenblicklich mit der Machtergreifung Hitlers. Schon 1923 hatte dieser verkündet, „der Jude ist wohl Rasse, aber nicht Mensch" (zitiert nach Shirer, W. L. 1961), und das schon am 7. April 1933 erlassene „Gesetz zur Wiederherstellung des Berufsbeamtentums" hob alle bis dahin erreichten Emanzipationserfolge auf. Das bisher geltende rechtliche Kriterium für den Beamtenstatus, die Staatsangehörigkeit, wurde durch das der Rasse ersetzt. Die Bevölkerung von Deutschland wurde fortan in „Arier" und „Nicht-Arier" eingeteilt. Das Gesetz sah vor, dass „Nicht-Arier" vom Staatsdienst auszuschließen waren. In der Vereinszeitung des Pestalozzi-Fröbel-Hauses von 1934 wird mitgeteilt, dass die Leiterin des PFH, Hildegard von Gierke, „den Bestimmungen des Berufsbeamtengesetzes weichen" musste. Auch ihre Schwester, Anna von Gierke, die das Jugendheim Charlottenburg leitete, wurde entlassen. Der Verein Jugendheim Charlottenburg wurde nicht zuletzt wegen seiner judenfreundlichen und reformpädagogischen Ansätze in Ausbildung und Praxis aufgelöst.

Seit 1931 die „Nationalsozialistische Frauenschaft" („NS-Frauenschaft") gegründet worden war, gingen die Nationalsozialisten zum offenen Angriff gegen die Frauenbewegung über. Sozialistisches Gedankengut und jüdischer Intellektualismus galten als undeutsch.

Gemeinsam mit dem Jüdischen Frauenbund initiierte die letzte Vorsitzende des BDF, Agnes von Zahn-Harnack, zwischen 1930 und 1932 noch Aufklärungskampagnen, um den wachsenden Antisemitismus und die immer stärker werdenden frauenfeindlichen Bestrebungen abzuwehren. In Presseerklärungen riefen sie dazu auf, die staatsbürgerlichen Rechte der Frauen zu wahren, die Gleichberechtigung der Frauen in Familie, Beruf und Staat auszubauen. Sie warnten vor der „Sklaverei und Rechtlosigkeit", die die Frauen im „Dritten Reich" zu erwarten hätten, aber nach dem Reichstagsbrand und den Reichstagswahlen im März 1933 wurde der Druck der Nationalsozialisten auf den BDF immer stärker. Die Führerin des „Bundes Deutscher Mädel" (BDM) und die „Nationalsozialistische Frauenfront" forderten den BDF auf, sich der NS-Frauenschaft gleichzuschalten, alle Jüdinnen auszuschließen und leitende Positionen mit NSDAP-Anhängerinnen zu besetzen. Gertrud Bäumer befürwortete den Anschluss des BDF an die NS-Frauenschaft, der aber letztlich aus formalen, das heißt aus vereinsrechtlichen Gründen, nicht möglich war. Der Bund Deutscher Frauen (BDF) löste sich auf, einzelne Mitgliedsvereine schlossen sich aber der NS-Frauenschaft an. Nur der „Bund für Mutterschutz und Sexualreform", der dem radikalen Flügel der Frauenbewegung angehörte, leistete Widerstand.

In den Zeitungen wurde über die „Liquidation" der Frauenbewegung berichtet. Die zwölf Jahre nationalsozialistischer Herrschaft verursachten innerhalb der deutschen Frauenbewegung einen derartigen Kahlschlag, dass es 1945 schien, als hätte es sie nie gegeben. Viele radikale, jüdische und nicht-jüdische Frauenrechtlerinnen, unter ihnen auch Frauen aus der sozialpädagogischen Arbeit, die der SPD oder der KPD nahe standen, mussten emigrieren oder wurden verhaftet und in Konzentrationslager verschleppt und kamen dort um. Konformismus und Bürokratismus, mit der die „Gleichschaltung" der öffentlichen Einrichtungen besorgt wurde, waren Garantie genug, dass sich die Verantwortlichen in den Jugendämtern, Kindertageseinrichtungen und Ausbildungsstätten an die Regeln des „braunen Regimes" hielten. 1933 propagierte Goebbels anlässlich der Bücherverbrennung vor der Berliner Universität, dass das „Zeitalter eines überspitzten jüdischen Intellektualismus vorbei ist" (zitiert nach Shirer, W. L. 1961). Als zudem per Erlass untersagt wurde, jüdische Mädchen an staatlichen und privaten Kindergärtnerinnen-Seminaren auszubilden, verschwanden auch aus den führenden Fröbel-Seminaren neben den Lehrerinnen mit jüdischer Herkunft die jüdischen Studierenden.

Nelly Wolffheim übernahm daraufhin 1934 die Leitung des von der jüdischen Gemeinde in Berlin neu eingerichteten Kindergärtnerinnen-Seminars. Bis das Seminar 1939 schließen musste, verhalf sie jüdischen Mädchen zu einer Berufsausbildung, die diese befähigen sollte, auszuwandern und in einem anderen Land auf eigenen Füßen zu stehen. Viele von ihnen trugen auf diese Weise dazu bei, das pädagogische Konzept des Kindergartens in die europäischen Nachbarländer, in die USA und nach Israel zu transferieren.

ERWIN JACOB
Rechtsanwalt

8450 Boulevard East
Hudson Heights,
New Jersey, USA
Tel.: Union 4-0535

Berlin W. 30
Rankestr. 9
Tel: 91 77 80

6.September 1955

An das
Pestalozzi-Fröbel-Haus
Karl Schrader-Strasse 7-8
Berlin W 30

Ich vertrete Frau LISA ███████, ███████ Street, Dallas, Texas wohnhaft, in ihrer Entschädigungssache vor dem Entschädigungsamt Berlin.

Meine Mandantin macht u.a. einen Ausbildungsschaden geltend, indem sie erklärt, dass sie Ende 1933 versuchte, in dem Kindergärtnerinnen-Seminar Ihres Institutes als Schülerin aufgenommen zu werden. Ihr sei aber damals die Aufnahme mit Rücksicht auf die Anweisungen bzw. Anordnungen der Nazis verweigert worden.

Ich wäre Ihnen sehr verbunden, wenn Sie mir bestätigen könnten, dass die Angaben meiner Mandantin den Tatsachen entsprechen und bereits im Jahre 1933 keine jüdischen Schüler mehr von Ihnen aufgenommen worden sind.

Ich danke Ihnen im voraus für Ihre Bemühungen und zeichne

hochachtungsvoll

Rechtsanwalt

Abb. 14 „Entschädigungssache"
Schreiben des Rechtsanwalts Erwin Jacob vom 6. September 1955

Die Rolle der Frau und die Erziehung der Mädchen

Zur Ideologie des Nationalsozialismus gehörte es auch, mit der „Unordnung" der Weimarer Republik aufzuräumen und die traditionelle Geschlechterordnung wiederherzustellen. Die berufliche und politische Gleichberechtigung der Frau wurde als „Entartung" abgelehnt: „Die Frau ist aus der öffentlichen Lebenssphäre in Privatkreis und Familie zu führen, wo sie die geborene Herrscherin ist und wo ihr auch keinerlei geistige Entfaltung verwehrt sein soll. Im öffentlichen Leben hat sie nichts verloren" (Schlemmer/Janensch 1935, zitiert nach Aden-Grossmann, W. 2002). Hausfrau und Mutter zu sein war die Lebensaufgabe der Frau und Berufe, die auf diese Rolle vorbereiteten, waren akzeptiert. „In nationalsozialistischer Sicht hatte die ideale Frau in erster Linie die Pflicht, dem Nationalsozialismus zu dienen – sei es in der Familie oder am außerhäuslichen Arbeitsplatz, im Frieden oder im Krieg" (Bock, G. 1995).

Frauen sollten dazu erzogen werden, zur Verfügung zu stehen, wenn sie gebraucht wurden. Und sie wurden gebraucht! Zwischen 1935 und 1939 stieg der Anteil weiblicher Beschäftigter von 32,8 auf 39 Prozent, was bedeutete, dass Betreuungsplätze für die Kinder vorgehalten werden mussten. Ganztägige Öffnungszeiten und – wenn es sein musste – Betreuung auch an Wochenenden wurden in den Kindergärten eingeführt. Auch das „Dritte Reich", insbesondere während der Kriegsvorbereitungen und der Kriegsjahre, konnte auf die Erwerbstätigkeit von Müttern mit Kindern nicht verzichten. Zur Herstellung der traditionellen Geschlechterordnung war eine streng nach Geschlechtern getrennt verlaufende Erziehung der Kinder notwendig.

Das „Gesetz über die Hitlerjugend" vom 1. Dezember 1936 regelte die Einflussnahme und Vermittlung der nationalsozialistischen Ideologie. In § 2 heißt es: „Die gesamte deutsche Jugend ist außer im Elternhaus und Schule in der Hitlerjugend körperlich, geistig und sittlich im Geiste des Nationalsozialismus zum Dienst am Volk und zur Volksgemeinschaft zu erziehen".

Mit dem Schlagwort „Emanzipation von der Emanzipation" kümmerte sich fortan der Staat um die Erziehung der Mädchen. Schon im Kindergarten waren die Mädchen durch entsprechende Spielanregungen auf ihre zukünftige Rolle als Hausfrau und Mutter vorzubereiten. Der Beruf der Kindergärtnerin genoss gesellschaftliche Anerkennung, galt er doch in Nazi-Deutschland als ein weiblicher Beruf, weil die Ausbildung zugleich als eine „Schulung" der ohnehin weiblichen Veranlagung für pflegerische, erzieherische und häusliche Tätigkeiten darstellte. In dieser Hinsicht unterschied sich die nationalsozialistische Erziehung in keiner Weise von der bislang praktizierten traditionellen Mädchenerziehung. Darüber hinaus war aber eine politische Bildung des Mädchens erforderlich, damit im nationalsozialistischen Sinne eine „deutsche Mutter" aus ihm wurde. Diese staatliche Indoktrinierung setzte im Alter von zehn Jahren ein. Bis zum 14. Lebensjahr waren die Mädchen im „Jungmädelbund" zusammengefasst, danach war der Beitritt zum „Bund Deutscher Mädel" (BDM) Pflicht. Schulentlassene 14-Jährige konnten ein so genanntes „Mädel-Landjahr" absolvieren. In einem solchen Lager auf dem Land wurden die Mädchen nicht nur im nationalsozialistischen Sinne geschult, sondern auch in Berufe eingeführt, die dem weiblichen Wesen entsprachen. Deshalb war in der Regel einem solchen Mädchenlager ein Kindergarten angeschlossen, in dem die Mädchen umschichtig arbeiteten, angeleitet von einer Kindergärtnerin. Für 17-jährige Mädchen schloss sich die Beteiligung im BDM-Werk „Glaube und Schönheit" an, mit 21 Jahren war ihre politische Bildung beendet.

Kindergärtnerinnen und Jugendleiterinnen, die zur Ausbildung nur zugelassen wurden, wenn sie nachweislich Mitglied im BDM waren, mussten sich selbstverständlich schon von Berufs wegen auch über das 21. Lebensjahr hinaus aktiv an den Maßnahmen im Rahmen des BDM beteiligen. Auch wenn dem BDM ausschließlich die Aufgabe zukam, politische Bildung im Sinne der nationalsozialistischen Ideologie zu vermitteln, wirkte die implizite geschlechtsspezifische Wertevermittlung auch persönlichkeitsbildend auf die Mädchen. Es kann davon ausgegangen werden, dass sich die politische Bildung und die Ausbildung zur Kindergärtnerin an den meisten Ausbildungsstätten – was die Orientierung an den rollenspezifischen Aufgaben der Frau anbelangt – nicht widersprachen.

Ein konservativer Geist bestimmte die Kleinkindpädagogik und damit die öffentliche Erziehung und Bildung im Kindergarten sowie das Berufsbild der Kindergärtnerin, noch ehe die Nationalsozialisten an die Macht kamen. Insofern stellt das Jahr 1933 in Bezug auf das Kindergartenwesen einen wesentlich schwächeren Bruch dar, als man annehmen könnte.

Der Kindergarten im „Dritten Reich"

Das Reichsjugendwohlfahrtsgesetz, das den privaten Trägern gegenüber den kommunalen den Vorrang gegeben hatte, wurde formell nicht außer Kraft gesetzt. Das gesamte Kindergartenwesen wurde – in einem neu gegliederten System – dem Bereich „Volkspflege und Gesundheitserziehung" zugeordnet und der „Nationalsozialistischen Volkswohlfahrt (NSV) unterstellt. Der Trägerdualismus zwischen privaten und öffentlichen Anbietern blieb im Prinzip zwar erhalten. Da aber die Einrichtungen der Arbeiterwohlfahrt (AWO) verboten und die Einrichtungen des Deutschen Fröbel-Verbandes und des Paritätischen Wohlfahrtsverbandes von der NSV übernommen wurden, standen dem NSV als öffentlichem Träger nur noch die privaten Träger der konfessionellen Kindergärten und Ausbildungsstätten gegenüber.

Hinsichtlich seiner pädagogischen Konzeptualisierung aber setzte mit der Machtübernahme durch die Nationalsozialisten auch im Kindergartenwesen eine Entwicklung ein, die zum Abbruch aller pädagogisch innovativen Ansätze der öffentlichen Kleinkinderziehung führte. An die Stelle reformpädagogischer, demokratischer Erziehungsziele traten solche, die den Geist des Nationalsozialismus widerspiegelten:

Wir sehen in den Kindergärten der NSV keine schulischen Einrichtungen und keine Bewahranstalten, sondern die erste nationalsozialistische Erziehungsstufe des heranwachsenden deutschen Menschen. Ihren wesentlichsten Beitrag zu der Ausgestaltung und Weiterentwicklung der Idee des Kindergartens sieht die Nationalsozialistische Volkswohlfahrt in ihrem Ausbau der Gesundheitsführung. Die neue Zielsetzung, die der Erziehung im nationalsozialistischen Staat gegeben ist, erfordert eine erzieherische Wartung und Leitung aller im Menschen vorhandenen Anlagen. Die größte Lebenstüchtigkeit wird nur erreicht, wenn geistige, seelische und körperliche Kräfte gleichwertig und gleichmäßig ausgebildet werden. Neben die Pflege der geistig-charakterlichen Kräfte tritt deshalb im NSV-Kindergarten gleichbedeutend und von der Gesamterziehung untrennbar die Gesundheitslenkung des Kindes zur bestmöglichen Entfaltung aller körperlichen Kräfte. Wir schließen hierdurch eine Lücke, die bis 1933 in der Erfassung der heranwachsenden Generation noch bestand. Wir haben dadurch die Erziehung der Kinder, die bis zur Machtergreifung vorwiegend in den Händen konfessioneller Verbände lag, als Angelegenheit der Partei auch in die Hand der Partei genommen. (Arnold-Dinkler, E., 1940)

Um die einheitliche Ausrichtung des gesamten Erzieherstandes im nationalsozialistischen Sinne zu gewährleisten, waren alle Lehrer und Erzieher im Nationalsozialistischen Lehrerbund (NSLB) organisiert. Der Fachschaft VII „Sozialpädagogische Berufe" gehörten unter anderem Kindergärtnerinnen, Hortnerinnen, Jugendleiterinnen und Lehrkräfte sozialpädagogischer Ausbildungsstätten an. Leiter der Fachschaft VII war Hans Volkelt, Mitglied der NSDAP, seine Stellvertreterin war Elfriede Arnold-Dinkler. Der NSLB war an den Arbeitsgebieten des Deutschen Fröbel-Verbandes interessiert und schon frühzeitig an diesen „herangetreten". Als der Vorstand des DFV 1933 zurücktrat, wurde Hans Volkelt zum Vorsitzenden gewählt. Schon 1935 übernahm er die Schriftleitung der Verbandszeitschrift „Kindergarten", die 1939 – nach der Auflösung des Deutschen Fröbel-Verbandes – als NS-Fachschaftszeitung weitergeführt wurde.

Vor allem Elfriede Arnold-Dinkler fiel die Aufgabe zu, sich in der NS-Fachschaftszeitung „Kindergarten" zu den Aufgaben des Kindergartens und der Kindergärtnerin zu äußern und diese in das nationalsozialistische Gesamtkonzept zur Erziehung und zur Rolle der Frau einzufügen:

Unsere deutschen Mütter sind sich ihrer Verantwortung bewusst. Die berufstätige Frau, die heute einen Teil ihrer Kraft und ihrer Zeit der Familie entziehen muss, wird darum die Sorge für ihre Kinder nicht mindern; aber sie ist gezwungen, sie täglich für Stunden in die Hände eines Menschen zu legen, der ihr im Sinne ihrer völkischen Verantwortung zur Seite steht, der die Kinder zu vollwertigen Gliedern der deutschen Volksgemeinschaft erzieht. Die deutsche Kindergärtnerin ist damit in echt nationalsozialistischem Sinn Volkserzieherin; ihr Beruf ist seinem Wesen nach sozialpädagogisch, ihre Arbeit ist Erziehung in der Gemeinschaft und für die Gemeinschaft, eine Aufgabe, die nur erfüllt werden kann, wenn sie selbst dem Leben dieses Volkes auf das Engste verbunden ist ... Nicht durch die erhöhte Zahl der Einrichtungen, sondern vor allem durch die Weiterung des Arbeitsgebietes hat der Beruf der Kindergärtnerin eine andere Wertung erhalten. Die Arbeit der Erzieherin und Kindergärtnerin wird heute nicht mehr als leichte Spielerei, sondern als verantwortungsbewusste Arbeit und als Dienst an der Volksgemeinschaft gesehen. Diese Wertung der Arbeit ist gleichzeitig auch eine Verpflichtung für den Arbeitseinsatz und die Haltung jeder NSV-Kindergärtnerin. (Arnold-Dinkler, E. 1940)

Um diesen Aufgaben gerecht werden zu können, bedurfte es nicht nur einer Ausbildung und Orientierung an nationalsozialistischen Erziehungsprinzipen, sondern auch der aktiven Beteiligung an der Gesamtarbeit der NSDAP in allen ihren einschlägigen Gruppierungen wie NS-Frauenschaft, NS-Volkswohlfahrt, NSLB und BDM.

In seinem Aufsatz „Die Erziehung im nationalsozialistischen Staate und die Aufgaben der sozialpädagogischen Berufe" („Kindergarten", 1934) setzt sich Hans Volkelt mit den „unvölkischen Menschheitslehren" auseinander, zu denen er die „liberale Lehre vom Weltbürgertum aller Einzelnen", die „christliche Auffassung von der Brüderlichkeit aller Seelen" und den Marxismus wegen seiner auf „die Arbeiterklasse eingeschränkten Solidaritätsidee" zählt, und beklagt, wie schwer es gerade den „tüchtigsten unter den Kindergärtnerinnen, Hortnerinnen und Jugendleiterinnen" fällt, sich von „der herrschenden unvölkischen Begründung ihrer sozialen Arbeit loszumachen."

Zentrales Element der völkischen, nationalsozialistischen Erziehung war die Ausrichtung der Erzieher-Kind-Beziehung an dem Führer-Gefolgschafts-Verhältnis der nationalsozialistischen Bewegung. „Autorität des Führers nach unten und Verantwortung des Geführten nach oben" sollte grundsätzlich schon im Kindergarten das Interaktionsverhältnis zwischen der Kindergärtnerin als Führerin und den Kindern, die Gehorsam zu leisten hatten, bestimmen. Stellt man in Rechnung, welchen Anfeindungen das reformpädagogische Konzept vom „pädagogischen Bezug" und der geforderten Subjektstellung des Kindes in der Erziehung schon in der Weimarer Republik ausgesetzt war, so knüpfte die nationalsozialistische Erziehungslehre im Grunde genommen an autoritäre und kleinbürgerliche Erziehungsvorstellungen an, wie sie im Wilhelminischen Kaiserreich und danach verbreitet waren.

Dennoch verstand sich der Kindergarten der NS-Volkswohlfahrt in Verkennung der liberal-demokratischen Erziehungsprinzipien Fröbels als unmittelbare Nachfolge des Fröbelschen Kindergartens: „Die Ziele des Kindergartens der NSV verwirklichen, heißt das geistige Erbe Fröbels weitertragen und im Geiste des Nationalsozialismus vollenden", verkündete Arnold-Dinkler in einer Rede anlässlich der Hundertjahrfeier des deutschen Kindergartens 1940. Und zusammenfassend benennt sie noch einmal die Ziele der Kindergartenarbeit, wie sie die NSV zu verwirklichen trachtete:

1. *Der Kindergarten soll keineswegs der Familie die Arbeit der Erziehung abnehmen.*
2. *Er soll vielmehr die Mütter aller Stände durch zeitweise Entlastung für ihre erzieherische Aufgabe frisch erhalten.*
3. *Er soll ferner durch das von ihm ausgehende Beispiel, durch Elternarbeit und Hausbesuche die Mütter unterstützen und befähigen, wirkliche Mittelpunkte der Familie zu sein.*
4. *Er soll weiterhin durch gemeinsame Erziehung der Kinder aller Stände, durch gemeinsame Mütterabende sowie volkstümliche und nationale Feste an der großen Aufgabe des sozialen Ausgleichs mitwirken, wie ihn der Führer will.*
5. *Er soll durch regelmäßige Gymnastikstunden, durch Luft-, Licht-, Sonnen- und Wasserbäder die Kinder körperlich ertüchtigen.*
6. *Er soll altes Volksgut lebendig erhalten, wecken und stärken durch die Pflege von Kinderreimen, Volkskinderliedern, Reigen und Singspiele, durch Märchen und gute deutsche Bilderbücher.*
7. *Er soll durch Bereitstellen von sinnvollen Beschäftigungsmitteln und altersgemäßem Spielzeug den Tätigkeitsdrang und die Gestaltungskraft der Kinder entwickeln und sich frei entfalten lassen.*
8. *Er soll schließlich und vor allem den erbgesunden Kindern aller Stände als den künftigen Gliedern unsrer Volksgemeinschaft so früh wie möglich das vermitteln, was ihnen auch die beste Familie nicht geben kann: Erziehung durch die größere Kindergemeinschaft zur Volksgemeinschaft.*
9. *Er soll durch nationale und volkstümliche Feste diese Gemeinschaftsarbeit festigen und krönen.*
10. *Er soll in dieser Gemeinschaftserziehung auch den Grund legen zu jener sittlich-religiösen Haltung, die wir als deutsche Gläubigkeit bezeichnen können.*

Dieser Aufgabe dienen, heißt das geistige Erbe Fröbels weitertragen und im Geiste des Nationalsozialismus vollenden.
(Nationalsozialistischer Lehrerbund 1940)

Friedrich Fröbel wurde von den Nationalsozialisten als Vorläufer einer „völkischen" Erziehung missbraucht. Die Bezeichnung „völkisch" – eine Verdeutschung des Wortes „national" – steht für einen ethnisch exklusiven, antisemitischen Nationalismus, dessen Kern die Lehre von der höherwertigen und minderwertigen Rasse ist. Neben der Gesundheitsförderung war deshalb die Pflege des Volkstums im Geiste der nationalsozialistischen Rassenlehre eine zentrale Aufgabe der Erziehung. „Volkstum" war auch für den Pädagogik-Professor Eduard Spranger „nicht nur seelische Heimat, sondern (es) durchseelt auch den Raum und die Um-

welt, in der man von Jugend auf zu atmen gelernt hat. Man gehört dazu unwiderruflich, nicht durch Wahl und Entschluss, sondern durch Erbgang und Geburt, also durch das entscheidendste der Schicksale und durch Urprägung, die man nie wieder auslöschen kann ... erst war diese Prägung da, und dann haben wir gelernt, dies Schicksal auch zu wollen, aus ihm das Bestmögliche durch ethische Anspannung zu machen."
Nicht jener Friedrich Fröbel, der mit der liberal-demokratischen Bewegung der 1848er Revolution sympathisierte und dessen Kindergartenidee im Kontext dieses Geistes steht, wurde von den renommierten Erziehungswissenschaftlern und Fröbel-Kennern wie Eduard Spranger und Hans Volkelt rezipiert, wenn sie Fröbels Kindergartenpädagogik mit den Erziehungszielen der „neuen Zeit" verbinden. Im Gegenteil: Spranger bescheinigte Fröbel, ein ganz und gar unpolitischer Mensch gewesen zu sein, und versuchte damit die Gründe, die zum Verbot des Kindergartens durch die preußische Regierung geführt hatten, zu entkräften: „Alle diese Gedanken also sind bei Fröbel ganz unpolitisch. Er beabsichtigte mit ihnen noch nicht einmal eine soziale Reform. Die ‚soziale Frage' ist nicht das Problem, das er lösen will; er sucht nur das vollendete allseitige Menschentum, das der Kindergarten aus einer religiösen Wurzel heraus nach der Seite des Wahren, des Schönen, des Nützlichen hin zur Entfaltung bringen soll" (zitiert nach Grolle, J. 1985).

Dieser Vereinnahmung Fröbels durch den Nationalsozialismus ist man nach 1945 in der deutschen Erziehungswissenschaft kaum energisch genug entgegen getreten. Auch der Darstellung Fröbels als unpolitischem Pädagogen durch den anerkannten Fröbelforscher Spranger wurde nicht widersprochen. Im Gegenteil, in den Fachverbänden und in der Erziehungswissenschaft war man ängstlich bemüht, Politik und Pädagogik so weit wie möglich auseinander zu halten.

Auch wenn Hans Volkelt, seit 1934 Vorsitzender des DFV, es sich als ein Verdienst anrechnen konnte, die „damals größtenteils noch sehr widerspenstigen Mitglieder und die demokratisch durchseuchten Lehranstalten geradezu in die Arbeit des NSLB hineingezwungen" zu haben (zitiert nach Wolters, R. 1999), ist nicht von der Hand zu weisen, dass sich der größte Teil der im DFV organisierten bürgerlichen Frauen trotz ihrer Berufstätigkeit und ihrer Fachkompetenz so sehr mit dem traditionellen Frauenbild identifizierten, dass sie die von den Nationalsozialisten geforderte Unterordnung der Frau unter den Mann voll und ganz akzeptierten. Anlässlich des 150. Geburtstags Fröbels 1932 erklärte Lili Droescher, noch Vorsitzende des DFV, das Engagement der ersten Frauengeneration nicht mit den emanzipatorischen Zielen der Frauenbewegung auf Bildung und Berufstätigkeit, sondern damit, dass sie sich verpflichtet fühlte, sich „für ihre natürlichen Pflichten in der Familie und im Volksganzen auszurüsten" (Pestalozzi-Fröbel-Haus [Hrsg.] 1932). Und in ihrer Ansprache bezeichnete sie diesen als „großen Pädagogen, einen Freund der Kinder, Bildner junger Mädchen und Führer der Mütter" (Pestalozzi-Fröbel-Haus [Hrsg.] 1932). Die Berufsfrauen des DFV verstanden sich mehrheitlich als Dienerinnen der großen Pädagogen Pestalozzi und Fröbel und anderen männlichen Wissenschaftlern, indem sie deren Ideen beziehungsweise Theorien in die Praxis umzusetzen halfen. Auch was die Funktion des Kindergartens betraf, lagen die Auffassungen von NSV und DFV nahe beieinander. In der Betonung seiner Fürsorgefunktion ist für Lili Droescher die pädagogische Aufgabe untrennbar mit dem Dienst am Volk verbunden, ist „volkserzieherisches Wirken".

Wohl gab es auch Frauen im DFV, die sich wie Erika Hoffmann gegen diese unzulässige Einengung der Fröbelschen Kindergartenidee wehrten und den Mut hatten, dies zu dokumentieren. Die kontroversen Auffassungen von Lili Droescher und Erika Hoffmann wurden in der Zeitschrift „Kindergarten" veröffentlicht. Beide Fachfrauen berufen sich in ihren Aufsätzen auf Fröbel. Während Lili Droescher darauf beharrte, dass der Kindergarten primär eine Nothilfefunktion habe und die Ausbildung als Kindergärtnerin in erster Linie als eine Bildung für den „ureigensten Beruf der Frau" verstand, unterstrich Erika Hoffmann die Bildungsfunktion des Kindergartens für alle Kinder als erste Stufe der „Menschenerziehung" und fängt sich dafür unmissverständlich die Kritik und Distanzierung von Hans Volkelt ein. Von ihrer Lehrtätigkeit am Pestalozzi-Fröbel-Haus ließ sich Erika Hoffmann beurlauben, um sich ganz den wissenschaftlichen Fröbelstudien zu widmen. Erst ab 1951 wird sie sich als Leiterin des Evangelischen Fröbelseminars in Kassel wieder aktiv in die fachpolitische Arbeit einbringen.

Berufsbild und Ausbildung zur Kindergärtnerin im Nationalsozialismus

Das Berufsbild der Kindergärtnerin und – darauf aufbauend – das der Jugendleiterin ist durch die Politik im Nationalsozialismus nachhaltiger konserviert worden, als man das im Nachkriegsdeutschland gemeinhin wahrhaben wollte. Prägenden Anteil daran hatte vor allem die von allen konservativen, konfessionellen und nationalsozialistischen Kräften geteilte Ansicht von der Wesensbestimmung der Frau. Das Geschlecht war die entscheidende Kategorie für die ideologische Ausformung des Berufsbildes und der Ausbildung. In den Richtlinien über die Ausbildung der Kindergärtnerin von 1942, die diese erstmalig länderübergreifend, reichseinheitlich regelte, hieß es unter § 1 zur Aufgabe der Kindergärtnerin: „Die Kindergärtnerin ist Erzieherin. Sie ist mütterliche Führerin der Kinder in Kindertagesstätten (Kindergärten und Horten) und Kinderheimen oder in der Häuslichkeit zur Unterstützung oder auch an Stelle der Mutter. Ihre Arbeit ist Dienst am Kinde und zugleich Dienst an Familie und Volk" (zitiert nach „Kindergarten", PFV-Archiv).

1937 war verbindlich erlassen worden, dass die nationalsozialistisch ausgerichtete, politische Bildung der Mädchen, ihre Erziehung zur „nationalsozialistischen deutschen Volksmütterlichkeit", das vorrangige Ziel der Ausbildung zu sein hatte und nicht „die Ausbildung der sozialpädagogischen Erzieherin und Helferin in irgendeinem humanitären, bürgerlich-liberalen, konfessionellen oder marxistischen Sinn."

Außerdem war vorgeschrieben, dass die Schülerinnen gehalten waren, „während ihrer Ausbildungszeit an der Fachschule für Kindergärtnerinnen in der für sie zuständigen Gliederung der NSDAP Dienst zu leisten und insbesondere an den politischen Schulungsveranstaltungen teilzunehmen". Begründet wurde dies damit, dass es zwar nicht die Aufgabe der Kindergärtnerin sei, im engeren Sinn politisch zu arbeiten, sie solle jedoch eng zusammenarbeiten mit allen politischen Organisationen von Partei und Staat, damit sich ihre Arbeit sinnvoll in die „Gesamtarbeit" einfüge. Eine klare politische Haltung wurde schon deshalb von der Kindergärtnerin und erst recht von der Jugendleiterin erwartet, weil beide zugleich auch als Führerinnen im BDM fungierten und zur „Jungvolk-Arbeit" herangezogen werden konnten.

Auch der Rahmenlehrplan für die Ausbildung der Kindergärtnerin-

Pestalozzi-Fröbel-Haus

Stiftung des öffentlichen Rechts

(1) Berlin W 30, Karl-Schrader-Straße 8

Telefon: 27 72 91.

Haus I

Fachschule für Kindergärtnerinnen.

Aufnahmebedingungen:
1. Vollendetes 16. Lebensjahr,
2. Mittelschulreife oder Reife für Klasse 6 einer öffentlichen Höheren Lehranstalt oder Abschluß der Hauptschule oder Abschluß der zweijährigen Handelsschule oder Frauenfachschule oder Nachweis einer gleichwertigen Bildung durch die schulwissenschaftliche Vorprüfung, die erst mit 17 Jahren abgelegt werden kann.
3. Nachweis einer ausreichenden hauswirtschaftlichen Vorbildung. (Der Nachweis gilt als erbracht durch den erfolgreichen Besuch einer anerkannten einjährigen Haushaltungsschule oder durch Besuch der Frauenfachschule oder durch eine hauswirtschaftliche Aufnahmeprüfung, die vor Eintritt in die Fachschule für Kindergärtnerinnen abzulegen ist. Die Zulassung zu dieser Prüfung erfolgt nur nach einjähriger Tätigkeit in einem fremden Haushalt.)

Beginn: April und Oktober.

Dauer der Ausbildung: 2 Jahre, mit Reifeprüfung der Oberschule (hauswirtschaftliche Form) 1 ½ Jahre.

Ziel der Ausbildung: Befähigung als Kindergärtnerin in Kindergärten und Horten, in Tages- und Kinderheimen. (Staatliche Abschlußprüfung.)

Einschreibegebühr: 5,— RM.

Schulgeld: 411,— RM. im Jahr, zahlbar in 12 Raten von je 34,25 RM.

Für die Anmeldung erforderliche Papiere:
1. Kurzer selbstgeschriebener Lebenslauf in doppelter Ausfertigung,
2. Geburtsurkunde,
3. Schulschlußzeugnis,
4. Nachweis der hauswirtschaftlichen Bildung,
5. Amtsärztliches Gesundheitsattest mit Durchleuchtungsbefund,
6. Polizeiliches Führungszeugnis,
7. Nachweis der deutschblütigen Abstammung,
8. Nachweis der Mitgliedschaft im B.D.M. oder einer anderen N.S. Organisation.

Abb. 15 Zulassungsvoraussetzungen und Unterrichtsfächer der Kindergärtnerinnenausbildung 1933

Unterrichtsfächer:

I. Nationalpolitische Erziehung:
   Reichskunde
   Heimatkunde und Volkstumspflege
   Deutsch

II. Sozialpädagogische Erziehung:
   Erziehungslehre und Psychologie
   Berufskunde
   Volkspflege
   Jugendschrifttumskunde
   Kinderspiel und Kinderarbeit
   Naturkunde

III. Gesundheitserziehung und Gesundheitspflege:
   Leibeserziehung (Gymnastik, Volkstanz, Sport und Spiel)
   Leibesübungen mit Kindern
   Gesundheitslehre, Körperpflege und Kinderpflege

IV. Werkliche und musische Erziehung:
   Hauswirtschaft (Hauswerk und Handarbeit)
   Werkarbeit
   Zeichnen und Formen
   Musik

V. Praktische Erziehungsarbeit:
   Kindergarten, Hort, Heim

Während ihrer Ausbildungszeit arbeiten die Schülerinnen einige Wochen in einem Kinderheim. Die dadurch entstehenden Reisekosten tragen die Schülerinnen selbst.

Auskunft Montag bis Freitag 8 — 16 Uhr, Sonnabend 8 — 13 Uhr im Sekretariat des Pestalozzi-Fröbel-Hauses I, (1) Berlin W 30, Karl-Schrader-Str. 8.

Verschiedenes: Telefon 27 72 91 und 27 52 40
   Postscheckkonto (1) Berlin 225 16
   Bankkonto Berliner Stadtbank, Girokasse 123, (1) Berlin W 30, Maaßenstr. 14, Konto 2608.
   Bei allen Zahlungen ist der Name der Schülerin und der Klasse anzugeben.

nen ("Kindergarten" 1937, PFV-Archiv) sah im Fach Erziehungslehre unter anderem vor, die Vermittlung von Grundbegriffen der nationalsozialistischen Erziehungslehre wie "Rasse, Gemeinschaft, Gefolgschaft, Persönlichkeit, Freiheit und Bindung, Haltung, Zucht, völkische Verpflichtung" anhand "zugehöriger Abschnitte aus Hitlers ,Mein Kampf', bes. S. 451–485" zu leisten. In formaler Hinsicht kam es zu einer qualitativen Minderung des Ausbildungsstandards. Es genügte fortan der Volksschulabschluss als "angemessene Allgemeinbildung". Festgehalten wurde jedoch an der hauswirtschaftlichen Vorbildung, die in der Regel durch den Besuch einer einschlägigen Berufsfachschule nachgewiesen wurde. Der Bedarf an Fachkräften war nicht zuletzt auch wegen deren Einsatz in den Maßnahmen des BDM und den anderen frauenpolitischen Organisationen der NSDAP groß, wurde jedoch durch den verstärkten Einsatz von Kinderpflegerinnen als Gruppenerzieherinnen in Krippen und Kindergärten und durch einen quantitativen Ausbau der Kinderpflegerinnenschulen abgedeckt. Auch deren politische Bildung im Geiste des Nationalsozialismus war durch entsprechende Ausbildungsrichtlinien sichergestellt.

Die konfessionellen Ausbildungsstätten waren ebenfalls gehalten, die reichseinheitlichen Ausbildungsbestimmungen zu beachten, so dass auch hier davon ausgegangen werden kann, dass der nationalsozialistische Einfluss auf die Ausbildung der Kindergärtnerinnen, Kinderpflegerinnen und Jugendleiterinnen Spuren hinterließ.

Berufsausbildung bleibt Vorbereitung auf den Beruf der Frau

Die nationalsozialistische Ideologie hat im Grunde genommen nur die auf der traditionellen Wertorientierung beruhende geschlechtsspezifische Rollen- und Machtverteilung zwischen Mann und Frau, wie sie im Kaiserreich strukturell verankert worden war, fortgeführt und verstärkt. Die Lebensaufgabe jeder Frau war die Familie und die Mutterschaft, und in der Geschlechterbeziehung hatte sich die Frau dem Mann unterzuordnen. Insofern griff die Frauenpolitik im Nationalsozialismus lediglich auf die traditionelle Werteordnung zurück, die zumindest in konservativen und konfessionellen Kreisen des Bildungsbürgertums breite Unterstützung fand. Von daher verwundert es nicht, dass schon 1933, anlässlich des 60. Jubiläums des Pestalozzi-Fröbel-Hauses, mit einem Faltblatt über das „Frauenwirken" des PFH informiert wird. Nach wie vor wurde auch in den Fachkreisen der Beruf der Kindergärtnerin als ein Beruf auf Zeit verstanden und die Ausbildung zur Kindergärtnerin war – wie in den ersten, noch im Kaiserreich konzipierten und geregelten Ausbildungsbestimmungen – durchdrungen von der Zielsetzung, junge Frauen auf ihre späteren Familienaufgaben vorzubereiten. Neben der Jugendleiterin, der als Berufsfrau sowohl in der Weimarer Republik als auch in der Zeit des Nationalsozialismus alle Professionalisierungsanstrengungen galten, kam die Kindergärtnerin über den Helferstatus nicht hinaus und spielt berufspolitisch gesehen eine marginale Rolle. Auch bezogen auf die Multiplikationsfunktion für die NS-Pädagogik wurde in erster Linie der Jugendleiterin als „Volkserzieherin" Aufmerksamkeit geschenkt. Die Jugendleiterin trug als Leiterin von Kindergärten und Ausbildungsstätten, mit Beratungs- und Entscheidungsfunktion in Jugendämtern und als Lehrerin und Mütterbildnerin Verantwortung für das „volksmütterliche" beziehungsweise „sozialmütterliche" Wirken von Frauen in sozialpädagogischen Berufen.

Welche Nachwirkungen diese nationalsozialistisch geprägte Berufssozialisation auf die Weiterentwicklung des Kindergartenwesens und die sozialpädagogischen Berufe nach 1945 hatte, wie ungebrochen sich die Traditionslinien eines bürgerlich-konservativen Frauenbildes auch in der Neuordnung der sozialpädagogischen Berufe Ende der 1960er Jahre widerspiegeln sollten, so dass nicht nur das Berufsfeld Kindergarten, sondern auch der Beruf der Kindergärtnerin ins gesellschaftliche Abseits gerieten, soll im folgenden Kapitel behandelt werden.

60 JAHRE FRAUENWIRKEN

IM PESTALOZZI-FRÖBEL-HAUS, EINER STÄTTE DER VOLKSERZIEHUNG UND VOLKSPFLEGE

1873 gegr. v. Henriette Schrader-Breymann

FRAUEN ALS FÜHRERINNEN

VON KINDHEIT UND JUGEND — in Krippen, Kleinkinderstuben, Kindergärten, in Horten und Heimen in Stadt und Land, in Schulkindergärten und Sonderhorten für entwicklungsgehemmte Kinder, in Lehrlingsheimen, Lesestube, Kursen und freiwilligem Arbeitsdienst für erwerbslose Mädchen, in Landheimen und in der Erholungsfürsorge für Mütter und Kinder

VON MÜTTERN U. MÜTTERLICHEN ERZIEHERINNEN — in Mütterschule und Elternabenden, in Ausbildungsstätten für Kinderpflege und Haushaltsgehilfinnen, für Kindergärtnerinnen und Hortnerinnen, für Jugendleiterinnen und Werklehrerinnen

IM PESTALOZZI-FRÖBEL-HAUS I

FRAUEN ALS VOLKSERZIEHERINNEN

AUF DEM GEBIET DER ERNÄHRUNG HYGIENE UND HEIMPFLEGE — in der Haushaltungsschule, in der höheren Fachschule für Frauenberufe, in Kursen für Gewerbelehrerinnen, für Haushaltspflegerinnen und für Wirtschafterinnen

IM PESTALOZZI-FRÖBEL-HAUS II

FRAUEN IM DIENST DER VOLKS-

UND JUGEND- WOHLFAHRT — in der Wohlfahrtsschule für Gesundheitsfürsorge, Familienfürsorge, für Jugendwohlfahrtspflege, allgemeine und wirtschaftliche Wohlfahrtspflege

IM PESTALOZZI-FRÖBEL-HAUS III

IM AUFBAU AUF DIE BERUFSZWEIGE DER HÄUSER I, II UND III

FRAUEN IN SOZIALPÄDAGOG. FORSCHUNGSARBEIT

IN DER DEUTSCHEN AKADEMIE FÜR SOZIALE UND PÄDAGOGISCHE FRAUENARBEIT

Abb. 16 „60 Jahre Frauenwirken", 1933
Zur Rolle der Frau und zum Selbstverständnis einer Frauenschule im Nationalsozialismus

Teil III
Berufskultur im Wandel – von 1945 bis heute

8 Der vergessene Beruf

Das Konzept der „geistigen Mütterlichkeit" und seine Umsetzung war um 1900 ein groß angelegter Versuch der bürgerlichen Frauenbewegung, Frauenalltag und Politik für Frauen zu verbinden. Von den tatsächlichen Müttern war dieser Versuch schon deshalb nicht mitgetragen worden, weil sich die Protagonistinnen des konservativen Flügels in ihrer vermeintlichen Politik für Mütter immer stärker von den konkreten Alltagsproblemen der Mütter entfernt hatten.

„Geistige Mütterlichkeit" – von Henriette Schrader-Breymann als Leitidee für ein sozialpädagogisches Berufskonzept gedacht – war in den 1920er und 30er Jahren nicht mehr mit einem Fachlichkeitsanspruch verbunden, der auf gesellschaftliche Veränderung zielte. Und Erziehungsqualität im Umgang mit Kindern zu erlangen, war weniger eine Frage der Berufsausbildung als eine Frage der Bildung von Frauen in Vorbereitung auf deren zukünftige Familienaufgaben.

Dreh- und Angelpunkt des beruflichen Selbstverständnisses der Kindergärtnerin wie auch – auf höherem Niveau – der Jugendleiterin war die zutiefst konservative Überzeugung von der angeborenen Verschiedenartigkeit der Geschlechter, die eine geschlechtsspezifische Arbeitsteilung begründete. In den überwiegend unter konfessioneller Trägerschaft stehenden Kindergärten und Kindergärtnerinnenseminaren wurde die Unterordnung der Frau unter den Mann als eine gottgewollte Geschlechterordnung nicht in Frage gestellt. Diese Haltung entsprach voll und ganz dem Werte- und Normenspektrum einer bürgerlich-patriarchalischen Gesellschaft und bedeutete im Klartext die Anerkennung eines hierarchischen Geschlechterverhältnisses im Privaten wie in der Öffentlichkeit.

Blickt man auf die deutsche Geschichte des 19. und 20. Jahrhunderts zurück, in der demokratische Bewegungen immer wieder gescheitert waren oder – wie in der Weimarer Republik – sich nur kurzfristig durchsetzen konnten, so wird verständlich, dass Deutschland nach dem Ende des Zweiten Weltkriegs kein Land mit einer entwickelten demokratischen Gesellschaft war. Auch wenn man mit dem Wahlrecht für Frauen in der Weimarer Republik die Rechtsgleichheit für die weibliche Bevölkerung außerhalb der Familie ein kleines Stück vorangetrieben hatte, hatten die Männer innerhalb der Familie nach wie vor in allen Ehe- und Familienfragen das Entscheidungsrecht: „Die Frau durfte das Kind betreuen und erziehen, aber zum Beispiel nicht mitentscheiden, in welche Schule es gehen sollte" (Limbach, J. 1990). Hatten die Eheleute keinen Vertrag über ihre Güter gemacht, durfte der Mann das Vermögen der Frau verwalten und den Nutzen daraus ziehen. Begründet wurde dieses Recht des Mannes damit, dass die „Hausfrauenehe ein Eckpfeiler der abendländischen, christlichen Kultur" sei. Wegen der „natürlichen Verschiedenheit der Geschlechter" handele es sich um ein so genanntes Schutzrecht, weil es dazu da sei, die Frau vor „ihrem geschlechtsspezifischen Unverstand und Leichtsinn" (zitiert nach Limbach, J. 1990) zu schützen. In der Frauenbewegung gab es keinen Konsens, um gegen diese Diskriminierung durch das Familienrecht zu kämpfen – zu verschieden waren die Protagonistinnen bezüglich ihrer sozialen Lage und ihrer politischen Offenheit für ein demokratisches Geschlechterverhältnis.

In einem Bericht der Amerikanischen Erziehungskommission von 1946 wird kritisch angemerkt, dass die Deutschen noch nicht begriffen hätten, dass Demokratie nicht nur eine Regierungsform, sondern in erster Linie eine Lebensform sei, die sich auch auf das Zusammenleben von Mann und Frau auswirken und sich in der Familie widerspiegeln müsse.

Die so genannte „Stunde Null" sah zunächst nach einer Stunde der Frauen aus, denn der Alltag der Nachkriegszeit forderte vor allem die Kraft und den Einsatz der Frauen, und zwar in einem Maße, das weit über die traditionellen Grenzen der Mutter- und Hausfrauenrolle hinausging. Ehefrauen, Hausfrauen, Mütter waren beim Wiederaufbau unverzichtbar, sie packten mit an, wo immer die Wirtschaft es erlaubte.

Bei der Schaffung des Grundgesetzes der Bundesrepublik Deutschland schlugen dessen Mütter den schlichten, eindeutigen und noch heute geltenden Rechtssatz vor: „Männer und Frauen sind gleichberechtigt." Bei der Mehrzahl der Väter des Grundgesetzes löste dieser Satz Widerstand aus. Stattdessen schlugen sie vor: „Gleiches muss gleich, Ungleiches kann verschieden behandelt werden" (zitiert nach Limbach, J. 1990). Erst als Frauen aus dem ganzen Bundesgebiet Protestbriefe schrieben, wurde die von den Frauen vorgeschlagene Formel in Artikel 3 (2) des Grundgesetzes aufgenommen und 1949 verabschiedet. Eine auf demokratischen Prinzipien beruhende Kultur in der Familie und in außerfamiliären Institutionen und Organisationen der bundesrepublikanischen Gesellschaft musste aber erst noch geschaffen werden. Denn immer noch gab es kaum überwindbare ideologische Barrieren, und mit dem wirtschaftlichen Aufschwung in den 1950er Jahren folgte sogleich eine Gegenbewegung: Konservative Wertvorstellungen traten wieder in den Vordergrund. Ziel der Familienpolitik in der Ära Adenauer war es, Ehe und Familie als allein gültige Lebensform nicht nur zum Mittelpunkt der staatlichen Ordnung zu machen, sondern durch entsprechende Maßnahmen, wie zum Beispiel durch Familienbeihilfe, die Frauen vom „Geldverdienen-Müssen" zu entlasten und ins Haus zurückzuholen. Erst das Gleichberechtigungsgesetz von 1957 sprach dem Mann das Recht ab, in allen ehelichen Angelegenheiten das letzte Wort zu haben, so unter anderem das Recht, den Arbeitsvertrag der Frau kündigen zu können.

Bereits Ende der 1950er Jahre war jedoch ein schichtenübergreifender Trend bei der jüngeren Frauengeneration festzustellen, demzufolge auch solche Mütter einer Erwerbstätigkeit nachgingen, die sich nicht direkt in einer Notlage befanden. Bisweilen taten sie es, weil der Zuverdienst angenehm war. Er erlaubte den Kauf eines Autos oder die Urlaubsreise nach Italien, die man sich vom Einkommen des Mannes allein nicht hätte leisten können. Der größte Teil der Mütter arbeitete damals nicht im ursprünglich erlernten Beruf, sondern hatte ein ungelerntes Beschäftigungsverhältnis, das sich am ehesten mit ihrer Hausfrauenarbeit vereinbaren ließ. Die Kinder wurden in der Regel von den Großmüttern betreut. Dass Kinder Ganztagskindergärten oder Horte besuchten, war wegen des geringen Platzangebotes eher selten der Fall. Obwohl die boomende Wirtschaft immer mehr Frauen in die Erwerbstätigkeit lockte, musste sich eine verheiratete Frau, die zudem Mutter war, in der Bundesrepublik Deutschland – im Unterschied zu der Entwicklung in der DDR (Deutschen Demokratischen Republik), die sich 1949 als sozialistischer Arbeiter- und Bauernstaat im Ostteil Deutschlands einschließlich Ostberlins gegründet hatte – diesen Schritt gut überlegen. Es machte keinen Unterschied, ob sie aus finanzieller Not mitarbeiten musste, aus Freude am Beruf oder primär aus dem emanzipatorischen Wunsch heraus, eine gewisse finanzielle Unabhängigkeit zu erreichen. Das Recht des Vaters, letztlich über das gemeinsame Kind zu entscheiden, hob erst das Bundesverfassungsgericht auf, und erst das Ehereformgesetz von

1976 machte mit dem patriarchalischen Familienbild der Hausfrauenehe Schluss. Erst Mitte der 1970er Jahre war also die Frau in der Bundesrepublik Deutschland ohne Einschränkung berechtigt, erwerbstätig zu sein. Bis dahin gestand das Ehegesetz dem Mann das Recht zu, die Erwerbstätigkeit der Mutter zu verbieten. Aber auch wenn der Mann mit der Erwerbstätigkeit einverstanden war – die Doppelbelastung von Haus-, Erziehungs- und Erwerbsarbeit kam mit Sicherheit auf die Frau zu. Schwerer wog jedoch für die erwerbstätige Frau und Mutter, dass sie unter Rechtfertigungszwang geriet. Denn die Ganztagshausfrau stellte immer noch die überwältigende Mehrheit unter den verheirateten Frauen dar. Und weil die zunehmende Technisierung der Haushalte der Hausfrau – und zwar schichtenübergreifend – immer mehr Zeit für die Kindererziehung ließ, sah sich die erwerbstätige Frau nicht nur dem Vorwurf des Doppelverdienertums ausgesetzt, sondern auch dem, eine „Rabenmutter" zu sein.

Diesem „Doppelverdienertum" musste nicht mehr, wie noch in der Weimarer Republik oder in der Zeit des Nationalsozialismus, der Kampf angesagt werden. Wenn die erwerbstätige Mutter ohne Not ihr Kind in eine Kindertageseinrichtung gab, wurde sie als „Rabenmutter" gesellschaftlich stigmatisiert. Der Mythos, dass nur die Mutter dem kleinen Kind das bieten kann, was es braucht, sollte noch jahrzehntelang nicht nur zum festen Bestandteil des Alltagshandelns und -wissens von Menschen in den alten Bundesländern gehören, sondern war auch Bestandteil psychologischer und pädagogischer Theorien und des Berufsrollenverständnisses von Erzieherinnen. Noch stellte in einer Untersuchung zur Berufswahl (Kietz, G. 1966) unter den befragten Kindergärtnerinnen jene Gruppierung die größte Mehrheit dar, die als Hauptmotiv für ihre Berufsentscheidung „die mütterliche Liebe" zu den Kindern angab und fest davon ausging, diesen Beruf aufzugeben, wenn eigene Kinder zu versorgen wären.

„Meine Mutter muss nicht arbeiten", in diesem Bewusstsein wuchsen die Kinder der späten 1950er und 60er Jahre auf. Die Mütter waren Hausfrauen, sie waren für die Kindererziehung in der Familie zuständig. Kindergärten und Horte wurden dagegen von Kindern besucht, deren Mütter arbeiten mussten und sich nicht um ihre Kinder kümmern konnten. Weshalb man diese Kinder bedauerte, weil sie „irgendwie" vernachlässigt würden. Die Frauen aber, die nicht arbeiten mussten, die Hausfrauen, hatten die Kinder zu ihrem Beruf gemacht.

Aufbau eines Kindergartenwesens nach 1945

Die demokratische Neugestaltung des Bildungs- und Erziehungswesens in der Bundesrepublik Deutschland erforderte mehr als eine Entnazifizierung, also die Trennung der Menschen vom Gedankengut des Nationalsozialismus. Um die pädagogische Arbeit in ihrer vollen Breite und auf allen Ebenen zu demokratisieren und zu humanisieren, hätte es allerdings einer äußerst gründlichen Aufarbeitung bedurft. Stattdessen knüpfte man in der Kindergartenpraxis wie auch in der Ausbildung an die Tradition der Weimarer Zeit an. In ihren Erinnerungen schreibt Elisabeth Siegel (1981) im Rückblick auf die Wiederaufnahme der Arbeit 1945: „Neben positiven Erinnerungen schiebt sich heute ein bedrückendes Bild von versäumter, grundsätzlich fragender Besinnung. Fragen nach den zu gering genutzten Möglichkeiten einer anderen, besseren Erziehung". Selbstkritisch beklagt sie – nunmehr als emeritierte Pädagogik-Professorin – den „Abgrund des Schweigens und Verschweigens", der zwischen den Generationen nach dem Krieg an der Universität, in der Schule und auch in der Ausbildung der Erzieherinnen geherrscht habe, und das Versäumnis der „Auseinandersetzung und Klärung mit der NS-Zeit und damit auch ihrer Antipädagogik". Beschwörend fordert sie: „Gerade weil die Aufgaben der Sozialpädagogik immer zugleich ‚Einzelfallhilfe' und Ergebnis gesamtgesellschaftlicher Unrechtsverhältnisse sind, kann der Berufstätige weder politisch gleichgültig sein noch sich unpädagogisch verhalten".

Jener „Abgrund des Schweigens und Verschweigens" herrschte nicht nur zwischen den Generationen, sondern auch innerhalb der Frauengeneration, die sich 1948 im neu gegründeten Pestalozzi-Fröbel-Verband (vormals Deutscher Fröbel-Verband) für das Kindergartenwesen und die Ausbildung sozialpädagogischer Berufe fachpolitisch engagierte. Wie Elisabeth Siegel haben auch andere prominente Fachfrauen, in der Regel Akademikerinnen, die wegen ihrer politischen Haltung oder ihrer jüdischen Herkunft in der Zeit des Nationalsozialismus ein Nischendasein führen mussten, wie etwa Luise Besser, Professor Elisabeth Blochmann, Mintje Bostedt, Dr. Anneliese Buß, Dr. Ellen Simon, Dr. Lina Mayer-Kulenkampff, Dr. Elisabeth Zorell und andere, sich nach 1945 wieder aktiv in die fachpolitische Diskussion eingebracht. Zu einer Aufarbeitung dessen, was im Dritten Reich im Bereich der sozialen Arbeit und in der Kindergartenpädagogik politisch geschehen war, kam es zwischen denen, die „gehen mussten", und denen, die „bleiben konnten", zumindest auf verbandsöffentlicher Ebene nicht. Noch ist in der Geschichtsschreibung diesen fast vergessenen Frauen, die zur Demokratisierung der sozialpädagogischen Arbeit im Nachkriegsdeutschland wesentliche Beiträge geleistet haben, wenig Raum gegeben worden. Ob sie nun als Hochschulprofessorinnen wie Elisabeth Siegel und Elisabeth Blochmann, als Jugendamtsleiterin wie Mintje Bostedt oder als Direktorinnen namhafter Ausbildungsstätten wie Luise Besser, Anneliese Buß, Ellen Simon, Lina Mayer-Kulenkampff und Elisabeth Zorell tätig waren – allen gemeinsam war, dass sie das Konzept der Sozialpädagogik in der Theorie, in der Praxis und auch im Beruf mit sozialreformerischem Anspruch und sozialpolitischem Engagement vertraten.

Geschichtsbewusstsein bei Pädagogen schon in der Ausbildung zu wecken und auf den Zusammenhang von Politik und Pädagogik aufmerksam zu machen, ist nicht nur mit Blick auf die Bewältigung der Vergangenheit wichtig. Im Kontext einer Berufsausbildung von Erzieherinnen – egal, ob sie auf Fachschul- oder Hochschulniveau angesiedelt ist – muss es auch darum gehen zu vermitteln, dass Institutionen wie Kindergarten oder Schule und soziale Rollen wie die Berufsrolle der Erzieherin oder die Rolle der Frau vom Menschen unter bestimmten gesellschaftlichen Bedingungen gestaltet werden und deshalb auch veränderbar sind.

Es ist verständlich, dass in den Nachkriegsjahren die Organisation und der Wiederaufbau der zerstörten Gebäude und die Unterbringung der Kinder die vordringlichste Aufgabe von Wohlfahrtsverbänden und Fachorganisationen war. In der sozialpädagogischen Arbeit stellte sich aufgrund der Notlage der Bevölkerung gar nicht die Frage, ob man Fachkräften mit NS-Vergangenheit eine zweite Chance geben sollte. Man brauchte sie, um ein halbwegs funktionstüchtiges öffentliches Erziehungs- und Bildungswesen wieder aufzubauen. Und dieses „Gebraucht-Werden" war über alle unterschiedlichen politischen Haltungen hinweg immer noch das, was die Frauen in ihrem Berufsethos verband und was das Wegschauen und Schweigen vielleicht erklärt.

Nach dem Krieg waren die Bestimmungen des RJWG fast wortgleich im 1962 erlassenen Jugendwohlfahrtsgesetz (JWG) aufgegriffen worden. Die unkritische Wiederherstellung der alten, überwiegend von konfessionellen Trägern dominierten Trägerstruktur, die damit verbundene Zuordnung des Kindergartenwesens zur Jugendhilfe und nicht – wie in der DDR – zum Bildungssystem, aber auch die Orientierung an den traditionellen Ausbildungsstrukturen aus der Zeit vor 1933 und die normative Ausrichtung des Berufskonzepts an einer bürgerlich-liberalen, dennoch zutiefst patriarchalischen Familienstruktur, die die Frau an die ihrem Wesen gemäßen Aufgaben der Hausfrau und Mutter bindet – all das bestimmte nachhaltig die Entwicklung des Kindergartenwesens und die Erzieherinnenausbildung in der Bundesrepublik Deutschland nach 1945.

Von nicht unerheblichem Einfluss auf die pädagogische Konzeption des Kindergartens war zudem, dass Deutschland nach 1945, was die Bezugswissenschaften der Pädagogik anbelangt, ein Forschungsdefizit aufwies. Im „Dritten Reich" waren die anwendungsbezogene Forschung in der Entwicklungspsychologie, wie sie der Kreis um Martha Muchow und William Stern vertrat, aber auch die psychoanalytische Pädagogik als so genannte „jüdische Wissenschaften" ausgegrenzt worden. Noch in den 1950er Jahren stand den Universitäten in Deutschland nicht das Theoriewissen zur Verfügung, das in den westeuropäischen Nachbarländern und in den USA selbstverständlicher Standard war. Stattdessen griff man in pädagogischen Ausbildungsgängen der Fach- und Hochschulen auf psychologische Reifungs- und Persönlichkeitstheorien zurück, wie sie zum Beispiel von dem während der NS-Zeit eindeutig rassistisch ausgerichteten Psychologen Oswald Kroh vertreten wurden.

Im Pestalozzi-Fröbel-Verband gab es bei den Mitgliedern in den 1950ern und auch noch bis in die 1970er Jahre hinein ein Nebeneinander von progressiven und konservativen Haltungen. Verfolgte man, was die Ausbildung anbelangt, von Anfang an einen Reformkurs, so war die Haltung hinsichtlich der Funktion des Kindergartens eher traditionell. Fröbels ganzheitliches Erziehungsprinzip, das Vertrauen auf die spontane Entwicklung des Kindes in einer kindgemäß gestalteten Umwelt und die Betonung des freien Spiels als Selbsttätigkeit des Kindes bildeten die Grundlagen der Kindergartenpädagogik. Leitend für das pädagogische Handlungskonzept war das Bild vom unfertigen, defizitären und deshalb schutzbedürftigen Kind, das im Kindergarten einen Schutz- und Schonraum vorfindet, der sein „naturhaftes Wachstum" unterstützt und fördert. Allerdings wehrte sich Erika Hoffmann entschieden gegen eine Verflachung der Bildungsfunktion des Kindergartens und den Trend, Kindergartenpädagogik als ein bloßes Beschäftigungsprogramm für kleine Kinder vor Eintritt in die Schule zu verstehen. Stattdessen plädierte sie für die Einrichtung von Vermittlungsgruppen für die Fünfjährigen, die gezielt mit Blick auf den Übergang zur Schule gefördert werden sollten. Der überwiegende Teil der im Verband organisierten und in der Kindergartenpraxis tätigen Jugendleiterinnen und Kindergärtnerinnen hielt jedoch am fürsorgerischen Auftrag des Kindergartens fest, wonach die öffentliche Kleinkinderziehung nur dann subsidiär eintreten, das heißt wirksam werden sollte, wenn der „Anspruch des Kindes auf Erziehung in der Familie" nicht erfüllt würde. Dies entsprach der konservativen Grundorientierung des RJWG wie des JWG. Die Wohlfahrtsverbände betrachteten die öffentliche Kleinkinderziehung als Notbehelf. Maßgeblich für die Organisationsstruktur des Kindergartens war deshalb seine Betreuungsfunktion.

Auch wenn das Kindergartenwesen politisch gesehen eine Angelegenheit der Länder und Gemeinden war und ist, gab es doch – was die jugendpolitische Schwerpunktsetzung anbelangt – schon in der Zeit der Weimarer Republik und auch in der noch jungen Bundesrepublik Deutschland fortschrittliche Jugendpolitiker, die durch eine großzügige Auslegung der gesetzlichen Bestimmungen des RJWG/JWG sozialpädagogische Leitideen in die Jugendhilfepraxis umzusetzen verstanden. Zu ihnen gehörte in Berlin (West) Ella Kay (SPD), die zunächst Leiterin des Jugendamtes und dann bis 1962 Jugendsenatorin in West-Berlin war. In der Weimarer Zeit war sie Mitarbeiterin von Walter Friedländer gewesen, der als SPD-Stadtrat im Bezirk Prenzlauer Berg für das Jugendamt zuständig war. Er gehörte zu jenem Kreis der reformpädagogischen Bewegung, der die öffentliche Erziehung zu einem zentralen Postulat einer demokratischen Gesellschaft erhoben hatte. Unter den Nationalsozialisten musste er in die USA emigrieren. Ella Kay war eine der wenigen, die sich in ihrer jugendpolitischen Arbeit von den restaurativen Tendenzen der Regierung Adenauers nicht beirren ließ und an ihre in der Weimarer Republik gewonnenen jugendpolitischen Vorstellungen anknüpfte. Ihrem Verständnis von öffentlicher Kleinkinderziehung lag ein Welt- und Menschenbild zugrunde, das sich an einem demokratischen Sozialismus orientierte. Sozialpädagogik als Praxis bedeutete für sie, die Erziehung, Bildung und Betreuung des Kindes im Kindergarten als eine ganzheitliche Aufgabe zu verstehen. Um aber der sozialen Situation der Familien ebenso gerecht werden zu können wie dem Recht des Kindes auf Bildung und Erziehung, setzte sie durch, dass in Berlin die Kindertagesstätte (KiTa) als Ganztagseinrichtung mit drei getrennten Abteilungen, Krippe, Kindergarten und Hort, unter einem Dach organisatorisch und pädagogisch konzipiert und umgesetzt wurde. Sie unterstützte die Erneuerung des sozialpädagogischen Ansatzes, wie er von den Direktorinnen Dr. Ellen Simon und Dr. Anneliese Buß methodisch und inhaltlich in Ausbildung und in der Praxis des Pestalozzi-Fröbel-Hauses in Berlin umgesetzt wurde. Beide Frauen waren auf nationaler Ebene im Vorstand des Paritätischen Wohlfahrtsverbandes und in der „Internationalen Vereinigung für Jugendhilfe" beziehungsweise in der „International Federation of Settlements and Neighbourhood Centres" auch international fachpolitisch aktiv.

Auch in anderen Großstädten, wie in Hamburg unter der Leitung von Hermine Albers oder in Bremen unter der Leitung von Mintje Bostedt, die noch bei Anna von Gierke im Jugendheim Charlottenburg als Jugendleiterin ausgebildet worden war, gab es in den Jugendämtern durchaus Ansätze zu einer an den Bedürfnissen von Familien orientierten progressiven Jugendpolitik. Da aber – im Unterschied zu den Großstädten – in den meisten Kommunen und Gemeinden die organisatorische und inhaltliche Gestaltung mehr oder weniger umfassend in der Regie der überwiegend kirchlichen Trägerverbände lag, überwog bei diesen eine restaurative Haltung, die der herrschenden Familien- und Frauenpolitik der CDU-Regierung und der konservativen Trägerpolitik entsprach.

Seit 1949 gab es neben dem Deutschen Verein für öffentliche und private Fürsorge e.V. (DV) einen weiteren länderübergreifenden Zusammenschluss der öffentlichen und freien Träger der sozialen Arbeit, die „Arbeitsgemeinschaft für Jugendhilfe" (AGJ). Deren Gründungs- und Vorstandsmitglied, Dr. Hermine Albers, Leiterin des Hamburger Jugendamtes, hatte maßgeblich dazu beigetragen, dass der PFV sich neu gründen konnte und selbstverständlich auch als Fachorganisation in der AGJ vertreten war. Aber da der PFV hinsichtlich der öffentlichen Kleinkinderziehung in der damaligen Zeit der einzige einschlägige Fachverband in diesem Gremium war, war sein Einfluss begrenzt. Erika Hoffmann, die den PFV in den 1950er Jahren in der AGJ vertrat, hatte 1958 – im Zusammenhang mit ersten Anläufen, das Jugendwohlfahrtsgesetz neu zu fassen – auf einer Tagung der AGJ gefordert, das Fürsorgeverständnis kleinkindpädagogischer Arbeit in Theorie, Praxis und Berufsausbildung zugunsten einer stärkeren Akzentuierung des Bildungsauftrags des Kindergartens zu verändern. In ihrem Aufsatz „Der sozialpädagogische Auftrag des Kindergartens" von 1959 vertrat Erika Hoffmann die Position, dass der Kindergarten nicht deshalb eine sozialpädagogische Einrichtung genannt werde, weil nur solche Kinder Zugang hätten, deren Mütter erwerbstätig sein müssen, dass der Kindergarten also keine soziale Dienstleistung sei, weil er an Stelle der Mutter „einspringt", um die Kinder zu betreuen. Vielmehr bedeute „sozialpädagogisch", dass der grundsätzlich ganzheitliche, pädagogische Auftrag des Kindergartens – Erziehung, Bildung und Betreuung – auf eine Erziehungspartnerschaft von Kindergarten und Familie angelegt sei. Dies wurde damals noch von den wenigsten so verstanden, und auch heute gibt es diesbezüglich immer noch Missverständnisse oder einseitige Akzentuierungen der einen oder der anderen Aufgabe.

Den Beruf als Kindergärtnerin übte „frau" ohnehin nur zeitlich begrenzt aus. Eine bundesweite Berufszählung 1951 ergab, dass 50 Prozent aller Kindergärtnerinnen jünger als 25 Jahre und 93 Prozent aller Kindergärtnerinnen ledig waren, die Verweildauer im Beruf lag bei fünf Jahren. War absehbar, dass sich die Kindergärtnerin nicht verheiraten würde, was nur einen kleinen Teil der Berufsgruppe betraf, dann ließ sie sich zur Jugendleiterin weiterbilden. Der Beruf der Jugendleiterin war der Inbegriff für eine „berufsmäßige Lebensführung" (Max Weber), der voll und ganz dem Wesen der Frau entsprach. Auch auf der mittleren Ebene der Jugendleiterinnen, die als Leiterinnen größerer Kindergärten oder als Lehrerinnen in der Ausbildung der Kindergärtnerinnen tätig waren, orientierte man sich vorrangig am sozialfürsorgerischen Auftrag des Kindergartens. Handlungsleitend war die Überzeugung, dass eine gute Familienerziehung in jedem Fall dem Kindergarten überlegen sei.

Nachdem die erste Notzeit überwunden war, nutzte der PFV das Fröbeljahr 1952, in dem sich der Todestag von Friedrich Fröbel zum hundertsten Mal jährte, um sich in seiner Verbandsprogrammatik für den Aufbau eines umfassenden Kindergartenwesens, insbesondere für die verstärkte Einrichtung von Halbtagskindergärten und eine verbesserte Ausbildung der Erzieherinnen in Kindergärten, Horten sowie in Heimen einzusetzen, die „den Forderungen der neuen Zeit anzupassen" seien.

Abb. 17 Die Kindergärtnerin, um 1956

Zur inhaltlichen Zielsetzung dieser Programmatik machte der Ehrenvorsitzende Eduard Spranger anlässlich des zehnjährigen Bestehens des PFV 1958 eine aufschlussreiche Aussage:

Im vergangenen Jahrhundert wurden Vereine für Familien- und Volkserziehung Träger von Kindergärten. Die (neuen) Kindergärten sollten sich erfüllen mit dem Erziehungsgeiste der deutschen Familie. Heute stehen wir an einem entscheidenden Wendepunkt: Der Kindergarten und alles, was aus dieser Wurzel gewachsen ist, Kindergärtnerinnenseminare und Jugendleiterinnenseminare, müssen diesen Geist zurückgeben an die Familien, die ihn verloren haben ... heute kommt es darauf an, die Familie neu zu beseelen.

In einer Denkschrift des PFV zur „Not der heutigen Kindergärten" klingt diese programmatische Aussage Sprangers, seine als „Philosophie des Kindergartens" bezeichnete familienorientierte Zielsetzung des Kindergartens an, die innerhalb des Verbandes vor allem von den Praktikerinnen getragen wurde. Eine kritische bis ablehnende Haltung gegenüber berufstätigen Müttern, die scheinbar ohne Not ihr Kind in eine „Fremdbetreuung" geben, ist in dieser Generation der Berufsfrauen kein Einzelfall. Im Gegenteil, sie ist Bestandteil eines spezifischen Berufsethos, das viel mit dem für die damalige Zeit typischen Selbstbild dieser Pädagoginnen zu tun hatte: In den helfenden, pädagogischen Berufen suchten diese in der Regel unverheirateten und kinderlosen Frauen eine weibliche Identität zu leben, ohne die patriarchalische Gesellschaft der noch jungen Bundesrepublik Deutschland in Frage zu stellen.

Berufsbild und Frauenbild in den 1950er Jahren

In einem Aufsatz von 1978 mit dem Titel „Mütterlichkeit – historisches Phänomen? Pädagogisches Prinzip? Feministisches Programm?" behauptet Monika Simmel, dass die „alte" Frauenbewegung nicht zuletzt deshalb als bürgerlich bezeichnet werden müsse, weil sie sich erfolgreich um den Ausbau und die Stabilisierung der bürgerlichen Gesellschaft bemüht habe, insbesondere in Bezug auf die Familie und die Rolle der Frau. Auch wenn dies etwas polemisch formuliert zu sein scheint, ist doch nicht von der Hand zu weisen, dass die Positionen der „alten" Frauenberufsbewegung auch in der Aufbauphase des Kindergartenwesens wirksam waren.

In den Empfehlungen, die der „Deutsche Ausschuss für das Erziehungs- und Bildungswesen" zur Reform des Kindergartens 1957 verabschiedete und an denen Erika Hoffmann maßgeblich mitgewirkt hat, beugen die Gutachter dem Vorwurf vor, wonach sie befürworteten, „dass die Sorge für die kleinen Kinder der Familie abgenommen und der Öffentlichkeit übertragen werden könnte und dürfte." Und sie versichern, „auch der beste Kindergarten kann dem Kind nicht die Geborgenheit bei der Mutter und in einem erfüllten Familienleben ersetzen." Folgerichtig ging es in diesem Gutachten auch nicht primär um Regelungen zum Personalschlüssel und zur Qualifikation der Fachkräfte, sondern um die Einführung eines Beratungs- und Schulungssystems für Mütter, um diesen eine „Grundlage zu geben für eine verantwortungsbewusste, persönliche Entscheidung in der Frage der Berufstätigkeit." Ziel dieser Beratungsgespräche war es, die Mutter zu befähigen, „entweder mit ihrer Zeit haushälterisch umzugehen, um in den wenigen Stunden, die sie für die Kinder frei ist, ihnen die Nestwärme zu geben, derer sie bedürfen, oder aber mit geringeren Geldmitteln ihrem Haushalt noch gerecht zu werden, wenn sie sich entschließen sollte, um der Kinder willen die Berufsausübung einzuschränken oder auf sie zu verzichten" (zitiert nach Grossmann, W. 1992). Aufgabe der Jugendleiterin war es, den Müttern in diesen Beratungsgesprächen „Hilfen zur Erziehung" zu geben.

Das Gutachten forderte für die Arbeit im Kindergarten, dessen Funktion es sei, Erziehungs- und Bildungsaufgaben zu übernehmen, die „die Familienerziehung ergänzen und bereichern" sollten, „geeignete, gut ausgebildete Kräfte". Die Ausbildung der Kindergärtnerin sollte mindestens zwei Jahre dauern und mit einer staatlichen Prüfung abschließen. Zugangsvoraussetzung müsse eine „gute Allgemeinbildung" sein, die „etwa der Stufe der mittleren Reife entspricht, und ausreichende hauswirtschaftliche Kenntnisse und Fähigkeiten". Kindertagesstätten, die Kinder verschiedenen Alters in getrennten Gruppen aufnehmen und mehr als drei Altersgruppen betreuen sollten – in der Regel handelte es sich dabei um eine der wenigen kombinierten Ganztagseinrichtungen von Kindergarten und Hort – sollten von einer Jugendleiterin geführt werden, weil „nicht jede Kindergärtnerin dem in solchen Einrichtungen geforderten Maß an Umsicht und an organisatorischen Fähigkeiten gewachsen ist."

Hatte sich die staatlich examinierte Kindergärtnerin in einer mindestens dreijährigen Praxis in verschiedenen Praxisfeldern „bewährt", konnte sie sich in einem zweijährigen Lehrgang zur Jugendleiterin ausbilden lassen. Dieser Weiterbildungslehrgang hatte Fachschulniveau und wurde an nur wenigen, größeren Ausbildungsstätten angeboten. Bis in die 1960er Jahre hinein besuchten fast ausschließlich solche Frauen diesen Weiterbildungslehrgang, die in ihrer Lebensplanung nicht mehr davon ausgingen, eine eigene Familie zu gründen. Die Weiterbildung zur Jugendleiterin versprach eine „wissenschaftlich fundierte psychologische und pädagogische Ausbildung". Dieser erhöhte Fachlichkeitsanspruch an die Jugendleiterinnenausbildung kam aber nicht dem unmittelbaren, pädagogischen Umgang mit dem einzelnen Kind beziehungsweise der Kindergruppe zugute. Vielmehr sollte die Jugendleiterin auf der Grundlage des JWG zur Fachkraft für verwaltende, leitende, beratende, anleitende Tätigkeiten hauptsächlich in der Jugendarbeit und für lehrende Tätigkeiten in berufsbezogenen Fächern der Kindergärtnerinnenausbildung befähigt werden.

Des Weiteren empfahl der Deutsche Ausschuss einen Gruppenschlüssel von je 15 Kindern für eine ausgebildete Kindergärtnerin und hinsichtlich der Personalstruktur im Kindergarten „ein ausgewogenes Zahlenverhältnis von Kindergärtnerinnen und Jugendleiterinnen", weil dies von „Bedeutung für Berufserfolg, Berufsfreude und damit für das Ausharren im Beruf" sei. Das war zwar richtig erkannt, aber die Träger waren weit davon entfernt, dieser Empfehlung zu folgen. Bis in die 1970er Jahre hinein hatte eine Kindergärtnerin bis zu 30 Kinder in der Gruppe, ihr zur Seite stand häufig eine unausgebildete Helferin. Eine ausgewiesene Jugendleiterstelle im Kindergarten gab es höchstens in den größeren Einrichtungen der Großstädte. Die konservative Familienpolitik der 1950er und 1960er Jahre tat alles, um dem Trend verheirateter Frauen, ihre Berufstätigkeit nicht aufzugeben, entgegenzuwirken. Das Angebot an Kindergartenplätzen wurde bewusst gering gehalten. Nur für etwa ein Drittel aller Kinder zwischen drei und sechs Jahren standen Plätze in der Bundesrepublik zur Verfügung. In Fachgremien, wie in der AGJ, konnte der PFV dies zur Sprache bringen und auch kritisieren, dass nur etwa 45 Prozent der Mitarbeiterinnen in den Kindertageseinrichtungen eine abgeschlossene Ausbildung als Erzieherin hatten, an der Einstellungspraxis der Träger änderte das jedoch wenig. Noch 1970 stellte der Deutsche Bildungsrat fest, dass die Zahl der unausgebildeten Kräfte im Kindergarten weiterhin sehr hoch war: auf 52 Kindergartenkinder kam eine ausgebildete Kindergärtnerin.

PESTALOZZI-FRÖBEL-HAUS
STIFTUNG DES ÖFFENTLICHEN RECHTS
SOZIALPÄDAGOGISCHES SEMINAR
1 BERLIN 30, KARL-SCHRADER-STRASSE 7·8

Zeugnis
über die
Befähigung zur Jugendleiterin.

Rita ▮▮▮▮▮▮▮▮▮

geb. am ▮▮▮▮▮▮ in Hannover
hat nach praktischer Tätigkeit

in Internat, Familie und Kinderheim

und nach 2 jährigem Besuch der Fachschule für Jugendleiterinnen im Pestalozzi-Fröbel-Haus zu Berlin am 3. März 1967 die Abschlußprüfung bestanden und auf Grund der Prüfung und der Studienleistungen folgendes Zeugnis erhalten:

Pädagogik	befriedigend
Heilpädagogik	befriedigend
Psychologie	befriedigend
Praxis- und Methodenlehre einschl. Unterrichtslehre	gut
Jugendliteratur	gut
Jugendhilfe	gut
Gesundheitsfürsorge und Sozialhygiene	befriedigend
Soziologie und Sozialpolitik	befriedigend
Verwaltungskunde	ausreichend

Abb. 18 Zeugnis über die Befähigung zur Jugendleiterin, 1967

Musik	gut
Tanz und Spiel	befriedigend
Gymnastik	gut
Bildende Kunst	gut
Werkarbeit	befriedigend

1. Sozialpädagogische Praxis   gut

2. Unterrichtsübungen
   im Fach Jugendliteratur   gut

3. Schriftliche Arbeit

   Semesterarbeit: Literarische Selbstdarstellung junger Menschen

Bemerkungen:

Fräulein ▆▆▆▆▆▆ hat zusaätzlich zwei Semester lang an einer Arbeitsgemeinschaft in Literatur teilgenommen. Außerdem hat sie ein halbjähriges gruppenpädagogisches Praktikum in einem Heim der Offenen Tür für Jugendliche durchgeführt.

Fräulein ▆▆▆▆▆▆

ist hiernach befähigt, als Jugendleiterin tätig zu sein.

1 Berlin 30, den 3. März 1967

Für den Prüfungsausschuß:

Vorsitzender
Oberschulrat

Schulleiterin

Auch wenn Ausbildung und Berufstätigkeit für die Mädchen der Nachkriegsgeneration immer selbstverständlicher wurden, war der Beruf in der Lebensplanung der meisten nur eine Übergangsphase. Seit Mitte der 1950er Jahre konzentrierte sich die Berufsausbildung der Frauen auf typisch weibliche Tätigkeitsfelder. Die nach der Währungsreform einsetzenden Berufslenkungsmaßnahmen der Arbeitsämter unterstützten diesen Prozess der Wiederherstellung eines geschlechtsspezifischen Arbeitsmarktes, während in der Aufbauphase nach dem Krieg Frauen auf ganz verschiedenen Feldern tätig waren. Die Frauen fanden Ausbildungsangebote und Arbeitsplätze vor allem im sozialen Bereich und im Dienstleistungsbereich. Sie arbeiteten als Bürogehilfin, Verkäuferin, Kinderkrankenschwester oder als Kindergärtnerin. Der Arbeitsmarkt war sowohl in horizontaler als auch in vertikaler Hinsicht geschlechtsspezifisch aufgeteilt.

Der Beruf der Kindergärtnerin galt weiterhin als typischer Frauenberuf. Noch 1971 – als die Berufsbezeichnung schon „Erzieherin" lautete – wird in den „Berufskundlichen Informationen" der Bundesanstalt für Arbeit auf die Symbolik des Wortes „Kindergärtnerin" verwiesen. Kinder zu behüten und zu umsorgen, ihnen in liebevoller Zuneigung zu begegnen und mit „Freude am Spiel und schöpferischer Tätigkeit" die Kinder in ihrer Entwicklung zu fördern, waren die zentralen Aussagen zum Berufsbild. Der Beruf der Kindergärtnerin mit seiner besonderen ehe- und familienfördernden Note wurde so nicht nur von der Gesellschaft und dem Berufsbildungssystem wahrgenommen, sondern auch von den Ausbildungsstätten.

Neben den Praktika gab es einen umfangreichen Fächerkanon von künstlerisch-technischen Fächern und so genannten theoretischen Fächern wie Deutsch, Naturkunde, Gegenwartskunde sowie Erziehungslehre und Gesundheitslehre. In den eher berufsbezogenen theoretischen Fächern wurden auch wissenschaftliche Erkenntnisse über das „Weltbild des Kindes" beziehungsweise über Ernährung und Körperpflege vermittelt. Dieses wissenschaftsbasierte Wissen wurde aber nicht systematisch, sondern induktiv gelehrt. Schwerpunktmäßig ging es um die Ausbildung von musisch-künstlerischen und handwerklichen Fertigkeiten und um eine gute Allgemeinbildung. Die Berufsrolle oder die Bedeutung der Erzieherpersönlichkeit spielte im Zusammenhang mit Fragen der Erziehungslehre so gut wie keine Rolle. Es schien, als ob der Ausbildungsdidaktik eine Berufsschablone zugrunde lag, bei der es sich bei näherer

Betrachtung um ein Kompetenzbündel von methodischem Können und Herzensbildung handelte. Theoriewissen wurde mit „kalter Verstandestätigkeit" assoziiert und könnte sich – so wurde befürchtet – negativ auf den liebevollen und selbstlosen Umgang der Erzieherin mit den Kindern auswirken.

Noch kamen die Berufsanwärterinnen aus Familien einer sozialen Schicht, die sich eine längere, mit Kosten verbundene Berufsausbildung der Töchter leisten konnten und die in der Ausbildung der Mädchen hauptsächlich eine gute Vorbereitung auf deren zukünftige Familienaufgaben sahen. Die Ehe war für die Kindergärtnerinnen noch das Hauptlebensziel. Liebesglück an der Seite eines Mannes, eine durch den Mann gesicherte Existenz im Haus sowie die Erfüllung eines ausgeprägten Kinderwunsches waren das, was die meisten Mädchen wollten, die diese Ausbildung machten. Das Anlehnungsbedürfnis war größer als das Bedürfnis nach Selbstbestimmung, deshalb muss man sich im Hintergrund ihres Lebens immer einen – und sei es nur einen vorgestellten – Mann denken, der sie als Freund, als Ehemann oder Familienvater oder auch als Vorgesetzter leitete. Ihre Individualität und Aufgeklärtheit endete bei der freundlichen Lenkung durch einen Mann.

Der „männliche Rat" war auch bei den Berufsfrauen des Kindergartenwesens gefragt. Und in ihrer sozialmütterlichen Berufsauffassung wurden sie auf subtile Weise durch die überwiegend männlichen Erziehungswissenschaftler, die sich mit der Kleinkindpädagogik theoretisch befassten, bestärkt. So versicherte Spranger den führenden Frauen des Pestalozzi-Fröbel-Verbandes, die als Fachschulleiterinnen und -lehrerinnen, Fachreferentinnen, Leiterinnen von Jugendämtern und Kindertageseinrichtungen wegen ihres Fachverstandes respektiert waren und in einem Netzwerk auch fachpolitisch aktiv zusammenarbeiteten, dass Fröbel auf das Wesen und Wirken geistvoller Frauen angewiesen sei, damit sein Werk in der Praxis „vollendet" werde. Mit Berufung auf die beiden Namensgeber des Verbandes, Pestalozzi und Fröbel, die – so Spranger – den Glauben „an die heilende Bestimmung der Frau" teilten, entwarf er in einem Geleitwort zur Herausgabe der Fachzeitschrift des PFV – nunmehr unter dem Namen „Blätter des Pestalozzi-Fröbel-Verbandes" (1948) – ein Frauenbild, das an das idealisierte Mutterbild des Bürgertums anknüpft und die Geschlechterdifferenz zwischen Mann und Frau unterstreicht: „Nur der Frau gelingt die tiefere Durchseelung der Menschenwelt. Die seltsame Mittlere zwischen Natur und Geist, die Seele, ist beim Mann zu stark mit dem Gedanklich-Geistigen verwoben." Die Frau dagegen verfüge über die Gabe der Liebe, die sie zu einem einzigartigen „Sehertum" befähige, und Spranger erklärt diese Gabe damit, dass „ihr (der Frau) das Werden neuen Lebens ganz und gar in die eigene Gesamtpersönlichkeit hineingelegt ist". Das „Sehertum" der Frau aber, diese „tiefdringende Hellsichtigkeit" ist etwas anderes als das „Denkertum" des Mannes. „Sehr nahe bei den Dingen des Alltags" hat die Frau die Gabe, das Verwickelte sehr einfach zu sehen, „alles eigentlich Menschliche mit sicherem Blick zu durchdringen." Es ist möglich, dass Spranger damit auf Fähigkeiten anspielt, die wir heute mit Intuition beziehungsweise Empathiefähigkeit bezeichnen. Da er aber diese geschlechtsspezifische Eigenschaft an die Fähigkeit zur biologischen Mutterschaft bindet, schließt er aus, dass auch der Mann dazu fähig ist. Während der Mann sich methodisch und systematisch in die Analyse von Problemen versenkt – Spranger spricht sinnigerweise davon, dass er sich in Probleme „hineinbohrt" – „sieht" die Frau und handelt.

Mit dieser Auffassung, die Spranger durchaus mit seinen männlichen Kollegen teilte, wurde nicht nur verhindert, dass man sich auf wissenschaftlicher Ebene mit Fragen der pädagogischen Praxis und dem beruflichen Handeln der Erzieherin beziehungsweise des Erziehers befasste, sondern quasi ausgeschlossen, dass Erziehungshandeln auch systematisches und analytisches Denken erfordert. Wegen der biologischen Fähigkeit der Frau zur Mutterschaft – was sie vom Mann unterscheidet – ist die Frau zur Erziehung kleiner Kinder besonders geeignet. Sie ist gefühlsbetont, intuitiv, denkt und handelt weniger sachbezogen als der Mann. In den ersten Reformdiskussionen um die Kindergärtnerinnenausbildung ging es deshalb weniger um die Frage, wieviel Wissen für die Berufsausübung notwendig sei, sondern vielmehr um die Art des Wissens. Vor wissenschaftlichem Wissen wurde gewarnt. Theorie im Sinne von akademischem Wissen schien offenbar etwas zu sein, was die Kindergärtnerin zu „kopflastig" machen könnte und ihrer Berufstauglichkeit im Weg stehen würde. Emanzipatorische Ansätze in der Berufsausbildung im Sinne von Autonomie und Verantwortung und reflektierter, ja kritischer Berufsausübung wurden allenfalls als Ziele bei der Ausbildung der Jugendleiterinnen in Erwägung gezogen, aber auch da nur in Verbindung mit dem berufsethischen Diktat einer selbstlosen Pflichterfüllung.

Bescheiden und unspektakulär waren auch die Wege, die die Berufsfrauen beschritten, wenn es galt, berufspolitische Ansprüche geltend zu machen: Eingaben, Vorsprechen, Petitionen einreichen, das waren ihre Mittel der Interessenvertretung. Nicht fordernd, sondern bittend wird in einem Beitrag aus dem Jahre 1951 der Verbandszeitschrift des PFV, der sich nunmehr wieder aktiv auch um die berufspolitischen Belange des Erzieherinnenberufs kümmerte, die Frage der Bezahlung der Kindergärtnerin angesprochen und darauf verwiesen, dass nun nicht mehr davon ausgegangen werden könne, dass die „Existenz der jungen Mädchen" durch ihre Eltern getragen und abgesichert sei, weil die Kindergärtnerin nicht mehr wie früher üblich aus wohlhabenden Familien komme; ferner wird beklagt, dass „öfter versäumt" werde, „zwischen den Ansprüchen der Kindergärtnerin und der Jugendleiterin zu unterscheiden". Es wird nicht selbstbewusst auf der berechtigten Klärung von Gehaltsansprüchen bestanden.

Angesichts des gesellschaftlichen Wandels und der Überschneidungen zwischen sozialer und sozialpädagogischer Arbeit – beide unterlagen immer mehr dem „Gesetz pädagogischer Hilfe" – wurden im PFV erste Überlegungen angestellt, die bislang getrennten Ausbildungen für soziale Arbeit und für sozialpädagogische Arbeit zusammenzuführen. Auf einer gemeinsamen Arbeitstagung von Sozialarbeiterinnen und Jugendleiterinnen (1959) wird dies vor allem seitens der Vertreterinnen Sozialarbeit damit begründet, dass das Gemeinsame beider Berufe pädagogische Aufgaben seien, die im weitesten Sinne als Lebenshilfe verstanden werden könnten: „Von der sozial geprägten Pädagogik wuchsen die Jugendleiterinnen (auf einfacher Ebene auch die Kindergärtnerinnen) in Arbeitsgebiete hinein, auf die nun von der pädagogisch durchdrungenen Sozialarbeit die Wohlfahrtspfleger zukamen. Für viele Arbeitsbereiche entstand damit ein Zwischenland, und damit erhebt sich die Frage, wer soll die Arbeit tun?" (Wingerath, E. 1960). Noch kann man sich aber nicht zu einer gemeinsamen Ausbildung der beiden Berufe entschließen. Vielleicht liegt es daran, dass um den Beruf der Jugendleiterin – wie eine Referentin sich ausdrückt – „immer eine größere Stille liegt", die damit zusammenhänge, dass die Jugendleiterin im Unterschied zur Sozialarbeiterin kein Sachgebiet vertrete und sich auch bei der persönlichen Hilfe, die sie leistet, nicht in einem System von gesetzlichen Bestimmungen bewegt, das ihr abverlange, alle Maßnahmen konkret darzustellen und zu begründen.

Die Sozialpädagoginnen seien zwar „Sachverständige der Erziehung und leisten überall da, wo sie stehen, funktionale Erziehungsberatung", aber sie verträten in dem Sinne kein Sachgebiet. „Pädagogik als wissenschaftliche Kategorie lässt sich schwer definieren – Pädagogik als berufliches Arbeitsfeld aber ist noch weniger fassbar. Es setzt sich aus sehr vielem Wägbaren, aber auch aus sehr vielem Unwägbaren zusammen" (Wingerath, E. 1960).

In dieser Beschreibung pädagogischer Professionalität ist von dem ursprünglich eigenständigen, theoretisch begründeten, sozialpädagogischen Fachlichkeitsanspruch, wie ihn noch Anna von Gierke vertrat, nicht mehr die Rede, vielmehr schwingt das „Mutter-Dilemma" des Erzieherinnenberufs mit, weil dieser Beruf offenbar weniger auf theoretischem Wissen und Können beruht als auf weiblicher Intuition. Hinzu kommt, dass es praktisch seit der Selbstauflösung des Deutschen Fröbel-Verbandes keine Organisation gab, die als Dachverband die Fortführung eines fachpolitischen Diskurses in der Kindergartenpädagogik betrieb und zugleich auch als berufliche Interessenvertretung fungierte. Einen Dachverband, wie es der Zusammenschluss der sich 1920 konstituierenden Arbeitsgemeinschaft der Berufsverbände der Wohlfahrtspflegerinnen war, der sich bereits 1950 als „Deutscher Berufsverband der Sozialarbeiterinnen" (DBS) wieder neu gegründet hatte, gab es für den Erzieherinnenberuf ohnehin nie. Zu dieser Zeit hatte sich in der Sozialarbeit, nicht zuletzt auch wegen der zunehmenden Mitwirkung von Männern und einer fach- und berufspolitischen Interessenvertretung durch Organisationen wie den Deutschen Verein für öffentliche und private Fürsorge und die Soziale Gilde, ein deutlicher Professionalisierungsschub vollzogen. Schon 1956 waren die ehemals sozialen Frauenschulen beziehungsweise Wohlfahrtsschulen zu Höheren Fachschulen aufgewertet worden. Im Rahmen von fachspezifischen Bildungsprogrammen hatte die soziale Arbeit vor allem aus den USA neue Impulse im Bereich der Methodik erhalten. Gesetzliche Rahmenbedingungen der sozialen Arbeit und ein theoriebasiertes, methodisches „Handwerkszeug" bildeten die Grundlage für die Entwicklung eines handlungsorientierten Qualifikationsprofils. Das stand dem Erzieherinnenberuf nicht zur Verfügung. Die Alleinverantwortlichkeit der Frau beziehungsweise die Annahme einer selbstverständlichen „Mutterausschließlichkeit" in der Erziehung, Bildung und Betreuung kleiner Kinder, welche mit der weiblichen Natur begründet wurde, und die dafür notwendigen Tätigkeiten wurden nicht nur nicht als Arbeit anerkannt, sondern auch nicht zum Gegenstand wissenschaftlicher pädagogischer Forschung gemacht. Selbst wenn hier und da bereits anklang, den Beruf für Männer öffnen zu wollen – zum Beispiel wünschte man sich, dass Männer in Heimen die Betreuung und Erziehung „älterer und schwieriger Kinder" übernehmen und im Hort die „überwiegend weiblich betonte Erziehung des vaterlosen Kindes" (zitiert nach Pestalozzi-Fröbel-Haus [Hrsg.] 1991) ergänzen sollten –, so wurde doch auch in der Jugendhilfe an der grundsätzlichen Zuständigkeit der Frau für das Kind im Vorschulalter festgehalten.

Männliche Pädagogen machten aber auch – ob als Erziehungswissenschaftler oder als Erzieher, Fachberater, Lehrer oder auch Schulleiter – den Berufsfrauen der Kindergartenpädagogik in Theorie und Praxis das Feld (noch) nicht streitig. Bis in die 1970er Jahre hinein lagen das Kindergartenwesen und die Ausbildung der Erzieherinnen in der Bundesrepublik Deutschland in der Regie der Fachfrauen. Diese taten sich bei aller Fachkompetenz schwer, effektive Strategien zu entwickeln, um fach- und berufspolitische Interessen durchzusetzen, zumal sie auch nicht mehr in emanzipatorische Programme einer wie auch immer gearteten deutschen Frauenbewegung eingebunden waren, wie dies noch in der Zeit vor 1933 der Fall war. In der schwierigen Aufbauphase des Kindergartenwesens gelang es den fachpolitisch engagierten und profilierten Fachfrauen des PFV nicht, sich mit ihren durchaus innovativen Konzepten durchzusetzen.

Der Bildungsauftrag des Kindergartens wird neu entdeckt

Ein Jahr, nachdem das Gutachten des Deutschen Ausschusses für das Erziehungs- und Bildungswesen erschienen war (1958), erhielt die Diskussion um eine Reform des deutschen Bildungswesens einen entscheidenden Impuls durch den so genannten „Sputnik-Schock". Es war die Zeit des „Kalten Krieges". Der Wettstreit der Großmächte in der Erforschung des Weltraums berührte auch Fragen der Leistungsfähigkeit des jeweiligen Bildungssystems. Die bildungspolitische Diskussion schwappte auf die Bundesrepublik Deutschland über, und in Zusammenhang mit neueren

Erkenntnissen der Sozialisationsforschung wurden von den Bildungsexperten Strategien zur Steigerung intellektueller Fähigkeiten durch entsprechende Bildungs- und Erziehungsmaßnahmen auch bei Kindern im vorschulischen Alter entwickelt. In diese Zeit der Debatte um eine Bildungsreform in Deutschland fiel ein Politikwechsel. Die neue sozialliberale Regierung unter Willy Brandt unterstützte die umfangreichen Reformprojekte, die zur Abwendung der „Bildungskatastrophe" (Georg Picht) auf den Weg gebracht wurden. Auf den Erkenntnissen der Sozialisationsforschung basierend, forderte der „Strukturplan für das deutsche Bildungswesen", der 1970 veröffentlicht wurde, auch ein Umdenken in der Kindergartenpädagogik. Nun erst kamen die Ergebnisse der Kindheitsforschung aus den 1920er Jahren wirklich zum Tragen. Nicht nur, dass die Familie als alleinige Sozialisationsinstanz wegen nur eingeschränkter Lernmöglichkeiten für das Kind in Frage gestellt wurde, Kritik wurde auch an der traditionellen Kindergartenpädagogik geübt. Denn diese hatte – wissenschaftlich lange vernachlässigt – nur in Ansätzen ein eigenständiges, begriffliches Instrumentarium zur theoretischen Absicherung ihres pädagogischen Konzeptes entwickeln können. Die in Anlehnung an Fröbels Bildungsverständnis aus dem 19. Jahrhundert überlieferte Lernumwelt des Kindes, das Konzept des in einem Schonraum und im spielerischen Umgang selbsttätig reifenden Kindes, wurde in diesem Reformprozess ausgehend von Kriterien schulischen Lernens und neuer curricularer Konzepte grundlegend in Frage gestellt.

Vorausgegangen war 1967 eine öffentlich ausgetragene Kontroverse zwischen Erika Hoffmann als Sprecherin des Pestalozzi-Fröbel-Verbandes und dem Psychologen Heinz-Rolf Lückert, Wortführer einer Gruppe von Psychologen und Erziehungswissenschaftlern, die mit Nachdruck einer Vorschulpädagogik das Wort redeten, in deren Mittelpunkt die Förderung kognitiver Fähigkeiten stand. Die von der Sozialisationsforschung und Entwicklungspsychologie bereitgestellten Erkenntnisse über die frühe Lernfähigkeit von Kindern waren rasch in pädagogische Programme einer planmäßigen Begabungsförderung vor dem Schuleintritt umgemünzt worden. Diese Programme basaler Bildungsförderung in den Bereichen eines frühen Lesens, Schreibens und Rechnens fanden in kürzester Zeit auf kommerziellem Wege große Verbreitung, vor allem auf Veranlassung aufstiegsorientierter Eltern aus der Mittelschicht, die die Möglichkeit sahen, ihren Kindern auf diesem Wege zu besseren schulischen und langfristig auch zu besseren beruflichen Chancen zu verhelfen. Für das Selbstverständnis und die Praxis der Kindergartenpädagogik stellte diese Entwicklung, insbesondere die Konfrontation mit diesem curricularen Konzept von Bildung im Kindergarten, eine große Herausforderung dar.

Einerseits entsprach die Zuordnung der öffentlichen Kleinkinderziehung zum Elementarbereich des Bildungswesens dem, was seit Pestalozzi und Fröbel als wesentlicher Bildungsauftrag des Kindergartens verstanden wurde, andererseits sah man in dieser Didaktisierung der Kindergartenpädagogik auch eine Gefahr für die Eigenständigkeit seines Erziehungs- und Bildungsauftrags. Der PFV versuchte als Fachverband, die Bildungseuphorie kritisch zu hinterfragen, indem er dafür plädierte, dass der Kindergarten zwar nicht mehr als Schutz- und Schonraum, aber als „Übungsraum" fungieren solle. In diesem, an der Lebenswelt des Kindes orientierten Raum sollten die Kinder in einer ihrem Alter gemäßen spielerischen Form sich selbst, die Welt und die Gesellschaft in der „ihnen möglichen Erlebnisweise verstehen lernen". Und mit dieser ökologischen Perspektive auf das, was der Kindergarten für das Aufwachsen von Kindern bedeuten sollte, sprach der PFV einen gesellschaftlichen Trend an, den Hartmut von Hentig in seinem Vorwort zu Ariès' „Geschichte der Kindheit" (1975) problematisiert: Kindheit heute wäre nicht mehr in der Gegenwart gelebte Kindheit, sondern Zukunftskindheit. Pädagogen ließen sich diktieren, auf welche Zukunft hin Kinder erzogen beziehungsweise gebildet werden sollten und vernachlässigten die für die Pädagogik wichtigste Frage, welche Unterstützung Kinder brauchen, um die segmentierten und teilweise widersprüchlichen Sozialisationskontexte ihrer Lebenswirklichkeit in ein Selbstkonzept integrativ zu verarbeiten.

Die Kontroverse um die „Vorschulerziehung" spitzte sich jedoch auch vor dem Hintergrund der studentischen Protestbewegung zu. Die aus ihr hervorgegangene, so genannte antiautoritäre Kinderladenbewegung als Alternative zur herkömmlichen Kindergartenpädagogik reihte sich in den Chor der kindergartenkritischen Stimmen ein. Ein Höhepunkt der Auseinandersetzung stellte der „Vorschulkongress" 1970 in Hannover dar. In einem Bericht gibt Elisabeth Siegel ihre Eindrücke von dieser Großveranstaltung, an der überwiegend junge Menschen und neben Kindergärtnerinnen und Volksschullehrern auch viele Eltern teilnahmen, wieder (Blätter des PFV, Heft 6/1970):

Außerdem kamen Gruppen zum Kongress – teils sichtbare mit roten Fahnen oder in Ordenstracht, teils äußerlich als solche nicht ohne Weiteres in ihrem Urteil oder in ihren Erwartungen und Absichten zu erkennen –, die gerüstet zur Verteidigung oder auch zum Angriff oder auch mit dem Ziel, die Teilnehmer zu Mitstreitern zu machen durch die Anrede „Genossen" oder wenigstens in die sie fördernde Organisation einzugliedern (wie die GEW – Gewerkschaft Erziehung und Wissenschaft) –, die sich gegenseitig mit ihren Zielen und Überzeugungen im Wege waren.

Trotzdem gab es Gemeinsamkeiten. Obwohl keine Entschließungen verabschiedet wurden, war man sich in folgenden Punkten einig: Für das Fachpersonal wurde eine verbesserte Ausbildung, ständige Weiterbildung, Zusatzqualifikationen für besondere Aufgaben und Zeit für Vorbereitung gefordert. Die „Vorschule" unterscheide sich zwar in ihrer Zielsetzung von der Schule, dennoch solle der Sozialpädagoge einen dem Lehrer vergleichbaren sozialen Status erhalten, und um Chancengleichheit für alle Kinder herzustellen, solle Vorschulerziehung kostenfrei sein. Trotz dieser ermutigenden Impulse hinterließ der Kongress bei den teilnehmenden Kindergärtnerinnen einen eher zwiespältigen Eindruck.

Die Kritik am Kindergarten, der – im Unterschied zur Entwicklung in der DDR – ausschließlich Gegenstand sozialpolitischer Entscheidungen war, kam nicht mehr nur allein von der „außerparlamentarischen Opposition", wie sich die Protestbewegung der 68er nannte, die gegen autoritäre Strukturen in allen relevanten gesellschaftlichen Bereichen zu Felde zog. Die Bildungspolitik selbst nahm kritisch Stellung:

Die pädagogische Praxis des heutigen Kindergartens entspricht der Theorie des selbsttätig reifenden Kindes. Man wartet darauf, was das Kind in seiner Entwicklung selbsttätig hervorbringt, um dann das herangereifte Vermögen zu stärken und zu fördern. Die an diesen pädagogischen Leitgedanken orientierten Spiele und Tätigkeiten der heutigen Kindergärten bedeuten durchaus eine Bereicherung der Lebenswelt der Kinder. Der Erfolg bleibt jedoch meist hinter dem zurück, was von einer modernen Kleinkindpädagogik im Kindergarten erwartet wird und nach neueren Forschungen auch erwartet werden darf. (Deutscher Bildungsrat, 1970, zitiert nach Aden-Grossmann, W. 2002)

Der Kindergarten sollte nach den Vorstellungen des Deutschen Bildungsrats als Elementarbereich die unterste Stufe des deutschen Bildungswesens darstellen. Ohne der Schule und dem schulischen Lernen vorzugreifen, sollte die „Vorschulerziehung" dennoch die Kinder auf die Schule vorbereiten. In zahlreichen, von der Bundesregierung geförderten Modellprojekten wurden unterschiedliche curriculare Ansätze erprobt. Neben einer Reihe von Förderprogrammen, die funktions- und disziplinorientierte Curriculumbausteine im Kindergarten einzuführen versuchten, war es schließlich Robinsohns Konzept der Curriculumentwicklung, das für die Neuorientierung der Kindergartenpädagogik wegweisend wurde. Es geht von drei Realisierungsschritten aus: Zunächst werden wichtige Lebenssituationen ermittelt, in denen Kinder gegenwärtig und zukünftig handeln müssen; dann werden die zur Bewältigung dieser Situationen notwendigen Qualifikationen formuliert; schließlich erfolgt die Vermittlung dieser Qualifikationen an die Kinder über Spiele, Projekte und andere altersgemäße Lehr- und Lernstrategien. Dieser so genannte „Situationsansatz" erwies sich für eine theoretische Neubestimmung der Kindergartenpädagogik deswegen als besonders ergiebig, weil er es ermöglichte, Grundelemente der traditionellen sozialpädagogischen Orientierung mit der neuen Struktur curricularer Ausrichtung zu verbinden. Das in den Jahren 1975 bis 1978 durchgeführte „Erprobungsprogramm für Curriculummaterialien im Elementarbereich" festigte die Grundlagen einer neuen wissenschaftsorientierten Kindergartenpädagogik.

Von den Reformvorschlägen aus dieser Zeit ist wenig umgesetzt worden. Schon in der Pressekonferenz, die sich an die Tagung „Elementarbereich '80" anschloss, die unter Federführung des Pestalozzi-Fröbel-Verbandes zum Ziel hatte, eine Auswertung der Erprobungsphase vorzunehmen, begnügten sich die Veranstalter damit, „die Bedeutung des Kindergartens insbesondere auch in finanzschwachen Zeiten zu betonen." Vielleicht weil sich schon andeutete, dass die Reformen nicht – wie erhofft – gegriffen hatten und insbesondere nicht dazu geführt hatten, dass Kinder aus sozial benachteiligten Familien besser als zuvor gefördert wurden. Jedenfalls stellten die Verfasser des 5. Jugendberichts der Bundesregierung 1982 abschließend fest, „dass mit dem Ausbau der vorschulischen Erziehung die Schere zwischen denen, die – interessiert und bildungsmotiviert – nun auch besser gefördert werden, und denen, die – bildungsabstinent und sozial benachteiligt – eine wirkungsvollere Förderung bräuchten, eher größer wird."

Warum der Situationsansatz als Bezugsrahmen reformierter Arbeit im Kindergarten – mit den wesentlichen Merkmalen Lernen für Lebenssituationen, Verbindung von sozialem und sachbezogenem Lernen, altersgemischte Gruppen, Mitwirkung von Eltern und anderen Erwachsenen, gemeinwesenorientierte Arbeit, offene Planung und Einrichtung des Kindergartens als Lebensraum – sich nicht nachhaltiger in der pädagogischen Praxis durchsetzen konnte, lag unter anderem daran, dass er an den vormodernen Organisationsstrukturen des Kindergartens, einschließlich seiner Personalstruktur, scheiterte.

Zwar war Minnie Stahl, Schulleiterin einer Ausbildungsstätte für sozialpädagogische Berufe in Bremen und von 1958 bis 1968 Vorsitzendes des PFV, wegen ihres engagierten Auftretens in der auch medienöffentlich geführten Debatte um die Vorschulerziehung 1966 als einziges weibliches Mitglied in den Deutschen Bildungsrat berufen worden; zwar kulminierte etwa zur gleichen Zeit die Debatte um eine Reform der Erzieherausbildung, dennoch gelang es nicht, die Reformziele aufeinander abzustimmen. Schon zu dieser Zeit hatten sich das Beschäftigungssystem, die Kinder- und Jugendhilfe und das Ausbildungssystem soweit voneinander entfernt, dass in der neuen wissenschaftsorientierten Kindergartenpädagogik der Schlüsselfunktion, die der Erzieherin in der angestrebten Kindergartenreform zufiel, kaum Beachtung geschenkt wurde.

Sozialer Wandel und Krise des Sozialstaats

Eine sich um das Thema „Das Unbehagen der Frau" in den 1970er Jahren neu formierende Frauenbewegung in Deutschland deckte auf, dass die Probleme Arbeit, Haushalt und Kindererziehung nicht allein Probleme der Frauen waren, sondern Symptome einer fundamentalen Ungleichheit von Mann und Frau. Trotz der gesetzlich verankerten Gleichberechtigung war die soziale Ungleichheit zwischen den Geschlechtern in der Alltagswirklichkeit sehr groß. Der Wunsch der Frauen nach mehr Selbstbestimmung und Selbstentfaltung jenseits einer vorgegebenen normierten Lebensplanung schlug sich auch im privaten Geschlechterverhältnis nieder, die Scheidungsrate und die Zahl der allein erziehenden Mütter nahmen zu.

Auch in den Medien wurden die Veränderungen des innerfamiliären Kräfteverhältnisses thematisiert. „Von Frauen für Frauen" war die erste TV-Sendung, die sich ausschließlich mit Frauenthemen befasste. Aber auch Fernsehserien wie „Die Unverbesserlichen" handelten von den Problemen des sozialen Wandels. Zwar verkörperte Käthe Scholz, gespielt von der Volksschauspielerin Inge Meysel, noch die klassische Rolle der Nur-Hausfrau, aber sie ist weit entfernt von einem sanften, sich willig unterordnenden Mutterideal. Als starke Frau stellt sie sich den Konflikten, denn nichts ist mehr so, wie es sein sollte: Die Konflikte mit den Kindern werden größer und heftiger, die Oma muss ins Altersheim gebracht werden und der Mann, der Ernährer der Familie, wird arbeitslos und krank.

Schon Ende der 1970er Jahre stagnierte der wirtschaftliche Aufschwung. Knapper und teurer werdende Rohstoffe führten zu einer Krise des Sozialstaats. Das Sozialsystem in Deutschland war gegründet auf eine Wirtschaft, in deren Mittelpunkt die Arbeit stand, die klassische Familie mit dem Mann als Ernährer, Menschen mit festen Einkommen, einem ordentlichen Lebenslauf und Rentenanspruch mit 65 Jahren. Ende der 1970er Jahre war diese Lebensform schon nicht mehr die Regel, und wegen der zunehmenden Scheidungsrate wuchs die Zahl der Familien ohne Ernährer. Der Faktor Arbeit, an den das System gebunden war, wurde instabil. Automatisierung und Rationalisierung schritten voran, immer mehr Menschen wurden aus dem Arbeitsprozess ausgeschlossen. Die Sozialleistungen, ursprünglich als Absicherung gegen die Folgen von Arbeitsunfällen oder vorübergehende Arbeitslosigkeit und ähnliche Risiken gedacht, erfüllten jetzt auf einmal den Zweck, die sozialen Folgen der Scheidungen und der Langzeitarbeitslosigkeit auszugleichen.

Die wirtschaftliche Krise war jedoch noch nicht alles. Im Zusammenhang mit dem RAF-Terrorismus in den 1970er Jahren war auch das innenpolitische Klima rauer geworden. 1982 wurde die sozialliberale Koalition abgelöst. In der Familienpolitik der CDU/CSU-Regierung unter Bundeskanzler Helmut Kohl verstärkten sich die restaurativen Tendenzen. Zunahme der Scheidungsraten, steigende Arbeitslosigkeit, die wachsende Finanznot der Länder sowie das Bemühen einer konservativen Familien- und Frauenpolitik, die Berufstätigkeit verheirateter Frauen und Mütter nicht durch die Einrichtung von Kindertageseinrichtungen zu fördern, waren Anlass für die Christlich-Demokratische Arbeitnehmerschaft (CDA), in einem Grundsatzpapier in Leitsätzen „die sanfte Macht der Familie" zu beschreiben. Darin wurde verkündet, dass nur die Mutterarbeit zur Selbstverwirklichung der Frau führen könne. Ausgehend von einem Mutterbild, das die Mutter für unersetzlich erklärt, wurde in diesem Grundsatzpapier ein Erziehungsgeld für die Mutterarbeit gefordert, das einen „bescheidenen Ausgleich für die Entlastung der Gesellschaft von den sozialen Folgekosten unzureichender Möglichkeiten mütterlicher Zuwendung" bilden sollte (Sozialausschüsse der Christlich-Demokratischen Arbeitsgemeinschaft [Hrsg.] 1981). Familienverbände unterstützten diese Forderungen. In einer Resolution „Zur psychischen Sanierung der Familie" griff die Deutsche evangelische Arbeitsgemeinschaft für Erwachsenenbildung e.V. (DEAE) 1985 ein Wort von Bundeskanzler Kohl auf und verlangte politische Maßnahmen für eine „Renaissance der Mütter", weil eine „Zunahme der negativen Sozialindikatoren" wie „Raubkriminalität, Suchterkrankungen, Geburtenschwund, Ehescheidung" zu einer wachsenden Instabilität der Familie geführt hätten. Schuld daran sei die „veränderte Situation der Frau heute – ihre größere Unabhängigkeit, ihre einseitige Erziehung zum Beruf einerseits und die Benachteiligung der Funktion der Familienmutter andererseits."

Dasselbe Erklärungsmuster wird in einer Vielzahl wissenschaftlicher, vor allem psychologischer und kindermedizinischer Untersuchungen zu den angeblich negativen Auswirkungen mütterlicher Berufstätigkeit auf die Entwicklung der Kinder angeführt.

Obwohl seit 1975 – dem Internationalen Jahr der Frau – eine deutliche Politisierung der in den Parteien engagierten Frauen stattgefunden hat und sich auch in der CDU die Frauen zu einer Arbeitsgemeinschaft zusammengeschlossen haben, um auf diese Weise schlagkräftiger Fraueninteressen innerhalb der Partei vertreten zu können, wollten einflussreiche Gruppen der CDU die Alltagswirklichkeit von Frauen und deren „real veränderte Lebensplanung" (Süssmuth, R. 2000) nicht zur Kenntnis nehmen. Rita Süssmuth, Erziehungswissenschaftlerin, war 1985 in das Kabinett der Regierung als Bundesministerin für Familie, Jugend und Gesundheit – zwei Jahre später auch zuständig für Frauen – berufen worden. Rückblickend auf ihre Erfahrungen in der Politik, resümiert sie, dass der Rechtsanspruch auf einen Kindergartenplatz, der erst 1996 für die Drei- bis Sechsjährigen in Kraft trat, als ein Gesetzentwurf im Rahmen eines neu geordneten Kinder- und Jugendhilfegesetzes schon zu ihrer Amtszeit vorlag, aber am „Widerstand der Bundesländer, vor allem

Niedersachsens" (damals CDU-regiert) scheiterte. Und sie schließt diese Feststellung mit der Bemerkung, dass „in der Folge der Anteil der allein Erziehenden, die auf Sozialhilfe angewiesen waren, stieg" (Süssmuth, R. 2000). Pikanterweise war zu dieser Zeit Ernst Albrecht Ministerpräsident von Niedersachsen, Vater der 2005 in das Kabinett von Bundeskanzlerin Merkel berufenen Familienministerin Ursula von der Leyen.

Von der Neuen Frauenbewegung wurde dieser rückwärtsgewandte Trend in der Familienpolitik weitgehend ignoriert. Überhaupt waren die Errungenschaften der alten bürgerlichen Frauenbewegung von der neuen Frauenbewegung, die sich im Zuge der allgemeinen Protestbewegungen Ende der 1960er Jahre formiert hatte, gründlich vergessen worden. Offenbar hat dieser Bruch in der deutschen Frauenbewegung vor allem etwas mit der unter der Regierung Adenauer praktizierten politischen Repression gegen radikale, unbequeme, nonkonformistische Einstellungen und Positionen zu tun. Es waren wahrscheinlich auch mehrere Bewegungen, die Ende der 1960er Jahre unter dem Kürzel der „68er" einen gesellschaftlichen Wandel einleiteten. Ob Hippiebewegung oder Außerparlamentarische Opposition (APO), ob Künstler, Studenten oder Frauen, allen gemeinsam war die Abneigung gegen autoritäre Strukturen im Privaten wie in den Institutionen. Ohne Frage hatte sich die 68er-Studentenbewegung politisierend vor allem auf die Frauen mit akademischer Bildung ausgewirkt, die mit der Neuen Frauenbewegung sympathisierten. Leitende Themen waren jedoch weniger allgemeine Fragen der Gleichberechtigung, sondern eher solche, die sich auf das Private, auch im Geschlechterverhältnis, und auf die Selbstbestimmung der Frau bezogen.

Der soziale Wandel jedoch, insbesondere die zunehmende Doppelorientierung der Frau, die in ihrem Lebensentwurf danach trachtete, Berufstätigkeit und Familienaufgaben zu vereinbaren, war nicht mehr aufzuhalten. Immer mehr Frauen arbeiteten auch dann weiter, wenn sie eine Familie hatten. Wegen der verbesserten Verhütungsmittel und aufgrund der Einführung der Anti-Babypille wurden weniger Kinder geboren. Die moderne Wohnung war viel leichter sauber zu halten, Waschmaschinen und andere Geräte nahmen den Frauen die Hausarbeit ab. Allerdings wurde auch immer deutlicher erkennbar, dass arbeitende Frauen – gerade die hoch qualifizierten unter ihnen – nicht in der Art und Weise Karriere machen konnten wie die Männer.

Die Feministinnen der Neuen Frauenbewegung, auch die, die sich politisch engagierten, vermieden es – mehr oder weniger ängstlich abwehrend –, sich mit konkreten Fragen einer Mütterpolitik zu befassen. Diese „Mütterfeindlichkeit" der Neuen Frauenbewegung bezog sich auf all jene Politikbereiche, die Männer auch im Privaten gern den Frauen überlassen, wie etwa Pflege und Erziehung. Eine Politik für Mütter – womöglich noch mit einer Herzensrhetorik verknüpft – war kein Thema, womit „frau" in der Neuen Frauenbewegung und in der neuen politischen Gruppierung (seit 1981 Alternative Liste, AL, dann „Grüne/AL" und seit 1993 Bündnis 90/Die Grünen), die im Rahmen der Alternativbewegung entstanden war, reüssieren konnte. Diese allseitige Nicht-Beachtung beziehungsweise Bedeutungslosigkeit von Tätigkeiten, die Frauen neben ihrer Erwerbsarbeit ausüben wie putzen, pflegen, erziehen schlug sich auch in den Frauenberufen nieder, für die Frauen als besonders geeignet galten. So war auch das Ansehen des Erzieherinnenberufs an einem Tiefpunkt angelangt. Mit dazu beigetragen hatte eine nicht enden wollende Debatte um die unzureichende Ausbildung von Erzieherinnen und Erziehern.

9 Wie lernen Erzieherinnen ihren Beruf?

Wie kein anderer Fachverband hatte sich der Pestalozzi-Fröbel-Verband (PFV) frühzeitig und immer wieder mit eigenen Konzepten um eine qualifizierte Ausbildung mit Fachlichkeitsanspruch bemüht, zumal von Seiten der Trägerverbände keine diesbezüglichen Initiativen zu erwarten waren. Bereits im Herbst 1945 hatten einzelne, überwiegend konfessionelle Ausbildungsstätten ihre Arbeit wieder aufgenommen. Aufgrund der Kulturhoheit der Länder unterlag die Ausbildung der Kindergärtnerin an den Kindergärtnerinnenseminaren – formal handelte es sich um Berufsfachschulen – den jeweiligen länderspezifischen Ausbildungsregelungen, die bis auf geringfügige Änderungen noch aus der Weimarer Zeit stammten. Da der überwiegende Teil der Ausbildungsstätten bis in die 1970er Jahre hinein in evangelischer oder katholischer Trägerschaft war, gab es bezogen auf die Zugangsvoraussetzungen, auf Ausbildungsdauer und hinsichtlich der Ausbildungsinhalte nicht nur länderspezifische, sondern darüber hinaus auch trägerspezifische Unterschiede im schulischen Anforderungsprofil.

Eine Berufsorganisation, die die Richtungsführung für die Neuordnung der sozialpädagogischen Berufe und die Weiterentwicklung der Ausbildung hätte übernehmen können, gab es nicht. Dennoch stand diese Aufgabe an, weil die Neufassung des Jugendwohlfahrtsgesetzes dies erforderlich machte.

Neuordnung der sozialpädagogischen Berufe

Der PFV hatte sich als zuständiger Fachverband nicht entschließen können, auf das Angebot der Sozialarbeit einzugehen, die beiden Ausbildungen der Sozialarbeiterin und der Jugendleiterin zu einem Bildungsgang an der Höheren Fachschule zu integrieren. Er befürchtete zu Recht, dass das eigenständige Profil der sozialpädagogischen Fachkraft, über das die Jugendleiterin durchaus verfügte, aufgehen würde in dem Profil der Sozialarbeiterin und dass der Qualifikationszuwachs, der das gestufte Aus- und Weiterbildungssystem garantierte, für das Praxisfeld Kindergarten verloren gehen würde.

Anstoß für den PFV, sich dezidiert mit der Neuordnung sozialpädagogischer Berufe zu befassen, gab der Stadtstaat Hamburg, der 1962 die bisher getrennten Ausbildungsgänge für die Arbeitsfelder Kindergarten und Hort sowie Heimerziehung und Jugendarbeit beziehungsweise Jugendpflege zusammenschloss. Anlass für diese Entscheidung war das am 1. Januar 1962 in Kraft getretene Jugendwohlfahrtsgesetz (JWG). Auf der Grundlage des Grundgesetzes regelte es nun die rechtlichen Rahmenbedingungen für den Aufbau einer modernen Jugendhilfe in der Bundesrepublik Deutschland. Gegenüber dem Reichsjugendwohlfahrtsgesetz (RJWG) war die so genannte „freiwillige Erziehungshilfe" neu hinzugekommen. Darunter wurden alle Angebote einer öffentlichen Erziehung gefasst, die die Eltern bei der Wahrnehmung ihrer Erziehungsaufgaben ergänzen und unterstützen. Hintergrund für die Einführung und den Ausbau dieser ambulanten Erziehungsdienste – zu denen auch die Kindertageseinrichtungen gehörten – war, dass in der Nachkriegszeit von den Jugendämtern relativ schnell die Unterbringung eines Kindes in ein geschlossenes Heim verfügt werden konnte, wenn es sich als so genanntes „Schlüsselkind" sich selbst überlassen, ohne elterliche Aufsicht „herumtrieb". In den meisten Fällen handelte es sich um Kinder im Schulkindalter, die ohne Vater aufwuchsen und von denen man annahm, dass ihre Mütter mit der Erziehung überfordert seien.

Zum einen war es also das Ziel, durch einen Ausbau von offenen familienunterstützenden Hilfen die Anzahl der in Heimen lebenden jungen Menschen zu reduzieren. Zum anderen ging es aber auch darum, dass es den Jugendämtern oblag, dafür Sorge zu tragen, dass den Heimen qualifiziertes Personal zur Verfügung stand. Etwa 80 Prozent der Heime befanden sich in den 1960er Jahren in konfessioneller, überwiegend katholischer Trägerschaft. Die Heimerziehung lag in den Händen von Ordensgemeinschaften, die eine im christlichen Glauben praktizierte, wenig reflektierte Straf- und Besserungspädagogik betrieben. Der Bedarf an ausgebildeten Heimerziehern war also groß.

In einem Grundsatzpapier der Gewerkschaft Öffentliche Dienste, Transport und Verkehr (ÖTV), das von der Fachgruppe Sozialarbeit zur „einheitlichen Gestaltung des Ausbildungswesens für sozialpädagogische Berufe in den Ländern der Bundesrepublik" eingereicht worden war, wurde mit Hinweis auf § 16 des JWG, der den Einsatz von Fachkräften ausdrücklich vorschrieb, beklagt, dass „sich bei allen in Frage kommenden

Institutionen ein ständig wachsender Personalmangel bemerkbar macht ... und die gegenwärtige zersplitterte Ausbildungsregelung keine Möglichkeit bietet, der Nachwuchsprobleme Herr zu werden" (Gewerkschaft Öffentliche Dienste, Transport und Verkehr, 1965). Auf Bundesebene hatte die ÖTV einen starken Bündnispartner auf ihrer Seite: Die „Gilde Soziale Arbeit", ein Zusammenschluss von Frauen und Männern aus der Praxis, der Lehre und der Wissenschaft der sozialen Arbeit, die sich 1925 gegründet hatte, an der Erarbeitung des neuen Jugendwohlfahrtsgesetzes maßgeblich beteiligt war und – so lange es noch keine wirksame Standes- oder Gewerkschaftsvertretungen gab – sich berufspolitischer Fragen und der Entwicklung zeitgemäßer Formen der sozialen Arbeit angenommen hatte. Mitglied der „Gilde Soziale Arbeit" war auch der an der Hamburger Jugendbehörde für diese Fragen zuständige Erziehungsdirektor Walter Thorun, der für das Hamburger Ausbildungskonzept von 1962 verantwortlich zeichnete. Dem Pestalozzi-Fröbel-Verband und generell dem Bereich der öffentlichen Kleinkinderziehung hingegen mangelte es an einer solchen fachpolitischen Lobby.

Die Spitzenverbände der Träger von Kindertageseinrichtungen hatten von Anfang an deutlich signalisiert, dass sie eine Neuordnung der sozialpädagogischen Berufe für nicht erforderlich hielten. Sie sahen keinen Handlungsbedarf. Aus ihrer Sicht genügte der gestufte Ausbildungsgang Kindergärtnerin/Jugendleiterin den beruflichen Anforderungen.

Die Zusammenführung der getrennten Ausbildungsgänge und die Einführung der Berufsbezeichnung Erzieherin/Erzieher war also nicht als großer Wurf einer wie auch immer fachlich begründeten Offensive zur Konzeptualisierung der beruflichen Bildung von Erzieherinnen und Erziehern zu verstehen, auch wenn dies in dem Vortrag Thoruns, den er auf einer Arbeitstagung des Pestalozzi-Fröbel-Verbandes (1965) zu dieser Neuregelung hielt, so klingt. Es ging hauptsächlich um die Lösung eines praktischen Problems, nämlich um die Steuerung und Regulierung eines Fachkräftebedarfs. Es muss wohl davon ausgegangen werden, dass der PFV, der zu der Zeit noch der einzige Fachverband war, der sich in der Ausbildung der Kindergärtnerinnen und der Jugendleiterinnen bundesweit fachliche Reputation erworben hatte, *vor* Einführung der Neuregelung durch den Hamburger Senat *nicht* um Stellungnahme gebeten worden war. Auch die Hamburger Zweigstelle des Pestalozzi-Fröbel-Verbandes und das Hamburger Fröbelseminar – eine der ältesten Ausbildungsstätten Deutschlands unter der Leitung von Luise Besser, ehemals Vorsitzende des PFV – scheinen vorher nicht angehört geworden zu sein. Der PFV unter dem Vorsitz von Minnie Stahl nahm jedoch diese Hamburger Ausbildungsregelung zum Anlass, um nun seinerseits einen Vorschlag für eine bundeseinheitliche Neuordnung der sozialpädagogischen Berufe zu erarbeiten. Auf einer Arbeitstagung (1965) stellte Erika Hoffmann das Konzept des Pestalozzi-Fröbel-Verbandes zu einer vierjährigen, einheitlichen Sozialpädagogen-Ausbildung vor und vertrat damit eine progressive, an der Fachkompetenz der Berufsträger orientierte inhaltliche und strukturelle Reform der Erzieherausbildung.

Zuvor hatte der Städtetag den Fachverbänden und den Gewerkschaften schon eine Plattform für die Aussprache über die unterschiedlichen Auffassungen gegeben, wobei sich im Wesentlichen drei Positionen abzeichneten. Die Träger konfessioneller Einrichtungen – Diakonie und Caritas – wollten an der bestehenden Struktur festhalten. Hamburg – unterstützt von der Gewerkschaft ÖTV (heute ver.di) – plädierte für eine einheitliche dreijährige Erzieherausbildung auf Fachschulniveau und eine Zusammenführung der Ausbildungsgänge für Sozialarbeiter, Jugendpfleger und Jugendleiterin zu einem Ausbildungsgang auf dem Niveau einer Höheren Fachschule (Akademie). Die Vertreter dieser Position beschränkten sich in ihrer Argumentation weitestgehend auf strukturelle Reformvorschläge. Der Pestalozzi-Fröbel-Verband sprach sich für eine eigenständige vierjährige Sozialpädagogenausbildung aus. Er begründete sein Ausbildungskonzept inhaltlich und nahm Stellung zu berufspädagogischen Fragen der Ausbildung.

Auch Erika Hoffmann ging – wie Walter Thorun – von einem gesellschaftlichen Wandel aus, der mit gewachsenen beruflichen Anforderungen an die Fachkräfte der öffentlichen Erziehung verbunden sei. Aber – im Unterschied zu ihm – formulierte sie ein sozialpädagogisches Qualifikationsprofil, indem sie bei den Aufgaben und Anforderungen ansetzte, auch von der ethischen Verantwortung der Erzieherin beziehungsweise des Erziehers sprach, jungen Menschen zu ihrem Recht auf Erziehung und Bildung zu verhelfen. Sie entwickelte ein zukunftsweisendes Berufskonzept, das leitend für die Ausbildung sein sollte. Im Zusammenhang mit curricularen Überlegungen verwies sie auf den Stellenwert der praktischen Ausbildung für die Entwicklung von Professionalität und forderte eine gemeinsame Zuständigkeit und Verantwortlichkeit von Jugendhilfe und Schule für die Ausbildung. Sehr weitsichtig warnte sie vor der Gefahr einer „Verschulung", dass nämlich am Ende die Fachschule an dem Anforderungsbedarf der Praxis vorbei ausbilden könne. Immer wieder äußerte sie Skepsis, ob sich das „Opfer", die Weiterbildung zur Jugendleiterin und damit den Beruf Jugendleiterin zugunsten einer solchen Vereinheitlichung aufzugeben, lohne – nicht, weil es ihr primär um die Aufstiegsmöglichkeit (oder, wie es in dem ÖTV-Papier im „Beamten-Deutsch" heißt, um den Aufstieg in den gehobenen Dienst) gehe, sondern weil dies für sie der „Königsweg" sei, der zur pädagogischen Professionalität führe. Dem Vorwurf, dass die Forderung nach einer vierjährigen Sozialpädagogen-Ausbildung im Vergleich zu der bestehenden dreijährigen Sozialarbeiterausbildung überzogen sei, wies sie souverän mit dem Hinweis zurück, dies sei eine Frage an die Sozialarbeit, die überlegen solle, ob die drei Jahre Ausbildung ausreichend seien.

Dem PFV ging es also nicht um die pragmatische Frage, hinsichtlich des Fachkräftemangels eine möglichst effektive und kostengünstige Lösung zu finden, sondern es ging ihm um ein sozialpädagogisches Berufskonzept, das den gewachsenen Anforderungen an die öffentliche Erziehung Rechnung tragen sollte. In seiner Stellungnahme spielte der PFV darauf an, dass der Kindergarten über Jahrzehnte hinweg ausschließlich ein Gegenstand der Sozialpolitik gewesen sei, dass er aber nunmehr aufgrund der aktuellen Bildungsdebatte die Aufmerksamkeit von Bildungsforschern und Bildungspolitikern erfahre und die Ausbildung mit neuen Anforderungen und Erwartungen an die vorschulische Erziehung und Bildung konfrontiert sei, denen der PFV mit seinem Vorschlag entsprechen wolle. Als einzige Trägerorganisation unterstützte die der Sozialdemokratischen Partei nahe stehende Arbeiterwohlfahrt (AWO) den Vorschlag des PFV zur Neuordnung der sozialpädagogischen Berufe.

Für den PFV war die Frage der Berufsbezeichnung wie auch der Wunsch, mehr Männer für den Erzieherberuf zu gewinnen, von marginaler Bedeutung. Weil dies aber als „Hoffnung" immer wieder – auch heute noch – in den Fachdiskussionen angesprochen wird, soll es nicht unerwähnt bleiben. Der Hamburger Senat hatte in der Einleitung zur Neuordnung der Erzieherausbildung sehr vollmundig formuliert: „Es gilt, gemeinsame Ausbildungswege sozialpädagogischer Berufe für Frauen und Männer zu finden. Eine entsprechende Neuordnung muss davon ausgehen, dass sozialpädagogische Berufe nicht reine Frauenberufe sind." Und in seinem Referat auf der Arbeitstagung des PFV im Mai 1965 führte Thorun aus, dass durch die Aufnahme „männlicher Berufsbewerber in die seit 1962 bestehende neue Ausbildungsordnung der Anteil männlicher Kräfte sich in Zukunft erhöhen" dürfte, so zum Beispiel in „Jugendfreizeitstätten und Erziehungsheimen", wo zu jenem Zeitpunkt 42 Prozent Erzieher und 58 Prozent weibliche Erziehungskräfte beschäftigt waren, und voller Zuversicht merkt er an, dass an der Staatlichen Fachschule für Erzieher in Hamburg von 350 Studierenden 70 männlichen Geschlechts seien (Thoron, W. 1965). Ein Abgleich der Zahlen dürfte 40 Jahre später kaum wesentliche Änderungen ergeben: Fachschulen für Sozialpädagogik in Großstädten haben etwa ein Fünftel männliche Studierende, die in der Regel eine Anstellung in Jugendfreizeiteinrichtungen oder in Einrichtungen der Hilfen zur Erziehung suchen und finden.

Im Rahmen dieser Grundsatzdiskussionen hatte die ÖTV einen Vorschlag für einen Ausbildungsrahmen unterbreitet, der das Nebeneinander von einer vierjährigen Ausbildung auf dem Niveau einer Höheren Fachschule (gehobener Dienst, vergleichbar mit dem Abschluss der Sozialarbeiterin beziehungsweise der Jugendleiterin) und einem dreijährigen Ausbildungsgang auf dem Niveau der Fachschule (mittlerer Dienst, Erzieher/in für Kindergärten, Horte und Heime) vorsah, zugleich aber auch eine Durchlässigkeit ermöglichen sollte: „Nach mindestens dreijähriger praktischer Tätigkeit soll es dem Absolventen der dreijährigen Ausbildung (Fachschule) offen stehen, die Ausbildung in einem gesonderten Aufbaukurs fortzusetzen", der zu einem vergleichbaren Abschluss wie dem der vierjährigen Ausbildung an der Höheren Fachschule führen sollte.

Aufgrund der Machtverhältnisse, die sich schon im Vorfeld abzeichneten, war es nicht weiter verwunderlich, dass im März 1967 die Kultusminister der Bundesländer in ihrer „Rahmenvereinbarung über die sozialpädagogischen Ausbildungsstätten", mit der die sozialpädagogischen Berufe neu geordnet wurden, weitestgehend die Hamburger Ausbildungsregelung übernahmen: Die Ausbildungsgänge für Kindergärtnerinnen/Hortner und Heimerzieher wurden zusammengefasst und nunmehr gemeinsam auf Fachschulniveau angeboten. Die Ausbildung dauerte drei Jahre, das letzte Jahr galt als Berufspraktikum. Zulassungsvoraussetzungen waren die mittlere Reife und eine abgeschlossene Berufsausbildung oder eine Berufstätigkeit beziehungsweise ein Vorpraktikum. Bei Aufnahme in die Fachschule sollten die Studierenden mindestens 18 Jahre alt sein.

Die Heraufsetzung des Aufnahmealters wie auch die Einführung eines Berufspraktikums waren strukturelle Veränderungen, die vor allem aus der Sicht der Heimerziehung zwingend erforderlich schienen. Zum einen sollten die angehenden Erzieherinnen und Erzieher nicht nur über eine gewisse Lebensreife verfügen und außerdem nach ihrer Ausbildung Tag- und Nachtdienste übernehmen können. Zum anderen waren Berufspraktikanten auch in den Kindertageseinrichtungen willkommene Arbeitskräfte für eine ohnehin dünne Personaldecke. Zwar sollte die Zweiphasigkeit der Ausbildung dazu dienen, die Schere zwischen Theorie und Praxis möglichst klein zu halten und den Übergang in die vollverantwortliche Berufstätigkeit zu erleichtern, doch wurden für Ausbildung und Anleitung der Berufspraktikanten in der Praxis weder finanzielle noch fachliche Ressourcen von den Trägern vorgehalten. In der Regel wurden die Berufspraktikanten nach zweijähriger fachschulischer Ausbildung in allen Arbeitsfeldern verantwortlich als Zweitkraft eingesetzt. Zu diesem Ergebnis kommt noch eine Untersuchung des Staatsinstituts für Frühpädagogik in München aus dem Jahre 1995.

Die staatlich anerkannte Erzieherin wurde entsprechend den Tätigkeitsmerkmalen im öffentlichen Dienst in die Vergütungsgruppe VII eingestuft. Schon Ende der 1960er Jahre war diese Eingruppierung nicht frei von geschlechtsspezifischer Diskriminierung. Im Tarifvertrag des öffentlichen Dienstes zur Eingruppierung der Beschäftigten im Sozial- und Erziehungsdienst (Anlage 1a, Abschnitt G des Bundes-Angestelltentarifvertrags, BAT) wird festgelegt, für welche Art von Arbeit man wie viel Geld bekommt. Dabei wird berücksichtigt, welche Ausbildung jemand hat und wie die fachlichen Arbeitsanforderungen zu bewerten sind. Nach dem geschlechtsneutralen Grundsatz „gleiches Geld für gleiche Arbeit" wird in den Tarifverhandlungen zwischen Gewerkschaften und Arbeitgeber die Eingruppierung anhand von Tätigkeitsmerkmalen, wie zum Beispiel Grad der Selbstständigkeit der Tätigkeit, ausgehandelt. Das Problem in diesem Aushandlungsprozess sind die unklaren Prüfkriterien, die eigentlich festlegen sollen, worin die Fachlichkeit des beruflichen Handelns von Erzieherinnen besteht. Zumindest auf Seiten der Arbeitgeber ist wenig Kenntnis über diesen Frauenberuf vorhanden. In einem

Beitrag des GEW-Vorsitzenden Erich Frister (Gewerkschaft für Erziehung und Wissenschaft, 1975) verweist dieser zu Recht auf die vorherrschende Meinung seitens der Arbeitgeber, dass die Tätigkeit, die zu über 90 Prozent von Frauen ausgeübt und deshalb auch als Frauenberuf wahrgenommen werde, lediglich eine „Teilbefähigung der für den Haushalt und Kinder erforderlichen Gesamtbefähigung der Frauen" beanspruche und im Falle des Erzieherinnenberufs deshalb zu einer „heimlichen", geschlechtsspezifischen Benachteiligung der Berufsgruppe in Bezug auf die Arbeitsbedingungen, die Bezahlung innerhalb der Tarifstruktur gegenüber von Männern dominierten Berufen, wie zum Beispiel bei der Müllabfuhr, und nicht zuletzt auch auf das gesellschaftliche Ansehen des Berufs führe. Nur wenige Erzieherinnen waren gewerkschaftlich organisiert und konnten deshalb auch nur relativ wenig Einfluss auf die Arbeitsbedingungen nehmen. Die Streikbereitschaft war gering.

Bestandteil der Neuordnung von 1967 war außerdem die Zusammenfassung der Ausbildungsgänge für Sozialarbeiter, Jugendpfleger und Jugendleiterinnen zu einer einheitlichen Ausbildung zum Sozialarbeiter, verbunden mit einer Statusanhebung der Ausbildungsstätte (zunächst Höhere Fachschule, dann Fachhochschule). Der Graduiertenabschluss entsprach einem ersten wissenschaftlichen Abschluss. Die Dauer der Ausbildung betrug vier Jahre, einschließlich eines einjährigen Berufspraktikums. Zugangsvoraussetzung war die mittlere Reife, eine abgeschlossene Berufsausbildung und ein Mindestalter von 19 Jahren.

Anfang der 1970er Jahre kam es zu neuen sozialpädagogischen Studiengängen an den zwischenzeitlich entstandenen Fachhochschulen und an den Universitäten, die mit den Kultusministerkonferenz-Regelungen für die Erzieherausbildung von 1967 weder konzeptionell noch strukturell verbunden waren. Erzieherinnen war es nun nur noch möglich, als so genannte „Quereinsteiger", das heißt über eine Einstufungsprüfung oder über den Besuch eines besonderen Lehrgangs zum Erwerb der Fachhochschulreife, ein Studium der Sozialpädagogik aufzunehmen. Versuche des Deutschen Vereins für öffentliche und private Fürsorge, bei der Kultusministerkonferenz mit Hinweis auf andere europäische Länder und internationale Organisationen wie die OECD die Gleichwertigkeit von beruflicher Ausbildung und allgemeinbildendem Schulabschluss zu erwirken, so dass ohne besondere Prüfung die Durchlässigkeit von Fachschule zu Fachhochschule gegeben wäre, scheiterten. Ein beruflicher Aufstieg, an dem nicht nur die einzelne Erzieherin interessiert war, sondern der auch der Professionalisierung der Kindergartenpraxis dienlich gewesen wäre, war nun nicht mehr möglich.

Die für das deutsche Bildungssystem und die deutsche Bildungspolitik typische Unterscheidung belastete von nun an auch die Reformbemühungen um eine Weiterentwicklung der Ausbildungsqualität in der Erzieherausbildung. In Abgrenzung zur Allgemeinbildung, die in Deutschland als eine eher zweckfreie Menschenbildung verstanden wird und letztlich – je umfassender sie ist – auf eine „höhere", das heißt konkret akademische Bildung des Menschen ausgerichtet ist, zielt die Berufsbildung auf alle berufsbezogenen Lernprozesse, die sich auf die Vermittlung und Einübung von Kenntnissen und Fertigkeiten, auch von Arbeitstugenden beziehen, die einem bestimmten Zweck dienen, nämlich der erfolgreichen Ausübung einer Berufstätigkeit. Berufsbildende Schulen vermitteln in einer vorgegebenen Organisationsform ein spezifisches Wissen. Das berufsschulische Lernen unterliegt einem bestimmten Nutzenkalkül. Effizient ist ein solcher Lern- beziehungsweise Ausbildungsprozess dann, wenn er den Schülern und Schülerinnen – das gilt auch für die Fachschulen beziehungsweise Fachakademien (Bayern und Sachsen) – in möglichst kurzer Zeit einen hohen Ertrag bringt. Dagegen ist an sich nichts einzuwenden, so lange man es nicht Bildung oder gar Menschenbildung oder Persönlichkeitsbildung nennt. Der Streit um die unterschiedliche Wertigkeit von akademischer Bildung und Berufsausbildung ist bezüglich des Erzieherinnenberufs in Deutschland immer noch nicht ausgestanden, obwohl zumindest heute Konsens darüber besteht, dass Erzieherausbildung vor allem auch Persönlichkeitsbildung ist, und zwar von Frauen und Männern.

Das Regelsystem für die nichtakademische, berufliche Ausbildung ist in Deutschland das duale System, das von einer gleichberechtigten Kooperation zweier Lernorte ausgeht. Berufschule und Ausbildungsbetrieb sind gleichermaßen verantwortlich für das Ausbildungsergebnis. Das duale Ausbildungssystem hat sich aus der traditionellen handwerklichen Lehre entwickelt und gilt heute als Regelwerk für alle Lehrberufe in Handwerk, Handel und Industrie. Diese Berufe verfügen mit ihren jeweiligen Kammern über eine selbstverwaltete, rechtsverbindliche Interessenvertretung. Diesen obliegt auch die Aufsicht über die von ihnen verbindlich geregelten Standards für die Berufsausbildung. Frauentypische Berufe waren und sind im dualen System unterrepräsentiert. In

DER SENATOR FÜR WISSENSCHAFT UND KUNST

URKUNDE

~~HERR~~ / FRAU / ~~FRÄULEIN~~

RITA ▓▓▓▓▓▓▓▓▓▓▓▓▓▓▓▓▓▓

GEBOREN AM ▓▓▓▓▓▓▓▓▓▓ IN Hannover

HAT AM 3. März 1967 AN DER FACHSCHULE FÜR JUGENDLEITERINNEN IM PESTALOZZI-FRÖBEL-HAUS ZU BERLIN

DIE STAATLICHE ABSCHLUSSPRÜFUNG FÜR JUGENDLEITERINNEN ABGELEGT.

ER / SIE IST GEMÄSS DER RICHTLINIEN FÜR DIE NACHTRÄGLICHE GRADUIERUNG VON SOZIALARBEITERN VOM 4. JULI 1972 (ABl. S. 1595) BERECHTIGT, DIE BEZEICHNUNG

SOZIALPÄDAGOGE (grad.)

ZU FÜHREN.

(Stamp: UNGÜLTIG DURCH NACHDIPLOMIERUNG)

BERLIN, DEN 8. Juni 1973

IM AUFTRAGE

(Unterschrift)

(Busse)

(Siegel)

Abb. 19 „Sozialpädagoge (grad.)" Urkunde über die Nachgraduierung der Jugendleiterin, 1973, mit Ungültigkeitsstempel

Wie lernen Erzieherinnen ihren Beruf? | 211

Der Senator für Wissenschaft und Forschung

URKUNDE

Frau /~~Herr~~ Rita ███████████████████

geboren am ████████████ in Hannover

hat am 3. März 1967 an der Fachschule für

Jugendleiterinnen im Pestalozzi-Fröbel-Haus zu Berlin

die staatliche Abschlußprüfung für /~~als~~ Jugendleiterinnen abgelegt.

Sie /~~Er~~ ist berechtigt, die Bezeichnung

Diplom-Sozialpädagoge

zu führen.

Berlin, den 24. November 1987

Im Auftrag

Pickard

Pickard

Abb. 20 „Diplom-Sozialpädagoge"
Urkunde über die Nachdiplomierung der Jugendleiterin, 1987

der Regel handelt es sich um Berufe mit einem begrenzten Qualifikationsprofil. Mit der Neuordnung des Erzieherberufs erfolgte seine strukturelle Einordnung in das vollzeitschulische Berufswesen. Ein auf gesetzlicher Grundlage basierender Einfluss seitens des Beschäftigungssystems, also der Kinder- und Jugendhilfe auf die Berufsausbildung, ist strukturell nicht vorgesehen.

Die Neuordnung der sozialpädagogischen Berufe ging einher mit der Abschaffung des Jugendleiterinnenberufs. Dies bedeutete nicht nur die Zerschlagung eines fast 60 Jahre währenden, aufeinander abgestimmten und gut funktionierenden Qualifikationssystems, sondern auch eine Deprofessionalisierung der Kindergartenpraxis sowie einen Verlust an Fachlichkeit und Praxisbezogenheit in der Lehre, in der Anleitung und in der Beratung von Erzieherinnen und Erziehern. Die formale Anhebung der Erzieherausbildung von Berufsfachschulniveau auf Fachschulniveau konnte in keiner Weise die destruktiven Folgen dieses Auseinanderbrechens des Qualifikationssystems auffangen. Mit dem Wegfall des Jugendleiterinnenberufs ist den Erzieherinnen nicht nur ein Aufstiegsberuf verloren gegangen. So lange es die Jugendleiterin gab, war sie in ihrer Funktion als Lehrerin, Leiterin und Fachberaterin aufgrund ihrer Berufsbiografie – immerhin hatte sie von „der Pike" auf gelernt – Garant und Vorbild für eine positiv mit dem Erzieherberuf identifizierte und involvierte Fachfrau. Die an der Fachhochschule ausgebildete Sozialpädagogin konnte sich zwar als eine gegenüber den akademisch ausgebildeten Lehrkräften nachgeordnete Lehrkraft für den berufsbezogenen Unterricht auch wieder in der Ausbildung etablieren, ihr eigentliches Berufsfeld ist jedoch die Fachberatung.

Aber auch die Fachberaterin leidet unter einem diffusen Berufskonzept. Fachberatung ist kein Berufsbild, „sondern eine Tätigkeit, die ganz unterschiedlich verstanden und in der Hierarchie unterschiedlich angesiedelt ist", stellt Beate Irskens in der Dokumentation zum Kongress „Mit uns auf Erfolgskurs – Fachberatung in Kindertagesstätten" (Oktober 1995, Berlin) fest. Demzufolge ist auch das Bild vom Beruf der Erzieherin, von dem sich die Fachberaterin in ihrer Arbeit mit Erzieherinnen leiten lässt, sehr unterschiedlich. Nur in einem stimmen die befragten Fachberaterinnen offenbar überein – so ein weiteres Ergebnis der Studie des Staatsinstituts für Frühpädagogik aus dem Jahre 1995: Die beruflichen Überforderungen, mit denen die Erzieherinnen, die sie beraten, zu kämpfen hatten, seien hauptsächlich der unzureichenden Ausbildung anzulasten. Auch als Leiterinnen von Kindertageseinrichtungen kommen Sozialpädagoginnen praktisch nicht vor. In einer Studie des Soziapädagogischen Instituts NRW (Strätz, R. 1995) wird festgestellt, dass nur acht Prozent der Leiterinnen von Kindertageseinrichtungen Sozialpädagoginnen sind.

Von daher ist es auch verständlich, warum der Lernort Praxis in keiner Weise dem Ausbildungsanspruch einer „betrieblichen Ausbildung" genügen kann, obwohl die Kultusministerkonferenz-Regelungen bis 2002 knapp die Hälfte der Ausbildungszeit als praktische Ausbildung vorsahen. Dieses strukturelle Loch zwischen fachtheoretischer und fachpraktischer Ausbildung belastete das ohnehin problematische Verhältnis von Theorie und Praxis in der Sozialpädagogik zusätzlich und erschwerte Reformbemühungen in der Ausbildung.

Die Verschulung der Ausbildung

Die Rahmenvereinbarung der Kultusministerkonferenz (KMK) von 1967 war die erste, die auf dieser Ebene für eine bundeseinheitliche Ausbildung der Erzieherinnen und Erzieher erlassen wurde. Fortan bewegten sich alle Reformvorschläge zur Verbesserung der Erzieherausbildung immer wieder in diesem Rahmen, dessen schulische Strukturen sich wie ein zu enges Korsett um den beruflichen Bildungsprozess angehender Erzieherinnen und Erzieher legen sollte. Schon nach drei Jahren zeichnete sich ab, dass diese Neuordnung der sozialpädagogischen Berufe bezüglich der Ausbildungsregelungen für Erzieherinnen und Erzieher änderungsbedürftig war. In der Geschichte der sozialpädagogischen Berufe kann man die Neuordnung der Ausbildungsgänge von 1967, deren Verhältnis weder konzeptionell noch bildungsplanerisch aufeinander abgestimmt war, getrost als Konstruktionsfehler bewerten, unter dem die Erzieherausbildung noch heute – im Jahre 2006 – zu leiden hat. In einer kritischen Aufarbeitung der KMK-Regelungen von 1967 kommt Werner Hopmann, leitender Sozialdirektor der Jugendbehörde in Berlin, 1970 zu dem Schluss, dass die Reformkonzeption für den Erzieherberuf deshalb „keinen Anklang gefunden hat, weil sie im Vergleich zur Sozialarbeiterausbildung eine zu große Kluft zwischen den Zulassungsanforderungen einerseits und dem Status der Ausbildung sowie dem Verdienst und den Aufstiegsmöglichkeiten ihrer Absolventen andererseits aufweist." Und er betont, „dass bei der Konzeption der Erzieherausbildung 1967 nicht nur fachliche Gesichtspunkte, sondern ebenso sehr finanzielle Überlegungen, das heißt die umstrittene Tarifsituation der Erzieher, Pate gestanden hatten".

Trotz länderspezifischer Unterschiede und einem Nord-Süd- und Stadt-Land-Gefälle hatte die Neufassung des Jugendwohlfahrtsgesetzes zu einem Ausbau an Betreuungsplätzen und damit zu einem Mehrbedarf an Fachkräften in Kindertageseinrichtungen geführt, so dass es zu Neugründungen von Ausbildungsstätten kam. Der Fachkräftebedarf machte auch eine Modifizierung der Aufnahmebedingungen der KMK-Vereinbarung von 1967 erforderlich. Das Mindestalter von 18 Jahren wurde abgeschafft, und die Anforderungen – was die beruflichen Vorerfahrungen anbelangt – wurden „elastisch" formuliert. Neben einem mittleren Schulabschluss genügte in der modifizierten Fassung von 1970 nunmehr auch eine einjährige „geeignete" praktische Tätigkeit, um in die Ausbildung aufgenommen zu werden. Auf Art und Durchführung dieser Tätigkeit hatte die Fachschule in der Regel keinen Einfluss.

Überhaupt handelte es sich im formalen Sinn nun nicht mehr um eine Fachschule, denn im deutschen Bildungssystem ist die Fachschule eine auf eine abgeschlossene Berufsausbildung aufbauende Weiterbildung, die auf so genanntem „postsekundärem" Niveau angesiedelt ist. Aber weder der unklare Status der Ausbildungsstätte noch die Tatsache, dass in den meisten Fachschulen – auch in den neu gegründeten – nach wie vor eine heimliche Kindergärtnerinnenausbildung stattfand, hinderten die Verantwortlichen daran, an der Struktur der Ausbildung festzuhalten. Auch wenn ein genauerer Vergleich der von den Ländern erlassenen Ausbildungs- und Prüfungsordnungen unter anderem hinsichtlich der Stundentafeln und der Ausbildungsinhalte größere Unterschiede der Ausbildungsgänge in den einzelnen Bundesländern deutlich werden ließ, unterschieden sie sich hinsichtlich des formalen Aufbaus der dreijährigen Ausbildung (bis auf Berlin und Hamburg) nicht wesentlich voneinander. Die Ausbildung umfasste einen zweijährigen Teil an der Fachschule, die eine fachtheoretische und praktische Grundausbildung und eine Erweiterung der Allgemeinbildung anstrebte. Im Rahmen dieser fachschulischen Ausbildung wurden Praktika durchgeführt, die nach Dauer und Zielsetzung in den einzelnen Bundesländern zum Teil sehr unterschiedlich waren. Dieser erste Ausbildungsabschnitt wurde mit einer Abschlussprüfung beendet. Als zweiter Teil schloss sich ein einjähriges Berufspraktikum an, das ebenfalls in Bezug auf den Status der Berufspraktikantin als Auszubildende, das Ausbildungskonzept und die Anleitung in der sozialpädagogischen Praxis in den einzelnen Bundesländern sehr unterschiedlich gehandhabt wurde. Am Ende des dritten Ausbildungsjahres musste durch ein Kolloquium oder eine Prüfung die staatliche Anerkennung als Erzieherin oder Erzieher erworben werden. Auch diese beiden Alternativen machen deutlich, wie geradezu beliebig die Standards waren, die als Nachweis für die Berufsbefähigung galten.

Der Fachlichkeitsanspruch wurde insgesamt heruntergeschraubt. Es ging vor allem um eine Deckung des Personalmangels. In einigen Ländern wurden berufsbegleitende Ausbildungsgänge oder verkürzte Sonderlehrgänge eingerichtet. Erzieherpraktikanten, aber auch Kinderpflegerinnen wurden nicht nur als Zweitkraft eingesetzt, sondern auch mit der Gruppenleitung beauftragt. Die Funktion der Jugendleiterin, die als Fachkraft für die Leitung einer Kindertageseinrichtung nicht mehr zur Verfügung stand, wurde von einer Erzieherin oder – ganz vereinzelt gab es sie – einem Erzieher wahrgenommen.

Der Berufsstand der Erzieherinnen war eindeutig der Verlierer in dieser Neukonzeption der sozialpädagogischen Berufe. Denn der Aufstiegsberuf zur Jugendleiterin stand den Erzieherinnen nicht mehr zur Verfügung, und nur für wenige Jahre war eine Durchlässigkeit zur Sozialarbeiter-/Sozialpädagogenausbildung gegeben. Dagegen mündete der Ausbildungsgang Sozialarbeiter/Sozialpädagoge, in den die Jugendleiterinnenausbildung eingegangen war, ohne Bruch und Widersprüchlichkeiten in die Gesetzgebung der Fachhochschulen ein, die Anfang der 1970er Jahre gegründet wurden. Nüchtern betrachtet, haben die 1967 eingeleiteten Reformmaßnahmen nicht zu der gewünschten Vereinheitlichung und Professionalisierung der Erzieherberufe geführt, sondern die hierarchischen Strukturen verfestigt und Probleme geschaffen, die in den nächsten Jahrzehnten auf Arbeitstagungen der Fachorganisationen und der Gewerkschaften die Diskussion um eine Entschulung der Ausbildung beherrschten. Das Ziel, durch eine ab 1967 erstmalig auf der Ebene der Kultusministerkonferenz beschlossene Rahmenvereinbarung bundesweit eine Vereinheitlichung der Erzieherausbildung zu erreichen, wurde seither durch länderspezifische Auslegungen ständig unterlaufen. Schon Mitte der 1970er Jahre kritisierte der Fachausschuss

„Aus- und Fortbildung" der AGJ, dass nicht nur sieben verschiedene Ausbildungsgänge zu dem Abschluss „staatlich anerkannter Erzieher" führen, sondern die Ausbildungsgänge von Bundesland zu Bundesland unterschiedlich gestaltet seien.

Aufgrund der Ergebnisse zweier Forschungsprojekte, die unter der Leitung von Wolfgang Klafki an der Philipps-Universität Marburg zur Erzieherausbildung an den Fachschulen Anfang der 1970er Jahre durchgeführt wurden, hatte Dietrich von Derschau auf einer Fachtagung der Gewerkschaft Erziehung und Wissenschaft (GEW) 1975 allen Grund zu fordern, dass es vor allem um eine inhaltliche Neubestimmung gehen müsse, wenn man die Erzieherausbildung ernsthaft reformieren wolle. Er kritisierte vor allem die Diskrepanz zwischen den vermittelten Inhalten und der Art der Vermittlung, also zwischen Ausbildungszielen und dem Ausbildungsprozess: „In der Gestaltung der sozialpädagogischen Ausbildung werden viele elementare pädagogische, lernpsychologische, psychoanalytische und sozialisationstheoretische Erkenntnisse zwar gelehrt und in Prüfungen abgefragt, jedoch nicht praktiziert" (Derschau, D. v. 1975). Und er forderte zu Recht ein, dass eine gewisse Übereinstimmung zwischen den Zielen der sozialpädagogischen Berufspraxis sowie den Inhalten und Methoden der dafür qualifizierenden Ausbildung bestehen solle. Stattdessen würde viel doziert, diskutiert und rational verfügbar gemacht, jedoch eine Einübung in die damit verbundenen Fähigkeiten und Fertigkeiten fände kaum statt oder würde sogar oft verhindert werden. Ursächlich dafür seien vor allem die schulischen Strukturen. Die Einbindung der Ausbildung in das berufsbildende Schulwesen ging vor allem mit einer Parzellierung der sozialpädagogischen Aufgaben in eine Vielzahl schulischer Unterrichtsfächer einher, einer fächerorientierten Didaktik und einer Organisation des Schulalltags, die ein selbstorganisiertes, fächerübergreifendes Arbeiten an berufsbezogenen Fragestellungen und ein handlungsorientiertes Qualifikationskonzept praktisch unmöglich machten.

Feministische Beiträge zur Ausbildung von Erzieherinnen an der Fachschule für Sozialpädagogik befassten sich mit der Frage, inwieweit durch die „männlichen Strukturen der Schule" – womit auf die straffe hierarchische „Linienorganisation" von Schule angespielt wird – ohnehin vorhandene weibliche Identitätsmuster bei den angehenden Erzieherinnen noch verstärkt würden. Versteht man unter Sozialisation den Prozess der Einbindung des Individuums in die Gesellschaft, einschließlich der zielgerichteten und der nicht zielgerichteten Einwirkungen, dann ist die Frage mehr als berechtigt, welche unbeabsichtigten, „heimlichen" Lehr- und Lernziele das Ausbildungsklima in einer Fachschule der 1970er und 1980er Jahre bestimmten und die berufliche Sozialisation der angehenden Erzieherinnen geprägt haben. Die Statusanhebung der Ausbildung von der Berufsfachschule zur Fachschule, verbunden mit dem Ausbau der Ausbildungskapazität in diesen Jahren, machte diese ehemalige „Frauenschule" auch für männliche Lehrkräfte attraktiv. Leider liegt aus dieser Zeit keine Statistik vor, aber es kann davon ausgegangen werden, dass allein die Schulleitungsstellen der neu gegründeten öffentlichen Fachschulen überwiegend mit Männern besetzt wurden. Auch die so genannten theoretischen Fächer wurden vermutlich eher mit Studienräten besetzt. Lediglich die in Status und Bezahlung, mitunter auch hinsichtlich des zu unterrichtenden Stundendeputats schlechter gestellten Lehrkräfte für die berufsbezogenen Fächer, wie zum Beispiel das Fach Praxis- und Methodenlehre – unterrichtet von nachdiplomierten Jugendleiterinnen oder Diplom-Sozialpädagoginnen –, waren fast ausschließlich Frauen.

Und selbst wenn der Anteil der Studienrätinnen an einer öffentlichen Fachschule überwog, so war wegen deren bildungsbürgerlich geprägten und geschlechtsspezifischen Sozialisationserfahrungen nicht zu erwarten, dass sie ein positives Bild von der Kindergartenpraxis und von dem Beruf hatten. In der Regel hatten sie – wenn sie Mutter waren – nur ein halbes Deputat, und ihre Kinder wurden entweder von einer Kinderfrau, in einer Eltern-Kind-Gruppe oder – in Abhängigkeit von der politischen Einstellung – in einem Kinderladen betreut. Abgesehen von den zu vermittelnden Inhalten, werden die mimetischen Signale, die die angehenden Erzieherinnen in ihrer Ausbildung empfangen haben, nicht dazu angetan gewesen sein, sie zu ermutigen und sie in einer positiven Einstellung zu ihrem Beruf und ihrer Arbeit zu bestärken.

In den Ausbildungsstätten in freier Trägerschaft war allein aufgrund einer historisch gewachsenen größeren Nähe zu den Praxiseinrichtungen und einer anderen Zusammensetzung des Kollegiums – weil beamtenrechtliche und schulische Laufbahnregelungen für diese nicht öffentlichen Schulen weniger zwingend vorgeschrieben sind – zumindest die Chance gegeben, sich mit den traditionellen Leitbildern von Familie, Kindheit und Kindergartenauftrag inhaltlich auseinander zu setzen, sich an den schulübergreifenden Fachdiskussionen zu beteiligen und neue, innovative Wege in der Ausbildung zu beschreiten. Nicht von ungefähr waren es auch neben der Gewerkschaft GEW vor allem die Fachverbände der Freien Wohlfahrtspflege, der Pestalozzi-Fröbel-Verband und der Fachausschuss Aus-, Fort- und Weiterbildung der AGJ, die sich wegen der Fortschreibung der verschulten Strukturen in der KMK-Rahmenvereinbarung von 1982 formierten, um gemeinsam dagegen anzukämpfen.

Denn trotz breiter und differenzierter Erörterungen in den Fachorganisationen und trotz durchaus pragmatischer Reformvorschläge auf der Grundlage des Marburger Forschungsprojekts war eine Verbesserung der Ausbildungsbedingungen in der Rahmenvereinbarung der Kultusministerkonferenz von 1982 nicht bewirkt worden. Im Gegenteil, erreicht wurde lediglich ein Minimum an vergleichbaren Standards, die sich vor allem in einer Verfestigung der schulischen Strukturen ausdrückten. Offenbar gingen die Länder- und Trägerinteressen soweit auseinander, dass man sich im Schulausschuss der Kultusministerkonferenz nur auf einen Minimalkonsens verständigen konnte. Dabei handelte es sich fast ausschließlich um Strukturdaten wie Ausbildungsdauer, Gliederung der Ausbildung in einen fachtheoretischen und einen fachpraktischen Teil sowie Umfang der Praktika, Anzahl der Unterrichtsstunden pro Woche, Stundentafel und Gliederung der Unterrichtsfächer in solche des allgemeinen und solche des berufsbezogenen Lernbereichs sowie Prüfungsbestimmungen.

Die neue Vereinbarung leistete nichts zur Integration von Theorie und Praxis in der Ausbildung, weil an der herkömmlichen Fächerstruktur und der Aufgliederung in fachtheoretische und allgemeine Fächer festgehalten wurde, was eine den Praxisaufgaben angemessene Unterrichtung in fächerübergreifenden Projekten unmöglich machte. Darüber hinaus traf die Rahmenvereinbarung keine Aussagen zu der notwendigen curricularen Einbindung der fachpraktischen Ausbildung, die immerhin knapp die Hälfte der Ausbildungszeit umfasste. Die Rahmenvereinbarung leistete keinen Beitrag zur Qualifikation der Lehrkräfte an Fachschulen/Fachakademien, geschweige denn zur Qualifikation der mit der Praxisanleitung beauftragten Gruppenerzieherinnen.

Symptomatisch für die bildungstheoretische und berufspolitische Bewertung der Erzieherausbildung war, dass die Fächer Soziologie, Politik und Technische Mittler (Medienpädagogik) in der Stundentafel der Rahmenvereinbarung von 1982 ersatzlos gestrichen worden waren und der Zugang zur Fachhochschule nur noch über ein zusätzliches Unterrichtsangebot und eine zusätzliche Prüfung erreicht werden konnte. Vergegenwärtigt man sich in diesem Zusammenhang den institutionellen Rahmen der Ausbildung, dass nämlich die Mehrzahl der Fachschulen/Fachakademien in öffentlicher Trägerschaft an größeren berufsbildenden Schulzentren lediglich additiv angegliedert war, dass die schulische Fachaufsicht durch fachfremde, aus anderen Berufsfeldern kommende Dezernenten erfolgte, dass alle Ausführungsvorschriften, die den „inneren Schulbetrieb" regeln, wie Anzahl der Klassenarbeiten, Pausenregelung, Anwesenheitskontrolle, Erziehungs- und Ordnungsmaßnahmen oder Schülermitverwaltung auch die Ausbildungskultur an der Fachschule bestimmten, dann war die bange Frage von Fachorganisationen und den für die Ausbildung verantwortlichen Lehrkräften, wie aus Schülern Erzieher werden sollten, berechtigt. Die sorgsame Ausklammerung des Praxisbezugs, des zentralen Aspekts einer Berufsausbildung, die Zementierung von schulischen Strukturen, die die angestrebte Berufsbefähigung hemmten, und nicht zuletzt die Streichung politisch relevanter Fächer legt die Vermutung nahe, dass das Ziel der Ausbildung, die „Befähigung, als Erzieher/Erzieherin in sozialpädagogischen Bereichen selbständig tätig zu sein", nicht im Sinne von Berufsmündigkeit verstanden werden sollte. Diese Entwicklung korrespondierte mit einer fehlenden inhaltlichen Funktionsbestimmung des Kindergartens und – damit verbunden – dem fehlenden Fachlichkeitsanspruchs der Jugendhilfe an die Fachkräfte.

Der Mangel an Aussagen zu Bildungszielen oder Leitideen, die richtungsweisend für den beruflichen Bildungsprozess von Erzieherinnen und Erziehern hätten sein sollen, schlug sich auch in der Curriculumplanung nieder. Die Lehrplanvorgaben einschließlich der Lernziele orientierten sich an den einzelnen Fächern, und in der konkreten Unterrichtsgestaltung überwog ein Lehr- und Lernarrangement, wie es in der allgemeinbildenden Schule praktiziert wurde. Das Problem der Erzieherausbildung seit 1967 war, dass sie sich aufgrund eines nicht vorhandenen Berufskonzepts und der Einbindung der Ausbildung in die schulischen Strukturen in erster Linie als Schulbildung verstand. Man beschränkte sich auf die Vermittlung von Faktenwissen und die Einübung von Fertigkeiten, und auch die Praktika wurden weitestgehend

Neuer Plan von Stadtschulrat Loichinger:

Mehr Mütter sollen Kindergärtnerinnen werden

Zweijährige Ausbildung mit Abendkursen und Berufspraktikum soll Personalmangel bekämpfen

Mit einem ungewöhnlichen Schritt will Stadtschulrat Albert Loichinger neue Erzieherinnen für die städtischen Kindergärten gewinnen. Mütter mit zwei Kindern erhalten die Möglichkeit, in Abendseminaren, die ein Jahr dauern, eine entsprechende Ausbildung zu durchlaufen. Während in dieser Zeit nur die Möglichkeit besteht, vom Arbeitsamt finanziell gefördert zu werden, erhält man im anschließenden einjährigen Berufspraktikum bereits rund 1600 Mark brutto. Nach zwei Prüfungen ist man Kindergärtnerin mit einem monatlichen Salär, das rund 3000 Mark brutto beträgt.

Von Rudolf Reiser

„Wir müssen jede Möglichkeit ergreifen, um Erzieherinnen zu gewinnen." Mit diesen Worten begann Loichinger die Pressekonferenz, auf der er sein Modell vorstellte. Schon heute habe man in München einen zusätzlichen Bedarf von rund 5000 Kindergartenplätzen. Dies sei auf „den Babyboom der Jahre 1987 und 1988" zurückzuführen. Da jährlich rund 120 Erzieherinnen aus dem städtischen Dienst ausscheiden, wird im Schulreferat, das auch für die städtischen Kindertagesstätten zuständig ist, damit gerechnet, daß man in den nächsten Jahren rund 1000 neue Erzieherinnen und Erzieher braucht.

Um diese große Zahl von Fachleuten gewinnen zu können, werden vom Herbst dieses Jahres an zwei „Bildungsmaßnahmen" installiert. Einmal bietet man Seminare zur „Wiedergewinnung" von ausgeschiedenen Kindergärtnerinnen" an. Der Kurs dauert rund drei bis vier Wochen. Bei der Gestaltung dieser Ausbildung will sich das Schulreferat ganz nach den Wünschen und Bedürfnissen der Interessierten richten.

Als zweite Möglichkeit wird ein „zweiter Bildungsweg" eingerichtet. Im Mittelpunkt dieses Modells stehen Lehrgänge zur Vorbereitung auf eine Externenprüfung an der Fachakademie für Sozialpädagogik. Voraussetzung dazu sind: Entweder eine mittlerer Bildungsabschluß und eine einschlägige abgeschlossene Berufsausbildung; oder eine abgeschlossen Berufsausbildung in einem anerkannten Ausbildungsberuf plus ein einjähriges sozialpädagogisches Praktikum oder ein zweijähriges sozialpädagogisches Praktikum; oder schließlich eine einschlägige berufliche Tätigkeit von mindestens vier Jahren.

Die letztgenannte Voraussetzung erfüllen nach Darstellung Loichingers Mütter mit zwei Kindern. Eine Frau mit nur einem Kind, so fuhr der Schulreferent fort, habe ebenfalls Chancen. „Da werden wir schon zu einer Lösung kommen", sagte Loichinger. In Betracht kämen vor allem 30- bis 40jährige Frauen, doch auch 50jährigen sei der berufliche Neueinstieg nicht verwehrt. Während der einjährigen Abendseminare könne die Frau noch einer Arbeit am Tage nachgehen. Parallel dazu laufen die Praktika. Für beide Ausbildungseinheiten können Zuschüsse beantragt werden. Am Ende dieses Schulweges wird die Externenprüfung abgelegt. Dann geht es in das Berufspraktikum. Nach zwei Jahren und zwei Prüfungen ist man schließlich Kindererzieherin mit 3000 Mark Monatslohn. Telephonische Auskünfte zu diesen Ausbildungsmodellen erhält man unter den Rufnummern 2338631, 2336605, 6230516 und 2338197.

Abb. 21 „Mehr Mütter sollen Kindergärtnerinnen werden"
Kommunale Berufspolitik von 1989
Süddeutsche Zeitung vom 30.5.1989

nur als „Austragungsort" schulisch definierter Lernaufgaben genutzt. Aufgrund der Expansion von Betreuungsplätzen in Kindertageseinrichtungen und eines Fachkräftebedarfs unterrichteten in den neu gegründeten Ausbildungsstätten immer mehr Lehrkräfte, die wenig Kenntnis von der Berufspraxis der Erzieherinnen hatten.

Was konkret unter Berufsbefähigung verstanden werden sollte, war nicht nur den Fachschulen selbst unklar, auch unter den Anstellungsträgern der Jugendhilfe bestand kein Konsens; sie hatten noch nicht einmal den Anspruch, sich über Qualifikationsanforderungen der Fachkräfte in Kindertageseinrichtungen zu verständigen. Vorhandenes aussagekräftiges Fachwissen über notwendige Qualifikationen für die Erzieherarbeit, wie es vom Deutschen Jugendinstitut in München Anfang der 1980er Jahre veröffentlicht wurde (Krüger, H., Rabe-Kleberg, U., und Derschau, D. v. [Hrsg.] 1983), machten sich die öffentlichen Schulträger kaum zu eigen. Es waren nur wenige Fachschulen, denen ihr – meist freier – Schulträger soviel Freiraum ließ, dass sie sich dem Zugriff schulbürokratischer Strukturen entziehen konnten. Schon in den 1980er Jahren zeichnete sich ab, wie sehr die Qualität der Ausbildung vom Fachlichkeitsanspruch der einzelnen Ausbildungsstätte abhing. Von der Abnehmerseite war ein solcher Anspruch nicht zu erwarten. Den Anstellungsträgern ging es nicht um eine Modernisierung des Kindergartenwesens und um eine verantwortbare Personalplanung und Personalentwicklung, sondern vorrangig um Optimierungsfragen bei der Personalbeschaffung. Diese wenig professionalisierte Haltung der Anstellungsträger in Kommunen und Gemeinden ebnete der Politik den Weg, den Erzieherberuf je nach Interessenlage hinsichtlich der Qualifikationsansprüche zu instrumentalisieren. Auf regionale Bedarfe wurde mit der Einrichtung von Sonderkursen oder Schmalspurausbildungen reagiert und mit geschlechtsspezifischen Zuschreibungen an das Berufsbild und die beruflichen Anforderungen argumentiert.

Der Erzieherberuf in den 1980er Jahren

Der desolate Zustand des Erzieherinnenberufs in Ausbildung und Praxis war auch Ausdruck des gesellschaftlichen Wandels. Immer stärker hatten sich die Menschen von einem traditionell leitenden Wert- und Normsystem losgelöst. „Individualisierung" – als Kennzeichnen dieses gesellschaftlichen Veränderungsprozesses – war unter anderem daran ablesbar, dass traditionelle Leitideen von Familie und sozialen Rollen für die Menschen immer weniger verbindlich waren. Vor allem die Frauen wollten sich nicht mehr in das Schema eines vorgegebenen, geschlechtsspezifischen Lebensentwurfs einfügen, sondern individuell ihr Leben planen. Sie nahmen für sich in Anspruch, ihre Lebensführung selbst zu gestalten und zu verantworten und die Risiken, die mit dieser Entscheidung verbunden waren, selbst zu tragen. Dieser Wandel im Rollenverständnis und Selbstbild hat die Frauen selbständiger, aber auch sensibler für Bevormundungen gemacht.

Eine Studie zum Wandel des Frauenleitbildes (Feldmann-Neubert, C. 1991) weist nach, dass es für Frauen in den 1980er Jahren nicht nur selbstverständlicher geworden war, die Frage der Vereinbarkeit von Beruf und Familie für sich zu klären, sondern auch, dass die Berufsorientierung der Frauen grundsätzlich – im Gegensatz zu früher – in der gesellschaftlichen Wahrnehmung als fortschrittlich, befreiend und emanzipatorisch bewertet wurde. Ja mitunter wurde in unkritischen Medienbeiträgen zur Doppelorientierung der Frau einer ausschließlichen „Selbstverwirklichung durch den Beruf" das Wort geredet. Immer weniger war die Mutterrolle für die Frau mit einem Statusgewinn verbunden. Nach wie vor sollte sie sich als Mutter jedoch ausschließlich um die Erziehung der Kinder kümmern. Diese „Mutterausschließlichkeit" war jedoch nicht mit sozialer Wertschätzung verknüpft. Im Gegenteil, wer Mutter war, konnte in den Augen der Anderen womöglich nichts anderes. Mehr noch, berufstätige Mütter und nicht berufstätige Mütter wurden gegeneinander ausgespielt. Nur der Vater spielte in diesem Zusammenhang keine Rolle. Wenn er seiner Vaterrolle nicht gerecht wurde und keine Zeit in die Kindererziehung investierte, wurde das – im Gegensatz zur Mutter – gesellschaftlich toleriert. Die Auswirkungen des weithin vollzogenen Rollenwandels der Frauen waren in verschiedenen Lebensbereichen, vor allem in der Partnerschaft zwischen Mann und Frau, sichtbar geworden. Zunehmend reichten nun Frauen die Scheidung ein mit der Begründung, dass die Beziehung zum Mann keinen Raum für ihr geändertes Rollen- und Selbstverständnis ließ.

Ausgehend von den Ergebnissen einer groß angelegten Untersuchung, forderte die Frauenzeitschrift „Brigitte" 1988 unter der Überschrift „Was endlich anders werden muss" nicht nur mehr Partnerschaft in der häuslichen Pflichtenaufteilung und mehr Teilzeitarbeitsplätze für die Frauen, sondern vor allem auch mehr Kinderbetreuungsmöglichkeiten mit flexiblen Öffnungszeiten. Zwar hatte die gegenüber der Kindergartenreform insgesamt aufgeschlossene Politik der sozialliberalen Koalition auch zu einem quantitativen Ausbau von Kindergartenplätzen geführt, und bis 1980 war der Versorgungsgrad im Bundesdurchschnitt immerhin auf 71 Prozent gestiegen. Doch entfielen davon nur etwa zehn Prozent auf Ganztagsplätze. Noch unbefriedigender war das Ergebnis, wenn man nach der Verteilung fragte: Nicht nur, dass es ein starkes Stadt-Land-Gefälle hinsichtlich des Angebots gab, gravierend waren auch – in Abhängigkeit von den jeweils kommunalpolitischen Prioritäten – die länderspezifischen Unterschiede. Bundesdurchschnittlicher Standard in den 1980er Jahren – ausgenommen West-Berlin – war, dass nur lediglich etwa 80 Prozent der Fünf- bis Sechsjährigen, etwa 70 Prozent der Vierjährigen und knapp 30 Prozent der Dreijährigen einen überwiegend in konfessioneller Trägerschaft geführten Kindergarten am Vormittag besuchten. Kennzeichnend für die Organisation des Kindergartens waren familienähnliche Strukturen. Die gewachsenen gesellschaftlichen Ansprüche an die Leistungsfähigkeit der Kindertageseinrichtungen standen im krassen Gegensatz zu der inneren Aufbaustruktur und den Arbeitsformen des Kindergartens. Nach wie vor wurde er von den Trägern als eine Fortsetzung von privater Erziehungsarbeit an einem anderen Ort wahrgenommen, erweitert um altersgemäße Spiel- und Beschäftigungsangebote, für die die Erzieherin zuständig war. Diesen familienähnlichen Organisationsstrukturen entsprach die „vormoderne" Berufsstruktur des Erzieherinnenberufs.

Auch wenn die quantitative Entwicklung im Kindergartenwesen zu einem erheblichen Ausbau der Erzieherinnenausbildung geführt hatte – die Zahl der Ausbildungsstätten hatte sich zwischen 1966 und 1976 von 126 auf 306 erhöht –, hatten Mitte der 1980er Jahre weniger als 60 Prozent aller in den Tageseinrichtungen Beschäftigten einen staatlichen Abschluss als Erzieherin. Der durch die Kindergartenreform gestiegene Fachlichkeitsanspruch an die Arbeit, dem auch die Neuordnung der Erzieherinnenausbildung Rechnung tragen sollte, wurde offenbar von den Trägern der Einrichtung ignoriert. Der quantitative Ausbau der Kindertageseinrichtungen war keineswegs mit einer Qualitätsverbesserung der pädagogischen Arbeit verbunden gewesen. Nach wie vor kennzeichnend für den Kindergarten war eine unsystematische und eher zufallsbestimmte Arbeitsweise, die schon der Deutsche Bildungsrat 1970 kritisiert hatte.

Die Leistungsschwäche des Kindergartens wurde seitens der Fachwelt der Ausbildung angelastet und damit erklärt, dass die Ausbildung der Erzieher nicht wissenschaftlichen Hochschulen, sondern Fachschulen oblag, weshalb es keine „für die Ausbildung bedeutsamen Forschungen auf dem Gebiet" gab (Aden-Grossmann, W. 2002). Das wäre zumindest eine Erklärung dafür, dass es heute kaum eine arbeitswissenschaftliche Forschung gibt, die das berufliche Handeln der Erzieherin zum Gegenstand hat.

Auch in der Kleinkindpädagogik fokussierte die Forschung noch nicht auf das berufliche Erziehungshandeln. Eine Kleinkindforschung, die vom Tatbestand der Erziehung ausgeht, gab es zu der Zeit fast nicht, und wenn es sie gab, stand im Mittelpunkt die Frage, was die Risiken einer Mutterentbehrung oder einer „ungeeigneten Mutter" oder einer familienersetzenden Erziehung hinsichtlich der Entwicklung des Kindes seien, nicht aber die Frage: „Was ist Erziehung?"

Die Selbstblockierung der Kindergartenreform lag vielleicht auch darin begründet, dass man überzogene Erwartungen an die Wissenschaft hatte, indem man davon ausging, dass Modellversuche, wie zum Beispiel das „Erprobungsprogramm für den Elementarbereich", Aufschluss darüber geben könnte, wie die pädagogische Arbeit im Kindergarten inhaltlich neu zu bestimmen wäre, ohne dass dabei berücksichtigt wurde, welche Schlüsselfunktion die Erzieherin in diesem Prozess einnimmt.

Die „Didaktisierung" der vorschulischen Pädagogik in den 1970er Jahren, die Betonung von Bildungsinhalten, die von der Erzieherin mit Spiel- und Lernangeboten an die Kinder zu vermitteln waren, verbunden mit einem Verzicht auf die Formulierung pädagogischer Leitideen, werteten den Beruf der „Vorschulerzieherin" vordergründig gesehen zwar auf, konzeptionell entleerte sie ihn. Zugleich leistete in der Ausbildung die Abspaltung des berufsbezogenen Faches „Praxis- und Methodenlehre" von den übrigen „fachtheoretischen" Fächern, wie zum Beispiel Pädagogik und Psychologie, dieser Didaktisierung in der pädagogischen Arbeit des Kindergartens Vorschub. Von diesem Fach – in der Regel unterrichtet von einer nachgraduierten Jugendleiterin oder von einer Sozialpädagogin, die innerhalb der Hierarchie eines Lehrerkollegiums an unterster Stelle rangierte, gleichwohl aber zu den wenigen im Kollegium gehörte, die die Kindergartenpraxis kannte – wurde erwartet, dass es Handlungsfähigkeit vermittele. So genannte „praktische Übungen", die den Anwendungsbezug dieses Faches unterstreichen sollten, stellten eine Form von Lehrproben dar, die bei den angehenden Erzieherinnen den Eindruck hinterließen, dass diese Art von Angebots- bzw. Beschäftigungspädagogik zentral für ihre Berufsarbeit sei.

In der Kindergartenpraxis ging es nicht um pädagogische Konzepte, die eingefügt waren in ein umfassendes Menschen- und Weltbild, das letztlich in wertgebundenen Grundüberzeugungen wurzelt und nicht weiter hinterfragbar ist, sondern um ein vorschuldidaktisches Konzept. Diese in den Kindertageseinrichtungen verbreitete „Beschäftigungspädagogik" hatte weder etwas mit den emanzipatorischen Erziehungsvorstellungen der Kinderladenbewegung zu tun noch mit dem ganzheitlichen Erziehungs- und Bildungsansatz Friedrich Fröbels. Statt der angestrebten Erziehung zur Selbständigkeit im Sinne von Mündigkeit und Kritikfähigkeit, der Förderung von Selbsttätigkeit im Sinne von Bewegungs-, Entscheidungs- und Handlungsfreiheit und der Stärkung des Selbstvertrauens im Sinne von Beziehungsfähigkeit und Selbstwirksamkeit wurde in der Regel ein Erziehungsstil praktiziert, der die Kinder zur Anpassung und Unterordnung anhielt. Wissenschaftliche Untersuchungen aus der Zeit bemängeln: „Selbständigkeit wird verordnet und vom Erwachsenen gefordert, sie wird aber nicht zur bedürfnisregulierenden Eigenständigkeit der Kinder" (Karsten, M.-E., und Rabe-Kleberg, U. 1977). Im Gegenteil, selbst in das Spiel der Kinder wurde eingegriffen. Ferner richtete sich der Alltag im Kindergarten nach seinen Organisationserfordernissen und war nicht an der Lebenswelt der Kinder orientiert. Der Sinn der Gemeinschaftserziehung – den Kindern im Kindergarten Möglichkeiten zur Selbstorganisation zu bieten und ihnen zu helfen, sich demokratisches Verhalten anzueignen – wurde auf die mehr oder weniger intensive didaktische Einübung von „Sozialverhalten" reduziert und als Wohlverhalten interpretiert. Von dem Anspruch, dass Kinder durch ihre Beziehungen zu Gleichaltrigen in ihrer Autonomie auch gegenüber Erwachsenen gestärkt werden sollten, war kaum noch die Rede.

Dieses Primat der Didaktik und der Verzicht auf eine konzeptionelle pädagogische Orientierung in der Kindergartenpraxis führte zwangsläufig nicht nur zu einem individuell meist unreflektierten Erziehungsverhalten der Erzieherinnen, sondern machte sie auch unsicher und angreifbar. Aber auch die antiautoritäre Protestbewegung der 1970er Jahre war nicht ohne Wirkung auf das Ansehen der Kindergartenpädagogik und des Berufstandes der Erzieherinnen geblieben. Durch die politischen und pädagogischen Impulse der Studentenbewegung wurden theoretische Ansätze der psychoanalytischen und sozialistischen Erziehungskonzeptionen der 1920er Jahre wieder aufgegriffen und leiteten in der Erziehungswissenschaft eine „emanzipatorische Wende" ein. Wenn auch die aus der Studentenbewegung hervorgegangene Kinderladenbewegung und – damit ideologisch verknüpft – die antiautoritäre Pädagogik hauptsächlich auf Großstädte konzentriert blieb, sollte doch nicht unterschätzt werden, welchen Einfluss diese Mischung aus psychoanalytischer Pädagogik und marxistischer Gesellschaftskritik auf die aus der Studentenbewegung hervorgegangenen Pädagoginnen und Pädagogen hatte, die wegen des erhöhten Bedarfs von Lehrkräften in wissenschaftlichen Fächern vor allem in den öffentlichen Fachschulen für Sozialpädagogik eine Anstellung fanden. So ergab sich für viele der in der Studentenbewegung engagierten Pädagogen eine berufliche Karriere in diesem Feld der öffentlichen Erziehung, was die Pädagogengeneration der „68er" zu gleichen Teilen zu „Betreibern und zu Nutznießern der Bildungsexpansion" machte (Jansa, A. 1999). Die Vorstellungen der antiautoritären Pädagogik, wie sie vor allem den Büchern von Alice Miller und dem von A.S. Neill konzipierten Schulprojekt „Summerhill" zu entnehmen waren, forderten vor allem eine neue Sicht auf das Erziehungsverhältnis, das frei von Repressionen und Fremdbestimmung sein sollte. Einerseits war die Haltung der antiautoritären Pädagogen geprägt von einem pädagogischen Optimismus, weil sie davon ausgingen, dass eine sich als antiautoritär und sozialistisch verstehende Erziehung es möglich machen würde, „Kinder heranzuziehen, die fähig sind, die Widersprüche dieser Gesellschaft ohne neurotische Charakterdeformationen auszuhalten und kollektiv die Verhältnisse im aktiven Widerstand zu verändern" (Dermitzel, R. 1971, zitiert nach Aden-Grossman, W. 2002). Andererseits herrschte, bezogen auf das erzieherische Handeln, eher ein pädagogischer Pessimismus, weil jegliche Form pädagogischer Einflussnahme als autoritär problematisiert wurde.

Diese antipädagogische Haltung und das negative Bild von einem Kindergarten, der aufgrund seiner „repressiven Strukturen" eine „Erziehung zum Ungehorsam", selbst wenn man sie wollte, gar nicht zuließ, waren – auch wenn sie nicht bis in die Ausbildung der kleinsten Fachschule in der Provinz durchdrangen – ungeeignet, das öffentliche Ansehen des Berufstandes zu heben und die berufliche Identität der Erzieherinnen zu stärken.

Die Lage des Erzieherinnenberufs war nicht nur äußerst prekär, sondern sein Modernisierungsrückstand verunsicherte die Berufsträgerinnen selbst. Immer mehr resignierten oder stiegen aus dem Beruf aus. Für anspruchsvolle, bildungsmotivierte junge Frauen bot der Beruf keine Perspektive. Hatte jahrzehntelang als Bezugssystem für diesen Beruf die besondere Eignung der Frau gedient, so war diese gesellschaftliche Norm brüchig geworden. Die Teilhabe an Bildung hatte der Frau auch in beruflicher Hinsicht größere Partizipations- und Entfaltungsmöglichkeiten eröffnet. Der moderne Feminismus hatte der traditionellen Arbeitsteilung zwischen Männern und Frauen, die mit einer ungleichen Verteilung von Lebenschancen verbunden war, den Kampf angesagt und die traditionelle Mutter- und Hausfrauenrolle in Frage gestellt. Eine Diskreditierung frauentypischer Tätigkeiten, wozu der Erzieherinnenberuf ohne Zweifel gehörte, war auch ein Grund mit, weshalb die sich etablierende Frauenforschung zurückhaltend war, sich mit Themen und Frauenvorbildern zu befassen, die sich in das gängige Geschlechtsrollenschema einfügen ließen. Die allgemeine Erosion klarer Verhaltensnormen und sozialer Zuordnungen, in die der Rollenwandel der Frau eingebunden war, blieb nicht ohne Wirkung auf das Berufsbild und die gesellschaftliche Wertschätzung des Erzieherinnenberufs. Sein „kultureller Überbau" lief nicht nur der modernen Frau zuwider, die sich für neue Berufe und Technologien interessierte und im Beruf Karriere machen wollte, sondern er entsprach auch nicht mehr den beruflichen Anforderungen eines am Kindeswohl orientierten Dienstleistungsunternehmens, das die Eltern, insbesondere auch die Mütter, zunehmend in der Kindertageseinrichtung sahen.

Nach wie vor aber wurde der Erzieherinnenberuf von den Verantwortungsträgern – und die Regie über diesen Beruf war inzwischen in männliche Hände übergegangen – als ein Frauenberuf eingeordnet. Ein Beruf, der kein „eigentlicher Beruf" war: Man betrachtete die Arbeit als eine, die prinzipiell auch von Frauen im Privathaushalt erbracht werden konnte, und hielt sie daher für prinzipiell dorthin rückführbar.

Abb. 22 Marie Marcks: „Ach, – die Damen sind Erzieherinnen!"

Aus der Diskrepanz zwischen den aufgrund des sozialen Wandels gewachsenen Ansprüchen an die Leistungsfähigkeit der Kindertageseinrichtungen und einer traditionellen Frauen- und Familienpolitik erwuchs in den 1980er Jahren die Krise des Erzieherinnenberufs. Der Attraktivitätsschwund des Berufs stand selbstverständlich in Zusammenhang mit der politisch und ökonomisch vollzogenen Angleichung der Bildungs- und Berufschancen von Männern und Frauen, in die jedoch das Kindergartenwesen und die dort beschäftigten weiblichen Fachkräfte nicht einbezogen worden waren. Das gesellschaftliche Ansehen des Berufs war auf den Nullpunkt gesunken. Die Geringschätzung hatte noch sehr viel mit der landläufigen Meinung zu tun, „erziehen kann jede(r)", was sich unter anderem auch darin ausdrückte, dass den Berufsträgerinnen kein eigenes – vom Geschlecht unabhängiges – Professionswissen zugestanden wurde.

In einer Studie des Bildungsforschers Johann Michael Gleich aus den 1980er Jahren, in der nach den Gründen der Erzieherfluktuation gefragt wurde, deutet sich jedoch auch ein Wandel der Berufsmotivation an. Erzieherinnen hatten diesen Beruf gewählt, weil sie sich für die Art der beruflichen Tätigkeit interessierten und – wie andere berufstätige Frauen und Männer auch – berufliche Wertorientierungen nannten, unter anderem Kreativität, Selbständigkeit und Selbstentfaltung im Beruf, die sie als entscheidend für ihre Berufswahl angaben. Gemessen an dieser Erwartung erlebten die Erzieherinnen den Mangel an Fort- und Weiterbildungsmöglichkeiten, die zu einem beruflichen Aufstieg hätten führen können, und die unzureichenden Arbeitsbedingungen als so gravierend, dass mehr und mehr den Beruf aufgaben. Immer stärker wurden sich die Erzieherinnen bewusst, dass sie in ihrem Berufsleben unmündig gehalten wurden, dass sie in Abhängigkeitsstrukturen arbeiteten, die vieles gemeinsam hatten mit der Ausbeutung von Frauen in der Familie. Auf Tagungen der Fachverbände wurden diese vormodernen Strukturen des Frauenberufs thematisiert und für die Diskreditierung der Berufsgruppe verantwortlich gemacht. Zugleich zeigten aber Teile der Berufsgruppe die Neigung, ihre eigene Abwertung zu betreiben, indem sie sich mit dem defizitären Berufsbild identifizierten, ihre Überforderung im Beruf auf die Unzulänglichkeiten der Ausbildung zurückführten und mit den Klagen über den Mangel der Männer in ihrem Beruf mit dazu beitrugen, dass die Geschlechterordnung, die in den 1980er Jahren den bildungs- und berufspolitischen Entscheidungen zugrunde lag und noch mit aller Macht politisch aufrechterhalten wurde, noch nicht dekonstruiert werden konnte.

Obwohl das Geschlecht als Kategorie in vielfältiger Weise die Theorie und die Praxis der Kindergartenpädagogik durchzieht, hatte es in den Studien zur Lage des Erzieherinnenberufs nur eine statistische Bedeutung. Von den meisten Autoren wurde die Feminisierung des Berufsstandes höchstens am Rande erwähnt, zum Teil auch kritisiert, mitunter beklagt hinsichtlich der Auswirkungen auf die Entwicklung der Jungen, die zumindest in der frühen Kindheit ohne männliches Vorbild aufwachsen müssten. Gegen die anhaltende Feminisierung im Bereich der Familienerziehung wurden jedoch keine Einwände erhoben.

Erzieherin – ein Frauenberuf mit Zukunft?

Auf Fachtagungen des Bundesverbandes Evangelischer Erzieherinnen wie auch auf denen der Katholischen Erziehergemeinschaft wurde die Krise des Erzieherinnenberufs in den 1980er Jahren erstmalig in Zusammenhang gebracht mit der Tatsache, dass es sich um einen Frauenberuf handelt, dessen Strukturen auf weiblichen Eigenschaften wie Geduld, Selbstlosigkeit, Sanftheit und Friedfertigkeit angelegt seien und nicht auf Kriterien der Fachlichkeit.

Mit Besorgnis stellt 1990 die Diakonische Konferenz, das oberste Beschlussorgan des Diakonischen Werks, fest, „dass die Anforderungen an Kindertagesstätten und Jugendhilfeeinrichtungen nicht mehr in ausreichendem Maße erfüllt werden können." Einerseits würden sich immer weniger junge Menschen für Berufe im Erziehungs- und Sozialdienst entscheiden, und immer mehr würden nach wenigen Jahren aus dem Beruf ausscheiden; andererseits seien die Aufgaben in der Kinder- und Jugendhilfe ständig gestiegen und machten eine differenzierte Angebotsstruktur erforderlich. Die Diakonische Konferenz forderte deshalb, Voraussetzungen zu schaffen, die den Zugang und das Verbleiben in den Berufen des Erziehungsdienstes attraktiver machen würden, wozu unter anderem eine Veränderung der Ausbildungsstruktur, berufliche Perspektiven durch Weiterbildung sowie die Verbesserung der Arbeitsbedingungen und der Vergütung gezählt wurden.

„Viel Frust, wenig Lust", so lautete auch das Fazit eines zehnwöchi-

Abb. 23 „Erzieherinnenstreik" in Berlin (West), 1989
Fotografie von Werner Eckart

gen Streiks Berliner Erzieherinnen und Erzieher im Herbst 1989, der als Aktionsbeispiel insofern ermutigend war, als er deutlich machte, dass die Erzieherinnen und Erzieher zunehmend selbstbewusst ihre berechtigten Interessen als Arbeitnehmerinnen und Arbeitnehmer durchzusetzen versuchten. Andererseits handelte es sich auch um ein ernüchterndes Beispiel, weil die respektlose Haltung der öffentlichen Arbeitgeber und das kompromisslerische Agieren der Gewerkschaft ÖTV sehr viel damit zu tun hatte, dass es sich in ihren Augen um einen bedeutungslosen Dienstleistungsbereich handelte.

Auch der Pestalozzi-Fröbel-Verband fragt in einer Denkschrift „Zur beruflichen Situation der Erzieherinnen in Deutschland" (1994), *warum* der Beruf der Erzieherin so wenig Ansehen genießt, dass immer dann, wenn ein „Erziehernotstand" herrscht, Abstriche bei der Fachlichkeit gemacht werden. *Warum* das berufliche Selbstverständnis von Erzieherinnen so schwach ausgeprägt ist, dass sie sich schwer tun, gegenüber Dritten die Bedeutung ihrer Arbeit angemessen darzustellen, und *warum* die Berufszufriedenheit bei den Erzieherinnen so gering ist, dass sie es meist nicht länger als sieben Jahre in diesem Beruf aushalten; nicht zuletzt wird auch die Frage gestellt, *warum* bei den jungen Frauen mit guten Schulabschlüssen das Interesse für diesen Beruf sinkt.

Unter dem bezeichnenden Titel „Vom Dienen zur Dienstleistung" versuchte Ursula Rabe-Kleberg in ihrem Vortrag anlässlich des 100-jährigen Jubiläums der Evangelischen Ausbildungsstätte für sozialpädagogische Berufe im Elisabethenstift Darmstadt (1994) eine Antwort zu geben. Sie interpretiert die Krise des Erzieherinnenberufs als eine Modernisierungskrise. In Prozessen der Normalisierung, der Säkularisierung und der Professionalisierung der von Frauen ausgeübten Dienstleistungsberufe schlage sich der gesellschaftliche Wandel nieder. Normalisierung insofern, als auch Erzieherinnen ihren Beruf nicht mehr zeitlich begrenzt ausübten und – wie in männlichen Berufen selbstverständlich – ein Recht auf beruflichen Aufstieg einforderten. Säkularisiert hat sich das Berufsrollenverständnis: Nicht selbstloses Dienen ist Maßstab für das berufliche Handeln, sondern fachliche Kriterien. Erzieherinnen nehmen sich als verantwortliche Akteure wahr, werden aber mit einem Berufsbild konfrontiert, das ihnen diese Professionalität verweigert.

Diese krisenhafte Entwicklung des Erzieherinnenberufs, die Anfang der 1990er Jahre in den alten Bundesländern des vereinigten Deutschlands ihren Höhepunkt erreichte, hatte viel mit der widersprüchlichen Frauenrolle der westdeutschen Gesellschaft zu tun. Einerseits erfuhr die zur „Mutti" abgestempelte Frau nur wenig soziale Anerkennung, andererseits herrschte in den meisten Köpfen der Männer das klassische Bild von der Nur-Hausfrau vor, das von einer breiten Mehrheit der weiblichen Bevölkerung jedoch nicht mehr gelebt wurde. Seit der Industrialisierung war Berufsarbeit eine Sache des Mannes gewesen, und dieses Bewusstsein bestimmte nach wie vor das männliche Selbstbild. Die Versuchung war also groß – besonders, wenn man das Steuer in der Hand hatte –, Frauen in ein entsprechend komplementäres weibliches Rollenbild zu drängen. Der Rolle des Berufsmannes und Familienernährers entsprach die Rolle der Frau als „Gefühls- und Beziehungsarbeiterin" (Beck-Gernsheim, E. 1988), die selbstlos für andere und deren Bedürfnisse und Nöte da ist. Über Jahrzehnte waren Erzieherinnen wegen dieser typisch deutschen weiblichen Rollentradition – trotz ihres gegensätzlichen bewussten Selbstverständnisses – bereit, sich auf diese Berufsrolle der „Dienenden" einzulassen. Gezwungenermaßen, denn dem Modernisierungsschub auf Seiten der

**Bundesverband Evang. Erzieherinnen und Sozialpädagoginnen
Bundeskongreß 1990:**

RESOLUTION

Wir, über tausend Erzieherinnen und Sozialpädagoginnen des Bundesverbandes Evangelischer Erzieherinnen und Sozialpädagoginnen, die wir heute, am 19. Oktober 1990, in der Stadthalle in Baunatal zusammen sind, erklären im Wissen um die Solidarität mit vielen Kolleginnen im Land, denen wir die Teilnahme an diesem Kongreß aus Platzmangel verweigern mußten:

**Das Ende weiblicher Geduld ist angesagt.
Wir verweigern uns der weiteren Ausbeutung weiblicher Arbeitskraft.
Wir fordern eine leistungsgerechte Bezahlung.**

Wir haben genug davon, daß über Jahre familienpolitische Fehlentscheidungen und Sparzwänge auf unserem Rücken ausgetragen wurden.

Wir haben genug davon, daß man uns einzureden versucht, das Wohl des Kindes sei nur um den Preis unserer Überforderung und weiblichen Selbstausbeutung zu haben.

Jahrelange Unterbezahlung und schlechte Rahmenbedingungen werden von uns nicht mehr hingenommen.

Wir wollen endlich soviel Geld, wie uns zusteht.

Wir fordern:
- die Vergütungsgruppe Vb für alle im Gruppendienst tätigen Erzieherinnen
- einen zweifachen Bewährungsaufstieg
- die Berücksichtigung von Zusatzqualifikationen bei der Bezahlung
- die leistungsgerechte Bezahlung von Funktionsstellen
- Aufstiegs- und Qualifizierungsmöglichkeiten

Wir Erzieherinnen und Sozialpädagoginnen werden uns mit einem Spar-Tarifabschluß nicht zufriedengeben. Wir werden weiter für Gerechtigkeit kämpfen. Wir werden uns nicht mit Zulagen abspeisen lassen.

Wir werden uns künftig unter den herrschenden Bedingungen keine weiteren Aufgaben mehr zumuten lassen.

Der Bundesverband Evangelischer Erzieherinnen und Sozialpädagoginnen e. V. wird sich auf den verschiedensten Ebenen einmischen und Bündnispartnerinnen und -partner für unsere Forderungen suchen.

Wir nehmen in die Pflicht:
- die Politiker und Politikerinnen, die Familienpolitik als Zukunftsinvestition begreifen und Politik für Kinder nicht nur im Wahlkampf verkünden,
- die Gewerkschaften, die über die tarifpolitische Arbeit hinaus sich auch als Anwalt für bessere Kinderbetreuung für Millionen von Arbeitnehmerinnen und Arbeitnehmer verstehen,
- Fachberatung, Fortbildung und wissenschaftliche Forschung; sie wissen, welche Rahmenbedingungen Kinder und Erzieherinnen brauchen,
- die Frauenbeauftragten, die gegen die Ausbeutung weiblicher Arbeitskraft mit uns kämpfen.

**Die Not der Erzieherinnen zu ignorieren bedeutet,
den Erziehungsnotstand herbeizuführen.
Darunter werden Kinder leiden müssen.
Unsere Geduld ist zu Ende, unsere Leidensbereitschaft ausgereizt.
Aber die Kraft, uns zu wehren, wird größer.**

Abb. 24 „Unsere Geduld ist zu Ende"
Resolution evangelischer Erzieherinnen und Sozialpädagoginnen, 1990

Frauen stand ein evidenter Modernisierungsrückstand der männlichen Hälfte der deutschen Gesellschaft gegenüber. In der Politik, aber auch in der Kinder- und Jugendhilfe waren und sind männliche Entscheidungsträger anzutreffen, denen Ulrich Beck eine „verbale Aufgeschlossenheit bei weitgehender Verhaltensstarre" (Beck, U. 1997) bescheinigt. Erst wenn im „Kulturkampf der Geschlechter" entschieden ist, dass die personale Kompetenz von Erziehern nicht an das Geschlecht gebunden ist, sondern dass es sich bei den menschlichen Voraussetzungen um eine androgyne Qualität beruflicher Handlungskompetenz handelt, hat es vielleicht auch ein Ende mit der Ausbeutung weiblicher Arbeitskraft im Kindergarten.

Die Wendejahre

Die 1990er Jahre stellten in mehrfacher Hinsicht eine Wende in der Geschichte des Erzieherinnenberufs dar. Nicht nur, dass die prekäre Lage des Erzieherberufs immer stärker in der Fachwelt thematisiert wurde, auch die Öffnung des europäischen Binnenmarkts gab der Diskussion um die Kinderbetreuung und der Ausbildung in Deutschland neue Impulse. Das innenpolitisch bedeutsamste Ereignis war jedoch die Wiedervereinigung Deutschlands, die auch in familien- und bildungspolitischer Hinsicht Bewegung in das Kindergartenwesen brachte.

In gemeinsamer Verantwortung führten das Bundesministerium für Frauen und Jugend, das Bundesministerium für Bildung und Wissenschaft, die Obersten Landesjugendbehörden, die Bundesarbeitsgemeinschaft der Landesjugendämter, die Bundesvereinigung der kommunalen Spitzenverbände und die Bundesarbeitsgemeinschaft der Freien Wohlfahrtspflege unter der Federführung des Pestalozzi-Fröbel-Verbandes im November 1991 in Bogensee (Brandenburg) eine Fachtagung unter dem Motto „Mit Kindern leben im gesellschaftlichen Umbruch" durch. Thema war die besondere Situation, die seit 1990 mit der Wiedervereinigung Deutschlands auch im Bereich der öffentlichen Erziehung entstanden war. In der DDR hatten 80 Prozent der noch nicht dreijährigen Kinder eine Krippe und über 95 Prozent im Anschluss daran den Kindergarten besucht. Der ganztägige Besuch einer Kindertageseinrichtung gehörte zur „Normalbiografie" eines Kindes und war wesentliches

Regulativ für die Organisation des Familienalltags in der DDR. Mit der Auflösung der DDR waren die entscheidenden Voraussetzungen für eine solche Versorgungsstruktur nicht mehr gegeben. Dieser gesellschaftliche Umbruch berührte nicht nur die Betreuungseinrichtungen für Kinder, sondern auch das Berufsbild, das berufliche Selbstverständnis und die Ausbildung der Erzieherinnen.

Dem Veranstalterkreis war es wichtig, die Fachtagung nicht von einem „Sanierungsdenken" her zu steuern. So sollten die Teilenehmerinnen und Teilnehmer aus den östlichen Bundesländern nicht zu unreflektierter Anpassung an veränderte berufliche, soziale und gesellschaftliche Gegebenheiten gedrängt werden. Vielmehr sollten die ostdeutschen Erzieherinnen ermutigt werden, an der Umgestaltung bewusst mitzuwirken und zu einer eigenen kritischen Urteilsfindung und Standortbestimmung zu kommen.

Die Mehrzahl der Erzieherinnen in den neuen Bundesländern erlebte ihre berufliche Lage mehr oder weniger als eine über ihren Köpfen sich vollziehende Überführung beziehungsweise Anpassung an das westdeutsche Ordnungssystem der Kinder- und Jugendhilfe, das ihnen fremd war und dessen Qualitätsanspruch sie nicht einzuschätzen vermochten. Im Dialog sollten auf der Fachtagung die fachlichen Verunsicherungen in Theorie und Praxis, aber auch die Identitäts- beziehungsweise Orientierungskrise der Erzieherinnen angesprochen und reflektiert werden. Das Ausmaß der Verunsicherung bei den ostdeutschen Erzieherinnen wird nur verständlich, wenn man sich die Entwicklung des Berufs in der DDR, seine gesellschaftliche Stellung und Einbindung, bildungspolitische Regulierung und individuelle Ausübung vergegenwärtigt.

Nach Ende des Zweiten Weltkrieges hatte sich auf dem Gebiet der späteren DDR der Erzieherinnenberuf im Kontext eines einheitlichen, staatlichen, den Zielvorstellungen einer sozialistischen Gesellschaft verpflichteten Bildungssystems entwickelt, in dem der Kindergarten als „Vorstufe" integriert war. Die Vielfalt der Erzieherberufe – Kindergärtnerin, Hortnerin, Heimerzieher – wurde beibehalten und 1963 durch den Beruf der Krippenerzieherin erweitert, ein Beruf, der aus dem der Kinderpflegerin und Kinderkrankenschwester hervorgegangen war. Die Ausbildung in den einzelnen Berufen war einheitlich, aufeinander abgestimmt und wurde staatlich reguliert und kontrolliert. Leitend für das pädagogische Konzept und die Arbeitsweise in den Einrichtungen waren zwei miteinander verflochtene Zielsetzungen. Zum einen ging es darum, der Persönlichkeitsentwicklung aller Kinder eine Richtung zu geben, die den gesellschaftlichen Vorstellungen entsprach. Zum anderen sollte den Müttern eine gleichberechtigte Berufsausübung ermöglicht werden, auch um ihre Arbeitskraft zu gewinnen.

Von zentraler Bedeutung sowohl in der pädagogischen Praxis als auch in der Aus- und Fortbildung der Erzieherinnen waren Formen kollektiver gesellschaftlicher Erziehung, einheitliche, zunehmend auch ideologische Inhalte und die zentrale Planung, Regulierung und Kontrolle der Arbeit in Ausbildung und Praxis. Die Individualität des Kindes wie auch die der Erzieherin hatte sich dem Kollektiv unterzuordnen. In der pädagogischen Praxis gab es ideologische Zielsetzungen und „vorschulische" Bildungsinhalte, die vorgegeben und von der Erzieherin lediglich methodisch umzusetzen waren. In dieser „Einwirkungspädagogik" hatte das jeweilige individuelle Verhältnis zwischen Erzieherin und Kind keinerlei regulierende Funktion. Die Ausbildung in den Erzieherberufen bereitete auf die Ausfüllung dieses pädagogischen Raumes vor, der wie alle Bildungs- und Erziehungsinstitutionen der DDR in erster Linie als gesellschaftlicher Raum definiert wurde. Demzufolge war die Ausbildung der Kindergärtnerin an der pädagogischen Schule für Kindergärtnerinnen laut Studienplan darauf ausgerichtet, diese zu befähigen, „eine Kindergruppe zu führen, allen Kindern im Kollektiv der Gruppe während des ganzen Tages ein inhaltsreiches und glückliches Leben zu sichern, ihre Gesundheit zu fördern und zu kräftigen, sie zu lehren, aktiv handelnd ihre sozialistische Umwelt zu begreifen, bei den Kindern das notwendige Wissen, die erforderlichen Fähigkeiten, Einstellungen, Verhaltensweisen und Gewohnheiten für ihr Leben in der sozialistischen Gesellschaft herauszubilden" (Ministerrat der Deutschen Demokratischen Republik – Ministerium für Volksbildung 1985).

Kindergärtnerinnen in der DDR erlebten in ihrem Beruf eine hohe gesellschaftliche Wertschätzung, sie waren nach Ausbildung und Status, Verdienst und sozialer Absicherung den Lehrerinnen an Grundschulen nahezu gleichgestellt. Diese Wertschätzung der Kindergartenerziehung hatte jedoch ihren Preis. Nicht nur, dass die Familienerziehung gegenüber der gesellschaftlichen Erziehung als nachrangig gewertet wurde, die Erzieherinnen waren außerdem in ihrer Arbeit nicht autonom. Sie waren verpflichtet, regelmäßig an marxistisch-leninistischen Schulungen teilzunehmen, deren Wirksamkeit in der Regel von der Leiterin der Kindertagestätte oder der Fachberaterin kontrolliert wurde, und sie hatten sich in ihrer Arbeit an die Anweisungen des „Programms für die Bildungs- und Erziehungsarbeit im Kindergarten" zu halten, das zentral vom Ministerium für Volksbildung erlassen worden war und bis in den Tagesablauf hinein dezidiert für die „jüngere", „mittlere" und „ältere" Kindergruppe Ziele und Aufgaben der Erziehung sowie inhaltliche Angebote zu einzelnen Sachgebieten vorschrieb.

In der alltäglichen Praxis der Tageseinrichtungen für Kinder in der DDR waren aber auch Freiräume, die sich viele Kindergärtnerinnen durch Jahrzehnte sorgfältig bewahrt und oft geschickt erweitert hatten. Ihre Liebe zu den Kindern und zum Beruf, ihre reichen langjährigen berufsbiografischen Erfahrungen und Impulse, die über die in offiziellen „Lesungen" der verordneten Fortbildungen hinausgingen, haben nicht nur diese Freiräume möglich, sondern den Kindergarten in der DDR im Vergleich zur Schule auch weitaus kinderfreundlicher gemacht.

Mit der Wiedervereinigung Deutschlands wurden die Strukturen, die das Bildungssystem der DDR prägten, aufgelöst. Krippen und Kindergärten wurden zu öffentlichen Einrichtungen in kommunaler oder freier Trägerschaft. Sie erhielten eine familienergänzende beziehungsweise -unterstützende Funktion, was in der pädagogischen Praxis bedeutete, dass der Elternmitwirkung ungleich größere Bedeutung beizumessen war, als es in der DDR je gewollt wurde. Die in der DDR praktizierte, altershomogene Gruppenstruktur musste einer offenen Arbeit weichen, und – wohl das gravierendste Moment der Umstellung – eine inhaltliche Neubestimmung der Erziehungs- und Bildungsarbeit in den Kindertageseinrichtungen wurde erwartet. Die Revision von Zielen, Inhalten und Methoden in der Berufspraxis ging einher mit einer ebenso notwendigen Neuorientierung in der Erzieherausbildung.

War es früher unstrittig, was als praxisrelevant an die zukünftigen Kindergärtnerinnen und Krippenerzieherinnen vermittelt werden musste, hatten nun die Fachschulen für Sozialpädagogik, die aus den ehemaligen pädagogischen Schulen für Kindergärtnerinnen hervorgegangen waren, mit den Schwierigkeiten zu kämpfen, auf eine Berufspraxis hin auszubilden, die strukturell und inhaltlich nicht nur eine andere war, sondern auch hinsichtlich ihrer gesellschaftlichen Bedeutung als nachrangig erfahren wurde. Im Alltag erlebten die Betroffenen sowohl in der Praxis als auch in der Ausbildung diese Veränderungen – die in der Regel auch mit Existenzängsten verbunden waren – als Anpassungsdruck an Vorschriften und Regelungen der „alten BRD". Insbesondere die Nichtanerkennung von Berufsabschlüssen und die Notwendigkeit, an einer so genannten Anpassungsqualifizierung teilnehmen zu müssen, um der westdeutschen Erzieherin mit staatlicher Anerkennung gleichgestellt zu werden, trugen dazu bei, dass die pädagogischen Fachkräfte nicht nur verunsichert waren, sondern sich auch zu Recht diskriminiert fühlten.

Aufgrund der Spezialisierung der Erzieherberufe in der DDR waren die Erzieherinnen für die Arbeit im Kindergarten in methodischer Hinsicht zweifelsohne besser ausgebildet als die Erzieherinnen in den alten Bundesländern. Das Überstülpen der westdeutschen Breitbandausbildung und die strukturelle Ausgliederung des Kindergartens aus dem Bildungswesen waren Tatsachen, die sie in ihrem beruflichen Selbstverständnis erschütterten und nicht immer aufgeschlossener für eine Umorientierung machten.

Auch die Transformationsprozesse, bezogen auf die Ausbildung der Erzieherinnen, waren für die Lehrkräfte an den pädagogischen Schulen für Kindergärtnerinnen mit schmerzhaften Konflikten und Identitätskrisen verbunden. Die Zusammenführung der beiden Teile Berlins führte relativ früh zu Kontakten und intensiven Arbeitssitzungen zwischen den Schulleitungen der Ausbildungsstätten aus Ost- und Westberlin. Das Einfädeln der Ostberliner Kollegen in die Ausbildungskultur einer Fachschule für Sozialpädagogik, die – wie die pädagogische Schule für Kindergärtnerinnen auch – den Anspruch erhob, nicht nur fachliches Wissen und Können zu vermitteln, sondern auch die Persönlichkeitsbildung der angehenden Erzieherinnen und Erzieher im Blick zu haben, gestaltete sich schwierig.

Das Menschenbild der DDR-Pädagogik, das die Formbarkeit des Menschen durch Belehrung und die Anpassungsfähigkeit an vorgegebene Normen und Regeln als richtiges Verhalten betonte, stieß bei den Kollegen aus Berlin-West auf einen berufspädagogischen Ansatz, dem ein Menschenbild zugrunde lag, das den Bedingungen einer „Risikogesellschaft", wie Ulrich Beck (1986) die Individualisierung und Pluralisierung der Lebensformen unserer westlichen Gesellschaft charakterisiert hatte, geschuldet war. Persönlichkeitsentwicklung in der Berufsausbildung bedeutete für sie Autonomie des Individuums in der Berufsausbil-

Vereinbarung der Kultusministerkonferenz vom 14.6.1991
(in Auszügen)

1. Bewerber/Bewerberinnen, die nach Rechtsvorschriften der ehemaligen DDR eine Ausbildung in Erzieherberufen vor dem 1. Januar 1995 abgeschlossen haben, können nach Maßgabe der folgenden Regelungen die bundesweite Anerkennung für den Teilbereich, für den sie sich qualifiziert haben, und die Anerkennung als staatlich anerkannter Erzieher/staatlich anerkannte Erzieherin erhalten.

Die im Gebiet der ehemaligen DDR erworbenen Berufsbezeichnungen in Erzieherberufen dürfen unabhängig davon in allen Ländern der Bundesrepublik Deutschland geführt werden.

2.1. Teilanerkennungen werden nach folgender Zuordnung ausgesprochen:

im Gebiet der ehemaligen DDR erworbene Berufsbezeichnung	Anerkennung für den Teilbereich:
Kindergärtner/in	Kindergarten 1)
Horterzieher/in	Hort
Heimerzieher/in	Heim
Erzieher/in in Heimen und Horten	Heim und Hort
Erzieher/in für Jugendheime	Heim
Erzieher/in im kirchlichen Dienst	Kindergarten 1)
Kinderdiakon/in	Kindergarten 1)
Gruppenerzieher/in	Kindergarten 1)
Erzieher/in in Jugendwerkhöfen	Heim
Krippenerzieher/in	Krippe
Unterstufenlehrer/in mit der Befähigung zur Arbeit in Heimen und Horten	Heim und Hort
Unterstufenlehrer/in mit der Befähigung zur Arbeit im Schulhort	Hort

Fußnote 1) in Baden-Württemberg berechtigt die Teilanerkennung nicht zu Leitungsfunktionen.

Abb. 25 „Gleichwertigkeitsanerkennung"
Verwaltungsanweisung zur Anerkennung von abgeschlossenen Ausbildungen in Erzieherberufen der ehemaligen DDR, 1991

4. Nach Landesregelungen können Bewerber/Bewerberinnen die Anerkennung als staatlich anerkannter Erzieher/staatlich anerkannte Erzieherin auch erhalten, wenn sie mindestens das 25. Lebensjahr vollendet haben und eine mindestens zweijährige Berufspraxis in einer sozialpädagogischen Einrichtung nachweisen

oder

wenn sie nach einer erfolgreichen Ausbildung eine mindestens fünfjährige erfolgreiche Berufspraxis absolviert haben

und jeweils

an anerkannten Maßnahmen der Erzieherfortbild im Umfang von mindestens 100 Stunden (insbesondere in den Bereichen Kinder- und Jugendhilferecht sowie Psychologie und Pädagogik des Kinder- und Jugendalters in einem Teilbereich, der nicht der bereits erworbenen Qualifikation entspricht) erfolgreich teilgenommen haben.
Wird die Berufspraxis in einer sozialpädagogischen Einrichtung in einem Beitrittsland abgeleistet, müssen mindestens 6 Monate nach dem 3. Oktober 1990 absolviert worden sein. Sie ist vom jeweiligen Träger der Einrichtung bzw. dem zuständigen Jugendamt zu bestätigen.

5. Die nach den Nummern 2 bis 4 dieser Vereinbarung ausgestellten Bescheinigungen werden von den Ländern gegenseitig anerkannt, die nach Nummer 4 ausgestellten Bescheinigungen allerdings mit der Maßgabe, dass einzelne Länder zusätzlich das erfolgreiche Bestehen eines Kolloquiums verlangen können. 4)

Fußnote 4) In Baden-Württemberg gilt die Anerkennung mit den Einschränkungen gemäß Fußnoten 1 und 3.

dung wie in der Berufsausübung. In einem Zwischenbericht zur pädagogischen Neuorientierung in den Tageseinrichtungen der neuen Bundesländer von 1997 beschreibt Hans-Joachim Laewen diese Problematik hinsichtlich der ostdeutschen Erzieherinnen. Es handelte sich um ein psychologisches Dilemma, das in gleicher Weise auch auf die Lehrkräfte zutraf: So lange sie in ihrem Bildungsverständnis darauf beharrten, die angehenden Erzieherinnen und Erzieher wie unmündige Schüler wahrzunehmen, die durch Lehrerinnen und Lehrer erst befähigt werden müssten, setzten sie auf Unterordnung und Gefolgschaft im Verhältnis von Lehrenden und Lernenden und auf eine Unterrichtsmethodik, die die Lernenden in ihrer Eigenaktivität nicht ernst nimmt. In den Erinnerungen an seine Jugend in der DDR schildert Jens Bisky mit genauem Blick, wie die DDR Gefolgschaft schon in der Kindergartenpädagogik organisierte. Er beschreibt das feine Gespinst aus Lob und Tadel, den Druck, der vordergründig als Fürsorglichkeit angesehen werden konnte, und er zitiert Mitteilungen der Kindergärtnerin an die Eltern: „Bitte üben Sie mit Jens das Aufheben der gefüllten Tasse mit einer Hand, die andere Hand soll neben dem Teller flach auf dem Tisch liegen." In der ersten Klasse aber wurde an der Wandzeitung das Foto desjenigen, der nicht brav gewesen war, ganz nach hinten gehängt (Bisky, J. 2004).

In doppelter Weise hatten die Erzieherinnen der ehemaligen DDR mit Identitätsbrüchen zu kämpfen, nämlich als Frauen und als Erzieherinnen. Auch wenn in der DDR Kindererziehung und Haushaltsführung Frauensache war, hatte die staatliche Propaganda dafür gesorgt, dass die „Nur-Hausfrau" als bürgerlicher Lebensentwurf im sozialistischen Staat nicht in Frage kam und die Erwerbsarbeit bei Männern wie auch bei Frauen im Sinne der Gleichberechtigung Priorität hatte. Hausfrauen stellten deshalb im Gegensatz zur BRD eine deutliche Minderheit in der DDR dar. Neben allen Veränderungen, die die Wiedervereinigung für die Menschen mit sich brachte, waren vor allem die Frauen überproportional häufig von Arbeitslosigkeit und vom Abbau der Kindergartenplätze betroffen. Auch den Erzieherinnen wurde die Familienorientierung quasi unfreiwillig aufgedrückt. Im vereinigten Deutschland stellten nach 1990 die „Nur-Hausfrauen" wieder eine Mehrheit dar. Das war ausschließlich auf die verschlechterten Arbeitsbedingungen für Frauen in den neuen Bundesländern zurückzuführen, die diese wieder in die Haushaltstätigkeit zurückzwangen.

Hatte Angela Merkel als zuständige Jugendministerin noch 1991 auf dem Fachkongress in Bogensee in ihrer Rede darauf hingewiesen, dass die ostdeutschen Länder wegen ihrer besseren Versorgung mit Krippen-, Kindergarten- und Hortplätzen, die sie in die deutsche Einheit eingebracht hatten, eine Vorreiterrolle bei der Umsetzung eines bundesweiten Rechtsanspruchs spielen könnten (Merkel, A. 1992), so erlebte der Osten immer häufiger, dass Kindertagesstätten geschlossen und vor allem jüngere Erzieherinnen entlassen wurden, während der Rechtsanspruch auf einen Kindergartenplatz 1996 in den alten Bundesländern dafür sorgte, dass neue Erzieherinnenarbeitsplätze geschaffen wurden.

Neben der gesellschaftlichen Wertschätzung des Kindergärtnerinnenberufs waren die materielle Unabhängigkeit vom Mann, die Aufstiegsmöglichkeiten in ihrem Beruf wesentliche Gründe für das hohe Selbstbewusstsein und das stabile berufliche Selbstverständnis der Erzieherinnen in der DDR. Über den Mangel an Männern in ihrem Beruf beklagten sie sich keineswegs, geschweige denn, dass sie dies als defizitär erlebten. Umso größer empfanden sie die abrupt wegbrechende berufliche Sicherheit als Entwertung ihres beruflichen Wissens und Könnens, zumal die so genannte „Anpassungsqualifizierung" mit keinem Statusgewinn verbunden war und diese „Beschulung" wenig zur Entwicklung eines anderen beruflichen Selbstverständnisses beitrug.

Studien zu diesen beruflichen Identitätsbrüchen, wie sie die Erzieherinnen der DDR erlebt haben, unterstreichen die Bedeutung der Berufsbiografie für das professionelle Handeln und haben Anstöße gegeben, sich berufswissenschaftlich mit den Bedingungen pädagogischer Professionalität zu befassen.

10 Auf dem Weg zur Professionalität

Gesellschaftliche Modernisierungsschübe und Umbrüche haben im letzten Drittel des zurückliegenden Jahrhunderts auch zu veränderten Kindheiten geführt. So hat die Auflösung der traditionsgeleiteten Verbindlichkeiten bei der Wahrnehmung der Familienaufgaben durch die Frauen auch die Aufgabenstellung der Tageseinrichtungen für Kinder erweitert. Neben Familie und Schule sind sie zu einem unverzichtbaren Bestandteil der gesellschaftlichen Grundversorgung geworden. Nicht nur immer mehr Kinder durchlaufen immer selbstverständlicher diese – in der Sprache der Sozialwissenschaften als Sozialisationsinstanz bezeichneten – Betreuungseinrichtungen. Orte öffentlicher Erziehung gewinnen auch für einen immer größeren Zeitraum der Kindheit an Bedeutung. Kindertageseinrichtungen haben im Prozess des Aufwachsens von Kindern in unserer Gesellschaft nicht mehr nur eine die Familienerziehung ergänzende Funktion, sondern erfüllen, bezogen auf die Entwicklung von Kindern, einen eigenständigen Erziehungs- und Bildungsauftrag. In diesem Zusammenhang geht es nicht nur um eine kulturelle Neubestimmung dieser „Orte für Kinder", sondern auch um eine gesellschaftliche Verantwortung für die Sicherung der Erziehungs- und Bildungsprozesse von Kindern in diesen Orten.

Das Kinder- und Jugendhilfegesetz (KJHG), das am 1. Januar 1991 nach jahrzehntelanger Diskussion und mehreren vergeblichen Anläufen endlich in Kraft getreten war, trägt diesen veränderten Lebensbedingungen von Kindern Rechnung, denn mit dem KJHG wurde erstmalig der gesamte Bereich der Tagesbetreuung von Kindern systematisch gesetzlich geregelt. Das Recht des Kindes auf Förderung der Entwicklung, auf Bildung und auf Erziehung zu einer eigenverantwortlichen und gemeinschaftsfähigen Persönlichkeit ist Leitnorm des Gesetzes. Das Leistungsangebot der Kinder- und Jugendhilfe, das aufgrund der Rahmenkompetenz des Bundes gesetzlich verpflichtend für die Einrichtungsträger ist, soll am Kindeswohl und an der Lebenswirklichkeit von Kindern und deren Familien ausgerichtet sein. Dazu zählen nicht nur eine an der individuellen Lebenssituation des Kindes orientierte Pädagogik und eine dem Alter des Kindes angepasste Gruppenstärke, sondern auch eine bedarfsgerechte Gestaltung der Öffnungszeiten der jeweiligen Kindertagesstätte. Darüber hinaus enthält das Gesetz ein generelles Gebot zur Zusammenarbeit mit den Eltern, weil darin ein wesentliches Element der Förderung von Kindern in Tageseinrichtungen gesehen wird. Das KJHG unterstreicht gegenüber dem Jugendwohlfahrtsgesetz, das in seinen Grundstrukturen noch auf das Reichsjugendwohlfahrtsgesetz von 1922 zurückging, den Funktionswandel der Jugendhilfe hin zur sozialen Dienstleistung.

Zwei Jahre nach Verabschiedung des KJHG wurde im Zusammenhang mit der Reform des Rechts zum Schutz des ungeborenen Lebens – das Schwangeren- und Familienhilfegesetz vom 27. Juli 1992 – der Rechtsanspruch auf einen Kindergartenplatz gesetzlich verankert. Aber erst 1996 trat diese von der Fachwelt lang erwartete Gesetzesregelung in Kraft. Trotz der Enttäuschung, dass der Rechtsanspruch in den Ausführungsgesetzen der Länder unterschiedlich ausgestaltet wurde – so erstreckt er sich in den meisten westlichen Bundesländern lediglich auf ein Halbtagsangebot, was den erwerbstätigen Eltern wenig hilft –, war der Durchbruch doch geschafft. Die neue Rechtslage löste ein lange verfolgtes bildungspolitisches Ziel ein. Erinnern wir uns: Erstmalig hatte Fröbel vor mehr als 150 Jahren gefordert, dass allen Kindern der Besuch eines Kindergartens ermöglicht werden sollte. In der Reichsschulkonferenz von 1920 waren es die fortschrittlichen Schulreformer, die diese Forderung stellten, sich aber nicht durchsetzen konnten. In Westdeutschland war dies das zentrale Anliegen der Bildungsreformer in den 1970er Jahren gewesen, die sich gegen eine überwiegend traditionell ausgerichtete Familienpolitik der öffentlichen und freien Jugendhilfe nicht behaupten konnten. Nur in der DDR war aufgrund des ausgebauten Kindergartenwesens dieser Anspruch Realität gewesen.

Auch wenn die Gesamtverantwortung für die konzeptionelle Gestaltung der Arbeit in den Tageseinrichtungen für Kinder bei den jeweiligen Trägern der öffentlichen und freien Jugendhilfe liegt und die Ansprüche der Träger – auch aufgrund unterschiedlicher Wertorientierungen – hinsichtlich der Inhalte, Methoden und Arbeitsformen vielfältig sind, sind sie doch an die Grundnormen des KJHG gebunden. Der Rechtsanspruch auf einen Kindergartenplatz stellt insofern ein Signal dar, als angesichts veränderter Lebensbedingungen von Kindern und deren Familien die Erziehung und Bildung von Kindern nicht mehr nur als „Privatsache" gelten und auch nicht mehr allein in die Zuständigkeit von Müttern gelegt werden kann. Dabei geht es nicht nur um die Frage der Vereinbarkeit von Beruf und Familie, sondern mit Blick auf die „Kultur des Aufwachsens von Kindern" (Krappmann, L. 2003) in unserer Gesellschaft auch um ein neues Verhältnis von öffentlicher und privater Verantwortung für Kinder.

Das KJHG, das im Kern die gesetzliche Grundlage für eine Reform der sozialen Dienste darstellt, gab Anstöße zu einer Modernisierung des Kindergartenwesens hin zu einem sozialen Dienstleistungsunternehmen. Die bislang auf die öffentliche Verwaltung beschränkte Diskussion um die Entwicklung leistungsfähigerer Strukturen schwappte auch auf die Leistungsangebote der öffentlichen Erziehung über. In der Qualitätsdebatte zur Frage, was ein guter Kindergarten ist, geht es nicht nur um den Dienstleistungsaspekt von Kinderbetreuungseinrichtungen, sondern auch um die Frage, was gute Pädagogik ist.

Mit Fragen der Qualitätsentwicklung im Kindergarten hatte sich nach der Öffnung des europäischen Binnenmarktes auch das „Netzwerk Kinderbetreuung und andere Maßnahmen zur Vereinbarkeit von Beruf und Familie" der Europäischen Kommission befasst und 1996 einen Katalog „Qualitätsziele in Einrichtungen für kleine Kinder" veröffentlicht. Dieser Bericht stellt klar, dass Qualität ein relatives Konzept ist, das auf Werten und Überzeugungen beruht, und dass Qualitätsziele gesellschaftlich zu vereinbaren sind. In diesem Positionspapier wird auch überzeugend zum Ausdruck gebracht, dass Fachlichkeit in der pädagogischen Arbeit in ihrer gesellschaftlichen Funktion begründet ist und dass das Aufgabenprofil der Fachkräfte sowie deren berufliches Selbstverständnis sich aus dieser Funktion herleiten. Erstmalig wurden in den Leitlinien der OMEP (Organisation Mondiale de l'Education Préscolaire) von 1999 Anforderungen an den Beruf der Erzieherinnen formuliert, die getragen sind von der Überzeugung, dass Erziehungsarbeit eine wichtige, ja anspruchsvolle, verantwortliche Tätigkeit ist, die nicht nur Wissen und Können, sondern auch personale Kompetenzen und berufsethische Dimensionen einschließt. Die Sicherung pädagogischer Qualität kann deshalb nicht nur eine technische Frage der „richtigen" Qualitätskriterien und von Evaluationsverfahren sein: „Pädagogische Qualität hat eine ethische und philosophische Dimension, und in einer reflexiven, dynamischen, prozessorientierten und demokratischen Praxis sind es die beteiligten Kinder, Familien und PädagogInnen, die ihre jeweils eigenen Qualitätsdiskurse immer wieder neu inszenieren und miteinander steuern" (Oberhuemer, P. 2005).

Für die Weiterentwicklung von pädagogischer Qualität in den Kindertageseinrichtungen nehmen die Fachkräfte eine Schlüsselfunktion ein. Von den Fachkräften wird erwartet, „dass sie das Kind und den Jugendlichen in seiner Personalität und Subjektstellung sehen, dass sie die Kompetenzen, Entwicklungsmöglichkeiten und Bedürfnisse der Kinder in den verschiedenen Altersgruppen erkennen und entsprechende pädagogische Angebote planen, durchführen, dokumentieren und auswerten können. Aufgrund didaktisch-methodischer Fähigkeiten sollen sie die Chancen von ganzheitlichem, an den Lebensrealitäten der Kinder orientiertem Lernen erkennen und nutzen können. Sie sollen als Personen über ein hohes pädagogisches Ethos, menschliche Integrität sowie gute soziale und persönliche Kompetenzen und Handlungsstrategien zur Gestaltung der Gruppensituation verfügen, kooperations- und kommunikationsfähig sein" (Hans-Böckler-Stiftung 2001).

Mit diesen Anforderungen an die Qualifikation des Personals in den Tageseinrichtungen für Kinder, denen sich auch der überwiegende Teil der nunmehr selbstbewusster agierenden Fachverbände der öffentlichen und freien Kinder- und Jugendhilfe anschloss, wurde die Frage nach den Rahmenbedingungen und dem Qualifikationsniveau der Ausbildung von Erzieherinnen und Erziehern neu gestellt.

Im Rahmen eines Teilprojekts der vom Bundesministerium für Familie, Senioren, Frauen und Jugend 1999 gestarteten „Nationalen Qualitätsinitiative im System der Tageseinrichtungen für Kinder" wurden erstmalig länder- und trägerübergreifende Qualitätskriterien ermittelt, die sich auf Fragen der professionellen Handhabung von Organisations- und Personalentwicklungsmaßnahmen im System der Kindertagesrichtungen beziehen. Damit waren auch erstmalig Aspekte der Aus-, Fort- und Weiterbildung der Fachkräfte Bestandteil eines Forschungsvorhabens geworden und die Weichen für die Implementierung einer nachhaltigen Reforminfrastruktur in den Praxiseinrichtungen selbst gestellt worden.

Der Stand der Erzieherinnenausbildung am Ende des 20. Jahrhundert

Die Übertragung von länderspezifischen Ausbildungsregelungen der alten Bundesländer auf die jeweiligen Partnerländer in Ostdeutschland hatte nach der Wiederherstellung der deutschen Einheit die ohnehin immer größer gewordene Unübersichtlichkeit und unzureichende Vergleichbarkeit der Erzieherberufe und deren Ausbildungsbedingungen noch verstärkt. Gleichzeitig wuchs die Kritik der Fachorganisationen an der Lage des Erzieherinnenberufs und an der Ausbildung. Zwischen 1994 und 1999 gab es eine Flut von Positionspapieren und Publikationen der Fachverbände, Fachorganisationen und der Gewerkschaften zu Qualifikationsfragen der Fachkräfte. „Der Erzieherinnenberuf im europäischen Kontext" – unter diesem Titel veröffentlichte 1999 die Arbeitsgemeinschaft für Jugendhilfe (AGJ) als Deutsches Nationalkomitee der Weltorganisation für frühkindliche Erziehung (OMEP) eine Stellungnahme, die den Reformbedarf in der beruflichen Qualifizierung von Erzieherinnen in Deutschland aus einem europäischen Vergleich herleitet und inhaltliche sowie strukturelle Reformempfehlungen formuliert. Eine Revision der immer noch geltenden Rahmenvereinbarung der Kultusministerkonferenz von 1982 über die Ausbildung und Prüfung von Erzieherinnen und Erziehern war überfällig. Ein dazu erforderlicher Beschluss über die politischen Vorgaben für die Überarbeitung dieser Rahmenvereinbarung kam jedoch nicht zustande. Die dafür zuständige Amtschefgruppe der Kultusminister verständigte sich 1994 lediglich auf ein Moratorium für weitere sechs Jahre.

Auf Initiative des Landes Brandenburg wurde 1997 eine Expertenkommission eingerichtet, die unter Federführung des Landes Brandenburg den Auftrag bekam, „Neue Strukturkonzepte für die Erzieherinnen-Ausbildung" zu erarbeiten. In mehreren Expertengesprächen, einer länderoffenen Fachtagung und schließlich – 1998 – einer nachbereitenden Fachtagung „ErzieherInnenausbildung – Praxisanforderungen, Qualifikationsmerkmale und Strukturbedingungen" unter Leitung des Deutschen Vereins für öffentliche und private Fürsorge wurde über eine Neubestimmung der Erzieherausbildung bezüglich der Anforderungen an das Curriculum, die Lernorganisation in der Fachschule und bezüglich der Qualifikation der Lehrkräfte beraten. Die Ausbildung für einen Beruf habe sich an den Aufgaben und Anforderungen zu orientieren, die in diesem Beruf zu erfüllen sind. Aus der Zielsetzung des KJHG kann man zwar Rückschlüsse bezüglich der Qualifikation der Fachkräfte ziehen, in den Passagen aber, die sich direkt auf die Qualifikation beziehen, bleibt das Gesetz ungenau. In § 72 (1) des Kinder- und Jugendhilfegesetzes heißt es lapidar, als „Fachkräfte sollen die Träger öffentlicher Jugendhilfe hauptberuflich nur Personen beschäftigen, die sich für die jeweilige Aufgabe nach ihrer Persönlichkeit eignen und eine dieser Aufgabe entsprechenden Ausbildung erhalten haben oder aufgrund besonderer Erfahrungen in der sozialen Arbeit in der Lage sind, die Aufgaben zu erfüllen".

Es überrascht deshalb nicht, dass noch 2002 vom Informationsdienst der Bundesanstalt für Arbeit, also von autorisierter Seite, ein Berufsbild veröffentlicht wurde, das lediglich aus einer Auflistung von Tätigkeiten besteht, die nicht zwingend auf einen besonderen Qualifikationsbedarf verweisen:

Erzieher/innen sind in der vorschulischen Erziehung, in der Heimerziehung sowie in der außerschulischen Kinder- und Jugendarbeit tätig. Im Kindergarten betreuen sie die Kinder in Gruppen, fördern das soziale Verhalten und helfen dem einzelnen Kind bei seiner Entwicklung. Sie regen die Kinder zu körperlich, geistig und musisch ausgerichteten Betätigungen an. Dabei malen, spielen, basteln und singen sie mit den Kindern, erzählen ihnen Geschichten und machen Ausflüge. In der Heimerziehung sind sie wichtige Bezugspersonen für die Kinder und Jugendlichen und nehmen soweit wie möglich die Elternstelle ein. Sie sorgen für Körperpflege, Essen und Bekleidung, regen zu Freizeitbeschäftigung an und organisieren Ferienaufenthalte. Darüber hinaus halten sie Kontakt zu Schulen und Ausbildungsbetrieben und begleiten die Kinder und Jugendlichen bei Arztbesuchen und zu Behörden. Im Hort betreuen sie Kinder nach Schulschluss oder auch vor Beginn des Unterrichts. In anderen Einrichtungen der außerschulischen Kinder- und Jugendarbeit geben sie Hilfen zur Planung und Organisation der Freizeit und helfen bei persönlichen Problemen. Zu den sozialpädagogischen Aufgaben der Erzieher/innen kommen meist noch organisatorische und verwaltungstechnische Arbeiten hinzu. Erzieher/innen sind in sozialpädagogischen Einrichtungen aller Art tätig, zum Beispiel in Tageseinrichtungen für Kinder, in Jugendzentren, Internaten, Erziehungsheimen. Sie betreuen Behinderte in speziellen Einrichtungen ebenso wie therapeutische Kinder- und Jugendwohngruppen im Rahmen der Jugendhilfe.

Ein Berufsbild, das sich darauf beschränkt, Aufgaben zu beschreiben, ohne die Anforderungen zu benennen, leistet dem Vorurteil „Erziehen kann jeder" Vorschub und trägt dazu bei, das Hilfskräfteimage, gegen das sich die Erzieherinnen so wehren müssen, zu verstärken.

In der „Rahmenvereinbarung über Fachschulen" – Beschluss der Kultusministerkonferenz von 2000/2002 – wurde nun der Versuch unternommen, ein Qualifikationsprofil zu beschreiben und damit den Grad der Fachlichkeit des Berufs zu bestimmen:

Kinder und Jugendliche zu erziehen, zu bilden und zu betreuen erfordert Fachkräfte,

- die das Kind und den Jugendlichen in seiner Personalität und Subjektsstellung sehen,
- die Kompetenzen, Entwicklungsmöglichkeiten und Bedürfnisse der Kinder und Jugendlichen in den verschiedenen Altersgruppen erkennen und entsprechende pädagogische Angebote planen, durchführen, dokumentieren und auswerten können,
- die als Personen über ein hohes pädagogisches Ethos, menschliche Integrität sowie gute soziale und persönliche Kompetenzen und Handlungsstrategien zur Gestaltung der Gruppensituation verfügen,
- die aufgrund didaktisch-methodischer Fähigkeiten die Chancen von ganzheitlichem und an den Lebensrealitäten der Kinder und Jugendlichen orientiertem Lernen erkennen und nutzen können,
- die in der Lage sind, sich im Kontakt mit Kindern und Jugendlichen wie auch mit Erwachsenen einzufühlen, sich selbst zu behaupten und Vermittlungs- und Aushandlungsprozesse zu organisieren,
- die als Rüstzeug für die Erfüllung der familienergänzenden und -unterstützenden Funktion über entsprechende Kommunikationsfähigkeit verfügen,
- die aufgrund ihrer Kenntnisse von sozialen und gesellschaftlichen Zusammenhängen die Lage von Kindern, Jugendlichen und ihren Eltern erfassen und die Unterstützung in Konfliktsituationen leisten können,
- die Kooperationsstrukturen mit anderen Einrichtungen im Gemeinwesenarbeit entwickeln und aufrechterhalten können,
- die in der Lage sind, betriebswirtschaftliche Zusammenhänge zu erkennen sowie den Anforderungen einer zunehmenden Wettbewerbssituation der Einrichtungen und Dienste und einer stärkeren Dienstleistungsorientierung zu entsprechen.

Auch wenn mit dieser Rahmenvereinbarung, die nicht nur dieses Anforderungsprofil enthält, sondern auch die Einführung eines handlungsorientierten Curriculums in der Fachschulausbildung vorsieht, ein erster richtungsweisender Durchbruch gelang, darf dies doch nicht darüber hinwegtäuschen, dass die Ausbildungslandschaft nach wie vor zerrissen und widersprüchlich und eine Passung von Qualifikationsprofil und formalem Qualifikationsniveau nicht gegeben ist.

Trotz aller Reformbemühungen ist es bisher nicht gelungen, den Erzieherberuf in ein anerkanntes Qualifizierungssystem einzubinden. Fakt ist nach wie vor, dass es kaum beruflich vorgesehene und formal abgesicherte Karrierewege gibt und dass das gesamte Qualifizierungssystem dieses Berufs unübersichtlich und richtungslos ist. Der Beruf mündet nach wie vor in eine Sackgasse und ist, bezogen auf den Qualifizierungsbedarf, geprägt von Interessenlagen der Träger- und Berufsorganisationen, von der Kulturhoheit der Länder und nicht zuletzt von einem Desinteresse der Berufsbildungspolitik. Diese Richtungslosigkeit macht es der Berufsgruppe selbst, also den Erzieherinnen, schwer, sich zu positionieren und für die Durchsetzung ihrer berechtigten beruflichen Interessen zu kämpfen. Immer noch halten ein Drittel der Absolventen von Fachschulen eine berufliche Interessenvertretung für unnötig. Liegt es daran, dass sich das Beschäftigungssystem und die Ausbildung immer weiter voneinander entfernt haben und in der Fachschule vielleicht gar nicht bekannt ist, welche Berufsverbände und Gewerkschaften sich der beruflichen Anliegen der Erzieher und Erzieherinnen annehmen? Oder liegt es daran, dass die Erzieherinnen weder in der Ausbildung noch in der Berufspraxis umfassend über die politischen Vorgaben ihrer Arbeit informiert werden? Es könnte aber auch an der Zerrissenheit und Unübersichtlichkeit der Berufsverbände und Interessenvertretungen liegen – in einer Auflistung von 2005 zählt Petra Stamer-Brandt ohne Anspruch auf Vollständigkeit 21 Organisationen – und daran, dass es keine gemeinsame Vision hinsichtlich eines zukunftsweisenden, innovativen Berufskonzepts gibt.

In vergleichenden Studien zu den Entwicklungstendenzen in europäischen Kindertageseinrichtungen (Oberhuemer, P. 1999) wird deutlich, dass Kindertageseinrichtungen und pädagogische Berufe eingebettet sind in kulturelle Systeme, „in Systeme von gesellschaftlich und individuell getragenen Leitbildern und Wertvorstellungen – Bilder von

Kindern und Kindheit, von Elternrolle und Familienaufgabe, von Erziehung und Lernen". Leitideen, Traditionen und Praktiken, die eine Berufskultur prägen, erschweren auch einen europäischen Vergleich. Oberhuemer unterscheidet zwei Grundtypen von Kindertageseinrichtungen in den europäischen Ländern. Entweder sie richten sich organisatorisch und auch konzeptionell am öffentlichen Schulsystem aus, oder es handelt sich – wie in Deutschland – um ein administrativ und konzeptionell eigenständiges Erziehungs- und Bildungssystem neben der Schule. Entsprechend unterschiedlich sind auch die Berufskulturen und das professionelle Selbstverständnis der pädagogischen Fachkräfte.

Eine für den Erzieherberuf in Deutschland zentrale kulturelle Dimension ist das Konzept der Sozialpädagogik, wie es Ende des 19. Jahrhunderts entstanden ist, und zwar als Theorie, als Praxis und als Beruf. Sozialpädagogische Lernkultur hat ihr eigenes Profil und grenzt sich in ihrem ganzheitlichen Ansatz ab von der Lernkultur in der Schule. Die Aufgabenfelder des Kindergartens sind jedoch komplexer geworden, und entsprechend breiter und anspruchsvoller sind die Qualifikationsanforderungen an das Fachpersonal. Es geht sowohl um eine erweiterte Bildungsexpertise als auch um eine erweiterte Netzwerkexpertise der pädagogischen Fachkräfte, die in Kindertageseinrichtungen arbeiten. In Beschlüssen der Jugendministerkonferenz und der Kultusministerkonferenz von 2004 wurde der „Gemeinsame Rahmen der Länder für die frühe Bildung in Kindertageseinrichtungen" abgesteckt. Inzwischen haben alle Bundesländer so genannte Bildungspläne für die Arbeit in Kindertagesstätten erlassen, die von den Erzieherinnen umzusetzen sind.

Netzwerkexpertise zielt vor allem auf Dialog- und Kooperationsfähigkeit, die die Erzieherinnen zu den Eltern praktizieren. Eine wirksame Erziehungs-, Bildungs- und Betreuungspartnerschaft zur Förderung und zum Wohle des Kindes bedeutet nicht, die Unterschiede zwischen Familie und Kindergarten einzuebnen: „Gerade in der ‚Zweifachen Sozialisation', im Zusammenwirken der beiden unterschiedlichen Umwelten, liegt die Chance, Kinder in ihrem Leben und in ihren Bildungsprozessen zu bereichern" (Liegle, L. 2005). In diesem Sinne hatte Erika Hoffmann schon 1934 und 1958 den Erziehungs- und Bildungsauftrag des Kindergartens beschrieben und als „sozialpädagogisch" definiert. Forderungen an eine erweiterte Netzwerkexpertise der Erzieherinnen zielen darüber hinaus auch auf Aufgaben, neue kind- und familienbezogene Kooperationsformen mit anderen Fachdiensten zu entwickeln, auf Beteiligung der regionalen Jugendhilfeplanung, auf Mitwirkung bei kommunalpolitischen Aktivitäten und anderes mehr.

Die Zeitschrift „kindergarten heute" führte 2005, wie bereits anfangs erwähnt, eine Umfrage unter dem Motto „Ein Beruf im Aufbruch" durch – die Antworten der Erzieherinnen bestätigen den Aufbruch. Fachlichkeit durch Ausbildung, Berufsprofil mit Anforderungscharakter, Weiterentwicklung im Beruf und professionelles Selbstverständnis: all das sind Facetten eines Berufskonzepts, das neu bestimmt werden muss, weil das auf politischer Entscheidungsebene wirksame Familienleitbild auseinander gebrochen ist. Die Vereinbarkeit von Beruf und Familie ist nicht nur ein Thema der berufstätigen Frauen mit Kindern, sondern auch der berufstätigen Erzieherinnen mit Kindern. Der berechtigte Wunsch der Frauen, sich im Beruf weiterzuentwickeln und auch als Berufsfrauen und nicht nur als Ehefrauen, Hausfrauen und Mütter ein sinnerfülltes Leben zu führen, trifft ebenso auf die Erzieherinnen zu.

Das Neue an der Debatte um den Erzieherberuf in Deutschland ist nicht die mehr oder weniger abgehobene Forderung einer etablierten Funktionärsschicht nach einer Ausbildungsreform, die schon ziemlich alt ist. Das Neue ist vielmehr der Aufbruch an der Basis: Die Erzieherinnen sind sich der Diskrepanz zwischen Qualifikationsanspruch, den sie teilen, und der Berufsrealität voll bewusst. Sie haben sich die ihnen von der Bildungsforschung zugedachte Schlüsselfunktion in der Pädagogik der frühen Kindheit zueigen gemacht. Sie wollen aber zugleich nicht mehr berufspolitisch bevormundet werden, sondern sich in die Debatte um wirksame Professionalisierungsstrategien für ihren Beruf einbringen und als Diskussionspartner respektiert werden.

Wandel des Berufsrollenverständnisses

In einem autobiografisch gehaltenen Brief spricht Fröbel von „der Lust und der Kraft im Menschen, an seiner eigenen Erziehung unausgesetzt zu arbeiten" (zitiert nach Liegle, L. 2005) – für Fröbel eine Grundanforderung an den Erzieherberuf. Im Gegensatz zum Reformstau in der Ausbildung hat das klassische Berufsfeld der Erzieherinnen – der Kindergarten – die gesellschaftlichen Herausforderungen angenommen und sich weiterentwickelt. Dass diese Erfolgsgeschichte des Kindergartens sehr viel damit zu tun hat, dass die Erzieherinnen die ihnen in diesem Professionalisierungsprozess der pädagogischen Praxis zugedachte Schlüsselrolle angenommen und, so weit es ihnen möglich war, ausgefüllt haben, wird bei den Kritikern häufig ausgeblendet. Sie konnten es, weil sie sich im Beruf weiterentwickelt und dazugelernt haben. Das Verständnis von Berufsausbildung als einer Lehr- und Lernzeit, an deren Ende der Auszubildende „ausgelernt" hat, ist überholt.

Der Beruf der Erzieherin stand deshalb in dem Ruf, kein „eigentlicher" Beruf zu sein, weil er nicht darauf angelegt war, dass Frauen ihn ein Leben lang ausüben. Immer wieder standen deshalb Ausbildungsdauer und formales Niveau zur Disposition. Die Situation des Erzieherinnenberufs war aber auch deshalb so verworren und kompliziert, weil sich die strukturellen Bedingungen des Berufs und Vorstellungen über das Wesen der Frau beziehungsweise über weibliche Identität auf eigentümliche Weise mischten. Erzieherinnen hatten einen Beruf gewählt, der nun einmal einen Bereich abdeckt, für den Frauen in der Regel auch in der Familie zuständig sind. Die Verflechtungen von beruflicher und privater Arbeit mit dem Geschlecht derer, die diese Arbeit verrichten, liegen auf der Hand und erschweren Abgrenzungen sowohl für diejenigen, die die strukturellen und konzeptionellen Bedingungen der Berufsarbeit verantwortlich vorgeben und steuern, als auch für diejenigen, die die Arbeit machen. Es scheint so, als ob sich die Erzieherinnen von heute, die in der Regel eine Kindergartenkindheit hinter sich haben und sich mit unvoreingenommenen, durchaus positiven Vorstellungen von den Aufgaben für diesen Beruf entschieden haben, sich zunehmend gegen eine Bagatellisierung ihrer Berufsarbeit zur Wehr setzen. Ihre Forderungen nach mehr Wertschätzung und Anerkennung ihrer Arbeit sind sachbezogen, sie wollen sich an einem Fachlichkeitsanspruch messen lassen. Die „Schönheiten" des Berufs sind lange genug verzopft beschrieben worden, als dass sie eine moderne, selbstbewusste und intelligente junge Frau von heute noch dazu animieren könnten, sich für diesen Beruf zu entscheiden.

Im Gegensatz zu früher ist der Beruf der Erzieherin kein Übergangsberuf mehr. Erhebungen des Statischen Bundesamtes für den Zeitraum 1998 bis 2002 belegen, dass die Hälfte aller berufstätigen Erzieherinnen in Deutschland mittlerweile über 40 Jahre alt ist, und – so das Ergebnis der Umfrage von „kindergarten heute" – etwa 50 Prozent der befragten

Erzieherinnen haben eigene Kinder zu versorgen. Das lässt Rückschlüsse zu auf den sozialen Wandel in der Gesellschaft, aber auch auf das sich im Wandel befindliche Rollenverständnis der Erzieherinnen. Auch Erzieherinnen gestehen sich das Recht auf eigene Lebensgestaltung zu, auch wenn sie Kinder haben. Sie akzeptieren, dass das Leben mit einem Kind nicht unbedingt ausreichen muss, um sich als Frau ausgefüllt zu fühlen. Und sie denken nicht mehr, eine schlechte Mutter zu sein, wenn sie trotz eigener Kinder ihren Beruf ausüben. Zugleich erfahren Erzieherinnen in ihrem Beruf unmittelbar, welche Auswirkungen die Berufstätigkeit von Müttern haben kann. Sie sehen geglückte Beispiele von familiärem Leben berufstätiger wie auch nicht berufstätiger Mütter und auch das Gegenteil. In ihrem Berufsalltag können sie in Konkurrenz zu den Müttern geraten, sich beruflich kompetent im Umgang mit den Kindern erleben, aber im Privatleben als durchaus inkompetenter. Ständig fließen berufliche und private Normen und Vorstellungen von Familie ineinander. Das kann Schuldgefühle und Rivalität erzeugen, das kann aber auch Distanz schaffen und den eigenen Professionalisierungsprozess unterstützen, vorausgesetzt, die Kindergartenwelt wirkt nicht wie eine Verlängerung der Familienwelt und Männer tauchen nicht nur als Verantwortungs- und Entscheidungsträger auf. Entscheidend ist, dass die Erzieherin vom Wert ihrer Arbeit überzeugt ist, dass sie sowohl im Team als auch selbstreflexiv ihre Arbeit begutachtet, dass sie sich selbstbewusst einmischt und die Anwaltschaft für die Kinder annimmt, dass sie mit den Eltern auf Augenhöhe kooperiert und – nicht zuletzt – dass sie sich mutig gegen die Bagatellisierung ihrer Arbeit zur Wehr setzt. Das erfordert Kompetenzen, die vor allem auf die Bedeutung der Erzieherpersönlichkeit verweisen und auf die Notwendigkeit der Persönlichkeitsbildung in der Ausbildung. Schon 1980 diskutierten die Teilnehmer einer Fachtagung des PFV den „doppelten Auftrag der Ausbildung: Persönlichkeitsbildung und fachliche Qualifikation".

Seit den 1980er Jahren weiß man in Ausbildung und Praxis um die Bedeutung der Persönlichkeitsbildung in der Erzieherausbildung und darum, dass die schulischen Strukturen diesbezüglich eine kontraproduktive Wirkung haben. Eine Studie zur Einführung der doppelt qualifizierenden Kollegschule in Nordrhein-Westfalen (Gruschka, A. 1985) trägt den Titel „Wie Schüler Erzieher werden". In dieser ersten empirischen Untersuchung zur Kompetenzentwicklung und fachlichen Identitätsbildung angehender Erzieherinnen und Erzieher ging es um Fragen der Erziehung von Erziehern in der schulischen Berufsausbildung. Denn im Unterschied zu anderen Berufen wird den Auszubildenden in pädagogischen Berufen kein neutrales Sachsystem in der Ausbildung nahe gebracht. Die Herausbildung pädagogischer Kompetenz ist vielmehr davon abhängig, dass die Studierenden lernen – und zwar auf methodische Weise –, etwas auseinander zu halten, was hinsichtlich ihres beruflichen Rollenverständnisses und in der praktischen Ausübung des Berufs zusammengehört, nämlich die eigene Person und die Rolle im Erziehungsprozess zu reflektieren. In dieser Studie wurde erstmalig nach einem berufspädagogischen Ansatz gesucht, der die Bedeutung der Identitätsarbeit in der Ausbildung von Pädagogen unterstreicht.

Der Sozialpsychologe Heiner Keupp hat im Zusammenhang mit den gesellschaftlichen Individualisierungsprozessen die individuelle Herstellung von Identitäten und die Befreiung von fremdbestimmten Identitätszwängen mit der Metapher „Patchwork" umschrieben. Diese Aufgabe komme – so Keupp – auf den Menschen in der Moderne zu, weil er nicht mehr in eine stabile, soziale Ordnung mit vorgegebenen Rollenmustern hineinwächst. Weil – was die sozialen Rollen von Mann und Frau betrifft – in Deutschland die Einstellung immer noch sehr verbreitet ist, sich auf die traditionellen Rollenvorgaben zu berufen und Frauen in ihrer weiblichen Identität auf die Mutterrolle zu verweisen und Frauen diese Rollenzuweisung auch als Zwang erleben, bedarf es einer Eigenleistung des Individuums, um sich aus einem solchen Identitätszwang befreien zu können. Keupp lenkt mit seiner Metapher den Blick auf den Herstellungscharakter von Identität, also auf den Prozess und weniger auf das Ergebnis. Das Geschlecht als strukturierendes Kriterium ist jahrzehntelang nicht nur konstitutiv für den Lebensentwurf von Frauen, sondern auch konstitutiv für das Berufsrollenverständnis gewesen.

Hinsichtlich der Herausbildung beruflicher Identität von Erzieherinnen und Erziehern geht es in der Berufsausbildung um eine individuell zu leistende Identitätsarbeit mit dem Ziel, die beiden binären Schemata von „Weiblichkeit/Mütterlichkeit" und „Männlichkeit/Väterlichkeit" zu integrieren, um zu einer professionellen Handhabung von Distanz und Nähe im Umgang mit Kindern und Jugendlichen zu gelangen. Folgerichtig geht es in der Ausbildung nicht nur um die Vermittlung von Wissen, sondern auch um die Bewältigung von Entwicklungsaufgaben. Eine dieser Entwicklungsaufgaben, die das lernende Subjekt in den Mittelpunkt des Ausbildungsprozesses rückt und nicht den Lehrplan, besteht darin, ein Berufsrollenverständnis zu entwickeln, das – frei von geschlechtsspezifischen Identitätszwängen – neben selbstreflexiver und kreativer Eigenwilligkeit in der Selbsterkundung auch einem Berufsethos verpflichtet ist. Eine solche Identitätsarbeit bedeutet für die angehenden Erzieherinnen, die eigene Lerngeschichte zu reflektieren. Dazu gehört auch die Bearbeitung der Berufsmotivation.

Aufgrund des sozialen Wandels haben sich die Motive für die Berufswahl bei der heutigen Frauengeneration geändert. Im Gegensatz zu früher sind nicht mehr gängige Rollenklischees ausschlaggebend, sondern persönlichkeitsbildende Erfahrungen im Umgang mit Menschen, mit Gleichaltrigen wie auch mit Vater und Mutter. Es sind Erfahrungen, die die jungen Frauen in ihrer Kreativität und ihrem Wunsch nach Selbstbestimmung ermutigt haben und so ausschlaggebend für ihre Berufswahl waren. Identitätsarbeit in der Ausbildung von Erzieherinnen und Erziehern kann also als eine Art „Didaktik der Selbstausbildung" verstanden werden.

Solche Selbst-Bildungsprozesse folgen anderen Zeitverhältnissen als das in Lernschritte durchrationalisierte, herkömmliche schulische Lernen. Prozesse der Persönlichkeitsentwicklung sind nicht geradlinig. Es sind kreative Prozesse mit Haupt- und Nebenwegen und – weil es auch um die Entwicklung von Eigensinn geht – mitunter auch Abwegen. Überhaupt sollte Kreativität nicht nur als ein charakteristisches Merkmal künstlerischer Tätigkeit verstanden werden. Im Sinne von Produktivität und Generativität ist Kreativität auf alle Bereiche menschlichen Handelns, auch auf die Erziehung von Kindern zu beziehen. Die Psychologie zeichnet folgendes Profil einer kreativen Persönlichkeit: Unabhängigkeit, Nonkonformismus, weit gespannte Interessen, Offenheit für neue Erfahrungen, Risikobereitschaft sowie Flexibilität. Kreative Leistungen sind nicht nur Ausdrucksformen persönlicher Produktivität, sondern die Entwicklung der Persönlichkeit selbst stellt eine kreative Leistung dar. Allerdings bedarf es anregender und die Entwicklung unterstützender Freiräume, damit sich das kreative Persönlichkeitspotential entwickeln kann.

Ganz dem geistigen Liberalismus verpflichtet, hat der Pädagoge Johann Gottfried Herder schon vor 200 Jahren einem solchen emanzipato-

Abb. 26 Erzieherin 2006

rischen Bildungsansatz das Wort geredet: „Von dem, was wir als Menschen wissen, kommt unsere schönste Bildung und Brauchbarkeit für uns selbst her, noch ohne zu ängstliche Rücksicht, was der Staat aus uns machen wolle. Ist das Messer gewetzt, so kann man allerlei damit schneiden" (zitiert nach Ott, B. 1997).

Von diesem „Selbstoptimierungsideal" (Oh, B. 1997), sollten wir uns bei unseren berufspädagogischen Überlegungen zur Erzieherausbildung inspirieren lassen und dabei berücksichtigen, dass personale Kompetenzen, die von den Menschen in die Ausbildung eingebracht werden, in der Ausbildung weiterzuentwickeln sind und nicht zugeschüttet werden dürfen. Es handelt sich dabei um persönliche Dispositionen, die deshalb als „Qualitäten" der handelnden Person beschrieben werden, weil sie sich in der Praxis erfolgreich bewährt haben. Es sind Eigenschaften und Tugenden der Akteure, die sie für den Beruf geeignet erscheinen lassen, weil sie in fachlicher und berufsethischer Hinsicht auf wertvolle Weise handeln.

Sind Frauen besser geeignet für den Erzieherberuf?

Den personalen Kompetenzen wird neben dem erforderlichen fachlichen und methodischen Rüstzeug eine Schlüsselfunktion für erfolgreiches pädagogisches Handeln eingeräumt. Lange Jahre wurde aufgrund der These von der Verschiedenheit der Geschlechter davon ausgegangen, dass Frauen aufgrund angeborener Eigenschaften besonders geeignet für den Erzieherberuf seien. Noch heute ist diese so genannte Differenzhypothese nicht nur in kirchlichen Kreisen weit verbreitet. Auch wissenschaftliche Studien gehen von dieser Hypothese aus und produzieren – vermeintliche – Geschlechtsunterschiede. So behauptet Carol Gilligan, dass sich Frauen in ihren moralischen Urteilen eher an Fürsorge orientierten, während männliche Urteile eher auf Gerechtigkeit zielten (Gilligan, C. 1984). Solche wissenschaftlichen Ergebnisse beeinflussen die populären Rollenbilder von Mann und Frau in unserer Gesellschaft, weil sie die Fehleinschätzung, dass Männer naturgegeben nicht fürsorglich sein können – auch nicht als Väter – stärken. Frauen mit vermeintlich untypischem Sozialverhalten dagegen können eben aus diesem Grund Nachteile erleiden, wie es zum Beispiel den streikenden Erzieherinnen 1989 in Berlin-West ergangen ist.

Die vermeintliche Gültigkeit der Differenzhypothese im Kindergartenwesen kann man nicht nur daran ablesen, dass es sich praktisch um eine männerfreie Domäne handelt. Nachhaltiger hat sie vor allem das Verhältnis von Wissenschaft und Praxis geprägt und als These vom unterschiedlichen „männlichen" und „weiblichen" Denken die Berufsstruktur und das Qualifizierungssystem des Erzieherinnenberufs beeinflusst. Für Aufsehen sorgten die Forschungsergebnisse des Psychologen Simon Baron-Cohen (2004). Er behauptet aufgrund neurobiologischer Untersuchungen, dass das weibliche Gehirn so „verdrahtet" sei, dass es überwiegend auf Empathie ausgerichtet ist, während im Funktionsplan des männlichen Gehirns das systematische Denken dominiere. Womit er nicht sagt – und das wird in der Wiedergabe der Forschungsergebnisse meist unterschlagen –, dass diese Unterschiede genetisch bedingt seien. Vielmehr verweist er darauf, dass „von Natur" aus die neurologische Beschaffenheit des Gehirns von Frauen wie von Männern zu beidem gleichermaßen befähigt, sowohl zur Empathiefähigkeit als auch zum systematisierenden Denken, und eine geschlechtsspezifische Ausprägung beziehungsweise „Verdrahtung" erst im Verlauf der Sozialisation erfolgt. Für unsere Frage der Eignung für den Erzieherberuf ist diese Erkenntnis sehr bedeutsam, da das von der KMK-Rahmenvereinbarung 2002 vorgelegte Qualifikationsprofil für den Erzieherberuf sowohl auf „weibliche" Empathiefähigkeit als auch auf „männliches" Systematisieren abhebt. Für den Erzieherberuf ist also sowohl Empathiefähigkeit als auch systematisches Denken erforderlich. Gestützt auf diese Erkenntnisse von Baron-Cohen, denke ich, dass es in der Ausbildung der Erzieherpersönlichkeit deshalb darum gehen muss, beide Kompetenzen zu fördern – egal, ob es sich um die Ausbildung einer angehenden Erzieherin oder eines angehenden Erziehers handelt. Es kann also nicht darum gehen, welches Denken besser oder wertvoller für die Bewältigung der beruflichen Aufgaben ist. Kompetente Erzieherinnen und Erzieher können beides.

Unter Empathie versteht man das Vermögen, die Gefühle und Gedanken eines anderen Menschen zu erkennen und darauf mit angemessenen eigenen Gefühlen zu reagieren. Empathie oder Einfühlungsvermögen bedeutet nicht, dass man relativ distanziert im Sinne einer Diagnose überlegt, was eine andere Person denkt oder fühlt – das entspräche einem systematischen Denken. Bei der Empathie geht es darum, dass man eine angemessene emotionale Reaktion im eigenen Innern spürt, die durch den anderen ausgelöst wird. Wer sich in einen anderen Menschen einfühlt, will ihn verstehen und eine emotionale Verbindung zu ihm herstellen. In der pädagogischen Anthropologie werden solche Prozesse des sozialen Handelns und der ästhetischen Erfahrung als mimetische Prozesse bezeichnet, die für den Menschen autopoietische Funktion haben. Indem ich mich dem anderen ähnlich mache, etwas nachvollziehe und zur Darstellung bringe, erschließe ich mir Wissen über den anderen. Empathie entsteht aus dem Wunsch, sich um andere zu kümmern.

Frauen entwickeln im Durchschnitt tatsächlich ein stärkeres Einfühlungsvermögen als Männer. Dass das so ist, liegt aber nicht in erster Linie an der Wesensbestimmung der Frau, sondern ist vielmehr Folge der Erziehung von Mädchen, was neudeutsch mit „doing gender" bezeichnet wird. Die katholische Kirche stellt diese „Gender-Ideologie" im Ansatz in Frage. Die Glaubenskongregation unter dem damaligen Kardinal Joseph Ratzinger hielt 2003 fest: „Mann und Frau sind von Beginn der Schöpfung an verschieden und bleiben es in alle Ewigkeit". Und von diesem Grundverständnis ausgehend, kritisiert der Vatikan, dass die „Gender-Ideologie" nicht nur die Verschiedenheit der Geschlechter verschleiern würde, sondern auch die Tugenden der Frau – zu denen der Vatikan die „Fähigkeit für den anderen: Hören, Aufnehmen, Demut und Treue" zählt – unter den Teppich kehren würde. Obwohl die exegetische Forschung längst nachgewiesen hat, dass nach den Intentionen der Offenbarungsbotschaft im Alten und Neuen Testament von einer Geschlechterhierarchie als gottgewolltem Faktum keine Rede sein kann, steckt hinter der Differenzhypothese der Kirche mehr als die Annahme von der geschlechtsbedingten Verschiedenheit von Mann und Frau. Die offizielle katholische Kirche geht bislang nicht eindeutig von einer Ebenbürtigkeit der Geschlechter aus. Auch die evangelische Kirche hat sich damit schwer getan. Die Reformation durch Luther hat das katholische Frauenbild nicht in Frage gestellt, sondern die Frauenabwertung in der Kirche eher noch verstärkt (Beinert, W. 1989). Die kirchliche Geschlechterordnung beruht latent immer noch auf dem längst überholten Bild der Frau als einem Mangelwesen. Nur in der „Mutterschaft", in der „restlosen Hingabe" an andere hat die Frau die Möglichkeit, ihre Rolle als Dienende aufzuwerten und Anerkennung zu finden.

Die Säkularisierung des Kindergartens und – damit verbunden – eine Säkularisierung der Berufsrolle der Erzieherin hat den Blick dafür geöffnet, dass auch „männliche Wesensart", unter anderem die Fähigkeit, systematisch und analytisch zu denken, erforderlich ist, um die Berufsaufgaben zu bewältigen. Systematisches Denken umfasst gedankliche Operationen, die nach Zusammenhängen, nach übergeordneten Regeln und Gesetzmäßigkeiten suchen, um Vorhersagen treffen zu können, und sie geben den Akteuren – zumindest in der Theorie – die Sicherheit, etwas kontrollieren zu können.

Das Theorie-Praxis-Problem in der Sozialpädagogik hat mit der Differenzhypothese sehr viel zu tun. Unser ganzes Bildungssystem basiert auf der Annahme, durch spezifische Angebotsformen unterschiedlichen Begabungen gerecht werden zu müssen. Wir sind es gewohnt, zwischen praktisch-handwerklichen, theoretisch-wissenschaftlichen und geschlechtsspezifischen Begabungen zu unterscheiden, eine wissenschaftliche Begründung dafür gibt es nicht. Das heißt aber nicht, dass nicht wissenschaftlich bewiesen wäre, dass sich Menschen hinsichtlich ihres individuellen, intellektuellen Leistungspotenzials unterscheiden. Von der Intelligenz eines Menschen hängt es unter anderem auch ab, wie effizient ein Lernangebot genutzt werden kann und wie abstrakt und komplex Wissensgebiete sein können, in die der Mensch vorzudringen vermag. Die Verwissenschaftlichung der Pädagogik der frühen Kindheit und die damit einhergehenden Anforderungen an die pädagogische Qualität in der Kindergartenpraxis verhalten sich allerdings nicht proportional zum Frauenanteil der akademisch ausgebildeten Fachkräfte, die in Tageseinrichtungen für Kinder tätig sind. Im Gegensatz zu anderen sozialpädagogischen Arbeitsfeldern handelt es sich bei den Kindertagesstätten um eine fast „akademikerfreie Zone", und „wenn man zudem in Rechnung stellt, dass es sich beim Arbeitsfeld Kindertageseinrichtungen um ein nahezu männerfreies Tätigkeitsfeld handelt, so ist nicht von der Hand zu weisen, dass die gegebenen Qualifikationsstrukturen in diesem Arbeitsfeld heute noch auf tradiertem sozialmütterlichem Verständnis fußen, dessen geschlechtsselektierende Zuweisungsmechanismen entgegen wissenschaftlicher Erkenntnisse zur Bedeutung frühkindlicher Bildungsprozesse und damit zum erforderlichen Kompetenzbedarf stehen" (Beher, K., und Rauschenbach, Th., 2004).

Professionalisierung durch Akademisierung?

Die Orientierung an unseren europäischen Nachbarländern sollte endlich einen Perspektivenwechsel einleiten, der „sowohl als Korrektiv als auch als Reformimpuls" (Oberhuemer, P. 2000) verstanden werden kann. Nicht allein die Tatsache, dass Deutschland zusammen mit Österreich, was das Qualifikationsniveau der Erzieherausbildung anbelangt, das Schlusslicht bildet, stimmt nachdenklich, sondern auch die – im Unterschied zu Deutschland – in den anderen europäischen Ländern selbstverständliche Kooperationskultur zwischen Ausbildung, Praxis und Wissenschaft.

„Bildung" gehört in Deutschland in den semantischen Umkreis von Kultur und galt lange Jahre als „zweckfrei" und als Privileg eines Bildungsbürgertums, das – im Gegensatz zu den unteren sozialen Schichten – Zeit und Geld hatte, sich zu bilden. Die Zweiteilung unseres deutschen Bildungssystems in eine akademische Bildung, die zweckfrei ist, und eine berufliche Bildung, die auf einen Zweck ausgerichtet ist, nämlich die Befähigung, einen Beruf auszuüben, stellt heute einen Anachronismus dar, der sich auch darin zeigt, wie schwer es den Hochschulen fällt, ihre Studiengänge auf berufsbezogene Bachelor-Abschlüsse umzustellen. Während in Deutschland die Fachschulen für Sozialpädagogik kaum in wissenschaftliche Forschungsvorhaben eingebunden sind, zeigen europäische Vergleichstudien, dass in anderen Ländern ein Dialog zwischen Wissenschaft, Praxis und Ausbildung auf Augenhöhe stattfindet. Während in Deutschland allenfalls eine Demokratie von oben nach unten praktiziert wird, legen unsere europäischen Nachbarn insgesamt sehr viel mehr Wert auf die Mitwirkung von Praktikern bei Forschungs- und Evaluationsvorhaben sowie in der Lehre. Eine Folge der Fremdheit zwischen Forschung und Praxis in Deutschland ist, dass wir über wenig gesichertes Wissen bezüglich des Erzieherinnenberufs verfügen. Eine Berufsforschung, die sich mit der Handlungspraxis der Erzieherin befasst, wie wir sie zum Beispiel für den Lehrerberuf kennen, gibt es (noch) nicht. Prozesse, wie es vom Wissen zum Handeln kommt, sind noch nicht Gegenstand wissenschaftlicher Untersuchungen gewesen. Wir wissen nur, dass der handelnden Person, also der Erzieherin oder dem Erzieher, eine gewichtige Rolle in diesem Transformationsprozess zukommt. Über die Kernkompetenzen pädagogischer Professionalität und das Zusammenwirken von fachlichen, methodischen und personalen Kompetenzen stellen wir nur Vermutungen an.

Deshalb sollten die Initiativen und Projekte, die eine Professionalisierung der pädagogischen Fachkräfte in Tageseinrichtungen für Kinder anstreben, nicht von vornherein argwöhnisch als „Akademisierung" problematisiert werden. Sie können eine Option sein, die verkrusteten, undemokratischen und vormodernen Strukturen des augenblicklichen Ausbildungssystems für sozialpädagogische Berufe aufzubrechen, damit sich auf einem neuen, professionstheoretisch begründeten Niveau eine sozialpädagogische Berufskultur entwickeln kann, die den komplexen Qualifikationsanforderungen der Praxis Rechnung trägt. Aber noch überwiegt die Skepsis bei den Berufs- und Fachorganisationen sowie den Trägerverbänden.

In einer Stellungnahme des Deutschen Berufsverbandes für Soziale Arbeit (DBSH) von 2004 zur Zukunft der Kindertageseinrichtungen und zur Akademisierung der Ausbildung von Erzieherinnen fordert dieser Verband eine „Qualifikation in der Breite", die vor allem auf eine

Verbesserung der strukturellen Rahmenbedingungen abzielen sollte. Dagegen ist nichts einzuwenden. Es bestreitet auch niemand, dass dort, „wo Struktur und Förderung einen qualifizierten Betrieb von Kindertageseinrichtungen ermöglichen, eine wertvolle, effiziente und qualifizierte Arbeit" von Erzieherinnen geleistet wird. Auch die Forderung des DBSH, bei der Personalstruktur einen erhöhten Anteil akademisch ausgebildeter Fachkräfte vorzusehen, ist berechtigt. „Um dies zu erreichen", wird vorgeschlagen, an den Fach- und Hochschulen für Sozialwesen „verstärkt Studienschwerpunkte für Sozialpädagogik/Erziehung und Professuren für Sozialpädagogik, Erziehung und erziehungsrelevante Methodik einzurichten", und in einem Nebensatz wird angefügt, dass die Zugangsmöglichkeiten für Erzieherinnen zur Hochschulausbildung erleichtert werden sollten.

Angesichts der Tatsache, dass seit Einführung der Diplom-Studiengänge für Sozialarbeit/Sozialpädagogik die Hochschulen kein erkennbares berufspolitisches Engagement für die Probleme des Erzieherinnenberufs erkennen ließen, erfährt die „Akademisierung" in diesem Vorschlag eine fragwürdige Überhöhung: Offenbar geht es dem DBSH primär um eine verbesserte Personalausstattung an den Hochschulen, damit ausreichend diplomierte Sozialpädagoginnen für „Anamnese, Diagnostik, Elternberatung, Gestaltung des Übergangs Kindertageseinrichtung/Schule, Leitung usw. ausgebildet werden können, weil für diese Aufgaben fundiertes akademisches Wissen notwendig" ist. Erzieherinnen werden aber in der Stellungnahme des DSBH in ihrem Berufsstand weiterhin darauf reduziert, den Alltag von Kindern in den Kindertageseinrichtungen zu gestalten, wofür sie „gute handwerkliche Fähigkeiten, geeignete didaktische und pädagogische Methoden, entwicklungspsychologische und pädagogische Kenntnisse, kulturelle Techniken, praktische Alltagsfertigkeiten und lebenspraktische Fähigkeiten", aber auch „weiterführende Grundkompetenzen wie z. B. Beratung der Eltern, gemeinwesenorientierte Arbeitsformen, Integrationshilfen usw." benötigen.

Ist es Unkenntnis über die tatsächlichen Qualifikationsanforderungen, sind es falsche Hypothesen, oder ist es das Festhalten an falschen Hypothesen wider besseren Wissens, was den Berufsverband zu dieser Einschätzung hat kommen lassen? Oder steckt dahinter ein, wie Silvia Staub-Bernasconi es beschreibt, unsichtbares, männliches Dominanzgehabe, das für das Theorie-Praxis-Verhältnis in der Sozialpädagogik nicht untypisch ist?

Sie bezeichnet dies als die „Top-Down-Perspektive" männlicher Wissenschaftler, die diese einnehmen, wenn sie sich mit der praktischen Erziehungsarbeit, die in der Regel von Frauen ausgeübt wird, befassen. Auffällig an der Stellungnahme des DBSH ist schon, dass die Feminisierung des Erzieherinnenberufs nicht thematisiert, geschweige denn problematisiert wird. Im Allgemeinen wird in solchen Stellungnahmen, in denen die Interessen der Berufsgruppe vertreten werden, zumindest der geringe soziale Status des Erzieherinnenberufs dafür verantwortlich gemacht, dass sich so wenig Männer dafür interessieren, und nicht ausgeschlossen, dass eine Akademisierung Abhilfe schaffen könnte. Der DBSH geht auf diesen Aspekt nicht ein.

Liegt es an der Geschlechterhierarchie, wie sie sich nach Staub-Bernasconi auch in den Ansätzen sozialpädagogischer Theorienbildung spiegelt? In ihrer Analyse kommt Staub-Bernasconi zu dem Ergebnis, dass sozialpädagogische Theorien unterschiedlich bewertet werden, je nachdem, um welche Wissensform es sich handelt. Zum einen unterscheidet man theoretische Wissensbestände, die dem Praktiker als deklaratives Wissen zur Verfügung gestellt werden, damit er die Handlungssituationen wissensbasiert bewältigen kann. Zum anderen geht es um das Orientierungswissen, das sich – kontextgebunden und fallbezogen – der Praktiker selbst erschließt im Vollzug des Handelns und in Anwendung wissenschaftlich basierter Kenntnisse und Methoden. Das Theorie-Praxis-Problem in der Pädagogik ist nicht nur ein Problem von Wissen und Handeln, sondern es kreuzt sich – zumindest bezogen auf die Pädagogik der frühen Kindheit – mit dem Problem der Geschlechterhierarchie. Im Theorie-Praxis-Verhältnis begegnen sich nicht nur zwei unterschiedliche Handlungs- und Aussagesysteme, sondern auch unterschiedliche Berufsgruppen – Wissenschaftler und Erzieherinnen –, die nicht zuletzt wegen der Statusunterschiede auch gegenseitige Vorbehalte haben. Das „tief eingravierte Bild über theoretische Machtverhältnisse", die Staub-Bernasconi als die „Top-Down-Perspektive" der männlichen Sozialwissenschaftler gegenüber dem „weiblichen", fallbezogenen Denken und Handeln konstatiert, bedeutete nichts anderes als eine Entwertung dieses Professionswissens.

Der DBSH wendet dies nun ins Gegenteil um, indem er behauptet, eine Akademisierung des Erzieherinnenberufs käme einer Abwertung der bisherigen beruflichen Tätigkeit von Erzieherinnen gleich. Eine paradoxe Situation: Denn nicht die Hierarchisierung der Ausbildungsgänge und die damit verbundene strukturelle Ungleichheit des Zugangs zum Wissen ist es, die diese Abwertung produziert, sondern die unterschiedliche Bewertung von wissenschaftlichem, systematisch vermitteltem Wissen und kontextbezogenem, offenem Wissen, das sich die Akteure selbst im Verlauf der Praxis erschließen. Die Stellungnahme des Deutschen Berufsverbandes für Soziale Arbeit zur Diskussion über die Zukunft der Kindertageseinrichtungen und zur Akademisierung der Ausbildung von Erzieherinnen ist nicht nur beispielhaft für die kontrovers geführte bildungstheoretische Debatte, sondern spiegelt auch die geschlechtshierarchischen Strukturen, die das Ausbildungssystem und die Berufspolitik des Erzieherinnenberufs immer noch bestimmen, wider.

„Gender Mainstreaming" – ein Ausweg?

Nichts auf der Welt ist geschlechtsneutral. Aus der Unterschiedlichkeit von Frauen und Männern erwächst eine Vielzahl von Fähigkeiten und Möglichkeiten, die alle als gleichwertig anzusehen sind. Zwischen den Eigenschaften von Mann und Frau gibt es fließende Übergänge, sie ergänzen sich und bringen Neues hervor. Es geht also nicht um Gleichmacherei. Es geht um Chancengleichheit von Frauen und Männern und darum, dass dieser Tatsache in politischen Entscheidungsprozessen Rechnung getragen wird.

Mit „Gender Mainstreaming" wird eine administrative Strategie bezeichnet, in allen gesellschaftlichen Bereichen für mehr Geschlechtergerechtigkeit zu sorgen. Konkret handelt es sich um ein Verwaltungsverfahren des öffentlichen Dienstes, das im Kontext von Maßnahmen zur Organisations- und Personalentwicklung, also zur Steuerung von Qualität der Dienstleistungen, eingesetzt werden soll.

Ob dieses eher technokratische Verfahren geeignet ist, die Geschlechterhierarchie in unserem Land abzubauen und damit auch dazu beizutragen, dass sich der Reformstau des Erzieherinnenberufs auflöst, bleibt abzuwarten. In der Debatte um das Dafür und Dagegen einer Akademisierung des Erzieherberufs wünscht man sich bei den Verantwortungsträgern schon eine größere Sensibilität für die patriarchalischen Strukturen in der Organisation des deutschen Kindergartenwesens und des Ausbildungssystems der Fachkräfte. Eine solche „Gender-Kompetenz", unter der das „Wissen und die Erfahrung über das Entstehen von Geschlechterdifferenzen, über die komplexen Strukturen von Geschlechterverhältnissen und ihre Konstruktion, insbesondere auch in Organisationen" (Blickhauser, A. 2001, zitiert nach Engelfried, C. 2003) verstanden wird, ist bei den Entscheidungsträgern gefragt, wenn nachhaltige strukturelle Veränderungen für ein innovatives Berufskonzept auf den Weg gebracht werden sollen.

Ein erster Schritt dazu wäre, die Berufsgruppe stärker einzubeziehen und selbst zu Wort kommen zu lassen, ihren Wünschen mehr Gehör und Respekt entgegenzubringen und den üblichen „Top-down-Ansatz" in der Reformdebatte der Berufsverbände durch eine „Bottom-up-Strategie" zu ersetzen. Ein weiterer Schritt wäre getan, wenn die verschiedenen Ansätze zu einer Reform der Ausbildung nicht gegeneinander ausgespielt, sondern eine Verständigung über ein fachlich begründetes Kompetenzprofil sozialpädagogischer Berufsarbeit angestrebt und in den Köpfen der Akteure das Geschlecht der Berufsträgerin dabei keine Rolle mehr spielen würde. Als soziale Ordnungsfunktion sind die Geschlechtsrollen ebenso überholt wie für die Struktur von Berufsarbeit. Was nicht bedeutet, dass der professionelle Habitus pädagogischer Berufe „Mütterlichkeit" beziehungsweise „Väterlichkeit" im beruflichen Handeln ausschließt.

Es geht um pädagogische Professionalität!

Die Kontroversen um eine Akademisierung der Erzieherinnenausbildung sind nicht dadurch aufzulösen, dass ihre Befürworter beliebig ausbaufähige und anspruchsvoll formulierte Kompetenzen auflisten, über die eine Erzieherin verfügen soll. Auch die Annahme, dass das formale Niveau des Ausbildungsabschlusses ein Garant für mehr Fachlichkeit sei und demzufolge die „akademische Ausbildung eher dazu beiträgt, die zunehmend komplexer und schwieriger werdenden Praxissituationen prinzipiell besser bewältigen zu können" (Schilling, M. 2005), ist noch nicht überprüft. Aus der internationalen Lehrerforschung, die in anderen Ländern auch den Elementarbereich umfasst, ist bekannt, dass es weniger darauf ankommt, in welcher Organisationsform die Ausbildung stattfindet, als darauf, wie die Ausbildung prozessiert ist. Beim Lehrerberuf setzt sich auch in Deutschland allmählich die Erkenntnis durch, dass Professionalität letztlich erst im Verlauf von Praxis erworben wird und in der Ausbildung berufliche Handlungskompetenz bestenfalls angebahnt werden kann.

Hinsichtlich der Akademisierung des Volksschullehrerberufs bewertet Klaus-Peter Horn (2006) das Ergebnis kritisch. Die Verwissenschaftlichung der Ausbildung habe nicht nur zu einer Entfremdung von der Berufspraxis geführt, sondern auch zu einer heimlichen Entwertung des Lernens in der Praxis.

Eine strukturelle Praxisferne wird schon der Fachschulausbildung angelastet. Erzieherinnen fühlen sich schlecht vorbereitet auf die Praxis, und die Praxis wiederum klagt über die „Unbrauchbarkeit" des theoretischen Wissens. Mit „Praxisschock" wird die Übergangsproblematik auch in anderen sozialen Berufen beschrieben. Dieser ist zum einen auf den in einer vollzeitschulischen Ausbildung praktizierten, vorherrschenden Lerntypus zurückzuführen – wobei das formale Niveau der Ausbildung kaum eine Rolle spielt. Zum anderen sind auch unklare Vorstellungen über das Profil der angestrebten beruflichen Handlungskompetenz dafür verantwortlich zu machen.

Das Bundesjugendkuratorium hat 2001 in seiner Streitschrift „Zukunftsfähigkeit sichern! Für ein neues Verständnis von Bildung und Jugendhilfe" darauf aufmerksam gemacht, dass im internationalen Bildungsdiskurs verschiedene, für das menschliche Lernen bedeutsame Zugänge zum Wissen zu unterscheiden sind. Handelt es sich bei den formellen und nichtformellen Formen des Lernens um organisierte, verpflichtende beziehungsweise um organisierte, aber freiwillige Bildungsangebote, so versteht man unter den informellen Bildungsformen alle ungeplanten, nicht intendierten Selbst-Bildungsprozesse des Subjekts. Diese Bildungsprozesse unterscheiden sich erheblich von denen, die im Rahmen eines institutionalisierten pädagogischen Lernsettings stattfinden. Dieses gewissermaßen lebensweltliche Lernen ist integrierter Teil des Lebens und dient nicht direkt, wie in der Fach- oder Hochschule, zur Vorbereitung auf das Leben – im Falle der Berufsausbildung also auf das Berufsleben. Bei diesem informellen Lernen – und dazu ist das Lernen im Vollzug der Arbeit zu zählen – sucht sich der Akteur Zugänge zum Wissen, die möglichst unmittelbar zur Erkenntnis führen. Umwege, wie sie die Logik einer der didaktischen Reduktion unterworfenen Fachdisziplin in den Lehrveranstaltungen von Fachschule und Hochschule erforderlich machen, gibt es nicht. In der Praxis sucht der lernende Mensch seinen Weg, „legt Handlungsschneisen, speichert Erfahrungen, wertet Irrtümer aus. Erkenntnisse und Lernprozesse in Realsituationen, in open learning communities, lassen sich entfalten, Möglichkeiten des Transfers unter realistischen Rahmenbedingungen ausloten – ein Lernen in der Unsicherheit, aber auch Herausforderung des offenen Ausgangs ist etwas anderes als die Organisation des Lernens unter künstlichen Bedingungen und in Parametern der Scheinsicherheit" (Zimmer, J. 1999).

Das Theorie-Praxis-Verhältnis in der Sozialpädagogik ist nicht nur eine Frage der unterschiedlichen Zugänge zum Wissen beziehungsweise unterschiedlicher Modi, sich die Berufswelt anzueignen, sondern eine Frage der Wertigkeit dieser beiden Handlungs- und Aussagesysteme und – damit verbunden – eine Frage unterschiedlicher Statuszuweisungen der Personen und Berufsgruppen dieser beiden Systeme. Die hierarchischen Strukturen werden in einer Gesellschaft, die sich von der Belehrungs- zur Wissensgesellschaft hin wandelt und „lebenslanges Lernen" postuliert, brüchig. Das Monopol der Wissensproduktion liegt nicht mehr allein bei der Wissenschaft. Informelles Lernen, Lernen im Vollzug der Arbeit, konstruktivistisches Wissen, Selbst-Bildungsprozesse sind Begriffe, die für einen Paradigmenwechsel in der beruflichen Bildungstheorie stehen.

Wenn heute verstärkt – auch von den Trägerverbänden – eine Professionalisierung des Erzieherinnenberufs gefordert wird, dann geht es nicht darum, formelles Lernen gegen informelles Lernen auszuspielen. Es geht auch nicht darum, eine Monopolisierung akademischer Dienstleistungen für den Erzieherinnenberuf anzustreben. Es geht um eine Neukonzeptualisierung der beruflichen Qualifizierung von Erzieherinnen, und in diesem Zusammenhang sollte aus Fehlern einer verwissenschaftlichten Lehrerausbildung gelernt werden. Grundlage der Qualifizierung von Erzieherinnen und Erziehern ist die Doppelorientierung der sozialpädagogischen Arbeit:

Für den Pädagogen, der mit dem ganzen Kind arbeitet, sind die Elemente des ursprünglichen deutschen Pädagogikkonzepts Betreuung, Bildung und Erziehung eng miteinander verknüpft. Es sind tatsächlich untrennbare Aktivitäten bei der täglichen Arbeit. Dies sind keine eigenständigen Bereiche, die zusammengefügt werden müssen, sondern zusammenhängende Teile des kindlichen Lebens. (OECD-Bericht, 2004)

Das Konzept der Sozialpädagogik ist sowohl in der Theorie als auch in der Praxis ein ganzheitlicher Ansatz. Es definiert sich nicht nur über eine spezifische Praxis und über deren Arbeitsformen, sondern auch über die Zielsetzung. Während *Erziehung* sich eher auf das Verhältnis, auf die interaktive Beziehung zwischen Erwachsenen und Kind und auf die Rolle des Erwachsenen gegenüber dem Kind bezieht, meint *Bildung* sowohl den Prozess wie auch das Endprodukt der Persönlichkeitsformung. Im anthropologischen Sinn wird Bildung als ein Prozess der Entwicklung von Fähigkeiten verstanden, die es dem Menschen erlauben, sein Leistungspotenzial zu entfalten, Probleme zu lösen und Beziehungen einzugehen. Im Englischen wird diese Verknüpfung mit den Worten, „education in its broadest sense – Erziehung im weitesten Sinne" umschrieben. Beim Erziehungs- und Bildungsauftrag von Tageseinrichtungen für Kinder handelt es sich um Lern- und Stoffanforderungen, die integraler Bestandteil eines pädagogischen Dienstleistungskonzepts sind, das an der Lebenswelt des Kindes und seiner Familie ausgerichtet ist.

Demzufolge hat ein innovatives Berufskonzept in der Ausdifferenzierung des Berufsprofils sowohl auf eine erweiterte Bildungsexpertise als auch auf eine erweiterte Netzwerkexpertise der beruflichen Handlungskompetenz abzuheben. Forschungsergebnisse aus England verweisen auf den Zusammenhang von gelingender Erziehungspartnerschaft zwischen Eltern und Erzieherinnen und qualitativen Aspekten der pädagogischen Interaktionskompetenzen bei den Erzieherinnen. Wirksame Frühpädagogik scheint im hohen Maße davon abhängig zu sein,
– wie engagiert die beteiligten Kinder und Erzieherinnen sind,
– ob ein begleitender Dialog zwischen Kind und Erzieherin bei den kindlichen Bildungsprozessen der Sinnkonstruktion stattfindet und
– inwieweit es der Erzieherin gelingt, eine Balance herzustellen zwischen den vom Kind selbst initiierten Spiel-, Lern- und Bildungsaktivitäten und einem Bildungsprogramm, das die Erzieherin vermittelt (vgl. Oberhuemer, P. 2004).

Die englische Untersuchung unterstreicht außerdem, dass die Wirksamkeit des pädagogischen Konzepts vom Grad der Qualifikation der Fachkräfte abhängig ist und dass geringer qualifizierte Fachkräfte von der Zusammenarbeit mit hochqualifizierten Pädagogen profitieren. Unstrittig scheint auch zu sein, dass Empathiefähigkeit zu den Kernkompetenzen gehört. Wir wissen, dass „Feinfühligkeit" ein wichtiger Indikator für Erziehungsqualität ist, aber nur dann, wenn die Erzieherin zugleich auch emphatisch ist; das bedeutet, dass sie sich auf das Kind einlässt, dass sie das Kind als Partner wahrnimmt und zulässt, dass auch das Kind bei ihr etwas bewirken kann. Nur dann findet ein Dialog zwischen Erzieherin und Kind statt.

Professionalität im Erziehungshandeln drückt sich darin aus, dass die Erzieherin über strukturelle Distanz verfügt und jederzeit in der Lage ist, einen Beobachtungsstandpunkt einzunehmen. Das gelingt ihr umso besser, wenn sie über fundiertes Theoriewissen verfügt. Andererseits muss sie sich aber auch als Person engagiert auf die Situation, auf das Kind, seine individuellen Voraussetzungen und Lebensbedingungen einlassen und bereit sein, ihr Wissen zu erproben, gegebenenfalls zu verwerfen beziehungsweise zu revidieren. Pädagogisches Handeln ist ein experimentelles Handeln, weil es kaum standardisierbar und routinierbar ist. Der Zusammenhang von Mittel und Zweck ist offen. Deshalb bezeichnet Rabe-Kleberg es auch als ein Handeln in Ungewissheit. Sozialpädagogische Arbeit hat rationale und emotionale Anteile. Das Ausbalancieren von Distanz und Nähe, die Bewältigung von wechselnden Belastungen und von Selbstzweifeln und nicht zuletzt der verantwortliche Einsatz der Mittel stellen personale Anforderungen dar, die neben dem wissenschaftsbasierten Anspruch an Fachlichkeit zum Kern pädagogischer Professionalität gehören. Erziehungssituationen sind komplexe soziale Interaktionsfelder, die den Selbstbildungsprozess des Kindes unterstützen, aber auch verhindern können. Es gibt für die Bewältigung dieser offenen Situationen kaum feste Regeln, an die sich die Erzieherin halten könnte. Vielmehr muss sie ihr Handeln immer wieder individualisieren. Sie muss sich am Kind orientieren, mit dem sie kooperiert, wenn Erziehung gelingen soll. Die Qualität der pädagogischen Interaktionstätigkeit bemisst sich daran, ob die Erzieherin rasch und zutreffend, unter Anwendung fachlichen und methodischen Wissens, eine konkrete Situation, ein spezielles Problem versteht und angemessen handelt. Der Fachlichkeitsanspruch liegt also nicht in den besonderen Schwierigkeiten der einzelnen Tätigkeit, sondern in der Leistung der Erzieherin, eine komplexe Situation richtig zu erfassen und zu beurteilen.

Professionelle Arbeit vollzieht sich im Spannungsfeld dreier Handlungstypen: Diagnose, Schlussfolgerung und Anwendung. Alle drei Handlungstypen basieren auf dem Zusammenwirken von fachlichen und personalen Kompetenzen. Alle drei Handlungstypen bergen das Ungewissheitsproblem in sich. Ob Diagnose und Schlussfolgerung richtig waren und die Umsetzung angemessen – letzte Gewissheit gibt es nicht. Das Ungewissheitsproblem ist deshalb für Rabe-Kleberg das konstituierende Merkmal des Erzieherberufs: „Professionalität (kann) als die subjektive Fähigkeit und Bereitschaft begriffen werden, die Ungewissheit des Handelns zu ertragen, immer wieder neu die Implikationen für das Handeln in Ungewissheit zu reflektieren und auf der Basis von Zuständigkeit auch die Verantwortung für das Handeln zu übernehmen" (Rabe-Kleberg, U. 1996).

Folgt man diesem Professionsmodell, so bilden die drei Handlungstypen Beobachten, Reflektieren und Interagieren den Kern pädagogischer Kompetenz. Berücksichtigt man außerdem das Ungewissheitsproblem, so bedeutet kompetent handeln auch immer das Zusammenwirken von Gefühl und Verstand. Pädagogisch kompetent handeln ist das Ergebnis eines Zusammenspiels von rational, logisch geordneten und objektiv auf die Wirklichkeit gerichteten Denkens und subjektiv-emotionalen Erfahrungswissens. Aus der Hirnforschung liegen Erkenntnisse vor, die auf die Bedeutung der emotionalen Steuerung von Handlungsentscheidungen in komplexen Situationen verweisen, wo es trotz geringer Informationsbasis um ein rasches Einschätzen und Beurteilen geht. Danach sind Gefühle „Kurzmitteilungen" unseres meist unbewusst arbeitenden emotionalen Erfahrungsgedächtnisses. Dieses wirkt wie ein inneres Bewertungssystem. Alles, was durch uns und mit uns geschieht, bewertet es danach, ob es sozial akzeptabel, vorteilhaft, lustvoll oder auch dem eigenen Anspruch – auch dem fachlichen – genügend war und entsprechend wiederholt werden soll.

Um festzustellen, ob wir eine Situation genauso oder ähnlich bereits erlebt oder uns vorgestellt haben, werden detaillierte Informationen über diese Situation aus dem deklarativen Gedächtnis abgerufen. Wenn eine Situation völlig neu ist, tue ich etwas, das aufgrund früherer Erfahrungen sinnvoll erscheint und prüfe, welche Folgen dies hat. Gleichzeitig „rät" uns aber das emotionale Gedächtnis zur Vor- und Umsicht, was wir als Aufgeregtheit, leichte Furcht gepaart mit Neugierde und Spannung erleben. Diese emotionalen Lernvorgänge, die unsere Persönlichkeit – auch die Erzieherpersönlichkeit – formen, vollziehen sich langsamer und sind nachhaltiger als das Lernen eines fest umrissenen Wissensstoffs, und sie ähneln den Vorgängen des impliziten, prozeduralen Lernens.

In der Ausbildung von Pädagogen muss es deshalb auch darum gehen, dass – zugespitzt formuliert – Erzieherinnen und Erzieher lernen, sich nicht nur auf ihren Verstand zu verlassen, sondern auch einen Zugang zu ihrem „inneren Bewertungssystem" zu finden, auf ihre Gefühle zu achten und diesen auch zu trauen.

Es ist nicht das formale Ausbildungsniveau allein, das über die Qualität der beruflichen Handlungskompetenz von Pädagogen entscheidet. Das Curriculum muss sich an den Schlüsselsituationen und Schlüsselproblemen des Berufs orientieren. Es müssen Lernsituationen konzipiert werden auf der Grundlage von Handlungssituationen und einer Handlungstheorie, die den beruflichen Anforderungen entspricht. Die gemeinsame Arbeit an einem solchen Curriculum könnte zu einer ersten Annäherung von Theorie und Praxis der Sozialpädagogik führen und dazu verhelfen, ein modernes Berufskonzept zu entwickeln, das den Erziehungs-, Bildungs- und Betreuungsauftrag von Einrichtungen öffentlicher Erziehung Rechnung trägt.

Zurzeit befindet sich die Fachszene in einer Phase der produktiven Ratlosigkeit. Das übermächtige Erklärungsmuster, die defizitäre Ausbildung sei an der unbefriedigenden Situation des Erzieherinnenberufs Schuld, hat an Überzeugungskraft eingebüßt. Denn auch die Hoffnung, dass eine Anhebung des formalen Ausbildungsniveaus zu einer nachhaltigen Professionalisierung des Berufs führen könnte, hält sich in Grenzen, solange nicht geklärt ist, was das Berufsprofil einer auf Hochschulniveau ausgebildeten Pädagogin sein soll, die in einer Tageseinrichtung für Kinder Erziehungs-, Bildungs- und Betreuungsaufgaben wahrnimmt. Im internationalen Bildungsdiskurs werden Kindertageseinrichtungen als nicht formelle beziehungsweise informelle Bildungsorte bezeichnet, die einen unverzichtbaren Beitrag leisten, der Voraussetzung für eine gelingende Schulbildung des Kindes ist. Kindertageseinrichtungen stellen demnach notwendige, die Familie und die Schule ergänzende Bildungsorte dar, weil sie den Kindern Bildungsgelegenheiten anbieten, die die Vielfalt des Kinderlebens einschließlich der Familien berücksichtigen. Je nach Alter, Geschlecht, Region, familiärem Hintergrund, kultureller, ethnischer und religiöser Bildung – zusammengefasst: orientiert an der Lebenswelt der Kinder – werden Bildungskonzepte entwickelt, die den Kindern die Entwicklungsimpulse geben, die sie brauchen. Die Kinder werden auf ihren Bildungswegen von der Fachkraft individuell begleitet und unterstützt. Damit diese Ko-Konstruktion zwischen Kind und Erzieherin gelingt, ist eine Erziehungspartnerschaft von Kindertageseinrichtung und Familie erforderlich. Diese Zusammenarbeit mit den Familien und – wenn erforderlich – mit anderen Fachdiensten und der Schule ist neben der Arbeit mit den Kindern ein wesentlicher und gleichwertiger Bestandteil der Arbeit der Erzieherin, die nicht delegierbar ist. Denn es ist die Erzieherin, die die Ansprechpartnerin für die Eltern ist und die das Vertrauen der Eltern genießt, weil sie nicht nur als Fachfrau in Erziehungsfragen respektiert wird, sondern weil die Eltern auch mit ihrem Verständnis für die Alltagssorgen der jeweiligen Familie rechnen können.

Diese Betrachtungen einer Praktikerin zum Wandel der Berufskultur sollen nicht als Kassandra-Rufe über das Ende des Erzieherinnenberufs missverstanden werden, sondern zu einer überfälligen Klärung dessen beitragen, was die Kernkompetenzen dieses Berufs sind. Ein innovatives Berufskonzept muss beides wollen: Bildungsexpertise und Netzwerkexpertise. Der Fachlichkeitsanspruch an den Beruf liegt auf dem Tisch. Offen ist, wer ihn verfolgt, wer ihn wie einlöst.

Es wird Zeit, dass wir bei der Suche nach Lösungen in Zusammenhängen und Perspektiven denken. Dazu gehört auch das Wissen um die historischen Wurzeln dieses Frauenberufs und seine kulturelle Einbettung.

Ausblick: Hoffnung auf eine „Kopernikanische Wende"

In Meyers Konversationslexikon von 1897 findet man unter „Weib (Frau)" folgende Aussage: „In sozialer Hinsicht ist den Frauen bei allen zivilisierten Nationen gegenwärtig eine Gleichberechtigung mit dem männlichen Geschlechte zugestanden, und nur ihre Rechtsmündigkeit sowie ihre Stelle im Staate pflegt in den Gesetzen noch beschränkt zu sein" (zitiert nach Gross, C.-P. 1986).

Es hat mehr als ein Jahrhundert gebraucht, bis die Weltsicht des Nikolaus Kopernikus, wonach die Erde nicht im Mittelpunkt der Welt steht, von einer Ketzerlehre in den Stand einer wissenschaftlichen Erkenntnis avancierte. So gesehen kommt es einer Kopernikanischen Wende der Moderne gleich, wenn die Vereinbarkeit von Familie und Beruf gesellschaftlich und politisch nicht mehr nur als ein privates Frauenthema betrachtet wird und auch konservative Kreise sich von der „Mutterausschließlichkeit" bei der Erziehung der Kinder distanzieren und politisch für eine Erziehungspartnerschaft von Vater und Mutter eintreten. Politiker aller Parteien mahnen einen Mentalitätswechsel an und fordern auch mit Blick auf den Geburtenrückgang in Deutschland eine bessere Vereinbarkeit von Beruf und Familie. Ein Vergleich mit anderen Ländern zeigt, dass in den meisten Industrieländern mit traditionellen Geschlechtsrollen – zu denen Deutschland gehört – die Geburtenrate zurückgegangen ist. Während aber diese Länder in den 1970er Jahren begannen, Strategien zu entwickeln, so dass eine soziale Gleichstellung von Mann und Frau auch dann gelebt werden kann, wenn Kinder da sind und beide Eltern durch ihre Erwerbstätigkeit für den Lebensunterhalt sorgen wollen oder müssen, beschritt Deutschland einen Sonderweg. Während es in diesen Ländern heute wie selbstverständlich zur Kultur gehört, mit einem ausreichenden Angebot an Betreuungsplätzen dafür zu sorgen, dass Vater und Mutter erwerbstätig sein können und ihre Erziehungsleistungen in der Familie anzuerkennen, legt man in Deutschland den Frauen bis heute – „belohnt" durch die Zahlung eines „Erziehungsgeldes" – nahe, die Mutterschaft mit einer dreijährigen Berufspause zu verbinden.

Mit der Einführung des Elterngeldes ab 2007, das bis zu 14 Monate wie eine Art Lohnersatzzahlung an die Stelle des Erziehungsgeldes treten soll, verabschiedet sich Deutschland von seinem Sonderweg. Obwohl es in den Familien schon seit einiger Zeit ganz anders aussah und alle Statistiken zur Situation der Familien belegt haben, dass die Berufstätigkeit der Mütter steigt, dass die Vorstellung, dass Vater und Mutter zum Familieneinkommen beitragen, bei den jungen Eltern immer selbstverständlicher wurde und dass – im Falle einer Scheidung – die Berufstätigkeit der Mutter der beste Schutz des Kindes vor Armut und Sozialhilfe ist, wurden in Deutschland jahrzehntelang familienpolitisch falsche Prioritäten gesetzt, hieß es: „Kindererziehung ist eine Sache der Mütter". Nun zeichnet sich unter der Bundeskanzlerin Angela Merkel auch in der Familienpolitik der Christlich Demokratischen Parteien ein frauenfreundlicheres, an Gleichberechtigung von Mann und Frau orientiertes Familienleitbild ab, denn auch der parteiinterne Streit um die so genannten „Vätermonate" ist beigelegt. Eltern müssen sich – wenn sie das Elterngeld in Anspruch nehmen wollen – die Erziehungszeit teilen. Kindererziehung soll eine Sache von Vater und Mutter und soll für beide mit Erwerbstätigkeit vereinbar sein. Das bedeutet aber auch, dass die Rahmenbedingungen zu verbessern sind, und das heißt konkret: Ausbau der ganztägigen Betreuungsplätze, auch für die noch nicht dreijährigen Kinder.

Sollte dieses modernisierte Familien- und Frauenleitbild sich politisch durchsetzen, wird dies auch nachhaltige Auswirkungen auf jene kommunalen und konfessionellen Träger von Kindertageseinrichtungen haben, in denen bis heute patriarchalische Traditionen und Strukturen besonders mächtig wirken. Maßnahmen der Organisations- und Personalentwicklung im Bereich der Tageseinrichtungen für Kinder würden angeschoben werden und – damit einhergehend – auch eine Modernisierung des Erzieherinnenberufs.

In der Debatte um diese Modernisierung beziehungsweise Professionalisierung treffen zwei aktuelle gesellschaftliche und politische Diskurse über Kinder und Familien aufeinander. Das System der öffentlichen Erziehung in Tageseinrichtungen sieht sich nicht nur mit familienpolitischen Anforderungen konfrontiert, sondern auch mit bildungspolitischen, die den Innovationsdruck auf den Erzieherinnenberuf verstärken. Auch in bildungspolitischer Hinsicht hat Deutschland jahrzehntelang falsche Prioritäten gesetzt. Seit der Veröffentlichung der PISA-Studie ist der

Kindergarten wieder als Bildungseinrichtung ins Blickfeld des öffentlichen Interesses gerückt. Der Zusammenhang zwischen sozialer Herkunft und Bildung ist – wie PISA und andere Studien belegen – in Deutschland besonders groß, was nicht zuletzt daran liegt, dass in Deutschland die Förderung der frühkindlichen Bildung vernachlässigt wurde. Kindertageseinrichtungen sollten soziale und pädagogische Dienstleistungszentren sein. Damit sie zu solchen ausgebaut werden können, ist die sozialpädagogische Expertise der Fachkräfte neu zu bestimmen. Die Kindergartenreform der 1970er Jahre hatte ja nicht zuletzt deshalb zu kurz gegriffen, weil, bezogen auf die Professionalisierung des Erzieherinnenberufs, die notwendigen Schritte nicht eingeleitet wurden. Sozialpädagogische Expertise setzt – wie pädagogisches Handeln generell – an der Bildsamkeit der Kinder und deren Eigentätigkeit und Ko-Produktivität in Erziehungs- und Bildungsprozessen an. Sozialpädagogische Expertise bezieht aber auch die sozialen Dienstleistungen für Eltern und Kinder ein, die als fallbezogene Hilfe die realen Lebensbedingungen und sozialstaatlichen Unterstützungsmöglichkeiten mit in den Blick nimmt. Unbestritten ist, dass eine gute Ausbildung positiven Einfluss hat auf die Berufszufriedenheit, das Engagement, die Verweildauer im Beruf und die Professionalität, vor allem darauf, wie mit beruflichen Herausforderungen umgegangen wird. Nicht zuletzt beeinflusst eine gute Ausbildung der Fachkräfte die sozialpädagogische Qualität der Einrichtungen, auf die die Kinder, die Familien und die Gesellschaft angewiesen sind.

Es genügt jedoch nicht, die Ausbildung einfach nur auf ein höherwertiges Organisationsniveau zu transferieren. Notwendig ist, dass sie auch in qualitativ anspruchsvollere, gleichwohl dem Berufsziel entsprechende Formen des Lehrens und Lernens überführt wird und sich an einem klaren Professionsbild und einem konkret ausformulierten Profil zur beruflichen Handlungskompetenz ausrichtet. Die politische Aufkündigung des deutschen Rollenmodells in der Familie zugunsten einer Erziehungspartnerschaft von Mann und Frau und der Doppelorientierung beider Geschlechter sollte den Weg frei machen – jenseits aller Voreingenommenheiten über Wesensbestimmung der Frau und ihrer vermeintlich besonderen Eignung für die Erziehung der Kinder –, eine Strategie für die Professionalisierung des Erzieherberufs zu konzipieren, die sich ausschließlich an den fachlichen Anforderungen der Arbeit in Einrichtungen der öffentlichen Erziehung orientiert.

Abbildungsverzeichnis

Abb. 1
Warteschule, 1840. Abbildung aus S. Ch. Nelle: Beispiele des Guten, Mainz 1840.
In: Erning, Günter (1987): Bilder aus dem Kindergarten, Freiburg: Lambertus. 31

Abb. 2
Im Kindergarten, um 1865. Lithographie von H. Bürckner, um 1865. Abbildung aus S. Ch. Nelle: Beispiele des Guten, Mainz 1840. In: Erning, Günter (1987): Bilder aus dem Kindergarten, Freiburg: Lambertus. 43

Abb. 3
Bauen der Kinder (Bilder aus dem Kinderleben des Pestalozzi-Fröbel-Hauses 1882/83). In: Andenkenbüchlein des Pestalozzi-Fröbel-Hauses zur 150. Wiederkehr von Friedrich Fröbels Geburtstag, 1932, Archiv des Pestalozzi-Fröbel-Hauses. 65

Abb. 4
Gartenarbeit (Bilder aus dem Kinderleben des Pestalozzi-Fröbel-Hauses 1882/83). In: siehe Abb. 3, Archiv des Pestalozzi-Fröbel-Hauses 66

Abb. 5
Theoretischer Unterricht am Pestalozzi-Fröbel-Haus, um 1895. Archiv des Pestalozzi-Fröbel-Hauses. 73

Abb. 6
Königin Luise mit dem Prinzen Wilhelm: „Preußenmadonna". Skulptur von Fritz Schaper, im Auftrag des Pestalozzi-Fröbel-Hauses, 1897. 83

Abb. 7
Käthe Kollwitz: Kinder auf dem Hof. Plakatentwurf für „Groß-Berlin", 1912. © VG Bild-Kunst, Bonn 2006. In: Die gesellschaftliche Wirklichkeit der Kinder in der Bildenden Kunst. Katalog zur Ausstellung der neuen Gesellschaft für Bildende Kunst e.V. und der Staatlichen Kunsthalle Berlin 1979. 92

Abb. 8
Anna von Gierke (1874–1943), Sozialpädagogin, Berlin 1927. Fotografie von Willy Römer. Agentur für Bilder zur Zeitgeschichte, Berlin. In: Der Fotograf Willy Römer, 1887–1979. Katalog zur Ausstellung „Auf den Straßen von Berlin", Oktober 2004 bis Februar 2005. Bönen: DruckVerlag Kettler 95

Abb. 9
Kinderpflege- und Haushaltsgehilfinnen, um 1920. Archiv des Pestalozzi-Fröbel-Hauses. 105

Abbildungsverzeichnis | 277

Abb. 10
"Musik im Pestalozzi-Fröbel-Haus", 1907. Im Hintergrund die "Preußenmadonna" (vgl. Abb. 6). In: Israel, N. und Berlin, C. – Album 1907, Archiv des Pestalozzi-Fröbel-Hauses. 106

Abb. 11
Normallehrplan für die Ausbildung der Kindergärtnerinnen, 1895. Deutscher Fröbel-Verband: Über die Einrichtung der Bildungsanstalten für Kindergärtnerinnen. In: "Kindergarten", 1905. PFV-Archiv. 110

Abb. 12
"Junge Mutter, bürgerlich", 1926. Fotografie von August Sander. © Photographische Sammlung / SK Stiftung Kultur – A. Sander Archiv, Köln. VG Bild-Kunst, Bonn 2006. In: August Sander – Antlitz der Zeit. Photographische Sammlung (2003). München: Schirmer/Mosel. 133

Abb. 13
"Proletariermutter", 1927. Fotografie von August Sander. © Photographische Sammlung / SK Stiftung Kultur – A. Sander Archiv, Köln. VG Bild-Kunst, Bonn 2006. In: siehe Abb. 12. 139

Abb. 14
"Entschädigungssache". Schreiben des Rechtsanwalts Erwin Jacob vom 6. September 1955. Archiv des Pestalozzi-Fröbel-Hauses. 153

Abb. 15
Zulassungsvoraussetzungen und Unterrichtsfächer der Kindergärtnerinnenausbildung 1933. Informationsblatt des Pestalozzi-Fröbel-Hauses, Archiv des Pestalozzi-Fröbel-Hauses. 163

Abb. 16
"60 Jahre Frauenwirken", 1933. Zur Rolle der Frau und zum Selbstverständnis einer Frauenschule im Nationalsozialismus. Archiv des Pestalozzi-Fröbel-Hauses. 167

Abb. 17
Die Kindergärtnerin, um 1956. Blätter zur Berufskunde. Herausgegeben von der Bundesanstalt für Arbeitsvermittlung und Arbeitslosenversicherung, Nürnberg. 180

Abb. 18
Zeugnis über die Befähigung zur Jugendleiterin, 1967. Privatbesitz S. Ebert. ... 184

Abb. 19
"Sozialpädagoge (grad.)" Urkunde über die Nachgraduierung der Jugendleiterin, 1973, mit Ungültigkeitsstempel. Privatbesitz S. Ebert 210

Abb. 20
„Diplom-Sozialpädagoge" Urkunde über die Nachdiplomierung der Jugendleiterin, 1987. Privatbesitz S. Ebert 211

Abb. 21
„Mehr Mütter sollen Kindergärtnerinnen werden" Kommunale Berufspolitik von 1989. Rudolf Reiser in: Süddeutsche Zeitung vom 30.5.1989. 220

Abb. 22
Marie Marcks: „Ach, – die Damen sind Erzieherinnen" In: Erziehen als Beruf, Reihe Kindergarten 7, Herausgeber: Der Hessische Sozialminister, 1985. 227

Abb. 23
„Erzieherinnenstreik" in Berlin (West), 1989 Fotografie © Werner Eckart 230

Abb. 24
„Unsere Geduld ist zu Ende". Resolution evangelischer Erzieherinnen und Sozialpädagoginnen, 1990. In: Theorie und Praxis der Sozialpädagogik, TPS extra 3, 1991. Bielefeld: Luther Verlag. 232

Abb. 25
„Gleichwertigkeitsanerkennung". Verwaltungsanweisung zur Anerkennung von abgeschlossenen Ausbildungen in Erzieherberufen der ehemaligen DDR, 1991. Privatbesitz Ebert 238

Abb. 26
Erzieherin 2006. Fotografie: Hartmut W. Schmidt, Freiburg. 256

Archiv-Adressen

Archiv des Pestalozzi-Fröbel-Hauses
Pestalozzi-Fröbel-Haus
Karl-Schrader-Str. 7–8
10781 Berlin

PFV-Archiv
Pestalozzi-Fröbel-Verband
Barbarossastr. 64
10781 Berlin

Literaturverzeichnis

Aden-Grossmann, Wilma (2002): Kindergarten. Weinheim: Beltz.

Allen, Ann Taylor (2000): Feminismus und Mütterlichkeit in Deutschland 1800–1914. Weinheim: Deutscher Studienverlag.

Arbeitsgemeinschaft für Jugendhilfe [Hrsg.] (1982): Positionspapier zur „Rahmenvereinbarung über die Ausbildung und Prüfung von Erziehern/Erzieherinnen" der ständigen Konferenz der Kultusminister der Länder in der Bundesrepublik Deutschland.

KMK (1991): Soziale Berufe in den neuen Bundesländern – Situation und Perspektive.

(1999): Der Erzieherinnenberuf im europäischen Kontext – Qualifizierungsziele und -empfehlungen.

(2004): Qualifizierung von Fachkräften für die Kinder- und Jugendhilfe – Bestandsaufnahme und Anregungen zur Diskussion.

Ariès, Philippe (1980): Geschichte der Kindheit. München: Deutscher Taschenbuch Verlag.

Arnold-Dinkler, Elfriede (1940): Der Kindergarten in der deutschen Erziehung. In: Nationalsozialistischer Lehrerbund (Hrsg.)

Arnold, Rolf (Hrsg.) (1997): Weiterungen der Berufspädagogik. Stuttgart: Franz Steiner Verlag.

Baader, Meike Sophia (Hrsg.) (2000): Ellen Keys reformpädagogische Vision – „Das Jahrhundert des Kindes" und seine Wirkung. Weinheim: Beltz.

Baron-Cohen, Simon (2004): Weibliche Intuition – männliches Denken? In: Psychologie Heute, Heft 12. Weinheim: Beltz.

Baitsch, Christof (1993): Was bewegt Organisationen? Selbstorganisation aus psychologischer Perspektive. Frankfurt/M.: Campus.

Beck-Gernsheim, Elisabeth (1988): Die Kinderfrage. München: C.H. Beck.

Beck, Ulrich (1986): Risikogesellschaft. Frankfurt/M.: Suhrkamp.

Beck, Ulrich (Hrsg.) (1997): Kinder der Freiheit. Frankfurt/M.: Suhrkamp.

Becker-Textor, Ingeborg (1995): Kindergartenalltag. Neuwied: Luchterhand.

Beher, Karin, und Rauschenbach, Thomas (2004): Soziale Ausbildungen im Wandel. Positionspapier, Fachtagung des DJI, Dezember 2004.

Beinert, Wolfgang (1989): Die Antinomie des kirchlichen Frauenbildes. In: Pissarek-Hudelist, Herlinde (Hrsg.): Die Frau in der Sicht der Anthropologie und Theologie. Düsseldorf: Patmos.

Berger, Manfred (1992): Vergessene Frauen der Sozialpädagogik. In: Theorie und Praxis der Sozialpädagogik, TPS extra 9. Bielefeld: Luther Verlag.

Berger, Manfred (1995): Frauen in der Geschichte des Kindergartens. Frankfurt/M.: Brandes und Apsel Verlag.

Bericht und Vorschläge der Amerikanischen Erziehungskommission (1946): Erziehung in Deutschland. In: Grossmann, W. (Hrsg.) (1992)

Bisky, Jens (2004): Geboren am 13. August. Der Sozialismus und ich. Berlin: Rowohlt.

Blochmann, Elisabeth (1966): Das „Frauenzimmer" und die „Gelehrsamkeit". Heidelberg: Quelle & Meyer.

Bock, Gisela (1995): Nationalsozialistische Geschlechterpolitik und die Geschichte der Frauen. In: Duby, Georges, und Perrot, Michelle (Hrsg.): Geschichte der Frauen, Band 5. Frankfurt/M.: Campus.

Bonz, Bernhard (Hrsg.) (2001): Didaktik der beruflichen Bildung. Hohengehren: Schneider Verlag.

Bourdieu, Peter (1987): Sozialer Sinn. Kritik der theoretischen Vernunft. Frankfurt/M.: Suhrkamp.

Brandt, Willy (Hrsg.) (1978): Frauen heute – Jahrhundertthema Gleichberechtigung. Frankfurt/M.: Europäische Verlagsanstalt.

Brehmer, Ilse (Hrsg.) (1990): Mütterlichkeit als Profession. Pfaffenweiler: Centaurus-Verlagsgesellschaft.

Bundesministerium für Familie, Senioren, Frauen und Jugend (Hrsg.) (2005): Zwölfter Kinder- und Jugendbericht.

Buß, Anneliese (1974): Das Werk von Anna von Gierke – Idee und Wirklichkeit. Festvortrag anlässlich des 100. Geburtstags von Anna von Gierke am 14. März 1974.

Bussemer, Herrad-Ulrike (1985): Frauenemanzipation und Bildungsbürgertum. Sozialgeschichte der Frauenbewegung in der Reichsgründungszeit. Weinheim: Beltz.

Carstens, Cornelia (1998): Der Deutsche Fröbel-Verband 1873–1932. In: Pestalozzi-Fröbel-Verband (Hrsg.) (1998)

Charpa, Ulrich (2001): Wissen und Handeln – Grundzüge einer Forschungstheorie. Stuttgart: Metzler.

Colberg-Schrader, Hedi (2003): Informelle und institutionelle Bildungsorte – Zum Verhältnis von Familie und Kindertageseinrichtung. In: Fthenakis, Wassilios E. (Hrsg.) (2003a)

Combe, Arno, und Helsper, Werner (Hrsg.) (1996): Pädagogische Professionalität. Frankfurt/M.: Suhrkamp.

Dahlberg, Gunilla (1999): The Co-Constructing Child and the Co-Constructing Pedagogue – Some Reflections on the Child as an Active Citizen. In: Pestalozzi-Fröbel-Verband (Hrsg.): Jahrbuch 4 (1999).

Derschau, Dietrich v. (1974): Die Erzieherausbildung – Bestandsaufnahme und Vorschläge zur Reform. München: Juventa.

Derschau, Dietrich v. (1975): Ansätze zur Reform der sozialpädagogischen Ausbildungsgänge. In: Gewerkschaft Erziehung und Wissenschaft (Hrsg.): Ausbildung für sozialpädagogische Berufe. Frankfurt/M.: Eigenverlag.

Deutsche evangelische Arbeitsgemeinschaft für Erwachsenenbildung (1985): Resolution zur psychischen Sanierung der Familie. In: Nachrichtendienst Nr. 2.

Deutscher Ausschuss für das Erziehungs- und Bildungswesen (1957): Gutachten zur Erziehung im frühen Kindesalter. In: Grossmann, W. (Hrsg.)

Deutscher Berufsverband für Soziale Arbeit (2004): „Wir brauchen eine Qualifikation in der Breite". In: Forum Jugendhilfe, Heft 2.

Diller, Angelika, und Rauschenbach, Thomas (Hrsg.) (2006): Reform oder Ende der Erzieherinnenausbildung – Beiträge zu einer kontroversen Fachdebatte. München: DJI-Verlag.

Droescher, Lili (1932): Fröbel, Henriette Schrader und das Pestalozzi-Fröbel-Haus. In: Vereinszeitung des Pestalozzi-Fröbel-Hauses, Nr. 180, 44. Jahrgang (PFV-Archiv).

Dürr, Anke, und Voigt, Claudia (Hrsg.) (2006): Die Unmöglichen – Mütter, die Karriere machen. München: Diana Verlag.

Ebert, Anne-Katrin (1996): Dr. Hildegard Hansche (1896–1992) – Stiftungsvermächtnis einer Ravensbrückerin. Schriftenreihe der Dr. Hildegard Hansche Stiftung, Band 1. Berlin: Edition Hentrich.

Ebert, Sigrid (1981): Verschulungstendenzen in der Erzieherausbildung. In: Soziale Arbeit, Heft 5.

Ebert, Sigrid (Hrsg.) (1992): Mit Kindern leben im gesellschaftlichen Umbruch. München: Profil Verlag.

Ebert, Sigrid, und Lost, Christine (Hrsg.) (1996): Bilden – erziehen – betreuen. In Erinnerung an Erika Hoffmann. München: Profil Verlag.

Ebert, Sigrid (1999): Zwischen „geistiger Mütterlichkeit" und Fachlichkeitsanspruch – Zur Jahrhundertproblematik eines Frauenberufs. In: Pestalozzi-Fröbel-Haus (Hrsg.): Festschrift zum 125-jährigen Jubiläum.

Ebert, Sigrid (2003): Zur Reform der Erzieherinnenausbildung. In: Fthenakis, W. E. (Hrsg.) (2003a)

Elschenbroich, Donata (1999): Qualität beginnt mit Erwartungen an Qualität. In: Pestalozzi-Fröbel-Verband Berlin (Hrsg.): Jahrbuch 3 (1999).

Elschenbroich, Donata, und Schweitzer, Otto (2003): Erzieherporträts – USA – Schweden – Italien. Filmproduktion des Deutschen Jugendinstituts, München.

Engelfried, Constanze (2003): Gender Mainstreaming in der offenen Kinder- und Jugendarbeit. AGJ-Workshop Berlin.

Engelhard, Dorothee, und Fthenakis, Wassilios (Hrsg.) (1992): Handbuch der Elementarerziehung. Seelze-Velber: Kallmeyer.

Erning, Günter (1987): Bilder aus dem Kindergarten – Bilddokumente zur geschichtlichen Entwicklung der öffentlichen Kleinkinderziehung in Deutschland. Freiburg: Lambertus Verlag.

Feldmann-Neubert, Christine (1991): Frauenleitbild im Wandel 1948–1988. Von der Familienorientierung zur Doppelorientierung. Weinheim: Deutscher Studienverlag.

Feustel, Adriane (Hrsg.) (2002): Sozialpädagogik und Geschlechterverhältnis 1900 und 2000. Berlin: Alice-Salomon-Fachhochschule.

Flitner, Andreas (1996): Fröbel als „Klassiker" und als „Moderner". In: Ebert, S., und Lost, Ch. (Hrsg.) (1996)

Friedrich-Fröbel-Museum (Hrsg.) (1995): 155 Jahre Institution Kindergarten. Bad Blankenburg: Friedrich-Fröbel-Museum.

Friedrich-Fröbel-Museum (Hrsg.) (1999): Anfänge des Kindergartens. Bad Blankenburg: Friedrich-Fröbel-Museum.

Fthenakis, Wassilios E., und Oberhuemer, Pamela (Hrsg.) (2002): Ausbildungsqualität – Strategiekonzepte zur Weiterentwicklung der Ausbildung von Erzieherinnen und Erziehern. Neuwied: Luchterhand.

Fthenakis, Wassilios E. (Hrsg.) (2003a): Elementarpädagogik nach Pisa. Freiburg: Herder.

Fthenakis, Wassilios E. u. a. (Hrsg.) (2003b): Träger zeigen Profil – Qualitätshandbuch für Träger von Kindertageseinrichtungen. Weinheim: Beltz.

Gerhard, Ute (1990): Unerhört – Die Geschichte der deutschen Frauenbewegung. Reinbek: Rowohlt.

Gewerkschaft Erziehung und Wissenschaft (Hrsg.) (1975): Ausbildung für sozialpädagogische Berufe. Frankfurt/M.: Eigenverlag.

Gewerkschaft Öffentliche Dienste, Transport und Verkehr (1965): Vorschläge zur Erreichung einer einheitlichen Gestaltung des Ausbildungswesens für sozialpädagogische Berufe in den Ländern der Bundesrepublik. In: Blätter des Pestalozzi-Fröbel-Verbandes. 16. Jahrgang. Heidelberg: Quelle & Meyer.

Gilligan, Carol (1984): Die andere Stimme. München: Piper.

Grolle, Joist (1985): Der politische Fröbel. Vortrag anlässlich des 125-jährigen Jubiläums des „Fröbelhauses Hamburg" 1860.

Gross, Claus-Peter (1986): ... verliebt ... verlobt ... verheiratet ... unter Adlers Fittichen. Berlin: Arenhövel.

Grossmann, Wilma (Hrsg.) (1992): Kindergarten und Pädagogik – Grundlagentexte zur deutsch-deutschen Bestandsaufnahme. Weinheim: Beltz.

Gruschka, Andreas (1985): Wie Schüler Erzieher werden. Wetzlar: Verlag Büchse der Pandora.

Hahn, Barbara (2002): Die Jüdin Pallas Athene – auch eine Theorie der Moderne. Berlin: Berlin Verlag.

Hans-Böckler-Stiftung (Hrsg.) (2001): Wege zur Bildungsreform. Diskussionspapier Nr. 4 (Manuskript).

Heiland, Helmut (1982): Fröbel. Reinbek: Rowohlt.

Heiland, Helmut (1995): Fröbel und der Kindergarten – Tradition und Aktualität einer pädagogischen Institution. In: Friedrich-Fröbel-Museum (Hrsg.) (1995)

Heiland, Helmut (1999): Fröbels Pädagogik – ein nicht eingelöstes Projekt der Moderne. In: Pestalozzi-Fröbel-Verband (Hrsg.): Jahrbuch 4 (1999).

Heimatmuseum Charlottenburg (Hrsg.) (1999): Zwischen Rebellion und Reform – Frauen im Berliner Westen. Berlin: Jaron Verlag.

Heinemann, Margret, und Günther, Walther (Hrsg.) (1925): Die Frauenschule mit angegliederten Lehrgängen – Amtliche Bestimmungen. Berlin: Weidmannsche Buchhandlung.

Heinsohn, Gunnar (1974): Vorschulerziehung in der bürgerlichen Gesellschaft. Frankfurt/M.: Fischer.

Henkel, Anne K., und Bliembach, Eva (1998): Zeit für neue Ideen. Flugblätter, Bilder und Karikaturen – Propaganda im Spiegel der Revolution von 1948/49. Ausstellungskatalog. Hameln: Niemeyer.

Hentig, Hartmut v. (1996): Bildung. München: Hanser.

Hoffmann, Erika (1934): Die pädagogische Aufgabe des Kindergartens. In: Kindergarten, August/September (PFV-Archiv).

Hoffmann, Erika (1965): Die vierjährige einheitliche Sozialpädagogen-Ausbildung. In: Blätter des Pestalozzi-Fröbel-Verbandes, 16. Jahrgang. Heidelberg: Quelle & Meyer.

Hopmann, Werner (1970): Neue Ausbildungsgänge für Erziehungskräfte in Berlin. In: Soziale Arbeit Heft 2.

Horn, Klaus-Peter (2006): Professionalisierung durch Akademisierung? Erkenntnisse aus der Geschichte der Lehrerbildung. In: Diller, A., und Rauschenbach, Th. (Hrsg.) (2006)

Iram Siraj-Blatchford, K. u. a. (2005): The Effective Provision of Pre-School Education Project. Findings from the Pre-School Period. In: Pestalozzi-Fröbel-Verband (Hrsg.): Jahrbuch 10 (2005).

Irskens, Beate (Hrsg.) (1996): „Mit uns auf Erfolgskurs" – Fachberatung in Kindertagesstätten. Frankfurt/M.: Deutscher Verein für öffentliche und private Fürsorge.

Israel, N. (1970): Die Erziehung im 20. Jahrhundert. Berlin: Album 1907 (PFH-Archiv).

Jansa, Axel (1999): Die Pädagogik der Studentenbewegung in ihrer Auswirkung auf das Generationsverhältnis und den gesellschaftlichen Umgang mit Kindern. In: Jahrbuch für Pädagogik 1999 (Sonderdruck).

Jüdisches Museum Berlin (Hrsg.) (2002): Zwei Jahrtausende deutsch-jüdische Geschichte. Geschichten einer Ausstellung. Köln: DuMont Literatur und Kunst Verlag.

Kant, Immanuel (1997): Über die Erziehung. München: Deutscher Taschenbuch Verlag.

Kaplan, Marion A. (1997): Jüdisches Bürgertum. Frau, Familie und Identität im Kaiserreich. Hamburg/München: Dölling & Galitz.

Karsten, Maria-Eleonora, und Rabe-Kleberg, Ursula (1977): Sozialisation im Kindergarten. Frankfurt/M.: Päd.-extra Buchverlag.

Karsten, M.-E. (2005): Berufswissenschaftliche Forschung zu den Berufsfeldern Erziehung/Sozialpädagogik. In: Rauner, Felix (Hrsg.): Handbuch Berufsbildungsforschung. Bielefeld: Bertelsmann.

Katholische Erziehergemeinschaft (Hrsg.) (1992): Erzieherausbildung in Deutschland. München: Eigenverlag.

Kaufmann, Franz-Xaver (2003): Varianten des Wohlfahrtsstaats. Frankfurt/M.: Suhrkamp.

Keupp, Heiner (1993): Postmoderne Welt des fröhlichen Durcheinanders? In: Psychologie Heute (Juni). Weinheim: Beltz.

Kietz, Gertraud (1966): Die Kindergärtnerin. Soziale Herkunft und Berufswahl. München: Piper Verlag.

Kleinau, Elke (Hrsg.) (1996): Frauen in pädagogischen Berufen. Band 1. Bad Heilbrunn: Klinkhardt.

Konrad, Franz-Michael (2004): Der Kindergarten. Seine Geschichte von den Anfängen bis in die Gegenwart. Freiburg: Lambertus Verlag.

Krappmann, Lothar (1999): Aus der Perspektive der Kinder. In: Pestalozzi-Fröbel-Verband (Hrsg.) Jahrbuch 4 (1999).

Krappmann, Lothar (2002): Qualitätsentwicklung in Kindertageseinrichtungen im Kontext des 10. Kinder- und Jugendberichts unter Berücksichtigung einer Kultur des Aufwachsens. Berlin. Vortragsmanuskript.

Krieg, Elsbeth (1987): Katholische Kleinkindererziehung im 19. Jahrhundert. Frankfurt/M.: Peter Lang.

Krüger, Helga, Rabe-Kleberg, Ursula, und Derschau, Dietrich, v. (Hrsg.) (1983): Qualifikationen für Erzieherarbeit. Band 1. München: DJI-Verlag.

Kuczynski, Jürgen (1982): Geschichte des Alltags des deutschen Volkes 1918–1945. Band 5. Berlin: Akademie Verlag.

Laewen, Hans-Joachim (1997): „Festhalten und loslassen". Zwischenbericht zur pädagogischen Neuorientierung in den Tageseinrichtungen der neuen Bundesländer. In: Handbuch der Elementarerziehung. Seelze-Velber: Kallmeyer.

Liegle, Ludwig, und Treptow, Rainer (Hrsg.) (2002): Welten der Bildung in der Pädagogik der frühen Kindheit und in der Sozialpädagogik. Freiburg: Lambertus Verlag.

Liegle, Ludwig (2005): Erziehungspartnerschaft als Grundlage zwischen Kindergarten und Elternhaus. In: Pestalozzi-Fröbel-Verband (Hrsg.) (Jahrbuch 10)

Limbach, Jutta (1990): „90 Jahre Bürgerliches Recht – Der lange Weg zur Gleichheit". Vortrag an der Technischen Universität Berlin (Januar 1990).

Limbach, Jutta (1994): Der aufhaltsame Aufstieg der Frauen in der Wissenschaft. Berlin: Dokumentationsreihe der Freien Universität Berlin (Heft 23).

Lost, Christin (1998): 125 Jahre Geschichte des Pestalozzi-Fröbel-Verbandes. Abläufe und Zusammenhänge. In: Pestalozzi-Fröbel-Verband (Hrsg.)

Lyschinska, Mary J. (1927): Henriette Schrader-Breymann. Ihr Leben aus Briefen und Tagebüchern. Berlin und Leipzig: Walter de Gruyter.

Mayer, Christine (1996): Zur Kategorie „Beruf" in der Bildungsgeschichte von Frauen im 18. und 19. Jahrhundert. In: Kleinau, E. (Hrsg.)

Merkel, Angela (1992): Neue Wege in der Kinderbetreuung – Herausforderung und Chancen für Erzieherinnen. In: Ebert, S. (Hrsg.) (1992)

Merz, Christine (2005): Erzieherin in Deutschland: Zwischen Kind und Bildungsplan – Die wichtigsten Ergebnisse der Umfragen von „Kindergarten heute" 2004/2005. In: Kindergarten heute, Heft 3. Freiburg: Herder Verlag.

Meyer, Traute (1999): Kinderbetreuung im Wandel – Zur Modernisierung konservativer Sozialpolitik seit 1990. In: Pestalozzi-Fröbel-Verband (Hrsg.) Jahrbuch 4.

Ministerrat der Deutschen Demokratischen Republik – Ministerium für Volksbildung (Hrsg.) (1985): Studienplan für die Ausbildung von Kindergärtnerinnen an pädagogischen Schulen für Kindergärtnerinnen der DDR. Berlin: Eigenverlag.

Musiol, Marion (1999): Ein Beruf zwischen gestern und heute. Kontinuität und Wandel im Rollenverständnis von Erzieherinnen in den neuen Bundesländern. In: Pestalozzi-Fröbel-Verband (Hrsg.) Jahrbuch 4 (1999)

Nagel, Gudrun (2003): Die Berufswahl ist kein Zufall. In: Theorie und Praxis der Sozialpädagogik, TPS 2. Bielefeld: Luther Verlag.

Nationalsozialistischer Lehrerbund (Hrsg.) (1940): Festschrift zur Hundertjahrfeier des deutschen Kindergartens. München: Deutscher Volksverlag.

Neumann, Karl (1999): „Dabei ist das Wohl des Kindes ihr Grundanliegen". Kinder und ihre Rechte, Anspruch und Wirklichkeit. In: Pestalozzi-Fröbel-Verband (Hrsg.) Jahrbuch 4 (1999)

Oberhuemer, Pamela (1999): Europa. Berufsprofile im Vergleich. In: Pestalozzi-Fröbel-Verband (Hrsg.) Jahrbuch 3 (1999)

Oberhuemer, Pamela (2000): Lernkulturen – Berufskulturen: Entwicklungstendenzen in europäischen Kindertageseinrichtungen. In: Pestalozzi-Fröbel-Verband (Hrsg.), Jahrbuch 5 (2000)

Oberhuemer, Pamela (2005): Steuerung pädagogischer Qualität in ausgewählten EU-Staaten. Vortrag auf der Fachtagung „Pädagogische Qualität in Kindertageseinrichtungen – Internationale Ansätze und Perspektiven". Berlin: Friedrich Ebert Stiftung.

OECD (Hrsg.) (2004): Die Politik der frühkindlichen Betreuung, Bildung und Erziehung in der Bundesrepublik Deutschland. Ein Länderbericht der Organisation für wirtschaftliche Zusammenarbeit und Entwicklung. München: DJI und BMFSFJ.

OMEP – Organisation Mondiale pour l'Éducation Préscolaire (Hrsg.) (1999): Leitlinien für die frühkindliche Erziehung im 21. Jahrhundert. GEW-Dokument 2002/10/04.

Ott, Bernd (1997): Neuere bildungstheoretische Ansätze und Positionen in der Berufs- und Wirtschaftspädagogik. In: Arnold, Rolf (Hrsg.)

Pestalozzi, Johann Heinrich (1956): Grundlehren über Mensch, Staat, Erziehung. Stuttgart: Kröner.

Pestalozzi-Fröbel-Haus Berlin (Hrsg.):
(1913): Das Pestalozzi-Fröbel-Haus in seiner jetzigen Gestalt. (PFH-Archiv)

(1932): Andenkenbüchlein des Pestalozzi-Fröbel-Hauses zur 150. Wiederkehr von Friedrich Fröbels Geburtstag (PFH-Archiv)
(1991): Das Pestalozzi-Fröbel-Haus – Entwicklung eines Frauenberufs
(1999): Erziehung im interkulturellen Handlungsfeld
(2000): 125 Jahre Erzieherinnenausbildung am Pestalozzi-Fröbel-Haus Berlin
(2003): Mitten im Kiez – 50 Jahre Nachbarschaftsheim und Familienberatung im Pestalozzi-Fröbel-Haus

Pestalozzi-Fröbel-Verband (Hrsg.) (1977): Zur Erzieherausbildung in der Bundesrepublik Deutschland – Tatsachen, Überlegungen, Forderungen. Berlin: Eigenverlag.

Pestalozzi-Fröbel-Verband (Hrsg.) (1994): Zur beruflichen Situation der Erzieherinnen in Deutschland – Bestandsaufnahme und Perspektiven – Eine Denkschrift. München: Profil Verlag.

Pestalozzi-Fröbel-Verband (Hrsg.) (1998): Die Geschichte des Pestalozzi-Fröbel-Verbandes. Freiburg: Lambertus Verlag.

Pestalozzi-Fröbel-Verband (Hrsg.):
Jahrbuch 3 (1999): Erzieherinnen für die Zukunft
Jahrbuch 4 (1999): Auch Kinder sind Bürger
Jahrbuch 5 (2000): Qualifizieren für Europa
Jahrbuch 9 (2004): Lernkulturen und Bildungsstandards
Jahrbuch 10 (2005): Innovationsprojekt Frühpädagogik. Hohengehren: Schneider Verlag.

Pramling Samuelsson, Ingrid (2004): Das spielende, lernende Kind in der frühkindlichen Erziehung. In: Pestalozzi-Fröbel-Verband (Hrsg.), Jahrbuch 9 (2004)

Prüfer, Johannes (Hrsg.) (1913): Quellen zur Geschichte der Kleinkinderziehung. Frankfurt/M.: Fischer.

Rabe-Kleberg, Ursula (1993): Verantwortlichkeit und Macht. Bielefeld: Kleine Verlag.

Rabe-Kleberg, Ursula (1994): Vom Dienen zur Dienstleistung? Zur Professionalisierung des Erzieherinnenberufs. In: Theorie und Praxis der Sozialpädagogik, TPS extra 17, Bielefeld: Luther.

Rabe-Kleberg, Ursula (1996): Professionalität und Geschlechterverhältnis. In: Combe, A., und Helsper, W. (Hrsg.)

Rauschenbach, Thomas (1992): Fachkräfte ohne Fachlichkeit? GEW-Fachtagung 1992, Göttingen (Manuskript).

Rauschenbach, Thomas, Beher, Karin, und Knauer, Detlef (1995): Die Erzieherin. Ausbildung und Arbeitsmarkt. Weinheim/München: Juventa.

Rauschenbach, Thomas (2003): Qualifizierung als offener Prozess. München: DJI-Verlag.

Reyer, Jürgen (1987): Friedrich Fröbel, der Beruf der Kindergärtnerin und die bürgerliche Frauenbewegung. In: Sozialpädagogische Blätter, Nr. 2, Heidelberg: Quelle & Meyer.

Rienits, Heide (1990): Geschichte der Sozialpädagogik unter dem Aspekt der Konzeptionsentwicklung. Dokumentation 1. Gemeinsame Berliner Jugendhilfekonferenz 1990.

Salzmann, Christian Gotthilf (1913): „Über die wirksamsten Mittel, Kindern Religion beizubringen". In: Prüfer, J. (Hrsg.)

Schilling, Matthias (2005): Wer arbeitet mit welcher beruflichen Qualifikation in Tageseinrichtungen für Kinder? In: KITA-Spezial, Sonderausgabe Nr. 3, Bonn: Carl Link Verlag.

Shirer, William, L. (1961): Aufstieg und Fall des Dritten Reichs. Köln und Berlin: Kiepenheuer & Witsch.

Siegel, Elisabeth (1981): Dafür und dagegen. Ein Leben für die Sozialpädagogik. Stuttgart: Radius.

Simmel, Monika (1978): „Mütterlichkeit". Historisches Phänomen? Pädagogisches Prinzip? Feministisches Programm. 3. Sommeruniversität für Frauen. Freie Universität Berlin.

Soden, Kristine v., und Schmidt, Maruta (Hrsg.) (1988): Neue Frauen. Die zwanziger Jahre. BilderLeseBuch. Berlin: Elefanten Press.

Sozialausschüsse der Christlich-Demokratischen Arbeitsgemeinschaft Berlin (Hrsg.) (1981): Leitsätze „Die sanfte Macht der Familie". Informationsdienst der CDA, Ausgabe 7.

Spranger, Eduard (1953): Aus Friedrich Fröbels Gedankenwelt. Heidelberg: Quelle & Meyer.

Spranger, Eduard (1965): Friedrich Fröbel. Vorlesung in Tokio. In: Blätter des Pestalozzi-Fröbel-Verbandes, 16. Jahrgang.

Staatsinstitut für Frühpädagogik (1995): Neue Konzepte für Kindertageseinrichtungen. Forschungsprojekt, München (Manuskript).

Stamer-Brandt, Petra (2005): Wozu eigentlich Berufsverbände? In: Kindergarten heute, Heft 6-7. Freiburg: Herder.

Staub-Bernasconi, Silvia (2002): Unterschiede im Theorieverständnis von Sozialarbeit/Sozialpädagogik. Auf der Spurensuche nach einem gesellschaftlichen Geschlechterverhältnis. In: Feustel, A. (Hrsg.)

Steinem, Sigrid v. den (2002): Die Impulse der Spielpädagogik Friedrich Fröbels für die Entwicklung pädagogischer Frauenberufe. In: Gutjahr, Elisabeth (Hrsg.) (2002): Lebendige Tradition – Festschrift für Helmut Heiland. Hohengehren: Schneider Verlag.

Stoehr, Irene (2000): Das Jahrhundert der Mutter? Zur Politik der Mütterlichkeit in der deutschen Frauenbewegung 1900–1950. In: Baader, M. S. (Hrsg.)

Strätz, Rainer (1996): Neue Konzepte für Kindertageseinrichtungen – Landesbericht NRW. Köln: Schriftenreihe des Sozialpädagogischen Instituts.

Süssmuth, Rita (2000): Wer nicht kämpft, hat schon verloren. Meine Erfahrungen in der Politik. München: Econ.

Thiersch, Renate, Höltershinken, Dieter, und Neumann, Karl (Hrsg.) (1999): Die Ausbildung der Erzieherinnen – Entwicklungstendenzen und Reformansätze. Weinheim und München: Juventa.

Thorun, Walter (1965): Die Lage der sozialpädagogischen Arbeit und die Notwendigkeit einer Neuordnung der Ausbildung. In: Blätter des Pestalozzi-Fröbel-Verbandes, 16. Jahrgang.

Vinken, Barbara (2001): Die deutsche Mutter. Der lange Schatten eines Mythos. München: Piper.

Volkelt, Hans (1934): Die Erziehung im nationalsozialistischen Staate und die Aufgaben der sozialpädagogischen Berufe. In: Kindergarten (PFV-Archiv).

Weiland, Daniela (1983): Geschichte der Frauenemanzipation in Deutschland und Österreich. Düsseldorf: Econ.

Wensierski, Peter (2006): Schläge im Namen des Herrn. München: Deutsche Verlags-Anstalt.

Wiesner, Reinhard (1992): Tageseinrichtungen für Kinder und Tagespflege. Gesellschaftliche Veränderungen und die Antwort des Gesetzgebers im neuen Kinder- und Jugendhilfegesetz. In: Engelhard, D., und Fthenakis, W. (Hrsg.) (1992).

Wingerath, Emmy (1960): Grenzverschiebungen im Raum der sozialpädagogischen Berufsarbeit. In: Blätter des Pestalozzi-Fröbel-Verbandes, 11. Jahrgang (PFV-Archiv).

Wolff, Reinhart (1970): Erziehung ohne Zwang. In: betrifft: erziehung. Heft 9. Weinheim: Beltz.

Wolters, Rita (1998): Der Deutsche Fröbel-Verband im Nationalsozialismus. In: Pestalozzi-Fröbel-Verband (Hrsg.) (1998).

Wolters, Rita (1999): 125 Jahre Pestalozzi-Fröbel-Verband – Ein Veranstaltungsbericht. In: Pestalozzi-Fröbel-Verband (Hrsg.) Jahrbuch 4 (1999).

Wulf, Christoph (Hrsg.) (1994): Einführung in die pädagogische Anthropologie. Weinheim: Beltz.

Zimmer, Jürgen (1999): Wenn Henriette nichts unternommen hätte, gäbe es dieses Unternehmen nicht ... In: Pestalozzi-Fröbel-Haus (Hrsg.) (1999)